职业教育汽车类专业教材

U0649041

汽车底盘电控技术

朱剑宝　毛行静　主　编

黄知秋　杨坤全　副主编

林可春　主　审

人民交通出版社

北 京

内 容 提 要

本书为职业教育汽车类专业教材。全书以学习任务的方式分为 8 个模块,内容包括汽车底盘电控技术认知、汽车电控液力自动变速器检修、汽车双离合变速器和无级变速器检修、汽车车辆稳定控制系统检修、汽车转向控制系统检修、汽车电控悬架系统检修、汽车驾驶辅助技术、汽车线控底盘技术。

本教材可作为职业院校及职业本科院校汽车类专业学生的教材,可作为考取职业技能等级证书的培训教材,也可作为相关行业企业员工岗位培训教材或自学用书。

图书在版编目(CIP)数据

汽车底盘电控技术/朱剑宝,毛行静主编. —北京:人民交通出版社股份有限公司,2025.7. —ISBN 978-7-114-20384-8

Ⅰ. U463.6

中国国家版本馆 CIP 数据核字第 2025G4Q483 号

Qiche Dipan Diankong Jishu

书 名:	汽车底盘电控技术
著 作 者:	朱剑宝 毛行静
责任编辑:	时 旭
责任校对:	赵媛媛 武 琳
责任印制:	张 凯
出版发行:	人民交通出版社
地 址:	(100011)北京市朝阳区安定门外外馆斜街 3 号
网 址:	http://www.ccpcl.com.cn
销售电话:	(010)85285911
总 经 销:	人民交通出版社发行部
经 销:	各地新华书店
印 刷:	北京市密东印刷有限公司
开 本:	787×1092 1/16
印 张:	22.25
字 数:	521 千
版 次:	2025 年 7 月 第 1 版
印 次:	2025 年 7 月 第 1 次印刷
书 号:	ISBN 978-7-114-20384-8
定 价:	59.00 元(含教材 + 实训工单)

(有印刷、装订质量问题的图书,由本社负责调换)

前言 | PREFACE

随着新质生产力发展、产业结构升级以及建设技能型社会战略的实施,职业教育在培养技术技能人才方面的重要性日益凸显,职业教育高质量发展需要高质量的教材体系。2021 年 12 月,教育部印发的《"十四五"职业教育规划教材建设实施方案》指出要"高起点、高标准建设中国特色高质量职业教育教材体系"。2025 年 1 月,中共中央、国务院印发的《教育强国建设规划纲要(2024—2035 年)》提出打造一批职业教育优质教材。我国新能源汽车和智能网联汽车智能化、舒适化、网络化等技术在快速发展,汽车底盘电控技术近年发生巨大变化,迫切需要学校加快课程和教材改革,提高教师技术技能水平,更新教材内容。同时,教学新理念、新模式不断出现,传统的教学模式和教材已无法适应新形势下的职业教育,因此,编写既契合职业教育特点又能紧贴市场需求的优质教材,已成为职业教育工作者亟需解决的重要课题。

在此背景下,福建船政交通职业学院依托全国新能源汽车行业产教融合共同体、国家级职教集团(福建省汽车职业教育集团)的优势,组建以校企为核心的多元教材编写团队,由福建省职业教育教学创新团队核心成员、省级专业带头人、省级技能大师、企业技术骨干等组成。深入企业调研,分析汽车维修实际岗位的核心能力需求,结合汽车企业典型的工作任务,遵循学生职业能力本位的基本规律,进行基于模块化的课程教材建设改革和实践,将本课程内容进行了有机重构,设计 8 个学习模块内容,将每个模块细分成若干个相对独立的学习任务。教材团队坚持把立德树人作为根本任务,以提高人才培养质量为核心,积极推进新"三教"改革。本教材的主要特色有:

1. 思政融入,贯穿教学全过程

教材每个模块融入民族企业、行业劳模、行业工匠等课程思政故事,用春风化雨、润物细无声的方式,将爱国情怀、民族自豪感、爱岗敬业、精益求精、刻苦钻研、团结协作、坚持不懈等劳模精神、工匠精神融入教学的全过程中。

2. 校企共编,彰显职业教育特色

对接传统汽车及新能源汽车企业汽车维修岗位的核心能力需求,企业专家参与教材建设,"校企双元"共建课程和教材;并将技能大赛内容、职业技能等级证书考核内容融入教材,实施"岗课赛证"融通。每个模块均设计了基于生产任务的实训手册工单,可进行针对性的职业技能训练,开展理实一体化教学,实现学中做、做中学。

3. 紧跟产业,内容体现先进技术

教材内容丰富,紧跟燃油汽车、新能源汽车、智能网联汽车的底盘电控最新技术,确保教材内容与职业实际紧密结合,反映行业前沿技术和最新职业标准,更好地服务于学生的学习需求和职业发展。

4. 资源丰富,线上线下混合教学

本书是福建省职业教育在线精品课程《汽车底盘电控系统检修》的配套教材,在优慕课在线课程平台建有完善的网络课程,课程资源每年持续动态更新,满足院校开展线上线下混合式教学。每个模块配备丰富的微课、视频、动画、课件、题库等数字化教学资源,学生既能在平台上学习,也能扫描二维码学习视频类资源,学习不受时空限制,应用效果较好。

5. 模块设计,团队分工协作教学

教材采用模块化编排方式,设计若干个学习任务,教学团队分工协作实施模块化教学。每个模块设计学习情境,将学习的主动权交给学生,学生身临其境,主动思考,提高课堂的互动性和教学质量。

本教材由福建船政交通职业学院朱剑宝、福建省职业技术教育中心毛行静担任主编,福建船政交通职业学院黄知秋、漳州职业技术学院杨坤全担任副主编,赵崇焱、梁霖锋、刘国平、吕翱等参与编写工作。具体编写分工如下:模块1由朱剑宝、刘国平编写;模块2由黄知秋、杨坤全编写;模块3由朱剑宝、吕翱编写;模块4由朱剑宝编写;模块5由朱剑宝、毛行静编写;模块6由朱剑宝编写;模块7由朱剑宝、毛行静编写;模块8由赵崇焱、梁霖锋编写。本书由朱剑宝统稿,林可春审稿,在统稿过程中还得到曾雪莲、陈燕、蔡颖、刘焕新等老师的协助。

在教材编写过程中,得到福州市盛世新景汽车销售有限公司(比亚迪汽车)、福建省润通汽车销售服务有限公司(奥迪汽车)、厦门盛元集团有限公司(丰田汽车)、柯柏文(深圳)科技有限公司(智能网联汽车)等汽车企业的技术支持和指导,在此感谢各合作企业的大力支持。同时也参考了大量的相关书籍和技术文献,在此谨向各方表示感谢。

由于编者学识和水平有限,书中难免存在纰漏和不足之处,敬请各位专家和读者提出宝贵意见,对书中的不妥之处予以批评指正,以便后续充实和完善。

编 者

2025 年 1 月

数字资源（二维码）索引

目录 | CONTENTS

模块 1

汽车底盘电控技术认知

模块导学

1. 目标要求

汽车科技发展日新月异,特别是大规模集成电路和微型电子计算机技术的高速发展,使新能源汽车、智能网联汽车步入创新时代,汽车底盘电控技术已经不是传统的汽车底盘电控技术,其技术或系统越来越复杂,越来越先进。本模块主要学习现代汽车底盘电控技术各个系统的功能和应用概况,学习汽车底盘电控技术的未来发展趋势,了解汽车底盘电控技术的基本应用和发展趋势。

2. 任务分解

本模块分为 1 个任务和 1 个实训项目:

任务　汽车底盘电控技术基本认知	实训项目　汽车底盘电控系统认知

3. 情境导入

我国新能源汽车和智能网联汽车发展迅速,汽车底盘电控技术也迎来了新的发展机遇,未来汽车底盘电控技术的趋势是智能化、线控化、集成化、模块化、节能环保化、轻量化。国内新能源品牌汽车逐渐开始在其车型中搭载各类先进的底盘电控技术,如 ABS(防抱死制动系统)、EBD(电子制动力分配)、ESP(电子稳定系统)、BBW(线控制动系统)、SBW(线控换挡系统)、空悬 + CDC(可调阻尼减振器)等一系列电子控制系统。未来,随着新技术的不断涌现和应用,汽车底盘电控技术将在提高汽车性能、安全性和舒适性方面发挥更大的作用,为人们的出行提供更加便捷、安全和舒适的体验。

作为一名汽车专业技师,请思考如下问题:

(1)在现代汽车中应用了哪些底盘电控技术?它们各自能实现什么功能?

(2)查阅资料,蔚来汽车最新推出的蔚来ET9车型采用了哪些底盘电控技术?

(3)简述汽车底盘电控系统常用的传感器有哪些。

(4)简述汽车线控技术的基本原理和优势。

任务 汽车底盘电控技术基本认知

1.1.1 汽车底盘电控技术基础知识

随着新能源汽车、智能网联汽车的快速发展,汽车的电子化程度越来越高,汽车电控技术正在向集成化、智能化的方向发展。因此,现代汽车底盘控制技术或系统越来越复杂,越来越先进。汽车底盘电控技术是汽车控制系统的重要组成部分,其性能的好坏直接影响整个汽车的综合性能,它通过控制底盘系统的运动状态,使汽车能够稳定地行驶在不同的路况下,并且可以通过底盘控制技术实现对行驶过程中多种运动状态的控制和调整,如自动控制换挡、悬架系统的调整、制动系统的控制、转向系统的调节等,使得驾驶更加简单方便,乘坐更加舒适安全,行车更加环保。

不管是燃油汽车还是智能新能源汽车,从技术分类的角度来看,汽车底盘控制技术可分为以下几类:自动换挡控制技术、悬架系统控制技术、制动系统控制技术、转向系统控制技术、车身稳定控制技术、驾驶辅助控制技术等。目前,底盘涉及的电子控制系统主要有自动变速器、防抱死制动系统、驱动防滑系统、电子稳定控制系统、电子制动力分配系统、电子驻车制动系统、电动助力转向系统、四轮转向控制系统、电控悬架系统、四轮驱动系统、电动四轮驱动系统、电子防滑差速器系统、自适应巡航控制系统、汽车胎压监测系统、汽车驾驶辅助系统、底盘线控系统、智能一体化底盘系统等。

1.1.1.1 汽车底盘电控系统基本组成

汽车底盘电控系统主要由传感器、电子控制单元和执行器三大部分组成。传感器是一种以一定的精确度把被测量转换为与之有确定对应关系的、便于应用的另一种量的测量装置。其用于检测汽车运行状态的各种电量、物理参数和化学参数等,并将这些参数转换成电信号输入电子控制单元。例如,自动变速器常用的传感器有节气门位置传感器、车速传感器、发动机转速传感器、冷却液温度传感器、润滑油温度传感器等;转向控制系统中的传感器包括转向角传感器和转矩传感器等;防抱死制动系统所使用的传感器有车轮轮速传感器、汽车加速度传感器等;悬架控制系统的传感器有车身高度传感器、横摆率传感器等;汽车驾驶辅助系统采用的传感器主要有毫米波雷达、激光雷达、摄像头、超声波雷达等汽车自动驾驶必备的传感器。

电子控制单元(Electronic Control Unit,ECU)是以单片机为核心而组成的电子控制装置,具有很强的数学运算和逻辑判断功能。汽车电子控制单元主要由输入回路、微型计算机(单片机)和输出回路三部分组成。输入回路和输出回路一般都与单片机一起制作在一个金属盒或者塑料盒内,固定在车内不易受到碰撞的部位,如仪表台下面或座椅下面等。输入电子控制单元的电信号主要包括两种类型,即模拟信号和数字信号。模拟信号是指信号电压(或电流)随时间而连续变化的信号,如温度、速度信号等;数字信号是指信号电压(或电流)随时间不是连续变化的信号,如开关信号等。

执行器是控制系统的执行机构,其功用是接收电子控制单元输出的各种控制指令,完成具体的控制动作,从而使各种控制目标处于最佳的工作状态。执行元件的类型主要为电动机、控制电磁阀、开关等。

1.1.1.2 汽车底盘电控技术网络拓扑

汽车底盘控制一般采用 CAN 总线系统,负责汽车底盘及 4 个车轮的制动/稳定/转向等功能的控制。CAN 总线英文全称为 Controller Area Network,即控制器局域网,是目前汽车上使用最广泛的总线之一。汽车一般装有不同数量的 CAN 总线系统,各汽车制造公司的命名不一致,一般称作新能源总线、快充总线、动力蓄电池内部总线、远程监控总线、动力总线、车身总线、底盘总线、舒适总线、信息娱乐总线等。前四个总线系统一般是电动汽车特有的,后面五个总线系统来自燃油汽车。LIN 总线英文全称为 Local Interconnect Network,即局域互联网络,是一种低成本的通信网络,是对 CAN 网络的一种补充,主控制单元可以通过 LIN 总线连接从控制单元。

图 1-1 为奥迪 A8 汽车底盘控制单元的网络拓扑,底盘控制单元通过 CAN 网络,协调 ABS(车身电子稳定控制 ESC)控制单元 J104、数据总线诊断接口 J533、驾驶人辅助系统控制单元 J1121、发动机控制单元 J623、转向助力控制单元 J500、主动转向控制单元 J792 等单元相互通信。

电动汽车 CAN 网络子系统个数和控制单元组合不尽相同,某款电动汽车 CAN 网络如图 1-2 所示,具有动力 CAN 系统、底盘 CAN 系统、车身 CAN 系统。动力 CAN 系统、底盘 CAN 系统是高速 CAN,传递速率为 500kbit/s;车身 CAN 系统是中速 CAN,传递速率为 125kbit/s。其中,底盘 CAN 系统用来协调 ABS/ESP(防抱死制动系统/电子稳定系统)、EPS

（电动助力转向系统）、安全气囊 ECU 相互通信。先进的线控底盘则采用底盘域控制器，由底盘域控制器协调线控执行元件、车身姿态等。

图 1-1　奥迪 A8 汽车底盘控制单元网络拓扑

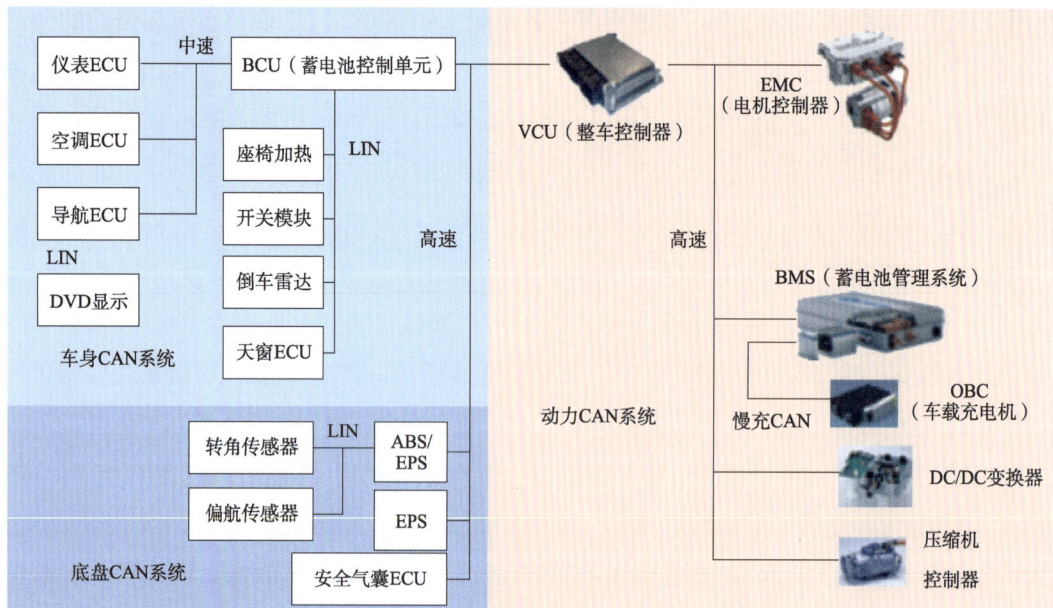

图 1-2　某款电动汽车 CAN 网络

1.1.2 汽车底盘主要电控系统

1.1.2.1 自动换挡控制系统

自动换挡控制系统是指不同类型的自动变速器,亦称自动变速箱。自动变速器可以在车辆行驶过程中自动改变齿轮传动比,从而使驾驶人不必手动换挡。自动换挡控制系统可以减少换挡频率和换挡冲击,增强换挡与汽车性能的匹配性,提高驾驶稳定性和乘坐舒适性。常用的自动变速器主要有电控液力自动变速器、双离合变速器、无级变速器、电控机械自动变速器等。

电控液力自动变速器由液力变矩器、行星齿轮变速机构、液压控制系统、电子控制系统等组成,通过液力传动和行星齿轮组合的方式来实现自动变速,这种变速器应用最广泛。

双离合变速器是一种自动变速器,它使用两个离合器代替了传统自动变速器的单离合器。这种设计使得双离合变速器能够在更短的时间内完成换挡动作,从而提高车辆的性能和燃油效率。在车辆行驶过程中,其中一个离合器负责将发动机的动力传递到驱动轮,而另一个离合器则准备接收下一个挡位的动力。当驾驶人踩下加速踏板或换挡时,这两个离合器会迅速地切换工作状态,使车辆始终保持在最佳挡位和动力输出。

无级变速器也就是常说的无级变速箱,它采用传动带和工作直径可变的主、从动轮相配合来传递动力,可以实现传动比的连续改变,从而得到传动系统与发动机工况的最佳匹配。常见的无级变速器是金属带式无级变速器,目前已被国内市场上越来越多的车型所采用。

1.1.2.2 防抱死制动系统

防抱死制动系统(Anti-lock Braking System,ABS)是普遍应用于现代汽车的一种电子控制系统。ABS 是在传统制动系统的基础上,采用电子控制技术以实现制动力的自动调节,防止汽车制动时车轮抱死,以获得最有效的制动效果,能够确保紧急制动、湿滑路面制动时方向的稳定性、操作的可靠性和制动的安全性。气压制动和液压制动解决了正常状态下的制动问题,但对于紧急情况下的突然制动,90% 以上的驾驶人会一次将制动踏板踩到底进行紧急制动,这时候汽车很容易产生滑移并发生侧滑、甩尾等危险状况。防抱死制动系统很好地解决了这一技术难题。

1.1.2.3 驱动防滑控制系统

驱动防滑控制系统(Acceleration Slip Regulation,ASR)是车辆重要的主动安全技术之一,可防止车辆尤其是大功率汽车在起步、再加速时出现驱动轮打滑的现象,以维持车辆行驶方向的稳定性与通过性。因为防止驱动轮滑转能够通过调节驱动轮的驱动力(牵引力)来实现,故又称为牵引力控制系统(Traction Control System,TCS)。ASR 是对 ABS 的完善和补充。驱动轮打滑的根本原因是汽车的驱动力超过了地面的附着力,当驱动轮滑动时,汽车会失去方向稳定性和转向控制能力,使安全性能变差,同时加剧轮胎的磨损,所以,驱动防滑控制系统应运而生。

1.1.2.4　电子制动力分配系统

电子制动力分配系统(Electronic Brakeforce Distribution,EBD)是一种先进的制动技术,能够自动调节不同车轮的制动力,以实现最佳制动效果。EBD 通过感知车辆的负载情况、路况和行驶速度等信息,能够根据由于汽车制动时产生轴荷转移的不同,而自动调节前、后轴的制动力分配比例,提高制动效能,并配合 ABS 提高制动稳定性。相较于 ABS,EBD 可以更加智能地控制车辆制动,能提高制动的灵敏度和精度,汽车安全性能经常使用"ABS + EBD"一起标识。

1.1.2.5　汽车车身电子稳定系统

汽车车身电子稳定系统(Electronic Stability Program,ESP)是一个主动安全控制系统,通过传感器监控车辆自身行驶状态,在车辆紧急躲避障碍物、转弯等容易出现不稳定状况时,以及在转向过度或转向不足情况下,利用动力系统干预及制动系统干预,帮助车辆克服偏离理想轨迹的倾向,为车辆行驶提供更好的安全性。ESP 一般包括电子制动分配力系统、防抱死制动系统、牵引力控制系统、车辆动态控制系统、电子控制防滑差速器系统等。它通过对从各传感器传来的车辆行驶状态信息进行分析,然后向 ABS、EBD 等发出纠偏指令,来帮助车辆维持动态平衡。ESP 可以使车辆在各种状况下保持最佳的稳定性,在转向过度或转向不足的情形下效果更加明显。

1.1.2.6　电子驻车制动系统

电子驻车制动系统(Electronic Parking Brake,EPB)主要是用电子控制的方式取代原来使用驻车制动手柄、拉索等机械手动操作的部分,从而完成整个驻车制动过程。目前在汽车上应用的 EPB 技术主要有两种形式:钢索牵引式 EPB 和整合卡钳式 EPB(图 1-3)。其中,前者属于较早在整车上应用的技术,而后者属于目前广泛应用的 EPB 技术。在使用电子驻车时,驾驶人需要系好安全带才能发挥其作用。

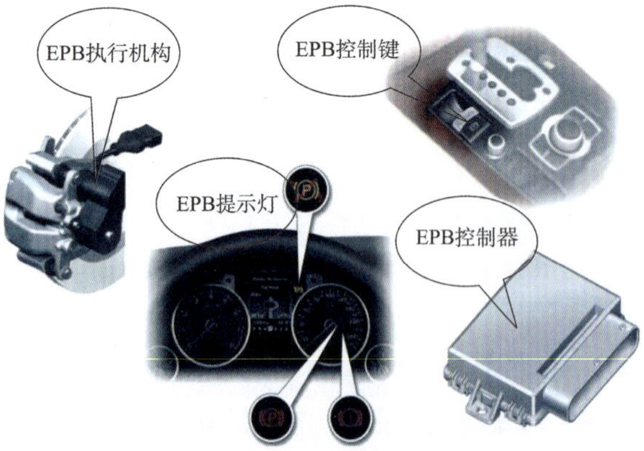

图 1-3　整合卡钳式 EPB

1.1.2.7　汽车转向控制系统

汽车转向控制系统主要有控制两轮的电控动力转向(Electrical Power Steering,EPS)系统和四轮转向控制(Four Wheel Steering,4WS)系统两种类型。EPS系统一般由机械转向系统加上转矩传感器、车速传感器、电子控制单元、减速器、电动机等组成,它在传统机械转向系统的基础上,根据转向盘上的转矩信号和汽车行驶的车速信号,利用电子控制装置使电动机产生相应大小和方向的辅助动力,协助驾驶人进行转向操作。EPS使转向轻便,降低驾驶人的劳动强度,提高安全性。

所谓四轮转向控制(4WS)是指汽车在转向过程中,4个车轮可根据前轮或行车速度等信号同时相对车身偏转。在汽车前轮设置转向装置的基础上,后轮也设置有转向装置,转向时4个车轮相对自主偏向车身,后轮可相对车身主动转向,使汽车的4个车轮都能发挥转向作用。四轮转向控制(4WS)系统能够提高汽车转向的操纵灵活性和高速行驶的操纵稳定性。

1.1.2.8　汽车电控悬架系统

汽车电控悬架系统能够根据车身高度、车速、转向角度及速率、制动等信号,由电子控制单元控制悬架执行机构,使悬架系统的刚度、减振器的阻尼力及车身高度等参数得以改变,从而使汽车具有良好的乘坐舒适性、操纵稳定性以及通过性。电控悬架系统的最大优点就是它能使悬架随不同的路况和行驶状态作出不同的反应。

对于传统的悬架系统而言,当其结构确定后,就具有固定的悬架刚度和阻尼系数,在车辆行驶过程中无法进行调节,因此,悬架减振性能的进一步提高受到了限制。而理想的悬架系统应在不同的行驶条件下具有不同的弹簧刚度和减振器阻尼力,以同时满足平顺性与操纵稳定性的要求。电控悬架系统就是这种理想的悬架系统,它通过对悬架系统参数进行实时控制,使悬架的刚度、减振器的阻尼系数、车身高度能随汽车的载荷、行驶速度、路面状况等行驶条件变化而变化,使悬架性能总是处于最佳状态(或其附近),同时满足汽车行驶平顺性、操纵稳定性等方面的要求。

1.1.2.9　四轮驱动系统

四轮驱动系统又称全轮驱动系统,是指汽车前后轮都有动力,可按行驶路面状态不同而将发动机输出转矩按不同比例分布在前后所有的车轮上,以充分发挥各车轮的驱动力,并提高汽车的操纵稳定性。一般用4×4或4WD来表示,如果一辆车上标有上述字样,那就表示该车辆拥有四轮驱动的功能。目前其已广泛应用于轿车,并引入电控系统,由电磁或者液压控制离合器多层叶片,从而改变发动机驱动力在变速器内传递的路径。

1.1.2.10 电动四轮驱动系统

电动四轮驱动系统是许多新能源汽车使用的四轮驱动系统。新能源汽车四轮驱动,其动力源与燃油汽车有所不同。电动四驱就是通过电机驱动来实现四轮驱动,其工作原理是通过前后桥双电机布局、前发动机驱动＋后电机驱动、四轮毂独立电机等结构来实现电动四驱。目前主流的电动四驱,不管是混合动力电动汽车还是纯电动汽车,采用的都是双电机四驱,即在车辆的前后桥分别安装一个电机,分别驱动前后轮。不同于全时四轮驱动系统,许多配备电动四轮驱动系统的汽车可以将车辆切换为后驱模式或前驱模式。驾驶人还可以调整前后轴的动力分配比例,这对传统的四轮驱动系统来说是困难的。

奥迪 E-tron 纯电动 SUV 是电动四驱的典型案例。这款车前后轴均配有电机,而高性能版 E-tron S 更是采用了前 1 后 2 的三电机配置。车辆的行驶动态由电子化底盘平台通过收集各种传感器信息进行实时监控,并向传动控制单元发送指令,再由前后轴的电力电子设备来调整控制电机的动力输出比例。通常情况下,E-tron 以后轮驱动为主,仅在激烈驾驶或遇到需要额外牵引力的情况时,前轮电机才会介入。

1.1.2.11 电子控制防滑差速器

传统防滑差速器在提高汽车驱动性能、改善汽车行驶稳定性与安全性的同时,也表现出其自身的不足,如使汽车油耗增加、不能与 ESP 及 ABS 协同工作等,由此出现了电子控制防滑差速器。电子控制防滑差速器在中高级轿车及 SUV 车上应用越来越广,是提高汽车主动安全性的重要总成。防滑差速器是对普通差速器的革新与改进,它克服了普通差速器只能平均分配转矩的缺点,可以使大部分甚至全部转矩传给另外一个不滑转的驱动轮,以充分利用这一驱动轮的附着力而产生足够的牵引力,大大提高了汽车在双附着系数路面上的动力性和通过性,显著改善了汽车操纵稳定性,有效地提高了汽车行驶安全性。

1.1.2.12 自适应巡航控制系统

自适应巡航控制系统(Adaptive Cruise Control,ACC)是对传统定速巡航控制系统(Cruising Control System,CCS)的升级,它的出现不仅提升了驾驶体验,更是智能驾驶技术的重要组成部分。它通过与车辆的传感器和控制系统相结合,能够自动调整车速,保持与前方车辆的安全距离,使驾驶更加轻松便捷。自适应巡航控制系统的主要功能是基于特定的信息控制车速与前方车辆运动状况相适应,这些信息包括:

(1)与前车的距离;

(2)本车(配备 ACC)的运动状态;

(3)驾驶人的操作指令。

基于上述信息,控制单元发送控制指令给执行器以执行纵向控制,同时将状态信息提供给驾驶人,基本工作原理如图 1-4 所示。

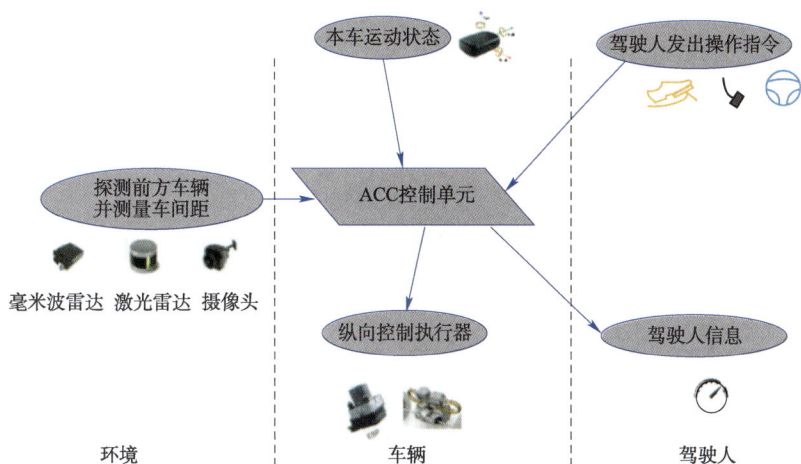

图 1-4　ACC 系统工作原理

1.1.2.13　轮胎压力监测系统

轮胎压力监测系统(Tire Pressure Monitoring System,TPMS)的作用是在汽车行驶过程中对轮胎气压进行实时自动监测,并对轮胎漏气和低气压进行报警,以确保行车安全。汽车轮胎内充气压力的高低直接影响整体行驶的舒适性和安全性,保持适宜的胎压既可以减小轮胎的磨损、降低油耗、并防止胎压不足而引起的轮胎损坏,又能保证汽车的行驶稳定和安全性。TPMS 能实时监测轮胎的压力及温度,并分别在压力过高、过低被扎和温度过高时发出警告,从而起到保障行车安全、延长车胎使用寿命的作用。

1.1.2.14　汽车驾驶辅助系统

汽车驾驶辅助系统是指利用安装在车辆上的传感器、通信、决策及执行等装置,实时监测驾驶人、车辆及其行驶环境,并通过信息、运动控制等方式辅助驾驶人执行驾驶任务或避免、减轻碰撞危害的各类系统的总称。

驾驶辅助系统通常包括自适应巡航控制系统、车道偏离预警系统、车道保持系统、全车碰撞预警系统、制动辅助系统、倒车辅助系统、行人保护系统、自动泊车系统、盲点探测系统、驾驶人疲劳监测等。驾驶辅助控制系统的传感器主要有毫米波雷达、激光雷达、摄像头、超声波雷达等,并逐渐成为汽车产品的核心配置,其在汽车上的主要应用如图 1-5 所示。

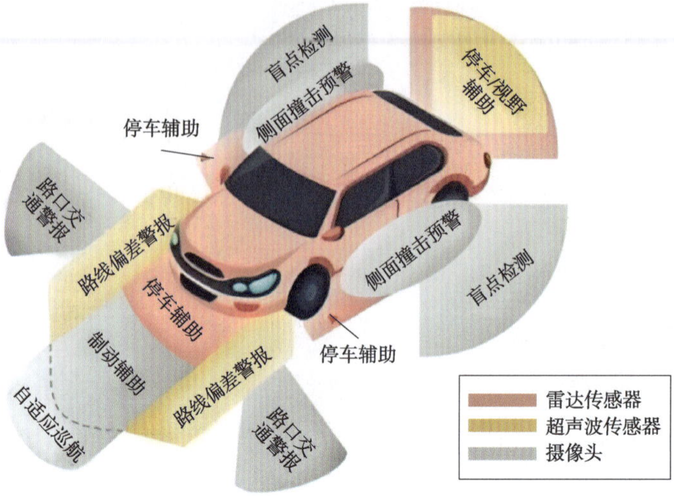

图 1-5　驾驶辅助系统传感器在汽车上的应用

1.1.3　汽车线控底盘

传统的汽车底盘系统依赖机械和液压装置来传递和执行驾驶人的操作指令,这种方式在长期的使用中暴露出诸多局限性,包括传动损耗、响应迟滞和控制精度不足等问题。随着电动汽车和自动驾驶技术的快速发展,这些局限性变得愈发明显。线控底盘的诞生,就是对这些问题的回应和对自动驾驶高精度控制需求的满足。线控底盘技术(X-by-wire)的核心在于通过电子信号控制车辆的关键部件,包括线控制动、线控转向、线控驱动、线控悬架、线控换挡等技术。这些系统协同工作,构成车辆的执行层,直接影响车辆的操控性能和行驶安全。国内问界汽车的自动驾驶功能、蔚来汽车的换电模式以及比亚迪的刀片蓄电池技术等创新技术,基本采用线控技术。线控技术的核心在于通过电子信号代替传统的机械或液压系统来实现对车辆的精确控制。

有些车型线控底盘是将线控制动系统、转向控制系统、主动悬架控制系统、线控驱动系统等新技术集成融合在一起,全部系统功能集中在一个电子控制单元,再通过 CAN 总线实现信息共享、集中控制,提高各自单独控制的性能和资源的合理分配,如蔚来 ET9 底盘系统就是将线控转向、后轮转向和主动悬架三大核心硬件系统集成在一起,是全线控智能底盘系统。

线控底盘的基本原理是传感器负责采集车辆各部分的信息,如车速、转向角度、制动状态等。这些信息被传输到控制器,控制器根据预设的算法进行处理,并发送指令到各个执行器,实现对车辆的控制,如图 1-6 所示。

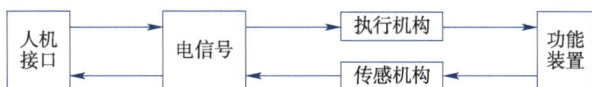

图 1-6　线控技术基本原理图

目前的燃油汽车电子节气门控制技术和电动汽车的加速踏板控制技术,本质上也都是线控驱动技术。电子节气门取消了加速踏板和节气门之间的机械连接,转而采用位置传感器来传递踏板位移信息给 ECU。ECU 再结合其他传感器的信息,计算出最佳的节气门开度,并驱动节气门控制电机实现精确控制,如图 1-7 所示。电子节气门技术已经非常成熟,几乎完全取代了传统节气门,市场占有率达到了 99% 以上。

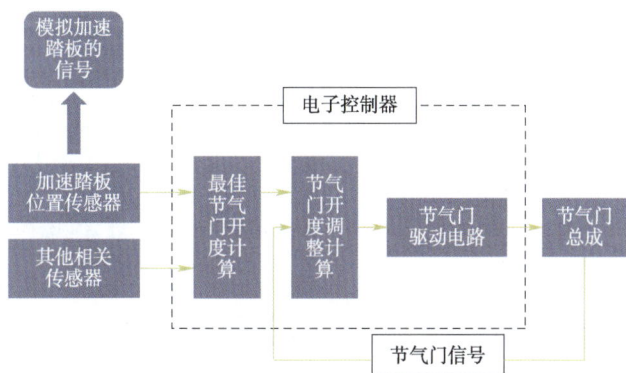

图 1-7　燃油汽车电子节气门控制技术

而在电动汽车上,加速控制本质上就是"线控"。当驾驶人踩下加速踏板,整车控制器根据各传感器输入信号判断车辆当前工况并决策驱动电机的目标转矩,然后通过 CAN 总线将目标值发送给电机控制器(EMC),电机控制器根据接收到的指令对电机进行控制,如图 1-8 所示。

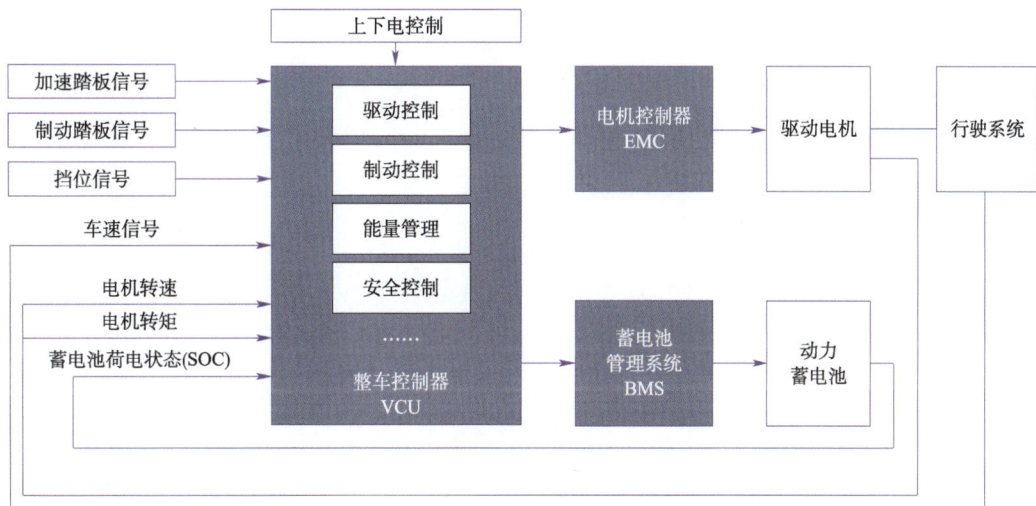

图 1-8　电动汽车加速踏板技术工作原理

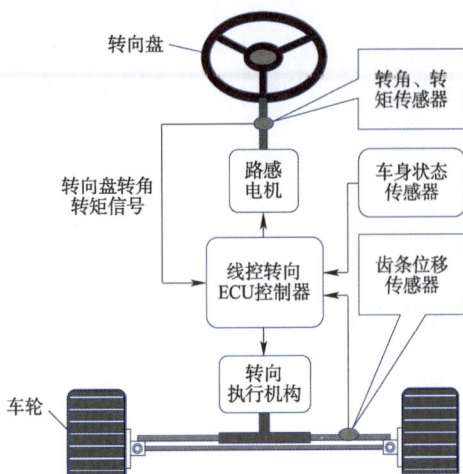

图 1-9　线控转向系统的组成

汽车线控转向系统由转向盘总成、路感电机（或反馈电机）、各传感器、转向执行机构和控制器等组成，如图 1-9 所示。

汽车线控制动系统主要有电控液压制动系统和电子机械制动系统两种类型。电控液压制动系统（Electric Hydraulic Brake，EHB）是一种线控制动系统，它以电子元件替代了部分机械元件，制动踏板不再与制动轮缸直接相连，驾驶人操作由传感器采集作为控制意图，完全由液压执行器来完成制动操作，弥补了传统制动系统的不足，使制动控制得到最大的自由度，从而充分利用路面附着力，提高制动效率。通过高压储液缸产生制动力。在制动时，EHB 的 ECU 根据制动踏板力的大小，并结合汽车的其他数据（如滑移率等）计算各个车轮所需的制动压力，然后由车轮制动压力调节器控制各车轮的制动压力。在电控液压制动系统中，仍将保留液压的车轮制动器。在正常工作情况下，它们与制动踏板是相互独立的；而当 EHB 系统失效时，驾驶人的踏板力会按照传统的液压制动方式经制动主缸传递到前轮制动器上。

电子机械制动系统（Electric Mechanical Brake，EMB）主要由模拟电子踏板、四套 EMB 机械执行机构、四个轮速传感器、两个控制单元及两套供电系统等组成，部件之间通过 CAN 总线或其他网络通信，如图 1-10 所示。

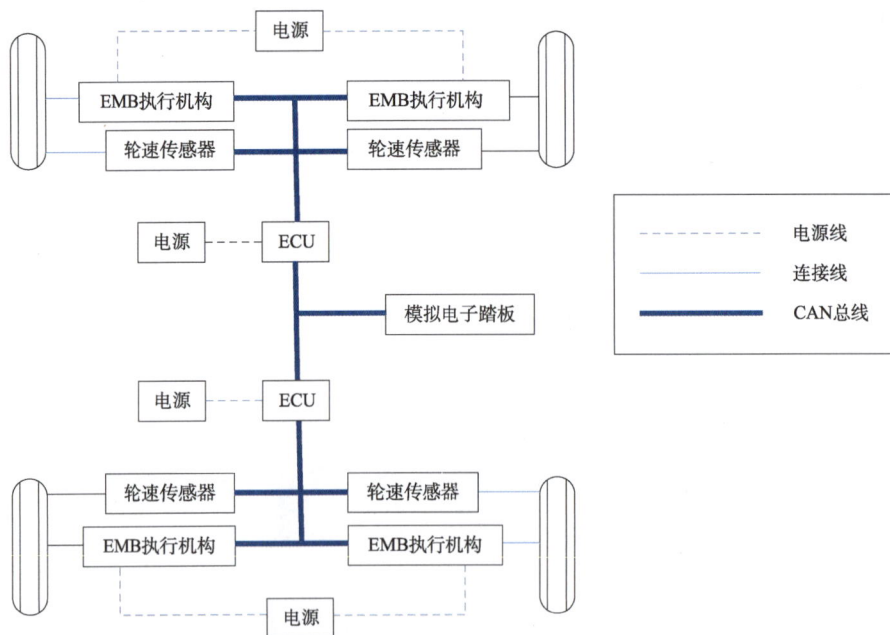

图 1-10　EMB 系统组成

汽车线控底盘的核心优势包括：

1）快速响应、精确控制

传感元件感知驾驶人操纵指令,用电信号代替机械传导,将信息传递给电子控制器及执行机构,有效提高控制速度和精度。

2）主动控制、安全性高

线控系统 ECU 能够结合行车状态对驾驶人操作指令进行分析识别,执行过程和结果受电子控制器的监测和控制,有助于提高行车安全性。

3）轻量化、低能耗

取消机械结构,减少能量传输过程的消耗,减轻车辆的质量,提升新能源汽车的续驶能力。

4）满足个性化需求

易于收集与识别个性化驾乘数据,通过人车交互与自学习迭代,有助于提供个性化驾乘体验。

5）易于整车智能化升级

全线控可进行 OTA(空中下载)升级,通过网络更新底盘核心零部件的控制系统,持续优化执行机构性能。智能驾驶线控底盘技术在新能源汽车上的应用可以说是一项高精度的电控技术,是未来智能驾驶不断发展的重要技术组成部分。在现代科学技术不断发展的新形势下,为了推动新能源汽车自身性能的不断提高,车辆控制技术必然会向更精确的线控系统、全矢量线控底盘等方向发展。

1.1.4 汽车底盘电控技术的发展趋势

随着电动汽车的高速发展,以及蓄电池技术的不断突破,如比亚迪刀片蓄电池、固态蓄电池以及换电技术等,汽车底盘电控技术也在持续更新,其蓄电池底盘一体化技术(Cell to Chassis,CTC)被认为是下一阶段决定新能源汽车竞争胜负的关键核心技术。

2024 年 5 月北京车展,我国多家车企展示了更为先进的智能底盘技术,如宁德时代推出 CIIC 一体化智能底盘,它将蓄电池、电驱动和热管理等子系统高度集成到底盘中,实现了三电系统的深度融合,也称滑板底盘(Skate Board)。滑板底盘主要集中在智能纯电动汽车领域。所谓滑板底盘,即将蓄电池、电动传动系统、悬架、制动等部件提前整合在底盘上,实现车身和底盘的分离,设计解耦。滑板底盘有三个特点:车身和底盘分离,高度集成化,接口标准化。在滑板底盘的结构中,车架、悬架、蓄电池、电机、电控全部集成在一个类似于滑板的底盘上,上面安装不同的车身和座舱,如图 1-11 所示。

图1-11　滑板底盘结构组成

滑板底盘的优势如下：

（1）平台模式，上下分体式开发。节约开发成本，缩短开发周期，给造车新势力提供更多可能。

（2）滑板底盘更符合空间属性。整个底盘采用全线控技术，使得行驶系统、转向系统、传动系统、制动系统高度集成，机械结构大幅简化，可大大节省车内空间。没有机械部件的束缚，在相同的尺寸下，通过滑板底盘可以获得更多的车内空间。

（3）能够适配多种车型，实现多元化车型开发。

（4）可以调整轴距，能节省封装蓄电池的壳体，三元锂蓄电池、磷酸铁锂蓄电池及未来的半固态、固态蓄电池都可以集成在其上，其续驶里程会更长，质量会更轻。

（5）用标准化底盘成就极致化个性座舱设计，符合软件定义汽车的新趋势。

滑板底盘面对的挑战如下：

（1）滑板底盘的生产需一体化压铸，而一体化压铸存在无法避免的一些缺点，如维修难度大、通用性差、压铸集成度高意味着拓展性差，这和滑板底盘可扩展、个性化的需求显然是矛盾的。

（2）滑板底盘匹配能力存疑，即不同产品定义的车、不同定价区间的车是否能匹配到一套底盘上。

滑板底盘是基于新能源汽车、智能网联汽车的普及提出来的，它跟商用车的非承载式底盘有区别。滑板底盘集成了线控转向、线控制动、CTC、高度集成的热管理、集成化的电气架构等。滑板底盘保留了底盘与车身的接口，便于整车厂商根据需求设计车身、座舱。滑板底盘的概念可以实现车身与底盘分体式开发，减少测试成本，降低研发周期，预计可缩短整车的研发周期6～12个月。同时，车身造型可以实现多样化，有利于打造个性化、多元的车型。

汽车底盘电控技术未来发展趋势将呈现以下几个显著特点：

1）电动化

在未来，电动汽车将成为汽车行业的主流。电动汽车的底盘控制技术也将逐步向电动化方向发展。电动汽车的底盘控制系统主要包括电机控制系统、蓄电池管理系统和充电系统三个方面。电机控制系统是电动汽车底盘控制技术的核心，它可以通过对电机的控制实现转向、加速和制动等功能。蓄电池管理系统可以监测蓄电池的电量、电压和温度等参数，确保蓄电池的安全和寿命。充电系统则可以快速充电，提高充电效率和使用便捷性。未来，新能源汽车底盘电控技术将不断创新，提高能量利用效率、降低能耗和排放，同时提升驾驶性能和安全性。

2）智能化

随着人工智能和互联网技术的发展，智能化已经成为未来汽车发展的趋势。在底盘控制技术方面，智能化技术将成为发展的重点。智能化技术主要包括智能驾驶辅助系统和智能底盘控制系统两个方面。

智能驾驶辅助系统可以通过激光雷达、摄像头、超声波等传感器对道路、交通标志、车辆等信息进行感知和识别，自动调节车速、转向和制动，提高驾驶的安全性和舒适性。智能底盘控制系统则可以通过智能控制单元对车辆的转向、制动、悬架和动力等进行精准控制，提高车辆的操控性和稳定性。

3）集成化与模块化

底盘电控系统将更加集成化，将多个分散的控制系统整合在统一的平台上，提高系统的效率和可靠性。同时，模块化设计将使得底盘电控系统的生产和维护更加便捷，降低制造成本和维修难度。

4）环保、节能、轻量化

底盘电控技术将更加注重环保和节能。例如，通过优化制动能量回收系统、降低车辆质量和阻力等方式，减少能源消耗和排放。

轻量化技术是汽车底盘控制技术发展的重要方向。轻量化技术主要包括材料轻量化、结构优化和部件精简三个方面。材料轻量化是指采用新型材料，如高强度钢、铝合金、碳纤维等，减轻汽车质量，提高燃油效率和减少排放；结构优化是指对汽车的结构进行优化设计，降低车身质量，提高车辆的刚性和稳定性；部件精简则是指对汽车底盘控制系统中的各个部件进行优化设计，减少部件数量和质量，从而实现轻量化。

综上所述，底盘电控技术的未来发展趋势将呈现电动化、智能化、集成化、模块线控化、环保节能化、轻量化等特点。这些趋势将推动汽车产业的持续发展和创新，为消费者带来更加安全、舒适、智能的驾驶体验。

▶ **线上学习资源**

1.线上微课

汽车底盘电控系统检修		CAN 总线分析仪的使用	
汽车底盘电控系统认识 1		数字示波器的使用	
汽车底盘电控系统认识 2		汽车故障的常用诊断方法	
CAN 通信原理		汽车维修的注意事项	

2.线上作业

模块 1　线上作业

3.线上测试

模块 1　线上测试

▶ **素养课堂**

比亚迪:探寻"云辇"
智造之路

吉利 24 年"造车记":
敢为人先者"顺势而为"

模块 2

汽车电控液力自动变速器检修

模块导学

1. 目标要求

自动变速器应具有比手动变速器更高的效率和更平顺的驾驶体验,并且更加适应不同的行驶环境,因此,它们深受车厂的青睐。本模块主要学习电控液力自动变速器的结构组成、基本工作原理、控制电路、检修方法,能够掌握电控液力自动变速器的结构和工作原理,并具备对电控液力自动变速器电控系统进行检修的职业能力。

2. 任务分解

本模块分为 1 个任务和 1 个实训项目:

任务　电控液力自动变速器检修	实训项目　电控液力自动变速器检修

3. 情境导入

● **车辆概况**:维修记录显示,2020 年 9 月 13 日,刘先生的一辆丰田皇冠轿车送至我处维修。该车配备 6 挡手自一体变速器,行驶里程 6 万 km。

● **故障描述**:据刘先生反映,车辆在行驶过程中存在明显的顿挫感,特别是在升降挡时感受尤为强烈,且升挡过程稍显吃力。经专业技师试车和细致检查,发现油液质量不佳,计算机检测显示存在电磁阀线路故障码。初步判断,故障可能源于电磁阀功能异常。

● 维修过程:在与刘先生充分沟通后,技师决定对变速器进行拆卸维修。在拆解过程中,技师发现多个电磁阀存在问题,压力调节不准确,这是导致顿挫故障的主要原因。除此之外,部分易损件有一定程度的磨损,但整体状况良好。专业技师更换了新的摩擦片、活塞、修理包及电磁阀,并重新组装变速器进行试车。经过精心维修,故障得以彻底排除。

作为一名汽车专业技师,请思考如下问题:

(1)描述电控液力自动变速器电控系统的基本组成。

(2)简述电控液力自动变速器的工作原理。

(3)描述电控液力自动变速器常见故障诊断的基本原则。

任务 电控液力自动变速器检修

自动变速器是一种可以在车辆行驶过程中自动改变传动比的汽车变速器,就是不用驾驶人手动换挡,车辆会根据行驶的速度和交通情况自动选择合适的挡位行驶,即采用自动换挡控制技术。汽车电控自动变速器与普通手动变速器相比,具有驾驶操纵方便、动力性提高、行驶平顺性变好、汽车通过性增强、汽车排放污染减少、行车安全性提高等优点,但也存在结构复杂、维修成本高等缺点。市场上常用的自动变速器主要有电控液力自动变速器、双离合器自动变速器、无级自动变速器、电控机械自动变速器等类型。

电控液力自动变速器(AT)是在传统液力自动变速器的基础上增设电子控制系统而形成的。电控液力自动变速器能对不同负荷和车速选择最佳传动比,使发动机工作在相应最佳转速下,所有换挡由变速器自行完成。其在轿车上被广泛应用,在重型车辆和一些工程机械上应用具有很好的发展前景。

2.1.1 电控液力自动变速器基本组成

电控液力自动变速器主要由液力变矩器、行星齿轮机构、液压控制系统、换挡执行机构、电子控制系统(电控单元)、冷却滤油装置等部分组成,如图 2-1 所示。

1)液力变矩器

液力变矩器是一个通过自动变速器油(Automatic Transmission Fluid,ATF)传递动力的装置,位于自动变速器的最前端,安装在发动机的飞轮上。其具有一定的减速增扭功能,并能实现无级变速。

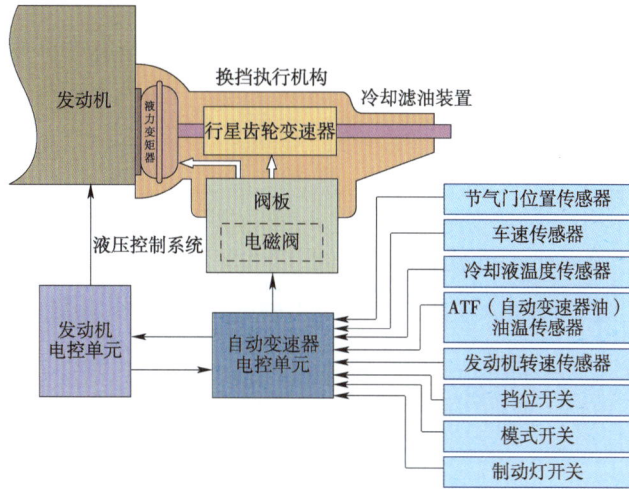

图 2-1 电控液力自动变速器组成图

2）行星齿轮机构

行星齿轮机构包括太阳轮、齿圈、行星齿轮、行星齿轮架等。

3）换挡执行机构

换挡机构由离合器、制动器和单向离合器组成，用于改变行星齿轮中主动元件的运动或固定一个元件，可以使行星齿轮变速机构处于不同挡位，实现不同的传动比输出。

4）液压控制系统

液压控制系统是由油泵、各种控制阀及与之相连通的液压换挡执行元件，如离合器、制动器油缸等组成液压控制回路，用于控制自动变速器升降挡。汽车行驶中根据驾驶人的要求和行驶条件的需要，控制湿式离合器和制动器工作的改变来实现行星齿轮变速器的自动换挡。

5）电子控制系统

电子控制系统包括电控单元（ECU）、传感器、执行器及控制电路等，可按照设定的换挡规律实现自动换挡。将自动变速器的各种控制信号输入到 ECU，经 ECU 处理后发出控制指令控制液压系统中的各种电磁阀，按照设定的换挡规律，自动地接通或切断某些换挡离合器和制动器的供油油路，使离合器结合或分开、制动器制动或释放，以改变齿轮变速器的传动比，从而实现自动换挡，并改善使用性能。早期的发动机和变速器的计算机板集成一体。

6）冷却滤油装置

冷却滤油装置包括冷油器和滤油器，用于控制油温和分离杂质。ATF 在自动变速器工作过程中会因冲击、摩擦产生热量，并吸收齿轮传动过程中所产生的热量，油温会升高。油温升高将导致 ATF 黏度下降，传动效率降低，因此，必须对 ATF 进行冷却，保持油温在 80 ~ 90℃。ATF 是通过冷却器与冷却液或空气进行热量交换的。自动变速器工作中各部件磨损产生的机械杂质，由滤油器从油中过滤分离出去，以减小机械的磨损、堵塞液压油路和控制阀卡滞故障。

2.1.2　液力变矩器

2.1.2.1　功用

液力变矩器位于发动机和机械变速器之间,以 ATF 为工作介质,主要完成以下功用。

(1)传递转矩。发动机的转矩通过液力变矩器的主动元件,再通过 ATF 传给液力变矩器的从动元件,最后传给变速器。

(2)无级变速。根据工况的不同,液力变矩器可以在一定范围内实现转速和转矩的无级变化。

(3)自动离合。液力变矩器由于采用 ATF 传递动力,当踩下制动踏板时,发动机也不会熄火,此时相当于离合器分离。当抬起制动踏板时,汽车可以起步,此时相当于离合器接合。

(4)液压油泵。ATF 在工作的时候需要油泵提供一定的压力,而液压油泵是由液力变矩器壳体驱动的(即发动机直接驱动)。同时,由于采用 ATF 传递动力,液力变矩器的动力传递柔和,且能防止传动系统过载。

2.1.2.2　组成

液力变矩器主要由泵轮、涡轮、导轮、单向离合器、变矩器壳体等组成,如图 2-2 所示。泵轮是主动元件,与变矩器壳连成一体,固定在发动机曲轴上,与曲轴一起旋转;涡轮与从动轴相连;导轮固定在不动的套管上。动力传递路径:壳体→泵轮→涡轮→变速器。

图 2-2　液力变矩器结构组成

1)泵轮

泵轮是液力变矩器的输入元件,它与变矩器壳体刚性连接构成一个整体,如图 2-3 所示。液力变矩器壳体通过螺栓与发动机曲轴后端的飞轮连接,与发动机曲轴一起旋转。

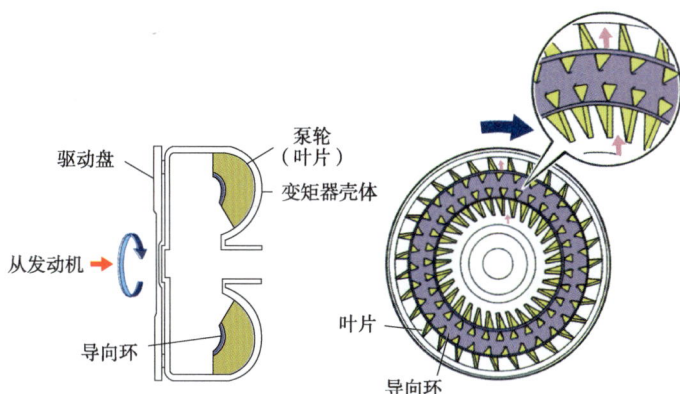

图 2-3　泵轮结构

2)涡轮

涡轮是液力变矩器的输出元件,它通过花键连接到变速器输入轴,其结构如图 2-4 所示。泵轮使变速器油旋转,变速器油对涡轮叶片产生撞击力,从而使涡轮旋转,涡轮再带动变速器输入轴旋转。

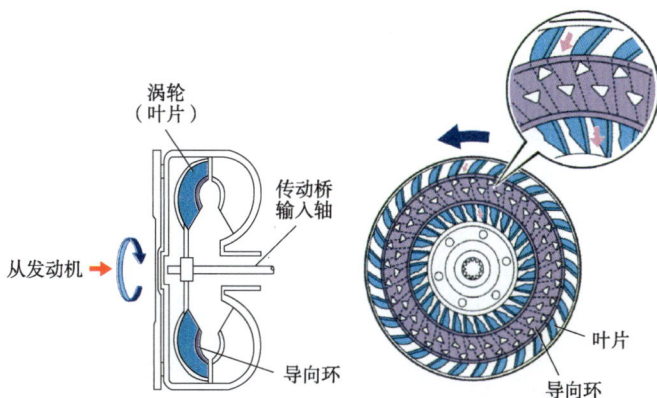

图 2-4　涡轮结构

3)导轮

导轮与单向离合器组装在一起,其结构如图 2-5 所示。导轮的作用是改变回流 ATF 的流向,ATF 冲击泵轮的叶片背面,促使涡轮旋转。因为作用在涡轮上的转矩由发动机的输入转矩和回流的转矩两部分组成,涡轮上的输出转矩大于发动机转矩,所以泵轮与涡轮的转速差越大,回流冲力也越大,转矩增加越多,有利于车辆起步工况。而随转速差的缩小,回流冲力也降低,转矩相应减少,有利于车辆高速行驶时节省油耗。

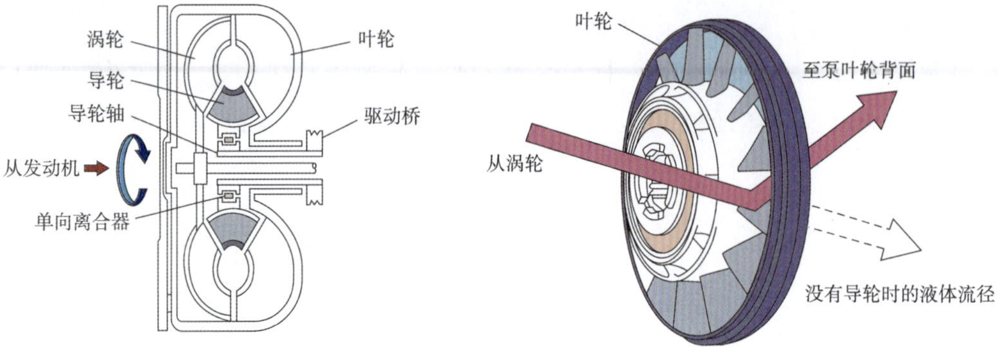

图 2-5　导轮与单向离合器的结构

4) 单向离合器

单向离合器又称为自由轮机构、超越离合器,其功用是实现导轮的单向锁止,即从发动机前端看,导轮只能顺时针转动而不能逆时针转动,使得液力变矩器在高速区实现耦合传动。常见的单向离合器有楔块式和滚柱式两种结构形式。

楔块式单向离合器如图 2-6b)所示,由内座圈、外座圈、楔块(滚柱)、保持架等组成。导轮与外座圈连为一体,内座圈与固定套管刚性连接,不能转动。当导轮带动外座圈逆时针转动时,外座圈带动楔块逆时针转动,楔块的长径与内、外座圈接触,由于长径长度大于内、外座圈之间的距离,所以,外座圈被卡住而不能转动。当导轮带动外座圈顺时针转动时,外座圈带动楔块顺时针转动,楔块的短径与内、外座圈接触,短径长度小于内、外座圈之间的距离,所以,外座圈可以自由转动。

滚柱式单向离合器由内座圈、外座圈、滚柱、叠片弹簧等组成,如图 2-6c)所示。当导轮带动外座圈顺时针转动时,滚柱进入楔形槽的宽处,内、外座圈不能被滚柱楔紧,外座圈和导轮可以顺时针自由转动。当导轮带动外座圈逆时针转动时,滚柱进入楔形槽的窄处,内、外座圈被滚柱楔紧,外座圈和导轮固定不动。

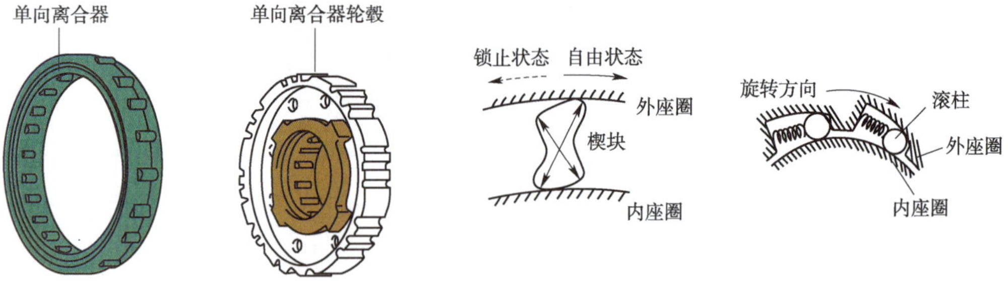

a) 单向离合器　　　　　　　　b) 楔块式单向离合器　　　　　c) 滚柱式单向离合器

图 2-6　单向离合器的工作原理示意图

2.1.2.3　液力变矩器工作原理

液力变矩器工作原理如图 2-7 所示,就像两个相对的风扇,一个风扇(泵轮)工作,带动另一个风扇（涡轮）转动。变矩器工作时，发动机产生的转矩带动泵轮旋转，泵轮叶片带动液流冲向涡轮，从而驱动涡轮转动。刚起步时转矩最大，设此时涡轮所受到的冲击力为 F1。冲到涡轮的液流驱动涡轮后，由于叶片形状，冲向导轮，而导轮不动，冲击导轮的液流受到阻碍，因此，使涡轮受到反作用力 F2，由于 F1、F2 都作用于涡轮，且对涡轮都起增矩作用，所以，使涡轮所受转矩倍增。涡轮转速升高后，液流变向冲击导轮叶片背，而失去增矩作用，并对涡轮产生阻力。因此，现在基本上使用带有单向离合器的导轮，当液流冲击叶片背时，导轮会转过一个角度，使其继续增矩。

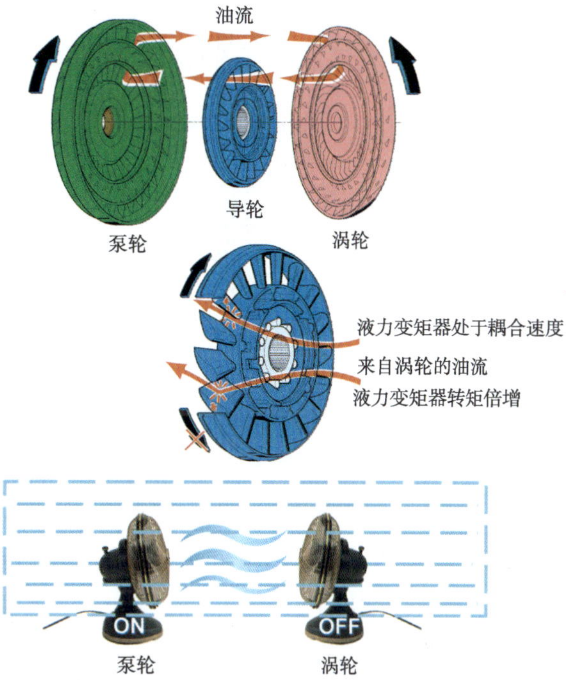

图 2-7　液力变矩器工作原理

2.1.2.4　带锁止离合器的液力变矩器

液力变矩器是用液力来传递汽车动力的，但 ATF 的内部摩擦会造成一定的能量损失，因此，传动效率较低。现代轿车多采用一种带锁止离合器的综合式液力变矩器，用机械的方式直接连接导轮和泵轮，如图 2-8 所示。锁止离合器(Torque Converter Clutch,TCC) 可以将泵轮和涡轮直接连接起来，即将发动机与机械变速器直接连接起来，实现直接挡传动，提高液力变矩器的传动效率，从而提高了汽车的燃油经济性。

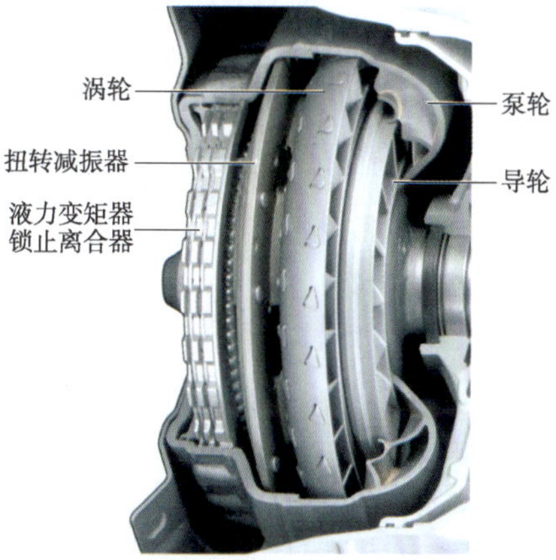

图 2-8　带锁止离合器的液力变矩器

当车辆在良好路面行驶时，车速（一般大于 60km/h）、挡位等满足条件，需要使变矩器锁止离合器接合。电磁阀会打开变矩器锁止离合器前的油室，这样油室内的油压减小，变矩器锁止离合器后的油压就可以使变矩器锁止离合器接合，如图 2-9a)所示。此时发动机的动力经液力变矩器壳体、锁止活塞、扭转减振器、涡轮轮毂传给后面的机械变速器，即将泵轮和涡轮刚性连在一起，传动比为 1，相当于直接挡。

当车辆起步、低速或在坏路面上行驶时，电磁阀重新切断油流，变矩器锁止离合器前的油压增加，锁止离合器的前侧和后侧的压力相等，从而使变矩器锁止离合器分离，解除液力变矩器壳体与涡轮的直接动力传递，如图 2-9b)所示。

a) 接合工作过程   b) 分离工作过程

图2-9　锁止离合器工作原理示意图

另外,锁止离合器在结合时还能减少变矩器中的 ATF 因液体摩擦而产生的热量,有利于降低 ATF 的温度。大多数锁止离合器盘上还装有减振弹簧,以减小锁止离合器在结合时瞬间产生的冲击力。

2.1.3　行星齿轮机构

电控液力自动变速器的变速机构一般多采用行星齿轮机构。简单的行星齿轮机构由齿圈、太阳轮、行星齿轮和行星架组成,如图 2-10a)所示。它的结构紧凑,可以简单、高效地实现变速器各个挡位动力的传递。

在简单行星齿轮机构中,以单排单级为例,太阳轮、齿圈、行星架 3 个元件中的任意一个固定,另外 2 个中的任意一个作为输入或输出元件,可以实现不同的传动方式,而如果将 3 个元件中的任意 2 个刚性连接,锁定在一起作为输入,另一个作为输出,则可以实现直接传动。行星齿轮机构的减速、加速和倒挡(反向)时的传动路线分别如图 2-11～图 2-13 所示。

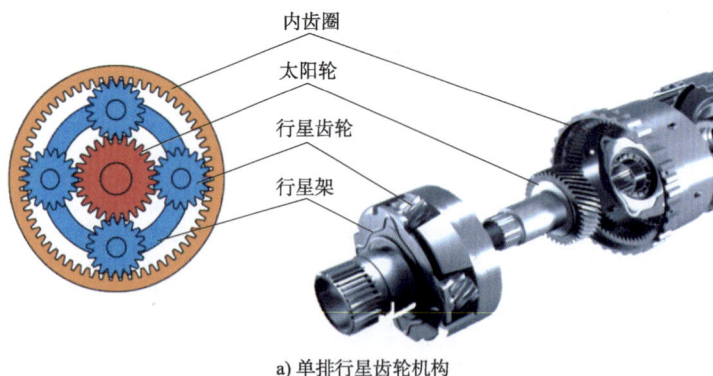

a) 单排行星齿轮机构

图　2-10

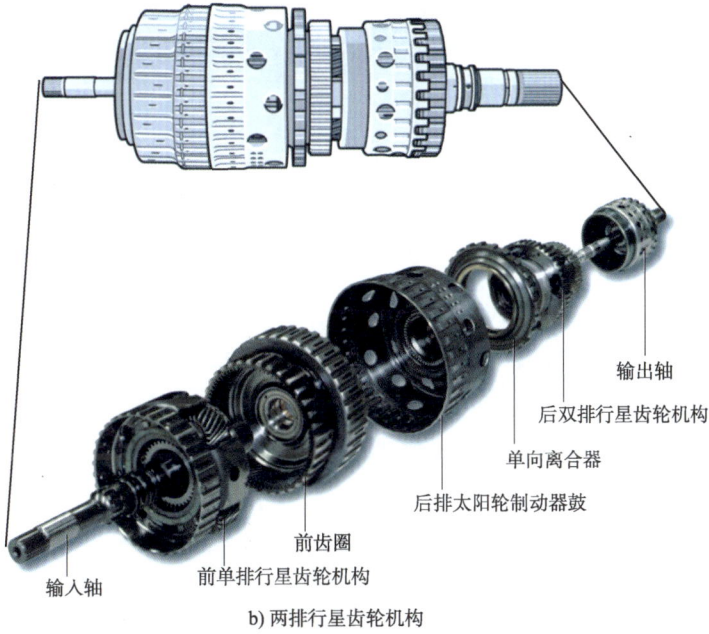

b) 两排行星齿轮机构

图 2-10　自动变速器行星齿轮机构

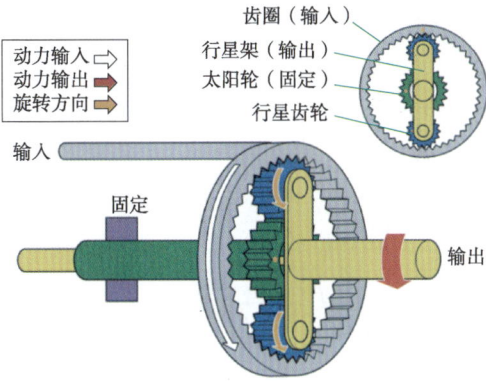

图 2-11　减速传动

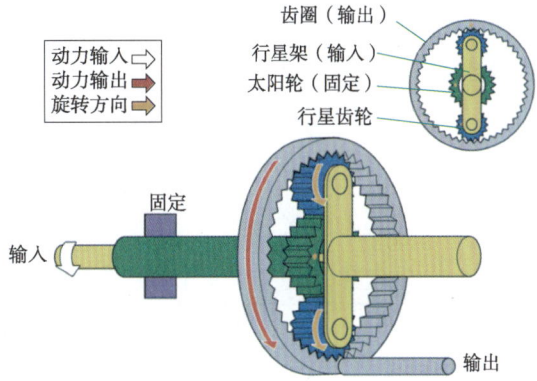

图 2-12　加速传动

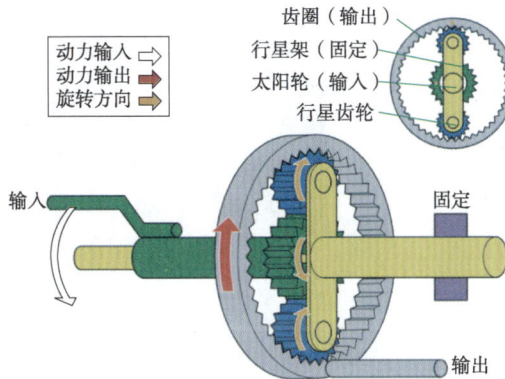

图 2-13　倒挡（反向）传动

单排行星齿轮机构的运动规律见表 2-1。

单排行星齿轮机构的运动规律　　　　　　　　　表 2-1

序号	制动件	主动件	从动件	传动比 i	工作状态	挡位应用
1	太阳轮	齿圈	行星架	根据实际齿数确定	减速传动	二挡
2	太阳轮	行星架	齿圈	根据实际齿数确定	超速传动	超速挡
3	齿圈	太阳轮	行星架	根据实际齿数确定	减速传动	一挡
4	齿圈	行星架	太阳轮	根据实际齿数确定	超速传动	—
5	行星架	太阳轮	齿圈	根据实际齿数确定	反向减速传动	倒挡
6	3 个元件中任意 2 个连成一体，第三个元件与前两个元件等速			传动比 $i=1$	直接传动	直接挡
7	所有元件不受约束			自由转动	失去传动作用	空挡

　　在自动变速器上应用较多的典型复合式行星齿轮机构有辛普森式和拉维娜式。辛普森式行星齿轮机构是由两排行星齿轮机构共用一个太阳轮组成的复合式行星齿轮机构，如图 2-14a) 所示，其执行机构有七个换挡执行元件，包括 2 个离合器、3 个制动器与 2 个单向离合器。拉维娜式行星齿轮机构如图 2-14b) 所示，由 1 个前单行星轮排和 1 个后双行星轮排组合而成。大太阳轮、长行星轮、行星架和齿圈共同组成 1 个单行星轮式行星排；小太阳轮、短行星轮、长行星轮、行星架和齿圈共同组成 1 个双行星轮式行星排。大众汽车 01M 自动变速器就是采用拉维娜式行星齿轮结构。

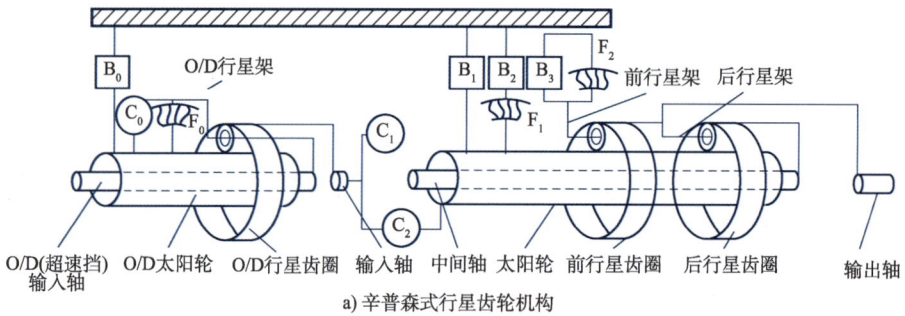

a) 辛普森式行星齿轮机构

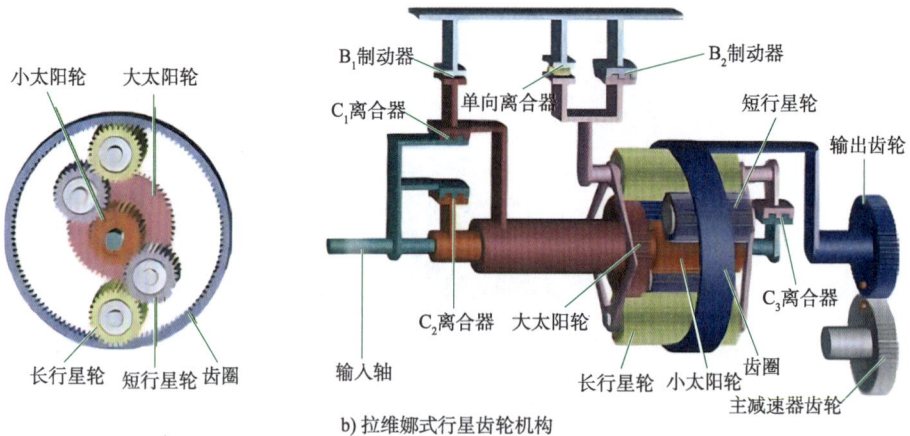

b) 拉维娜式行星齿轮机构

图 2-14　典型行星齿轮机构

B_0、B_1、B_2、B_3-制动器；C_0、C_1、C_2-离合器；F_0、F_1、F_2-单向离合器

2.1.4 液压控制系统

液压控制系统的基本组成包括动力源、执行机构和控制机构三大部分。

(1)动力源。液压控制系统的动力源是油泵(又称液压泵),它是整个液压控制系统的工作基础。

(2)执行机构。执行机构主要由离合器、制动器、油缸等组成。

(3)控制机构。控制机构包括阀体和各种阀。控制阀体包括主油路调压阀、手控阀、换挡阀、电磁阀、锁止离合器控制阀以及换挡品质控制元件等,安装在自动变速器上。

自动变速器液压控制系统的功能主要包括以下几个方面。

(1)提供压力油。为自动变速器提供所需的液压压力,确保各个部件的正常工作。

(2)控制液力变矩器锁止。通过液压系统控制液力变矩器的锁止和解锁,以适应不同的驾驶需求。

液压控制阀体　　变速器控制单元

a) 阀体的安装位置图

(3)润滑和冷却。液压系统中的油液不仅作为传动介质,还起到润滑和冷却作用,减少部件磨损,防止过热。

(4)换挡控制。液压控制系统可以控制离合器、制动器、单向离合器的工作状态,使得行星齿轮变速机构实现不同的运动规律,从而实现换挡。

2.1.4.1 液压油泵

液压油泵的功用是使 ATF 产生一定的压力和流量,供给液力变矩器和液压控制系统,并保证行星齿轮机构各摩擦副的润滑需要。液压油泵工作时都是由变矩器来驱动的,转速与发动机转速相同。常见液压油泵的形式有内啮合齿轮泵、摆线转子泵和叶片泵。

b) 阀体的外观结构图

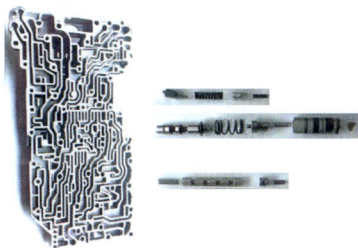

2.1.4.2 控制阀体

液压控制系统的各种阀通常集中在一个阀体上。阀体的结构较复杂,阀体类似于一个迷宫,通常由上阀体、下阀体和手控阀体组成,阀体中各个阀用来调节系统油压的大小、用于打开或关闭某一油路,以达到换挡的目的,以及实现换挡平顺,阀的数量取决于不同变速器的设计。如图 2-15 所示为自动变速器液压控制系统阀体。

c) 阀体的内部油路图

图 2-15　自动变速器阀体示意图

2.1.4.3 主油压调节阀

主油压调节阀将油泵输出的油压调节成为主油压(也称管路油压、管路压力)。主油压是变速器最基本最重要的油压,其作用是驱动离合器和制动器的结合,并建立和调节其他油压。

主油压不正常会造成液压系统的其他油压也不正常,从而影响变速器的正常工作。主油压过高,会增加油泵消耗的功率,在换挡时会产生大的冲击;主油压过低,会造成离合器、制动器的打滑。

2.1.4.4 手控阀

手控阀又称换挡阀,它是一种手动控制的多路换向阀,位于控制系统的阀板总成中,经机械传动机构和自动变速器的操纵手柄相连,由驾驶人手动操作。操纵手柄处于不同位置时,手动阀也随之移至相应的位置,使进入手动阀的主油路油压与不同的控制油路接通,或直接将主油路压力油送入不同挡位的控制油路。

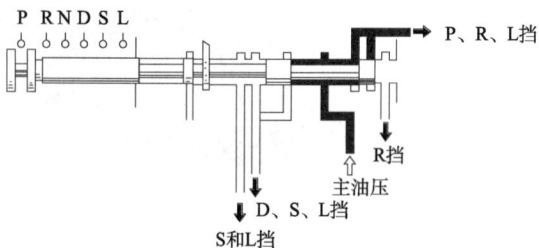

图 2-16 手控阀的结构与原理示意图

图 2-16 所示为典型手控阀的结构和原理简图。手控阀由几段直径相同的阀芯组成,控制阀体上不同油道的开通和关闭,手控阀所处的位置与换挡手柄的位置相同,手控阀的进油口与主油路调压阀相通,出油口与各换挡阀等相通。

2.1.4.5 换挡电磁阀

电控液力自动变速器换挡阀的工作完全由换挡电磁阀控制。自动变速器换挡电磁阀根据发动机负荷(节气门位置)或车速的变化,自动控制挡位的升降,使自动变速器处于最适合汽车行驶状态的挡位上。自动变速器都有一个或几个换挡电磁阀,其数目根据变速器前进挡位数而定。换挡电磁阀其实就是一个油路开关,可以根据控制信号的指令实现油路转换,从而达到换挡的目的。

控制方式有两种:一种是占空比(脉宽)控制,即通过脉宽控制开启或关闭换挡电磁阀控制油路孔来控制换挡阀的工作;另一种是开关型控制,即通过开关开启或关闭换挡电磁阀控制油路来控制换挡阀的工作。

占空比(脉宽)控制方式工作原理如图 2-17a)所示,当换挡电磁阀不通电时,电磁阀开启,电磁阀中的供应口(线路压力)打开,与输出口(离合器压力或制动器压力)接通。当电流接通时,电磁阀中的供应口(线路压力)关闭,输出口(离合器压力或制动器压力)与排放口接通,释放离合器压力。

开关型控制方式工作原理如图 2-17b）所示，当电流接通时，电磁阀开启，电磁阀内的输出口与供应口（电磁阀降低压力）接通，输出压力与电磁阀压力下降相等。当无电流流动时（断电）关闭，电磁阀输出口与排放口接通，释放输出压力。

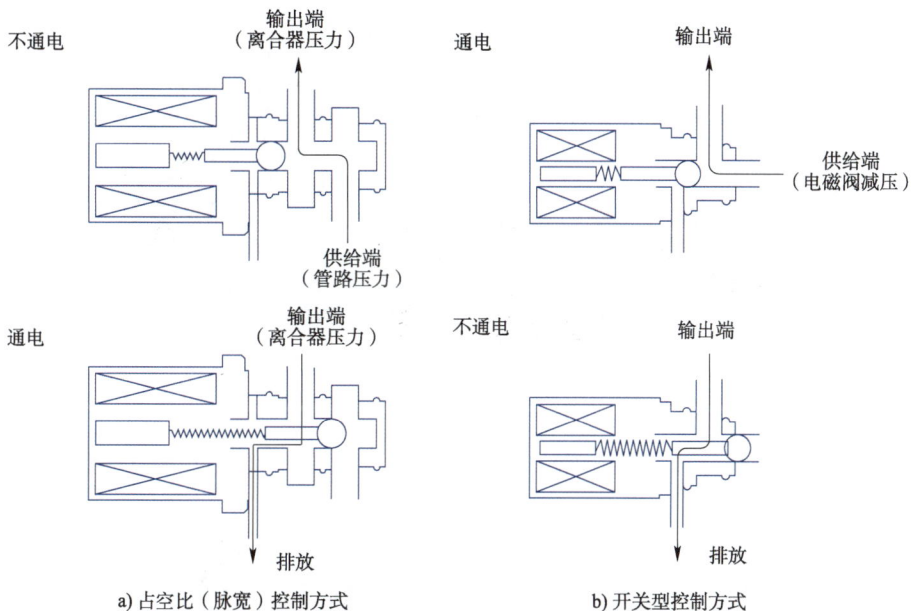

a) 占空比（脉宽）控制方式   b) 开关型控制方式

图 2-17　换挡电磁阀的工作原理示意图

2.1.4.6　蓄压器

蓄压器属于换挡品质控制元件，作用是保证换挡过程平稳无冲击，防止大的动载荷，避免零部件的损坏和换挡过程中的不适感。蓄压器结构如图 2-18 所示。

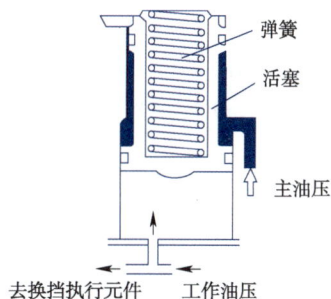

图 2-18　蓄压器结构示意图

2.1.5　换挡执行机构

变速器中的挡位变换必须通过以不同方式对行星齿轮变速机构的不同元件进行约束（即固定或连接某些基本元件）来实现，能对这些基本元件实施约束的机构，就是换挡执行机构。换挡执行机构主要由离合器、制动器和单向离合器三种执行元件组成。如图 2-19 所示为自动变速器内部的换挡执行机构。

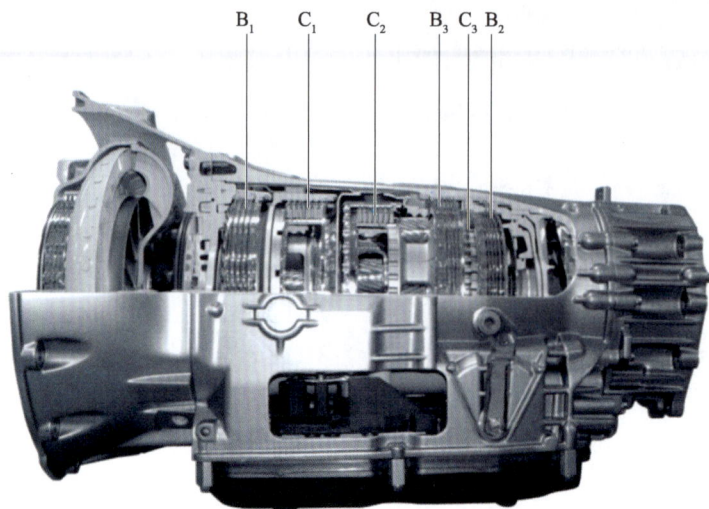

图 2-19　自动变速器内部的换挡执行机构

C-离合器；B-制动器

1) 离合器

离合器的作用是把动力传递给行星齿轮机构的某个元件，使其成为主动件，或将某两个元件连接在一起。

离合器的形式一般为湿式多片离合器，是液压控制的执行元件。其结构如图 2-20 所示，基本构造由离合器毂、离合器活塞、复位弹簧、离合器片(钢片、摩擦片)、花键毂等组成。摩擦片与旋转的花键毂的齿键连接，可轴向移动，为输入端。主动钢片与转动毂的内花键连接也可轴向移动，可输出转矩。活塞为环状，另外活塞上有密封圈和复位弹簧。

当压力油经油道进入活塞左面的液压缸时，液压力克服弹簧力使活塞右移，将所有离合

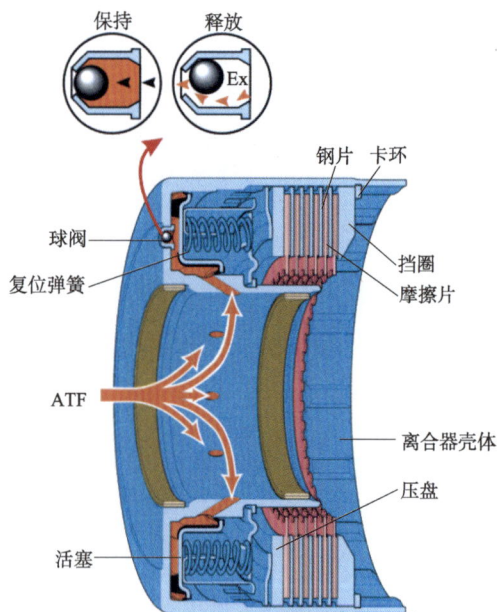

图 2-20　湿式多片离合器

器片压紧，离合器接合。当控制阀将作用在离合器液压缸的油压力撤除后，离合器活塞在复位弹簧的作用下恢复原位，并将缸内的变速器油从进油孔排出，离合器分离。

离合器处于分离状态时，离合器片之间有一定的轴向间隙，该间隙一般为 0.50 ~ 0.90mm 不等，以保证钢片和摩擦片之间无轴向压力。间隙调整由 8 种厚度规格凸缘来替换，每增加 0.20mm 为一种规格，详细查看维修手册。

2)制动器

制动器的作用是将行星齿轮机构中的某个元件抱住,使其静止,成为固定元件。制动器分为片式制动器和带式制动器两种。

片式制动器的结构与多片离合器基本相同,如图 2-21 所示。不同之处是制动器从动片的外缘花键齿与固定的变速器外壳连接,可轴向移动,以便接合时将主动件制动,使行星齿轮机构改组换挡。摩擦片和钢片的数量根据自动变速器的型号而不同,即使在相同型号的自动变速器中,片的数量可以因与驱动桥配套的发动机而不同。用新盘更换制动盘时,应在安装时将新盘浸在 ATF 中 15min 以上。

带式制动器由制动带、油缸、活塞和调整件组成,如图 2-22 所示。当液压施加到活塞上时,活塞在活塞缸内向左运动,压缩弹簧,活塞杆随活塞向左移动并推动制动带的一端。因为制动带另一端是固定在变速器外壳上的,所以制动带的直径减小,使制动带夹紧在毂上从而使制动毂不能运动,此时,在制动带和制动毂之间产生大的摩擦力使制动毂或一部分行星齿轮不能运动。当压缩液体从缸中排出时,活塞和活塞杆被外弹簧的力推回,制动毂与制动带松开。

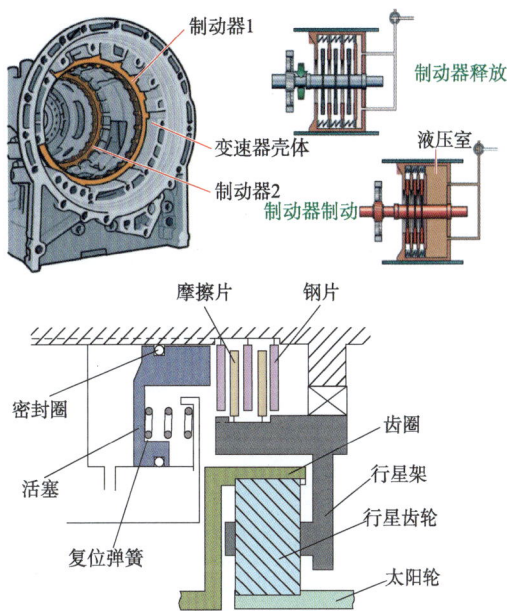

图 2-21 片式制动器

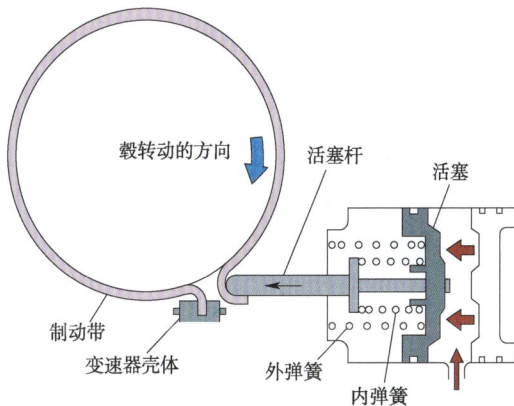

图 2-22 带式制动器

3)单向离合器

单向离合器的作用和多片离合器及制动器基本相同,也是用于固定或连接几组行星齿轮中的某些太阳轮、行星架、齿圈等基本元件,让行星齿轮变速机构形成不同传动比的挡位。常见形式有滚柱式(液力变矩器常用)和楔块式(行星齿轮变速器常用),见 2.1.2.2 相关内容。

2.1.6　电子控制系统

电控自动变速器的电子控制系统由传感器、执行器和控制单元(ECU)组成。

2.1.6.1　传感器

传感器是电控液力自动变速器的检测装置,它的功能是将检测到的电信号传输给 ECU。自动变速器常用的传感器有节气门位置传感器、车速传感器、输入轴转速传感器、ATF 温度传感器、开关信号等。

1)节气门位置传感器

自动变速器节气门位置传感器与发动机 ECU 共用一个节气门位置传感器,其形式多为可变电阻式,其结构如图 2-23a)所示。节气门位置传感器电路及输出特性如图 2-23b)所示。传感器工作电压 VC 为 5V 电源,节气门开度信号 VT_A,怠速触点信号 IDL,搭铁端子 E。如图 2-23c)所示的是霍尔式节气门位置传感器电路,其中 S1、S2 分别为位置信号 1 和位置信号 2。

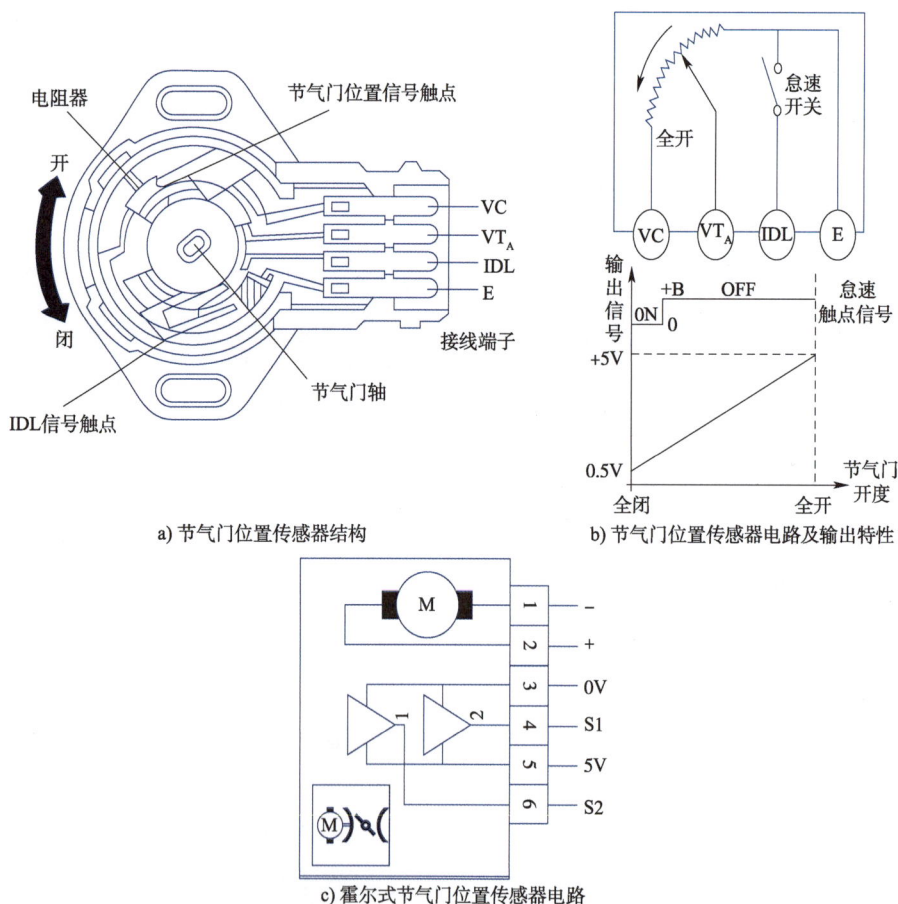

a) 节气门位置传感器结构

b) 节气门位置传感器电路及输出特性

c) 霍尔式节气门位置传感器电路

图 2-23　节气门位置传感器结构与电路图

2）车速传感器

车速传感器探测车辆正在行驶的实际速度，ECU 根据车速传感器的信号计算出车速，作为其换挡控制的依据。车速传感器主要有电磁式、霍尔式、光电式、磁阻式等类型。

常见车速传感器采用电磁式，其结构如图 2-24a）所示。发生转速信号的齿圈的每个齿经过车轮转速传感器时引起线圈磁通量的变化，在线圈中产生感应电动势。感应电动势的电压和频率与车轮转速及信号齿数成正比，电压的频率是计算机所采集的信号。传感器输出电压波形如图 2-24b）所示。

a）车速传感器结构

b）传感器输出电压波形

图 2-24　电磁式车速传感器及其输出电压波形

霍尔式车速传感器主要由霍尔元件、永久磁铁、触发轮等组成，如图 2-25 所示。它主要是通过霍尔元件感应磁场的强弱变化来产生脉冲的霍尔电压信号，经放大整形后输出（即为传感器的输出信号）。与电磁式不同的是：它是有供电（电源）线的，而电磁式没有。因此，霍尔式车速传感器电路通常为三根线，分别为电源、搭铁、信号线。电磁式车速传感器的信号为交流电压信号，霍尔式车速传感器的信号为直流脉冲电压信号。

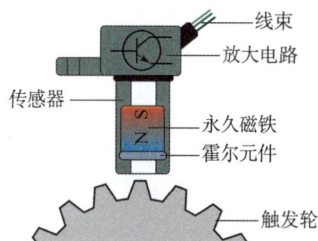

图 2-25　霍尔式车速传感器

3）输入轴转速传感器

输入轴转速传感器的结构、工作原理与车速传感器相同。它安装在行星齿轮变速器的输入轴或与输入轴连接的涡轮变矩器附近的壳体上，用于检测 ECT（电子节气门控制器）输入轴转速。

4）ATF 温度传感器

ATF 温度传感器是一种负温度系数热敏电阻，温度越高，电阻越低，它安装在变速器油底壳内的液压控制阀板上，用于检测 ATF 温度，以作为 ECU 进行换挡控制、油压控制、锁止离合器控制的依据。ATF 温度传感器电路及输出特性如图 2-26 所示。

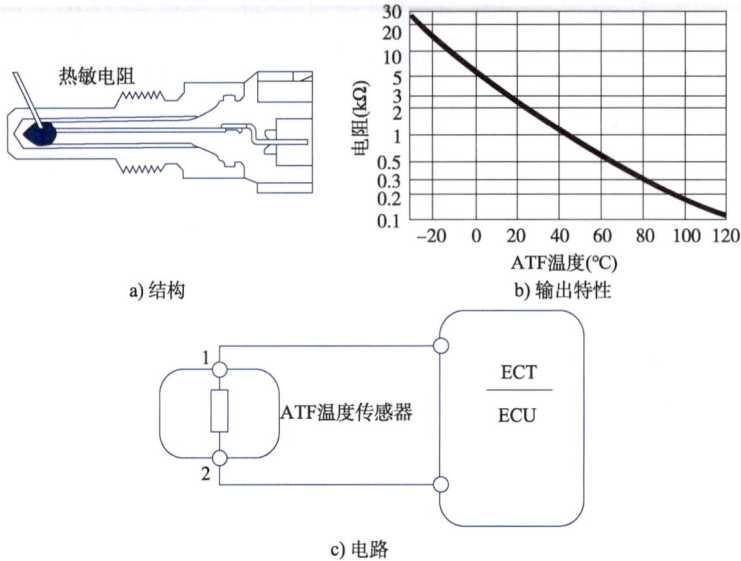

a) 结构   b) 输出特性

c) 电路

图 2-26   ATF 温度传感器电路及输出特性示意图

除了上述各种传感器之外,自动变速器的控制系统还将发动机控制系统中的一些信号,如发动机转速信号、发动机冷却液温度信号、大气压力信号、进气温度信号等,作为控制自动变速器的参考信号。

5)开关信号

(1)空挡起动开关。

空挡起动开关用以判断换挡手柄的位置,防止发动机在驱动挡位时起动。当换挡手柄位于空挡或驻车位置时,起动开关接通。这时起动发动机,起动开关便向电控单元输出起动信号,使发动机得以起动。如果换挡手柄位于任一驱动位置,则起动开关断开,发动机不能起动,从而保证使用安全。当换挡手柄置于不同位置时,空挡起动开关便接通相关电路,电控单元根据接通电路的信号,控制变速器进行自动换挡。空挡起动开关的外形和内部触点如图 2-27 所示。

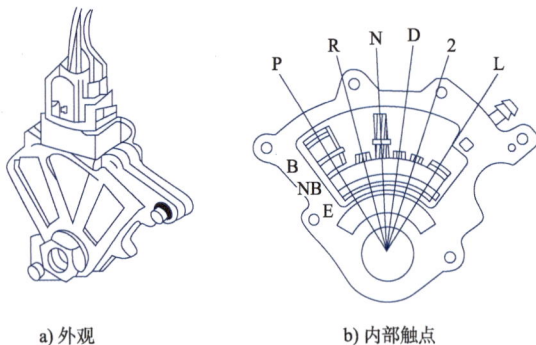

a) 外观   b) 内部触点

图 2-27   空挡起动开关的外形和内部触点示意图

空挡起动开关的连接线路如图 2-28 所示。ECU 收到来自 L、2、N 端子的输入信号,表明变速器相应地处于 L、2、N 挡位。如果 L、2、N 端子无信号输入,则 ECU 判断自动变速器处于 D 挡位。空挡起动开关只有在 N 或 P 挡时,起动机的控制线路才接通,发动机才能起动,ECU 各端子的信号输入,决定着换挡的程序。

图 2-28 空挡起动开关连接线路图

（2）换挡模式开关。

大部分电子控制自动变速器都有一个模式开关,安装在换挡杆或仪表盘上,用于选择驾驶模块。常见的自动变速器的控制模式有运动模式和常规模式。行驶模式选择开关及连接线路如图 2-29 所示。

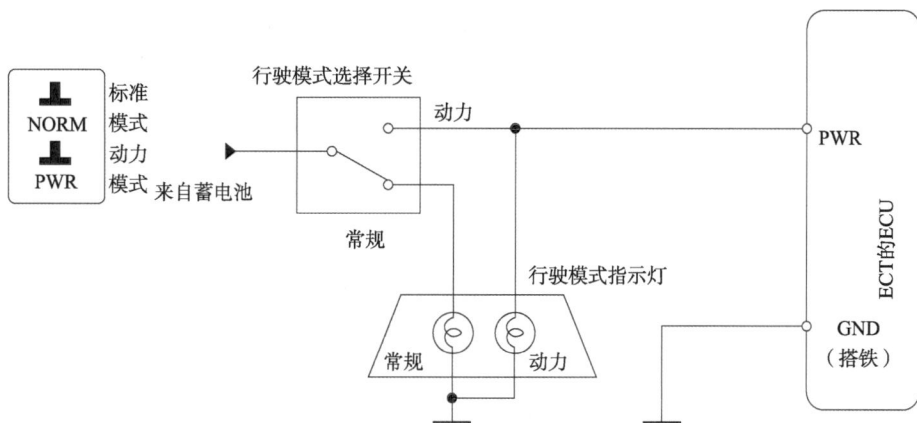

图 2-29 行驶模式选择开关及连接线路图

①常规模式:以获得最佳燃油经济性为目标设计换挡规律。

②运动模式:以获得最大动力性为目标设计换挡规律。

选择动力模式(PWR)时,ECU 的 PWR 端子有 12V 的电压输入,同时仪表盘指示灯闪亮,有些车辆还设置有巡航控制系统,如果选择动力模式行驶,在巡航控制系统开启后,ECU 将自动把行驶模式转变为常规模式。

（3）超速挡开关。

有些车型设置有超速挡开关,用来控制自动变速器的超速挡。当打开开关后,超速挡控制电路接通,此时若换挡杆置于 D 挡,自动变速器随着车速的升高而升挡,最高可升入 4 挡（即超速挡）。开关关闭后,超速挡控制电路被断开,仪表盘上的"O/D OFF"指示灯随之亮起(表示限制超速挡的使用),自动变速器随着车速的提高而升挡时,最高只能升入 3 挡,不能升入超速挡。超速挡开关的安装位置和连接电路如图 2-30 所示。

图 2-30　超速挡开关的安装位置和连接电路图

（4）制动灯开关。

制动灯开关用以判断制动踏板是否踩下,如果踩下,则该开关便将信号传输给电控单元,以解除锁止离合器的结合,防止突然制动时发动机熄火。制动灯开关位置及连接线路如图 2-31 所示,利用发动机 ECU 以外电源(STP),起动时发动机 ECU 通过检测被提供的电压值来判断它是否运行。当开关关闭时,12V 电压提供给发动机 ECU 端子,当开关断开时,电压变为 0。

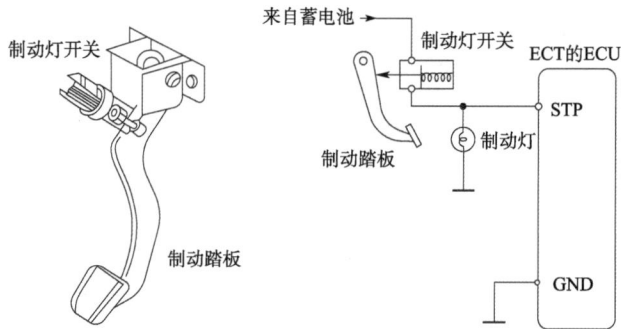

图 2-31　制动灯开关位置及连接线路图

2.1.6.2　执行器

自动变速器电控系统的执行元件主要是电磁阀,按其作用不同可分为换挡电磁阀、调压电磁阀、液力变矩器锁止电磁阀等。电磁阀与 ECU 的线路连接如图 2-32 所示。如果电磁阀的线路出现故障,ECU 将立即停止对故障元件输出换挡指令,同时执行失效保护功能。

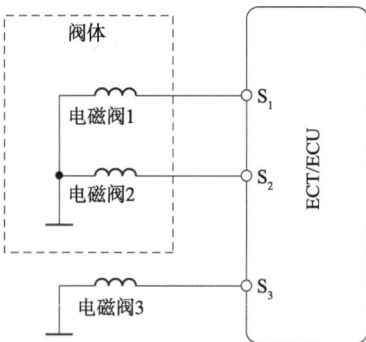

图 2-32　电磁阀与 ECU 的线路连接电路图

2.1.6.3　控制单元

1）换挡功能

自动变速器 ECU 的存储器中存有车辆在各种行驶模

式和各挡位的最佳换挡程序,ECU 根据各个传感器的输入信号决定是否需要换挡,并控制换挡电磁阀,改变液压系统的油路,实现换挡。

2)锁止正时控制功能

自动变速器 ECU 将各种行驶模式下锁止离合器的工作方式编程存入存储器,然后根据各种输入信号,控制锁止离合器电磁阀的通、断电,从而控制锁止离合器的工作。

3)故障自诊断功能

自动变速器 ECU 具有内置的自诊断系统,它不断监控各传感器、信号开关、电磁阀及其线路,当有故障时,ECU 使"O/D OFF"指示灯闪烁,以提醒驾驶人或维修人员,并将故障内容以故障码的形式存储在存储器中,以便维修人员读取故障码。

4)故障失效保护功能

当自动变速器出现故障时,为了尽可能使自动变速器保持最基本的工作能力,以维持汽车行驶,便于汽车进厂维修,电控自动变速器 ECU 都具有失效保护功能。

2.1.7 电控液力自动变速器工作原理

电控液力自动变速器的工作原理如图 2-33 所示,它是通过各种传感器,将发动机的转速、节气门开度、车速、ATF 温度等参数信号输入到 ECU,ECU 根据这些信号进行分析、计算和处理,按照设定的换挡规律,向换挡电磁阀、油压电磁阀等发出动作控制信号,换挡电磁阀和油压电磁阀再将 ECU 的动作控制信号转变为液压控制信号,控制阀板中的各个换挡执行元件的动作,从而实现自动换挡过程。

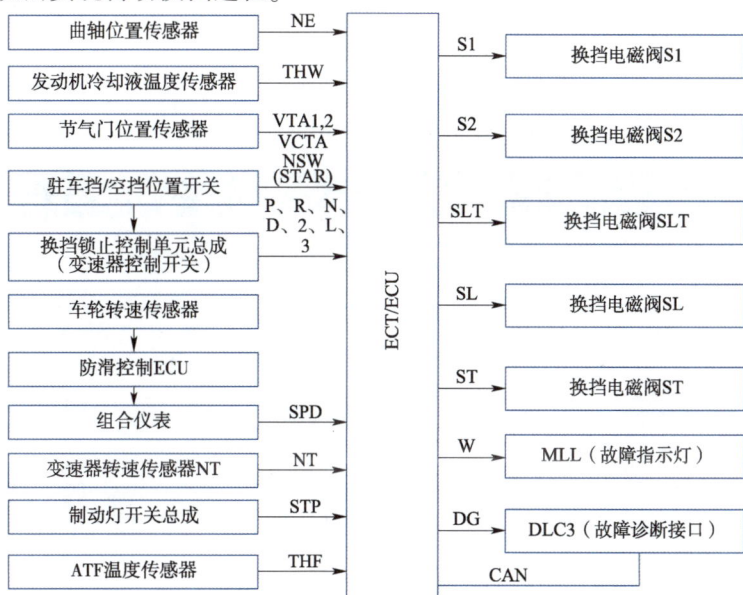

图 2-33　自动变速器工作电路原理图

2.1.8　电控液力自动变速器控制电路

丰田汽车典型自动变速器控制电路组成如图 2-34 所示,图中接线端子的符号功能见表 2-2。

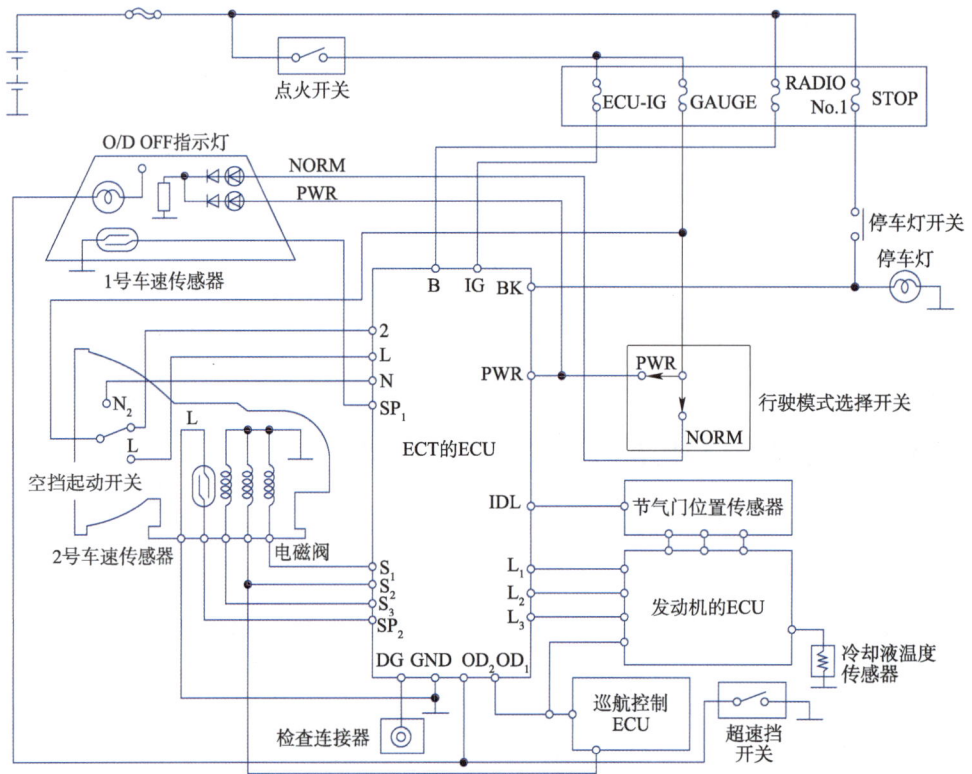

图 2-34　自动变速器电控系统线路图

ECT 的 ECU 接线端子向符号功能　　　　　表 2-2

端子名称	功能
+B	为 ECU 诊断存储器供电
STP	接收制动信号
DG	输出故障自诊断结果
GND	ECU 搭铁
IDL	接收节气门位置传感器送来的"全关闭信号"
IG	为 ECU 接通电源
L_1、L_2、L_3	接收节气门位置传感器经发动机 ECU 传来的"开启角度电信号"
L、2、N	接收来自空挡起动开关的信号
OD_1	接收由发动机 ECU 输出的"超速和闭锁解除信号"

端子名称	功能
OD$_2$	接收由 OD 开关输出的"超速通断信号"
PWR	输入驱动方式选择开关的信号,切换到动力换挡模式或常规换挡模式
S$_1$、S$_2$、S$_3$	控制 3 个电磁阀通电或断电的信号。S$_1$、S$_2$ 控制行星齿轮变速器自动换挡;而 S$_3$ 控制液力变矩器中锁止离合器的接合与分离
SP$_1$、SP$_2$	接收车速信号(其中 SP$_1$ 为备用信号)
B$_K$	接收驻车制动信号,此信号通知 ECU 驻车制动器已经拉紧

大众 CC 汽车采用的 09G 型自动变速器也为电控液力自动变速器类型,其系统控制电路如图 2-35 所示。

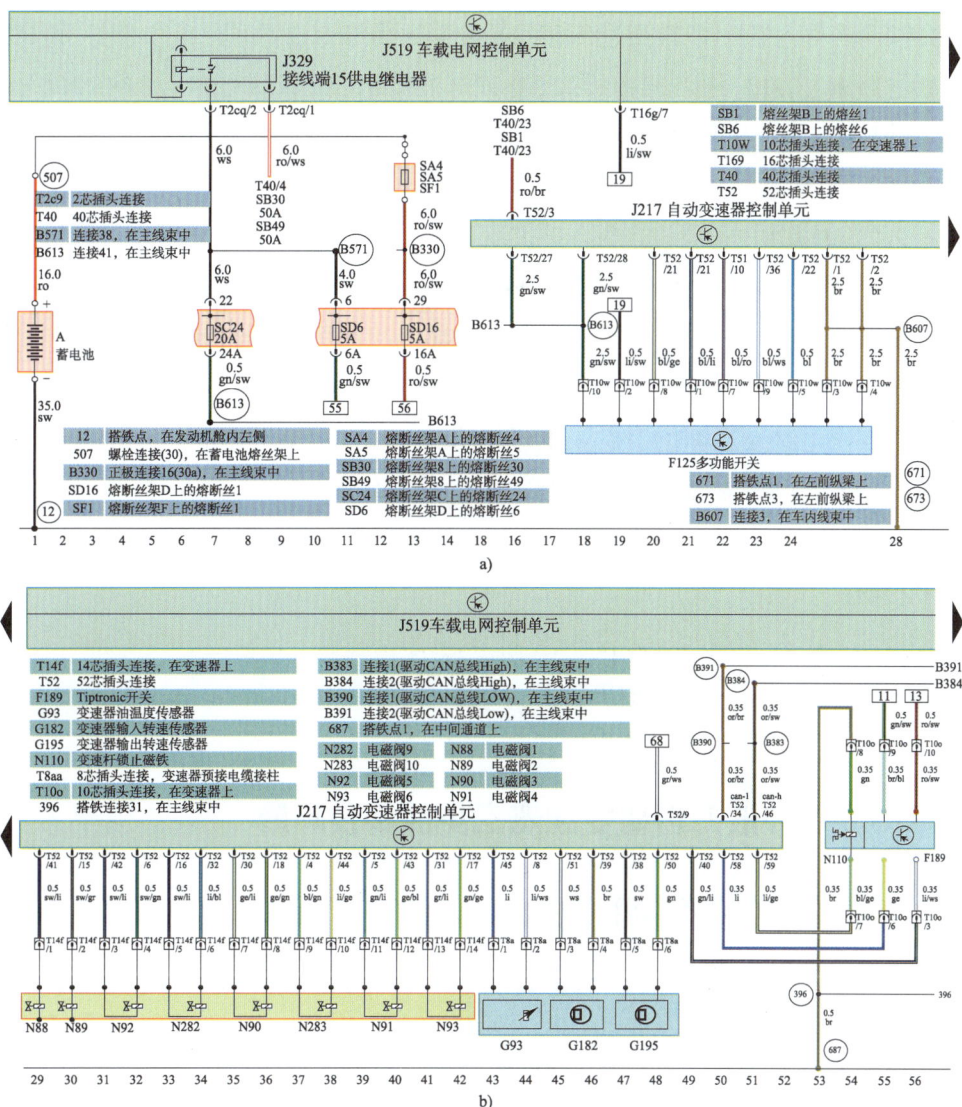

图 2-35　大众自动变速器控制系统控制电路图

1)传感器

09G 型自动变速器控制系统所用的传感器包括变速器油温度传感器、变速器输入转速传感器、变速器输出转速传感器等。发动机控制单元 J623(B391、B384 数据总线)与自动变速器控制单元 J217 通过数据总线相连,实现数据的传输,从而控制变速器的工作。

(1)变速器油温度传感器 G93。

变速器油温度传感器与发动机冷却液温度传感器一样属于热敏电阻(负温度系数)式传感器,用于检测自动变速器油的温度。变速器油温度传感器 G93 通过"T8a"引脚插头"1"和"2"端子、导线与 J217 的 8 脚和 45 脚相连。

(2)变速器输入转速传感器 G182 和输出转速传感器 G195。

变速器转速传感器的工作原理与车速传感器相同,属于电磁感应式传感器。输入转速传感器的线圈产生电信号,线圈通过传感器插接器导线与 J217 的 51、39 脚相连,电压信号通过上述电路输入 J217。输出转速传感器导线与 J217 的 38、50 脚相连。此外,J217 还将此信号与发动机转速信号进行比较,计算出变矩器的传动比,优化油路压力控制和锁止离合器控制。

(3)多功能开关 F125。

F125 的主要作用是向 J217 提供换挡杆(自动变速器操纵手柄)位置信号。多功能开关的 1、7、9、5 分别与 J217 的 21、10、36、22 号端子相连,向 J217 发送换挡杆位置信号。

2)控制单元 J217

J217 的供电电路为蓄电池正极→熔断丝 SD16→F189 插接器 T10o 上的 10 号端子→插接器 T10o 上的 3 号端子→J217 插接器 T52 上的 40 号端子。

J217 的搭铁电路为 J217 插接器 T52 上的 1 号端子和 2 号端子搭铁。

3)执行器

J217 分别对电磁阀的搭铁回路进行控制,相应的控制端子分别是电磁阀 N92→J217 的 T52/6 端子、电磁阀 N282→J217 的 T52/32 端子、电磁阀 N90→J217 的 T52/18 端子等。

2.1.9 电控液力自动变速器常见故障及检修

2.1.9.1 常见故障及原因

1)自动变速器打滑故障

故障现象:汽车起步时踩下加速踏板,发动机转速快速攀升,但车速升高缓慢;汽车行驶中踩下加速踏板加速时,发动机转速快速攀升,但车速升高缓慢;汽车平路行驶基本正常,但上坡无力,且发动机转速异常高。

故障原因：

（1）自动变速器油面太低。

（2）自动变速器油面太高，运转中被行星齿轮机构剧烈搅动后产生大量气泡。

（3）离合器或制动器摩擦片、制动带磨损过甚或烧焦。

（4）油泵磨损过甚或主油路泄漏，造成油路油压过低。

（5）单向离合器打滑。

（6）离合器或制动器活塞密封圈损坏，导致漏油。

2）自动变速器换挡冲击故障

故障现象： 汽车起步时，由停车挡（P 位）或空挡（N 位）挂入倒挡（R 位）或前进挡（D 位）时汽车振动较严重；在行驶过程中，自动变速器升挡或瞬间汽车有明显的闯动。

故障原因：

（1）发动机怠速过高。

（2）节气门位置传感器调整不当，使主油路油压过高。

（3）升挡过迟。

（4）主油路调压有故障，使主油路油压过高。

（5）止回阀钢球漏装，换挡执行元件（离合器或制动器）结合过快。

（6）换挡执行元件打滑。

（7）油压电磁阀不工作。

（8）ECU 有故障。

3）自动变速器不能升挡故障

故障现象： 汽车在行驶中自动变速器始终保持在 1 挡，不能升入 2 挡或高速挡；行驶中自动变速器可以升入 2 挡，但不能升入 3 挡或超速挡。

故障原因：

（1）节气门位置传感器调整不当。

（2）车速传感器有故障。

（3）相应的制动器或离合器有故障。

（4）换挡阀卡滞。

（5）挡位开关有故障。

4）频繁跳挡故障

故障现象： 汽车以前进挡行驶时，即使加速踏板保持不动，自动变速器仍然会经常出现突然降挡现象，降挡后发动机转速异常升高，并产生换挡冲击。

故障原因：

(1)节气门位置传感器有故障。

(2)车速传感器有故障。

(3)控制系统电路搭铁不良。

(4)换挡电磁阀接触不良。

(5)ECU有故障。

5)自动变速器无锁止故障

故障现象：汽车在行驶中车速、挡位已满足锁止离合器起作用的条件,但锁止离合器仍没有产生锁止作用,并且汽车油耗较大。

故障原因：

(1)自动变速器油温度传感器有故障。

(2)节气门位置传感器有故障。

(3)锁止电磁阀有故障或线路短路、断路。

(4)锁止控制阀有故障。

(5)液力变矩器中的锁止离合器损坏。

6)自动变速器异响故障

故障现象：在汽车运转过程中,自动变速器内始终有异常响声;汽车在行驶中自动变速器有异响,停车挂空挡后异响消失。

故障原因：

(1)油泵因磨损过甚或自动变速器油液面高度过低、过高而产生异响。

(2)液力变矩器因锁止离合器、导轮单向离合器等损坏而产生异响。

(3)行星齿轮机构异响。

(4)换挡执行元件异响。

2.1.9.2 自动变速器故障诊断的基本原则

(1)首先初步验证用户反映的故障,如故障产生的时间、产生的条件、故障现象、故障发生的频率、是否进行过检修及检修过哪些部位等,初步判断故障的性质和范围。

(2)查找自动变速器电控系统的故障,尽量使用专用故障诊断仪。

(3)判断故障原因是在电控部分还是在机械部分,采用的方法是利用诊断仪检测自动变速器电控系统是否有故障。

(4)根据故障的内容及产生故障的背景环境(如处在故障状态时的数据流)去查找系统中的故障部位,这些故障部位大多发生在各类传感器、执行器及连接导线和插接器上。

(5)尽量使用专用故障诊断仪"读取数据流"的功能,分析和查找自动变速器电控系统中各传感器的故障。

(6)先外后内：在自动变速器出现故障时，先对电控系统以外的可能故障部位进行检查。

(7)先简后繁：尽量先用简单的方法检查可能的故障部位。

(8)先熟后生：由于结构和使用环境等原因，自动变速器的某一故障现象常常可能是由某些总成或部件发生故障引起的，应先对这些常见故障部位进行检查。

(9)故障码优先：当自动变速器工作时，故障自诊断系统监测到故障后，以故障码方式将该故障存储到 ECU 中。

(10)先思后行：由于自动变速器电控系统故障往往是机械、液压、电控综合在一起的复杂故障，在进行自动变速器电控系统的故障诊断时，一定要对故障现象先进行认真的故障分析，先一一识别可能的故障原因有哪些，然后再进行故障检查。

2.1.9.3　控制系统主要元件检修

1)空挡起动开关的检修

空挡起动开关的电路如图 2-28 所示。其基本检查如下：

(1)点火开关处于"OFF"位置。

(2)举升车辆到适宜检测的位置。

(3)将变速器换挡杆置于以下各挡位时，测量 ECU 的 NSW(空挡起动开关信号)、2、L 与车身搭铁之间的电压，其检测值应符合表 2-3 所示的技术要求。

ECT 的 ECU 接线端子与搭铁标准电压　　　　　　　　　　　　　表 2-3

挡位	NSW-搭铁	2(S)-搭铁	L-搭铁
P、N	低于 1V	低于 1V	低于 1V
R	10～14V	低于 1V	低于 1V
D	10～14V	低于 1V	低于 1V
2(S)	10～14V	10～14V	低于 1V
L	10～14V	低于 1V	10～14V

(4)如果检测结果不符合标准要求，需要拆卸下空挡起动开关做进一步的检查。

(5)点火开关处于"OFF"位置，拆卸下空挡起动开关。

(6)将变速器换挡杆置于各挡位，同时使用万用表检测空挡起动开关各个端子的导通情况，如图 2-36 所示。

(7)将使用万用表检测的结果与维修手册标准值进行比较，如果不符合技术要求，必须调整空挡起动开关，并检查线路工作情况，见表 2-4。

(8)空挡起动开关的调整。松开空挡起动开关的固定螺栓，将变速器换挡杆置于 N 挡位置。

（9）将槽口调到空挡基准位置，再拧紧空挡起动开关的固定螺栓即可，如图2-37所示。

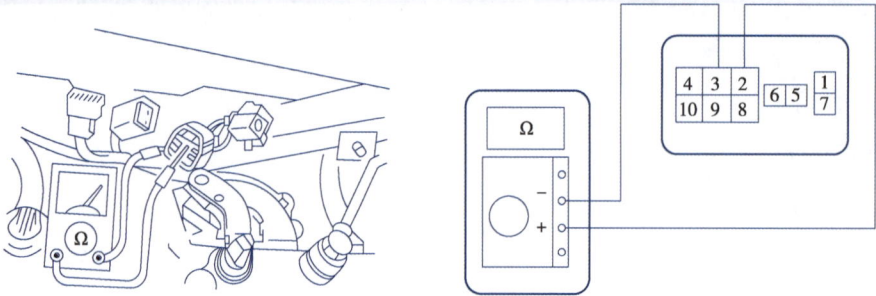

图2-36　空挡起动开关的检测方法示意图

空挡起动开关各挡位端子检测连接　　　　　　　　　　表2-4

挡位	端子							
	3	5	4	7	8	10	9	2
P	○——○		○——○					
R			○	○				
N	○——○		○			○		
D			○				○	
2			○				○	
L			○					○

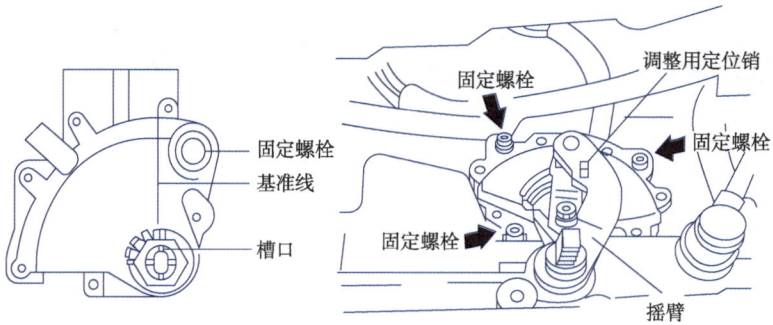

图2-37　空挡起动开关基准位置图

2）换挡电磁阀的检修

自动变速器控制系统的换挡电磁阀大多数采用的是开关式电磁阀，其控制线路如图2-38a）所示。

（1）使用万用表测量电磁线圈的电阻，如图2-38b）所示，电阻值一般为0～18Ω。如果电磁阀线圈短路、断路或电阻值不符合技术标准值，则应更换电磁阀。

（2）将12V电源加到电磁线圈上，如图2-38c）所示，此时应听到电磁阀线圈工作的"喀哒"声，否则应更换电磁阀。

a) 开关式电磁阀电路　　　　　b) 电阻检测　　　　　c) 通电检测

图 2-38　换挡电磁阀的电路及检查图

（3）拆卸下换挡电磁阀并对换挡电磁阀进行检查。

（4）将压缩空气(0.5MPa)吹入电磁阀进油口中。

（5）当电磁阀线圈不通电时,进油口和泄油口应不通气,通电后,进油口和泄油口应相通。否则说明电磁阀损坏,应予更换。检查方法如图 2-39 所示。

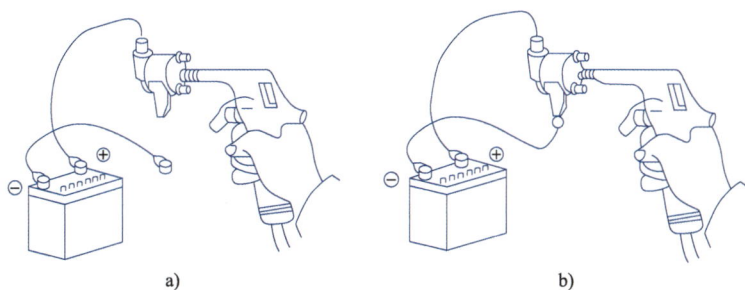

图 2-39　换挡电磁阀的通气检查示意图

3）主调压调节阀（电磁阀）的检修

（1）使用万用表测量电磁线圈的电阻,电阻值一般为 $3.4 \sim 4.0\Omega$。如果电磁阀线圈短路、断路或电阻值不符合技术标准值,则应更换电磁阀。

（2）将 12V 电源串联一个 $8 \sim 10W$ 的灯泡,与电磁阀线圈连接,切记不可以直接与 12V 电源连接,否则会烧毁电磁阀。

（3）通电时,电磁阀阀芯向外伸出,断电时电磁阀阀芯向内缩入,如图 2-40a) 所示。如有异常,说明电磁阀损坏,应予更换。

（4）可以使用可调电源进行检测,如图 2-40b) 所示。

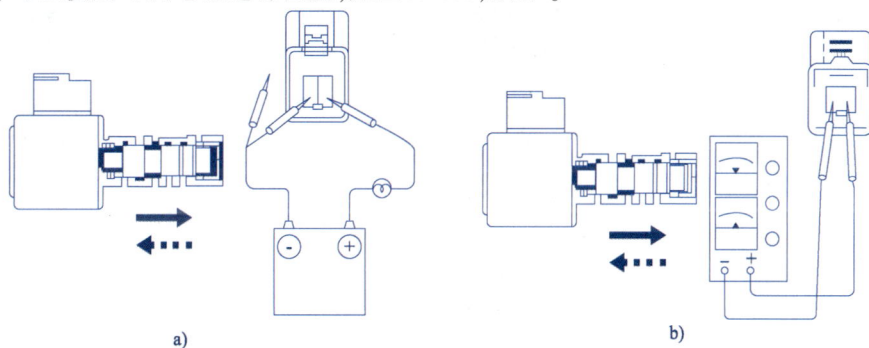

a)　　　　　　　　　　　　　　　　b)

图 2-40　主油压调节电磁阀的检查示意图

4)车速(轮速)传感器检修

电磁式车速(轮速)传感器一般为两线及三线式,三线的多一根信号屏蔽线,如图2-41所示。它的检测方法比较简单,常用的有如下几种方法:

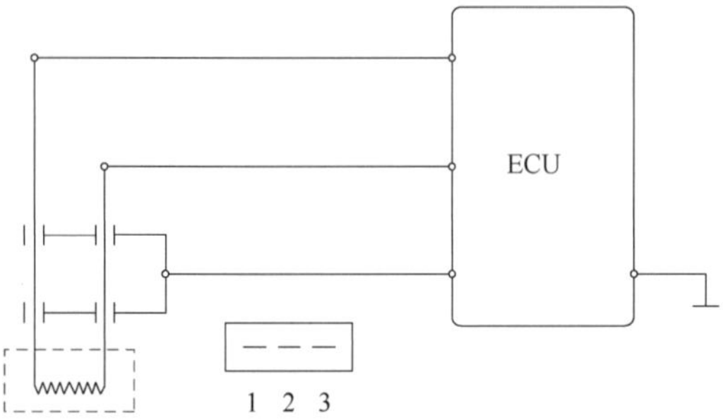

图2-41　电磁式车速(轮速)传感器电路图

(1)测量线圈的电阻,且都与屏蔽线不通。

(2)拔下插头,用万用表交流电压挡测量线圈感应出来的电压。

(3)用示波器读取传感器的波形。

(4)还应检查传感器的信号轮是否有变形、缺失。

霍尔式车速(轮速)传感器通常为三线式,与电磁式不同的是它是有供电(电源)线的,而电磁式的没有,且电磁式的信号为交流电压信号,霍尔式的为直流脉冲电压信号。

该类型传感器的检测也非常简单,常用的如下几种方式:

(1)测量传感器供电、搭铁是否正常。

(2)测量传感器信号线,并用手缓缓转动信号盘,查看信号是否在0V至5V间切换。

(3)用示波器读取传感器的波形。

(4)还应检查触发叶轮(或齿)是否有变形、缺失等。

▶ 线上学习资源

1.线上微课

电控液力自动变速器的结构原理		换挡执行机构	
液力变矩器的结构与检修		自动变速器控制单元	
行星齿轮机构的组成		自动变速器电控单元的控制过程	
液压控制系统组成原理		自动变速器机械系统检测	

自动变速器电控系统检测		驻车挡/空挡起动开关检测	
油温传感器检测		自动变速器故障码的读取和清除	
节气门位置传感器检测		汽车自动变速器故障诊断流程(上)	
换挡电磁阀的检测		汽车自动变速器故障诊断流程(下)	

2.线上作业

模块2 线上作业

3.线上测试

模块2 线上测试

▶ **素养课堂**

王海兵:"卡脖子"技术
买不来,只能自主创新

以工匠的标准
修理每一辆车

模块 3

汽车双离合变速器和无级变速器检修

模块导学

1. 目标要求

双离合变速器和无级变速器也是汽车常用的两种自动变速器。本模块主要学习双离合变速器的结构和原理、故障分析及检修;学习无级变速器的结构和原理、故障分析及检修;掌握双离合变速器、无级变速器的结构和工作原理,具备对双离合变速器和无级变速器控制系统进行检修的职业能力。

2. 任务分解

本模块分为2个任务和2个子实训项目:

任务 3.1　双离合变速器检修	子实训项目 3.1　双离合变速器检修
任务 3.2　无级变速器检修	子实训项目 3.2　无级变速器检修

3. 情境导入

● **车辆概况**:2021 年 4 月 25 日,朱先生的一款奥迪 A6L 轿车送至我处维修。该车配备采用了 7 挡湿式双离合变速器,行驶里程 8 万 km。

● **故障描述**:据朱先生反映,奥迪 A6L 变速器故障灯报警、挂挡不走车。维修人员接车后检查,打开点火开关,将钥匙调到 ON 挡,起动车辆,挂挡车辆不动,故障与用户描述一致。

● **维修过程**：技师用诊断仪检查，有故障码：P0750（电磁阀 N88 故障）、P1757（电压供应开路）、P1818（压力控制阀 N216 线路电气故障），读取测量值：变速器控制单元电源电压为 14.2V。根据故障码分析为变速器控制单元故障，索赔更换了变速器控制单元。然而，更换 1 个月左右客户再次反映故障依旧，计算机检测还是相同的故障码，电磁阀 N88 和压力控制阀 N216 都集成在变速器内部，但更换变速器控制单元故障码还是存在。

作为一名汽车专业技师，请思考如下问题：

(1)描述双离合变速器电控系统的基本组成。

(2)描述双离合变速器电控系统的工作原理。

(3)查阅相关资料，描述双离合变速器基本检修方法。

(4)描述无级变速器的结构组成和原理。

(5)描述无级变速器的常见故障及原因。

任务 3.1 双离合变速器检修

3.1.1 双离合变速器概述

双离合变速器（Dual Clutch Transmission，DCT），也称为直接换挡变速器（Direct Shift Gearbox，DSG），其核心特征在于配备两组离合器。DCT 融合了手动变速器（MT）的高传动效率与自动变速器（AT）的便捷性，广泛应用于现代高性能及豪华汽车领域。不同汽车制造商对 DCT 的命名各异，如大众的 DSG、奥迪的 S Tronic、沃尔沃的 PowerShift、比亚迪的 DCT 等。DCT 主要分为湿式双离合变速器和干式双离合变速器两类。两者在工作原理和基本构造上相似，主要区别在于双离合器摩擦片的冷却方式。

(1)湿式离合器。两组离合器片密封于油槽中，依靠浸泡其中的变速器油进行冷却散热。

(2)干式离合器。摩擦片无密封油槽，主要依靠风冷散热。

双离合变速器的优势：

(1)换挡迅捷。换挡时间极短（通常不到 0.2s），显著快于手动变速器。

(2)燃油经济性好。消除了换挡时的动力中断，使发动机动力得以持续输出并保持在较佳工况，从而有效降低油耗。相比传统液力自动变速器（AT），燃油经济性可提高约 15%。

(3)换挡平顺性高。得益于快速的换挡过程，顿挫感极轻微，驾驶舒适性佳。

（4）**动力传递损失小**。换挡过程中几乎无转矩损失。

（5）**预备挡位升挡极快**。当目标挡位齿轮已预啮合时，升挡速度可快至惊人的8ms。

双离合变速器的缺点：

（1）**成本较高**。结构相对复杂，制造工艺要求高，导致成本增加。

（2）**转矩与散热限制**。

①**干式DCT**。受限于风冷散热能力，其持续承受高转矩的能力有限，难以匹配大排量、高性能发动机长时间高负荷运转的需求，且在高温或高负荷下易出现顿挫或换挡不畅。

②**湿式DCT**。油液润滑虽改善了散热，但油液搅动会导致额外的能量损失，传动效率相对降低，转矩损失增大。

（3）**传动效率略逊于MT**。受电控系统、液压系统（湿式）及前述能量损失影响，DCT（尤其是传递大转矩的湿式DCT）的传动效率仍低于传统手动变速器。

（4）**非预备挡位换挡延迟**。若目标挡位未预啮合，换挡时间会显著延长（有时超过1s）。

（5）**重量增加**。结构复杂导致其重量通常大于传统手动变速器。

3.1.2 湿式双离合变速器基本结构与原理

3.1.2.1 基本结构和工作原理

1）基本结构

双离合变速器主要由多片湿式双离合器、三轴式齿轮变速器、液压执行装置、冷却润滑装置、换挡杆传感器控制单元、电子控制系统等组成。其中，核心机械部分是双离合器和三轴式齿轮箱，电子控制系统是自动变速器的大脑，包括电子控制单元和电液控制单元。

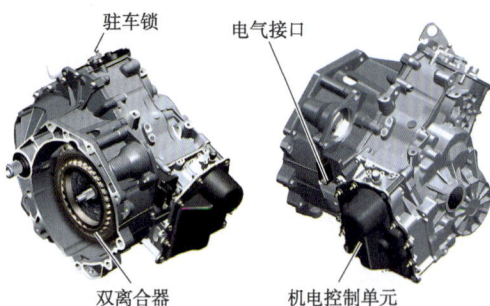

驻车锁　电气接口

双离合器　机电控制单元

图3-1　湿式双离合变速器

以大众汽车变速器02E为例，其外观如图3-1所示，该双离合变速器的基本组成拥有六个前进挡和一个倒车挡，如图3-2所示，也称为直接换挡变速器，属于湿式双离合变速器。变速器的核心部分被分为两部分的输入轴，输入轴包含一个外轴（空心轴）和一个内轴（实心轴），空心轴用于驱动偶数挡（2、4、6挡），实心轴用于驱动奇数挡（1、3、5挡以及通过惰轮驱动倒挡）。这两个输入轴都通过花键与多片式离合器相连。双离合变速器的机械电子单元是由电子控制单元和电液控制单元构成的一个集成单元，安装在变速器内。

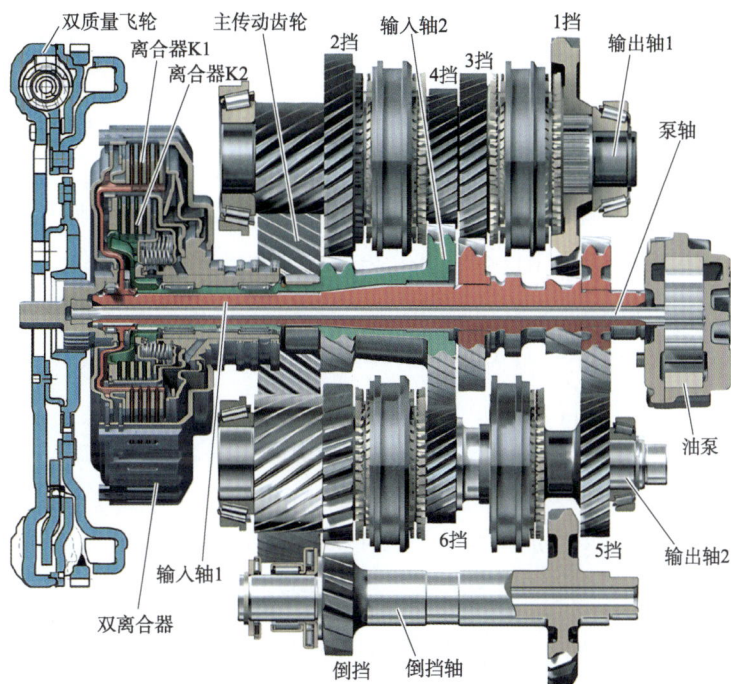

图 3-2　大众 02E 双离合变速器机械结构基本组成

2）工作原理

图 3-3 所示为双离合变速器的基本原理结构图，在结构上有两组独立的轮系，即两个彼此独立的传动单元。每个传动单元的结构都与一个手动变速器相同。每个传动单元都配有一个多片离合器。1、3、5 和倒车挡通过多片离合器 K1 来选择，2、4 和 6 挡通过多片离合器 K2 来选择。一个传动单元始终处于挂挡状态，另一个传动单元已选择下一个挡位并做好准备，但是离合器仍处于分离位置。每个挡位都配有一个传统的手动变速器同步器和换挡元件。

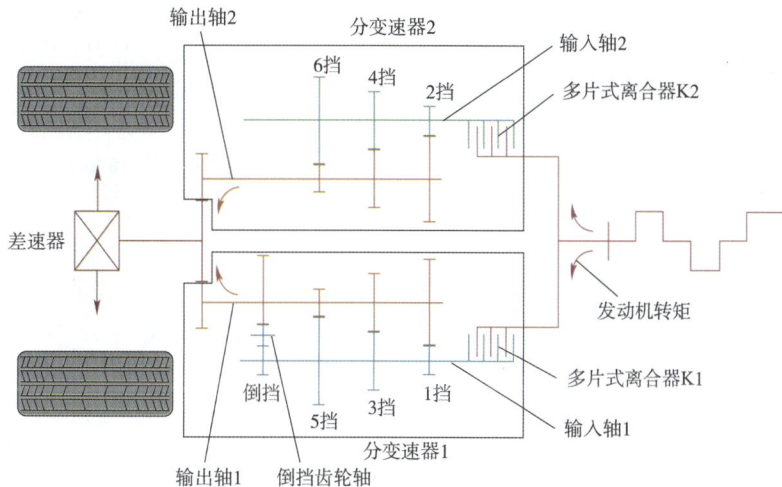

图 3-3　大众 02E 双离合变速器的工作原理

与离合器连接的两根输入轴实际是套在一起围绕着同一轴线转动的,一根直径较大的空心输入轴套在直径较小的实心输入轴外侧,两根轴由于长度不同,在轴的一端分别固定不同齿数的传动齿轮,两个离合器有选择性地控制两根输入轴的转动,从而实现动力的连续传递。

发动机转矩从曲轴传输到双质量飞轮,双质量飞轮花键将转矩传输到多片离合器的驱动盘上。驱动盘连接到离合器 K1(带有多片离合器主轴毂)的外片壳体,离合器 K2 的外片壳体连接到主轴毂,转矩经过外片壳体传输到相关离合器。如果离合器接合,则转矩继续传输到内片壳体,然后传输到有关输入轴。一个多片离合器始终处于接合状态。

3.1.2.2 多片离合器 K1

离合器 K1 是外离合器,用于将转矩传输到 1、3、5 和倒车挡的输入轴 1。当离合器接合时,液压油被压入离合器 K1 的油压室内。这样就会沿轴向推移柱塞 1 并将离合器 K1 的离合器片压到一起。转矩通过内片壳体的离合器片传输到输入轴 1。如果离合器分离,膜片弹簧会将柱塞 1 推回到初始位置,如图 3-4 所示。

3.1.2.3 多片离合器 K2

离合器 K2 是内离合器,用于将转矩传输到 2、4 和 6 挡的输入轴 2。离合器接合时,液压油被压入离合器 K2 的油压室内。此后,柱塞 K2 将动力通过离合器片传输到输入轴 2。离合器分离时,螺旋弹簧将柱塞 2 压回到其初始位置,如图 3-5 所示。

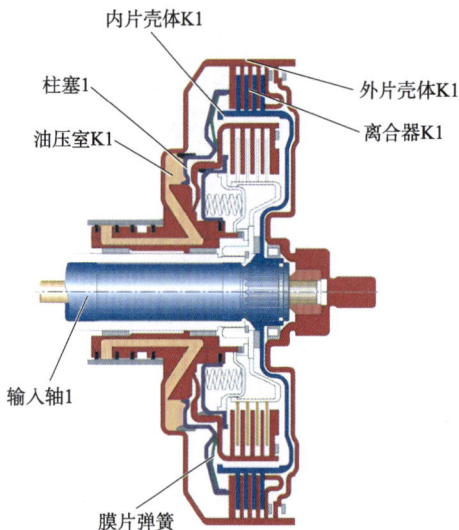

图 3-4 多片离合器 K1 的工作原理

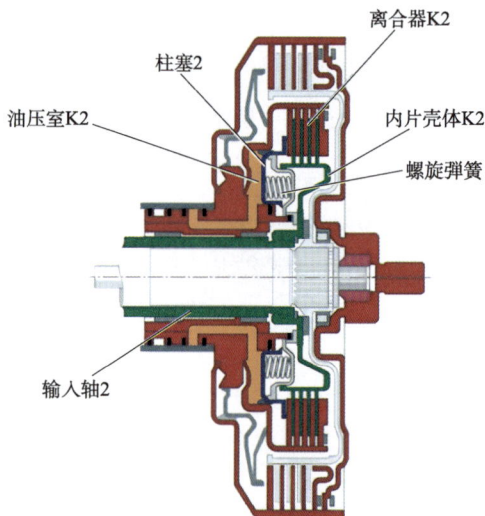

图 3-5 多片离合器 K2 的工作原理

3.1.2.4 输入轴 1 和输入轴 2

发动机转矩从离合器 K1 和 K2 传输到输入轴。输入轴 1 套在输入轴 2 里面,两根轴都有脉冲信号轮,作为输入轴转速传感器,如图 3-6、图 3-7 所示。输入轴 1 在空心输入轴 2 内侧旋转,该输入轴通过花键连接到多片离合器 K1。

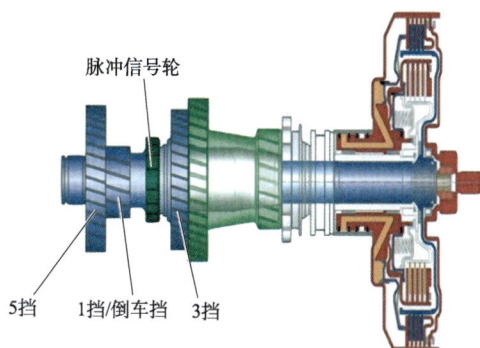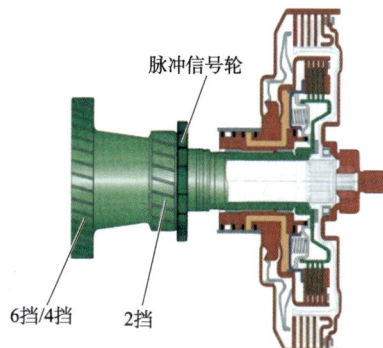

图 3-6　输入轴 1　　　　　　　　　　　　　图 3-7　输入轴 2

输入轴 1 上有 1 挡、3 挡、5 挡斜齿轮和倒车挡公用齿轮。为测量这个输入轴的转速,1挡/倒车挡齿轮与 3 挡齿轮之间有一个用于输入轴 1 转速传感器的脉冲信号轮。输入轴 2与输入轴 1 的安装位置有关。输入轴 2 为空心结构,通过花键连接到多片离合器 K2。输入轴 2 上有用于 6 挡/4 挡和 2 挡的斜齿轮,6 挡和 4 挡共同使用一个齿轮。为测量这个输入轴的转速,2 挡齿轮旁有一个用于输入轴 2 转速传感器的脉冲信号轮。

3.1.2.5　输出轴和倒挡轴

变速器有两根输出轴,分别为输出轴 1 和输出轴 2。两个输出轴通过其输出轴齿轮将转矩继续传输到差速器,输出轴与差速器的主减速齿轮啮合。倒挡轴可以改变输出轴 2 的转动方向,因此改变了差速器内主减速齿轮的转动方向。倒挡轴与输入轴 1 上的 1 挡和倒车挡公用齿轮啮合,同时还与输出轴 2 上的倒车挡换挡齿轮啮合,如图 3-8 所示。

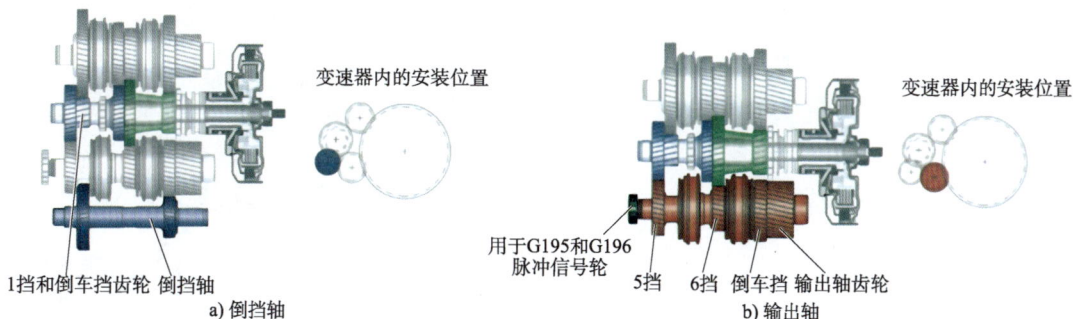

图 3-8　输出轴和倒挡轴

3.1.2.6　双离合变速器动力传递路线

发动机转矩通过双质量飞轮传输到双离合自动变速器。在前轮驱动车辆上,半轴将转矩传输到前车轮,如图 3-9 所示。在四轮驱动车辆上,转矩通过锥齿轮箱传输到后桥。传动轴将转矩传输到 Haldex 联轴器。后桥差速器集成在后桥主减速器内,如图 3-10 所示。

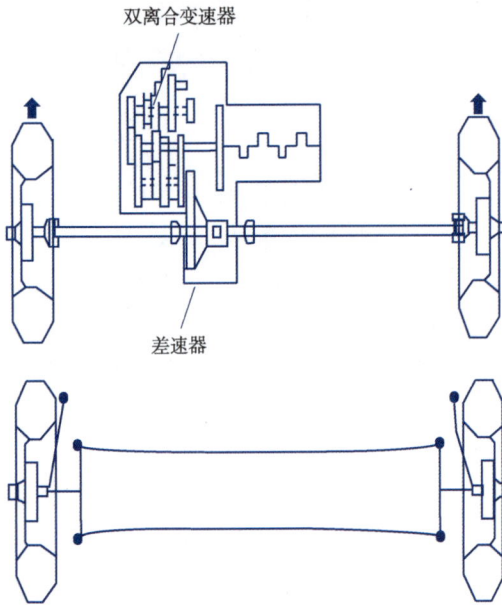

双离合变速器

差速器

图 3-9　前轮驱动车辆的动力路线

锥齿轮箱

Haldex联轴器

后桥主减速器　后桥差速器

图 3-10　四轮驱动车辆的动力路线

如上所述,变速器内的转矩通过外离合器 K1 或内离合器 K2 传输,每个离合器驱动一个输入轴。输入轴1(内)由离合器 K1 驱动,输入轴2(外)由离合器 K2 驱动。1、3、5 和倒车挡通过多片离合器 K1 来选择。2、4 和 6 挡通过多片离合器 K2 来选择。因此,动力通过各挡位齿轮继续传输到差速器。

湿式双离合变速器动力传递路线如下:

1)1 挡

如图 3-11 所示,转矩经飞轮传递到双离合器,从双离合器经过离合器 1 传递到输入轴 1(实心轴)。输入轴 1 将动力传递到输出轴 1 的一挡齿轮,经过输出齿轮传递到差速器。

路线为:离合器 K1—输入轴 1—输出轴 1(一挡齿轮)—差速器。

图 3-11　湿式双离合变速器一挡
　　　　　动力传递路线示意图

2)2 挡

如图 3-12 所示,转矩经飞轮传递到双离合器,从双离合器经过离合器 2 传递到输入轴 2(空心轴)。输入轴 2 将动力传递到输出轴 1 的二挡齿轮,经过输出齿轮传递到差速器。

路线为:离合器 K2—输入轴 2—输出轴 1(二挡齿轮)—差速器。

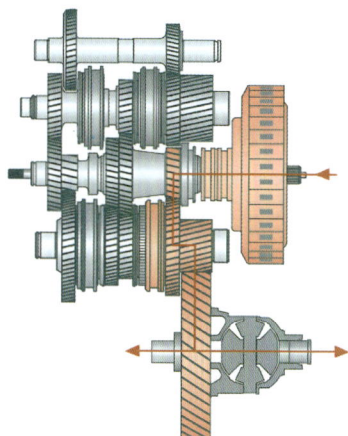

图 3-12　湿式双离合变速器二挡动力传递路线示意图

3)3 挡

如图 3-13 所示,转矩经飞轮传递到双离合器,从双离合器经过离合器 1 传递到输入轴 1(实心轴)。输入轴 1 将动力传递到输出轴 1 的三挡齿轮,经过输出齿轮传递到差速器。

路线为:离合器 K1—输入轴 1—输出轴 1(三挡齿轮)—差速器。

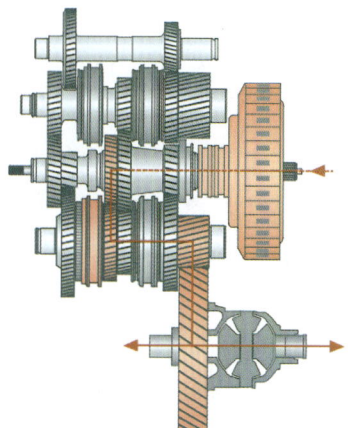

图 3-13　湿式双离合变速器三挡动力传递路线示意图

4)4 挡

如图 3-14 所示,转矩经飞轮传递到双离合器,从双离合器经过离合器 2 传递到输入轴 2(空心轴)。输入轴 2 将动力传递到输出轴 1 的四挡齿轮,经过输出齿轮传递到差速器。

路线为:离合器 K2—输入轴 2—输出轴 1(四挡齿轮)—差速器。

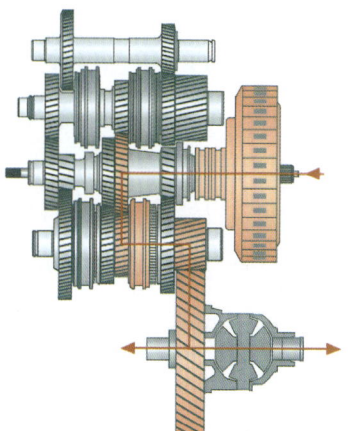

图 3-14　湿式双离合变速器四挡动力传递路线示意图

5)5挡

如图3-15所示,转矩经飞轮传递到双离合器,从双离合器经过离合器1传递到输入轴1(实心轴)。输入轴1将动力传递到输出轴2的五挡齿轮,经过输出齿轮传递到差速器。

路线为:离合器K1—输入轴1—输出轴2(五挡齿轮)—差速器。

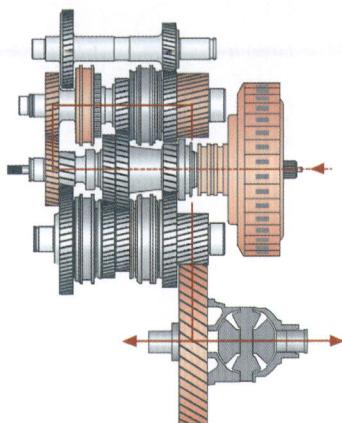

图3-15 湿式双离合变速器五挡动力
传递路线示意图

6)6挡

如图3-16所示,转矩经飞轮传递到双离合器,从双离合器经过离合器2传递到输入轴(空心轴)。输入轴2将动力传递到输出轴2的六挡齿轮,经过输出齿轮传递到差速器。

路线为:离合器K2—输入轴2—输出轴2(六挡齿轮)—差速器。

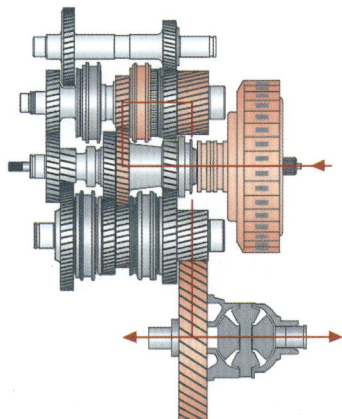

图3-16 湿式双离合变速器六挡动力
传递路线示意图

7)倒挡

如图3-17所示,转矩经飞轮传递到双离合器,从双离合器经过离合器1传递到输入轴1(实心轴)。输入轴1将动力传递到输出轴2的倒挡齿轮。倒挡齿轮使得转动方向相反,转矩经过输出齿轮传递到差速器。

路线为:离合器K1—输入轴1—倒挡轴—输出轴2(倒挡齿轮)—差速器,倒挡齿轮的转动方向通过倒挡轴来改变。

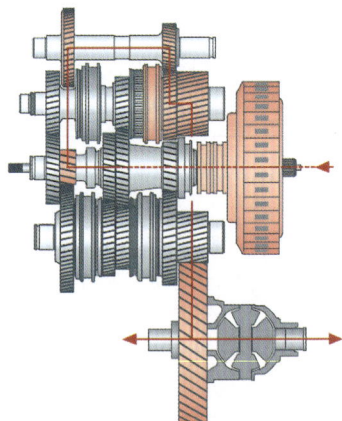

图3-17 湿式双离合变速器倒挡动力
传递路线示意图

3.1.2.7 换挡杆

换挡杆结构如图 3-18 所示,主要包括换挡杆传感器控制单元 J587、开关 F319、换挡杆锁电磁铁 N110。

1)换挡杆传感器控制单元

换挡杆固定架内的霍尔式传感器探测换挡杆的位置并通过 CAN 总线将这些位置信号传输给机械电子单元。

2)将换挡杆锁止在位置"P"的开关

如果换挡杆位于位置"P",则将换挡杆锁止在位置"P"的开关向转向柱电子控制单元 J527 发送一个信号。该控制单元利用这个信号控制点火钥匙防拔出锁。

3)换挡杆锁电磁铁

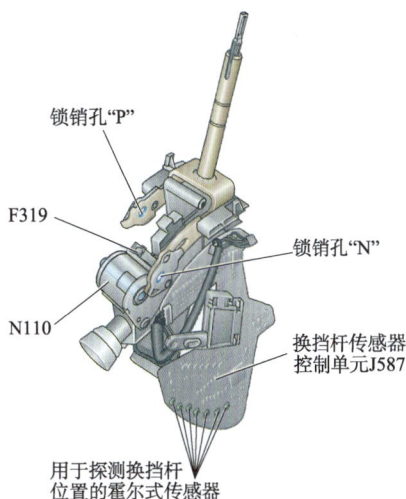

图 3-18　换挡杆结构

电磁铁用于使换挡杆保持在"P"和"N"位置。电磁铁由换挡杆传感器控制单元 J587 控制。

3.1.2.8 液压执行装置

液压执行装置主要由换挡执行器、换挡拨叉、离合器执行器、液压系统等部件组成,换挡执行器和换挡拨叉用来实现换挡拨叉的移动,如图 3-19 所示。换挡执行器与拨叉连接成一体,当液压活塞工作时,带动拨叉左右移动,以实现变换挡位,如图 3-20所示。离合器执行器用来实现离合器的分离和接合,离合器的离合杆与活塞杆连接,当液压活塞工作时,推动活塞杆,进而带动离合杆工作,从而实现离合器的分离,如图 3-21 所示。换挡执行器和离合器执行器由液压系统实施工作,液压油路和油压由电磁阀控制。

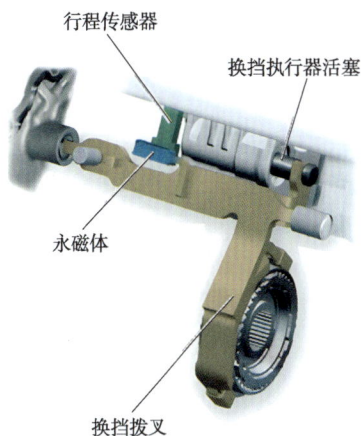

图 3-19　换挡执行器的结构组成

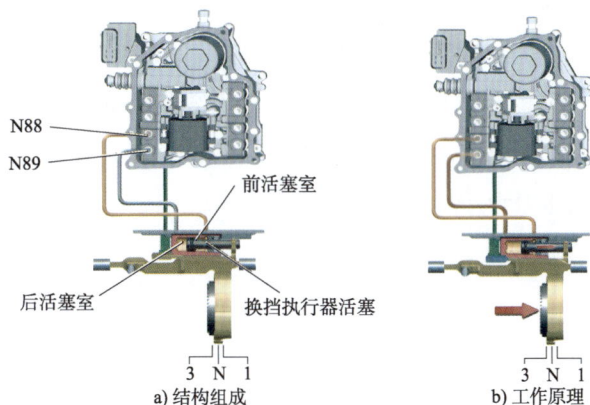

a)结构组成　　b)工作原理

图 3-20　换挡执行器的结构和工作原理

永久磁铁

离合器调节器K1   离合器调节器活塞   活塞杆   防尘套

离合器调节器液压缸

机械电子单元

电磁阀

离合器调节器受控制

支承环   导向环   离合器调节器K2   接合杆   接合杆

a) 结构组成   b) 工作原理

图 3-21 离合器液压执行器的结构和工作原理

3.1.2.9 冷却和润滑

双离合器变速器有一个用于所有变速器功能的公用润滑回路。冷却和油路系统组成如图 3-22 所示。齿轮油的功能是：

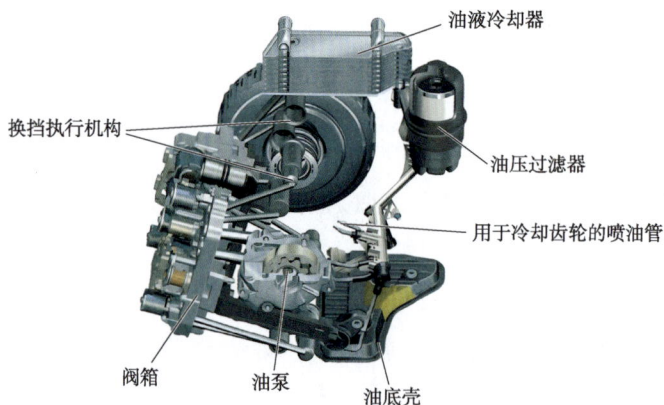

油液冷却器

换挡执行机构

油压过滤器

用于冷却齿轮的喷油管

阀箱   油泵   油底壳

图 3-22 冷却和油路系统

(1) 润滑/冷却双离合器、齿轮、轴、轴承和同步器部件等。

(2) 启动双离合器和换挡执行机构柱塞。

其中,油冷却器(通过发动机冷却液调节)将油温冷却到135℃以下。

油泵有不同类型,大众车系采用月形内齿轮泵,建立控制液压系统所需的油压。最大输出量为100L/min,主压力为2MPa。

该油泵为以下部件供油：

(1) 多片离合器。

(2) 离合器冷却回路。

(3) 换挡液压装置。

（4）齿轮润滑回路。

油泵通过以发动机转速运转的泵轴驱动。这个泵轴作为第三轴位于两个互相啮合的输入轴 1 和 2 内，如图 3-23 所示。有些车辆采用电动油泵。

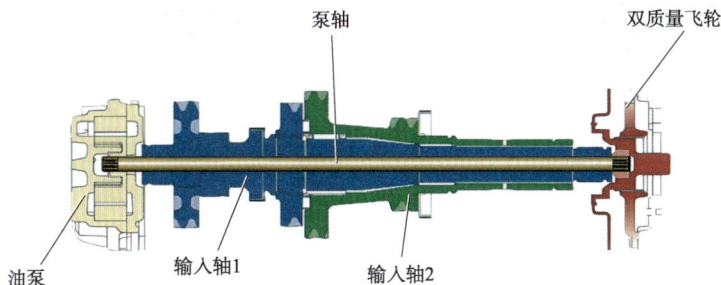

图 3-23　油泵安装结构图

3.1.3　双离合变速器电控系统

3.1.3.1　电控系统

双离合变速器的电控系统即为机械电子单元，位于变速器内的 DSG 油中，系统组成如图 3-24 所示，其中包括一个电子控制单元和一个电液控制单元，如图 3-25 所示。机械电子单元是变速器内的中心控制单元，所有传感器信号和所有来自其他控制单元的信号都汇集在此处，所有控制和操作都从此处开始和监控。该单元内集成装有 12 个传感器，只有 2 个传感器位于机械电子系统外。该系统通过 6 个调压阀和 5 个选择阀以液压方式控制或调节 8 个换挡执行机构，此外还控制来自 2 个离合器的冷却油的压力和流量。

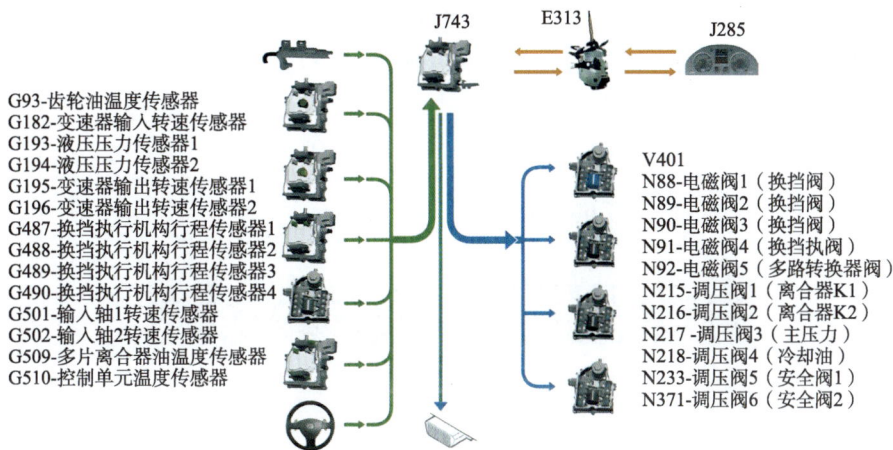

G93-齿轮油温度传感器
G182-变速器输入转速传感器
G193-液压压力传感器1
G194-液压压力传感器2
G195-变速器输出转速传感器1
G196-变速器输出转速传感器2
G487-换挡执行机构行程传感器1
G488-换挡执行机构行程传感器2
G489-换挡执行机构行程传感器3
G490-换挡执行机构行程传感器4
G501-输入轴1转速传感器
G502-输入轴2转速传感器
G509-多片离合器油温度传感器
G510-控制单元温度传感器

V401
N88-电磁阀1（换挡阀）
N89-电磁阀2（换挡阀）
N90-电磁阀3（换挡阀）
N91-电磁阀4（换挡阀）
N92-电磁阀5（多路转换器阀）
N215-调压阀1（离合器K1）
N216-调压阀2（离合器K2）
N217-调压阀3（主压力）
N218-调压阀4（冷却油）
N233-调压阀5（安全阀1）
N371-调压阀6（安全阀2）

图 3-24　双离合变速器电控系统组成

a) 电液控制单元　　　　　　　b) 电子控制单元

图 3-25　双离合变速器电控系统

电液控制单元集成在机械电子控制单元模块内,所有电磁阀、调压阀、液压换挡结构和多路转换器都安装在该控制单元内。此外,液压模块上还有一个减压阀。该阀门用以防止压力升高可能造成液压换挡机构的损坏。

3.1.3.2　传感器

1)压力传感器 G193 和 G194

液压压力传感器 1(G193)和传感器 2(G194),分别控制离合器 K1 和 K2 的离合器压力。有一个减压阀用于防止主压力滑阀损坏时导致主压力过大。传感器 G193 承受的压力与多片离合器 K1 相同。来自多片离合器 K2 的压力由传感器 G194 测量。两个传感器以对置方式安装在一个壳体内,这样两个信号彼此之间就会产生偏差。借助这些信号,机械电子控制单元识别从多片离合器处测得液压压力。为调节多片离合器,控制单元需要准确的液压压力信号,压力信号失灵时或无压力时,相关变速器部分将从整个系统中脱开,车辆只能以 1 挡和 3 挡或者 2 挡行驶。

压力传感器的结构和原理如图 3-26 所示。压力传感器由一对层状结构的导电极板组成。上部极板附在陶瓷隔膜上,压力变化时该隔膜弯曲变形;另一个极板强力粘接在陶瓷衬底上。只要压力发生变化,上部隔膜就会弯曲变形,离合器片之间的距离就会改变,从而根据油压产生一个可靠的信号。

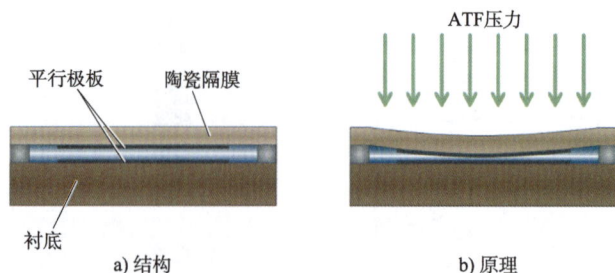

a) 结构　　　　　　　　b) 原理

图 3-26　压力传感器的结构和原理

2)变速器输出转速传感器 G195 和 G196

两个传感器都位于机械电子单元上,通过导线连接到控制单元。与这个变速器中的所有转速传感器一样,这些传感器也属于霍尔式传感器。两个传感器扫描输出轴 2 上的同一个脉冲信号轮。借助这些输入信号,控制单元可以识别车速和行驶方向。行驶方向通过信号彼此之间的偏差识别。如果改变行驶方向,信号以相反顺序到达控制单元。

如果传感器 G195 的信号为"高电平",传感器 G196 的信号则为"低电平"。一旦压力信号失灵时,控制单元使用来自 ABS 控制单元的车速和行驶方向信号。

3)输入轴转速传感器 G501 和输入轴转速传感器 G502

输入轴转速传感器 G501 和输入轴转速传感器 G502 都位于机械电子单元内。转速传感器 G501 测量输入轴 1 的转速,转速传感器 G502 测量输入轴 2 的转速,两个传感器都属于霍尔式传感器,如图 3-27 所示。根据变速器输入转速信号,控制单元确定多片离合器 K1 和 K2 的输出转速并因此能够识别出滑转率。利用这个滑转率数据,控制单元可以识别离合器的分离/接合状态。此外,该信号还用于控制所换挡位。根据变速器输出转速传感器信号,控制单元识别所换挡位是否正确。

图 3-27 输入轴转速传感器 G501 和 G502

每个传感器都扫描轴上的脉冲信号轮以测量转速,脉冲信号轮由钢板元件构成,钢板元件上带有金属橡胶涂层,这个涂层外围带有极化为北极和南极的小磁铁,各磁铁之间为空隙。信号失灵时,受影响的变速器部分将从整个系统中脱开。传感器 G501 失灵时,车辆只能以 2 挡行驶;传感器 G502 失灵时,车辆只能以 1 挡和 3 挡行驶。

4)多片离合器油温度传感器

多片离合器油温度传感器 G509 位于变速器的壳体内。该传感器测量多片离合器出口处的 ATF 温度。因为多片离合器内的油承受较大的热应力,因此,变速器内此处的油温最高,其工作温度范围为 -5~180℃。利用来自温度传感器 G509 的信号,控制单元调节离合器冷却油的流量并采取其他措施来保护变速器。信号失灵时,控制单元使用来自传感器 G93 和 G510 的信号作为替代值。

5)齿轮油温度传感器 G93 和控制单元温度传感器 G510

齿轮油温度传感器 G93 和控制单元温度传感器 G510 都位于机械电子单元内。机械电子单元始终被 ATF 所包围并且以这种方式来加热。温度过高时,会影响电子装置功能。两个传感器的信号用于检测机械电子单元的温度,这样可以及时采取措施降低油温,以避免机械电子单元过热。

此外,这些传感器信号还用于启动暖机程序。两个传感器彼此检查是否存在故障。当齿轮油温度超过 138℃时,机械电子单元开始降低发动机转矩;当超过 145℃时,不再向多片离合器供油,离合器保持分离状态。

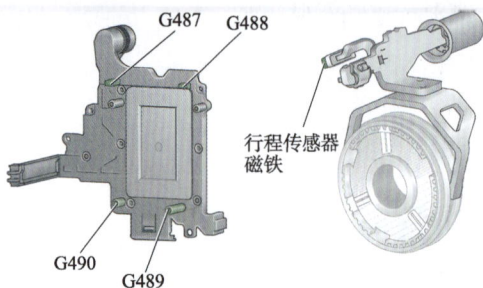

图 3-28 换挡执行机构行程传感器

(1)G487 用于 1 挡/3 挡。

(2)G488 用于 2 挡/4 挡。

(3)G489 用于 6 挡/倒挡。

(4)G490 用于 5 挡/N 挡。

6)换挡执行机构行程传感器

换挡执行机构行程传感器共有 4 个,位于机械电子单元内,如图 3-28 所示,属于霍尔式传感器。这些传感器利用换挡拨叉上的磁铁产生一个信号,控制单元利用该信号识别换挡执行机构的位置。每个行程传感器都监控两个挡位之间换挡的某一换挡执行机构/换挡拨叉位置。

控制单元根据准确的位置将压力油输送给换挡执行机构,以进行换挡。如果某一行程传感器无法发送信号,受影响的变速器部分将从整个系统中脱开,在受影响的变速器部分中无法挂入相应挡位。

7)换挡杆传感器控制单元

换挡杆传感器控制单元 J587 集成在换挡杆内,如图 3-29 所示。它既作为控制单元,又作为传感器使用。作为控制单元使用时,其具有控制换挡杆锁电磁铁的功能。换挡杆照明灯集成在其内部。用于识别换挡杆位置的霍尔式传感器和用于识别 Tiptronic 运行状态的霍尔式传感器也位于其内。换挡杆位置信号和 Tiptronic 运行信号通过 CAN 总线发送到机械电子单元和组合仪表控制单元。如果换挡杆处于位置"P",则将换挡杆锁止在位置"P"的开关 F319 向转向柱电子控制单元 J527 发送一个信号。该控制单元利用这个信号控制点火钥匙防止拔出。换挡杆锁电磁铁 N110 用于使换挡杆保持在位置"P"和"N"。电磁铁由换挡杆传感器控制单元 J587 控制。

图 3-29 换挡杆传感器控制单元

3.1.3.3 执行器

电液控制单元集成在机械电子模块内,如图 3-30 所示。所有电磁阀、调压阀和多路转换器阀都安装在该控制单元内,见表 3-1。

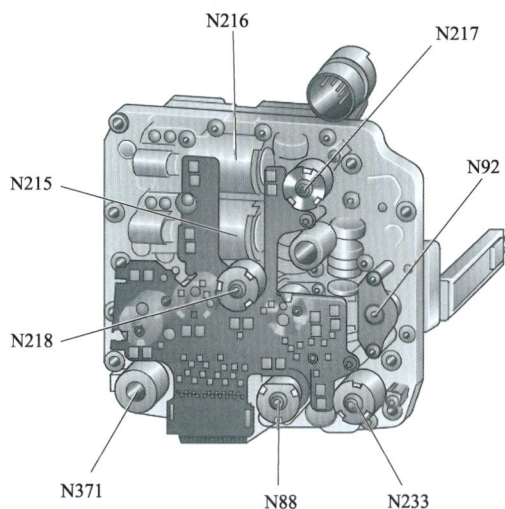

图 3-30　机械电子模块

执行器一览表　　　　　　　　　　　　　　　　　　表 3-1

序号	英文代码	名称	作用
1	N88	电磁阀 1	换挡执行机构阀
2	N89	电磁阀 2	换挡执行机构阀
3	N90	电磁阀 3	换挡执行机构阀
4	N91	电磁阀 4	换挡执行机构阀
5	N92	电磁阀 5	多路转换器阀
6	N215	调压阀 1	离合器 K1
7	N216	调压阀 2	离合器 K2
8	N217	调压阀 3	主压力
9	N218	调压阀 4	冷却油压力
10	N233	调压阀 5	安全阀 1
11	N371	调压阀 6	安全阀 2

1）主压力阀 N217

电子控制单元控制阀 N217，该阀门控制主压力，进而调节变速器液压系统内的工作压力。控制单元不断调整主压力，以满足当前工作条件要求。压力阀出现故障时，该系统以最大压力工作。

2）调压阀 N215 和调压阀 N216（离合器阀）

调压阀 N215 和 N216 位于机械电子单元的电液控制单元内。这些阀门是调制阀，产生用于控制多片离合器的压力，调压阀 N215 控制多片离合器 K1 的分离与接合，调压阀 N216 控制多片离合器 K2 的分离与接合。

压力阀出现故障时,受影响的变速器部分将从整个系统中脱开。

3)调压阀 N218(冷却油阀)

调压阀 N218 位于电液控制单元内,该阀是一个调制阀,用于通过一个液压滑阀控制冷却油流量。控制单元使用多片离合器油温传感器 G509 的信号来控制这个阀门。如果信号失灵,即此压力阀无法工作,冷却油将以最大流量流过多片离合器。这可能造成环境温度较低时,换挡困难及耗油量明显提高。

4)电磁阀 N88、N89、N90 和 N91(换挡执行机构阀)

所有 4 个电磁阀都位于机械电子单元的电液控制单元内。这些阀门为"是/否"型阀门。阀门通过多路转换器滑阀控制至所有换挡执行机构的油压。未通电时,电磁阀处于闭合位置,因此,压力油无法到达换挡执行机构处。

(1)电磁阀 1:N88 控制 1 挡和 5 挡的换挡油压。

(2)电磁阀 2:N89 控制 3 挡和空挡的换挡油压。

(3)电磁阀 3:N90 控制 2 挡和 6 挡的换挡油压。

(4)电磁阀 4:N91 控制 4 挡和倒车挡的换挡油压。

电磁阀出现故障时,相关变速器部分(换挡执行机构位于其内部)将从整个系统中脱开。车辆只能以 1 挡和 3 挡或者 2 挡行驶。

5)电磁阀 N92(多路转换器阀)

该阀称为多路转换器阀 N92,位于机械电子单元的电液控制单元内,用于控制液压控制单元内的多路转换器。如果启用了该电磁阀,则可以选择 2、4 和 6 挡;如果停用该电磁阀,则可以选择 1、3、5 挡和倒车挡。该信号失灵时,多路转换器阀将保持在静止位置,该阀无法再通过油压来启用。此时,可能选择不正确的挡位,也有可能导致车辆损坏。

6)调压阀 N233 和调压阀 N371(安全阀)

离合器 K1 和离合器 K2 各有一个安全阀(N233 和 N371),这些阀门可以使相应离合器迅速分离。只有离合器实际压力升高到规定压力之上时,才需要这些阀门。调压阀 N233 和 N371 位于机械电子单元的液压模块内,是调制阀。阀门控制机械电子单元阀箱内的安全滑阀。相关变速器部分出现与安全有关的故障时,安全滑阀使该部分内的液压压力与系统隔开。调压阀 N233 控制变速器部分 1 的安全滑阀,调压阀 N371 控制变速器部分 2 的安全滑阀。

信号失灵时的影响:调压阀出现故障时,受影响的变速器部分无法再选择挡位。如果变速器部分 1 失灵,车辆只能以 2 挡行驶;如果变速器部分 2 失灵,车辆只能以 1 挡和 3 挡行驶。

3.1.4 双离合变速器控制电路

典型车型双离合变速器控制电路线图如图 3-31 所示,部分传感器和全部电磁阀电路集成在控制模块 J743 内部。其中,N88、N89、N90、N91 为开关电磁阀,N88、N89、N90、N91 用于挡位之间的变换。

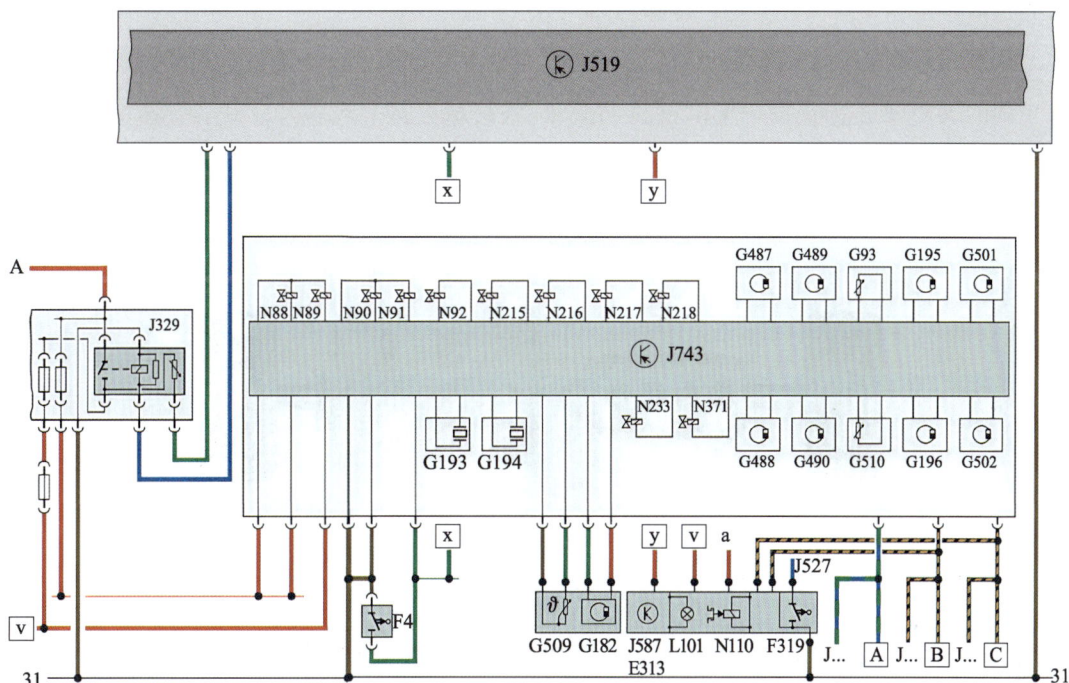

图 3-31 双离合变速器控制系统电路图

A-蓄电池;E313-换挡杆;F4-倒车灯开关;F319-将换挡杆锁止在位置 P 的开关;G93-齿轮油温度传感器;G182-变速器输入转速传感器;G193-液压压力传感器 1;G194-液压压力传感器 2;G195-变速器输出转速传感器 1;G196-变速器输出转速传感器 2;G487-换挡执行机构行程传感器 1;G488-换挡执行机构行程传感器 2;G489-换挡执行机构行程传感器 3;G490-换挡执行机构行程传感器 4;G501-输入轴 1 转速传感器;G502-输入轴 2 转速传感器;G509-多片离合器油温度传感器;G510-控制单元温度传感器;J329-总线端 15 供电继电器;J519-车载网络供电控制单元;J527-转向柱电子控制单元;J587-换挡杆传感器控制单元;J743-直接换挡变速器机械电子单元;N88-电磁阀 1;N89-电磁阀 2;N90-电磁阀 3;N91-电磁阀 4;N92-电磁阀 5;N110-换挡杆锁电磁铁;N215-自动变速器调压阀 1;N216-自动变速器调压阀 2;N217-自动变速器调压阀 3;N218-自动变速器调压阀 4;N233-自动变速器调压阀 5;N371-自动变速器调压阀 6;a-总线端 30 经过熔断丝 SC21;A-COM 导线;B-传动系统高位 CAN;C-传动系统低位 CAN

3.1.5　干式双离合变速器基本结构与原理

与湿式双离合变速器不同,干式双离合变速器的离合器片没有被浸泡在油中,类似手动挡的离合器。这种离合器不适合高频率的半联动,否则磨损程度很大且容易高温,高温会降低离合器摩擦片的摩擦系数,随后就会出现打滑,温度达到阈值就会失去动力。而湿式离合器通过液压压缩媒对离合器进行冷却,弥补了这方面的不足。

1)干式双离合自动变速器的结构

如图 3-32 所示为福特 6DCT250 自动变速器,它是一款干式双离合自动变速器,在新福克斯车辆上得到应用,其内部机械齿轮机构与上述大众车型双离合器结构基本一致,主要差别为离合器执行器和换挡执行机构不同。

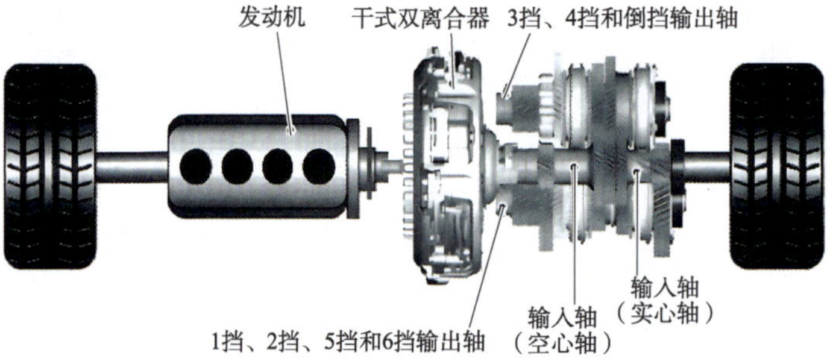

图 3-32　干式双离合自动变速器结构示意图

与湿式双离合器不同,该干式双离合器换挡执行机构是采用两个无刷直流电动机驱动的传动杠杆执行器。

(1)离合器执行器。

双离合器通过两个电动机械式传动杠杆执行器来控制其作动,传动杠杆执行器如图 3-33所示。离合器接合所需要的力是由压紧弹簧经由杠杆执行器的机械系统产生的,这个力作用在接合杠杆的外端,形成一个摇杆,以滚柱作为接合杠杆的中心接触点。无刷直流电动机直接安装在变速器的壳体上,电动机通过丝杆的齿牙驱动滚柱的螺块,通过螺杆的旋转,循环球螺母和滚柱在轴向方向产生移动,由于滚柱的轴向移动,接合杠杆的中心支承点会移动,从而导致杠杆作用的改变。

电动机械式传动杠杆执行器的功能:当电动机断电时,离合器处于分离状态,为了让离合器接合,变速器控制系统(TCM)控制电动机通电,由于丝杆的旋转,滚柱借助循环球螺母向下移动。由于滚柱的轴向运动,接合杠杆的中心支承点位置发生横向变化,从而导致杠杆作用的变化。由于杠杆作用的改变,导致作用在接合杠杆和接合轴承上的力增加。这样,接合杠杆和接合轴承被提升,接合轴承压在膜片弹簧上,从而导致离合器被压在接合的位置。

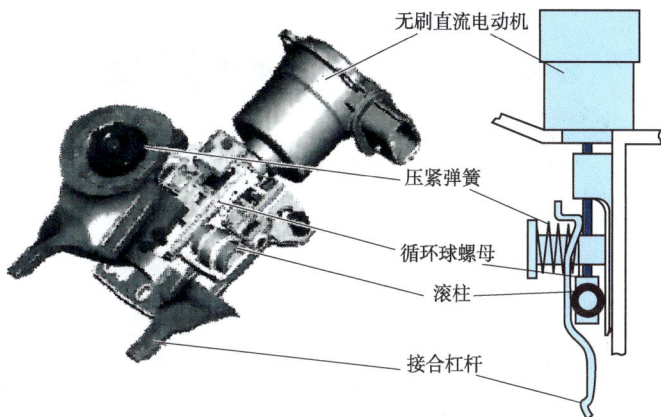

图 3-33　传动杠杆执行器示意图

　　为了将离合器保持在接合的位置,电动机会一直被控制接通一个保持电流。一旦 TCM 控制切断保持电流,膜片弹簧会松弛,离合器也会分离,膜片弹簧上的压紧力释放后,接合轴承和接合杠杆会旋转到原来的初始位置,同时,接合杠杆的形状会促使滚柱也回到它的起始位置。

　　(2)换挡执行机构。

　　换挡执行机构如图 3-34 所示,挡位的变换也是通过两个无刷直流电动机的控制来实现的,电动机通过中间齿轮的两级减速器来分别触动两个相同的换挡鼓,且每一个换挡鼓都有一个狭槽用于触动换挡拨叉,不需要额外的机械锁止机构来防止同一时间挂上两个挡位。

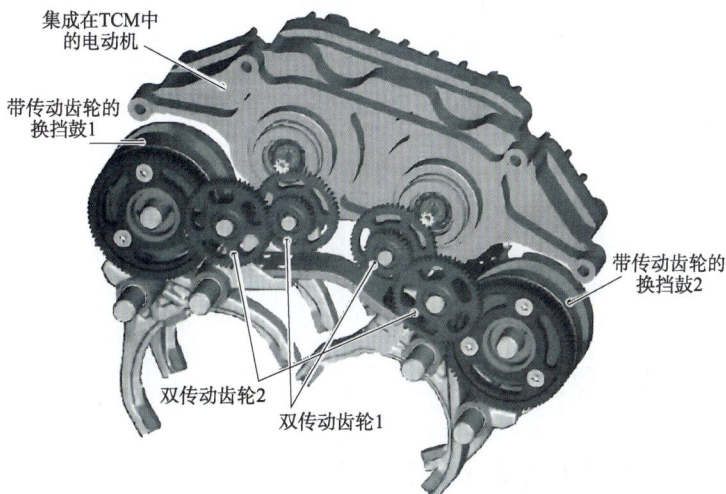

图 3-34　换挡执行机构示意图

2)干式双离合变速器控制系统的组成

　　干式双离合器变速器控制系统(TCM)组成如图 3-35 所示,其控制单元和两个用于换挡的无刷直流电动机都集成在 TCM 内,TCM 的主要功能是接收传感器信号,对信号进行处理后控制相应的执行器工作。

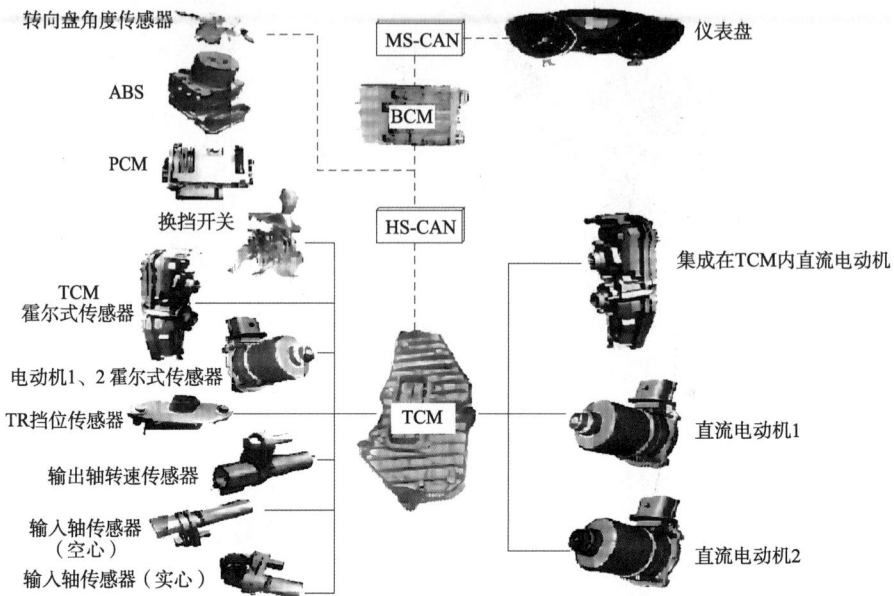

图 3-35　双离合变速器控制系统组成

BCM-车身控制模块；PCM-动力控制模块

　　为了保证车辆在所有驾驶条件下能够换挡平顺,TCM 监测每个挡位,控制单元通过开环控制系统控制离合器和换挡系统的无刷直流电动机。如果 TCM 有故障,则两个离合器都不能接合,同时车辆也不能够继续行驶。在挡位传感器故障的情况下,车辆就不能再起动,或者变速器被固定在 N 挡,这也会导致车辆不能继续行驶。根据故障发生时车辆当前所处的挡位和驾驶情况的不同,会执行不同的控制措施。在控制离合器的直流电动机故障的情况下,TCM 仅仅只会控制那个没有故障的电动机。例如,如果电动机 1 故障,这时变速器用于控制 1、3、5 挡的传动路径受阻,则 TCM 仅仅控制电动机 2,它控制倒挡、2 挡和 4 挡的离合器工作。在换挡系统或者转速传感器故障的情况下,系统故障的范围可能是锁止某个挡位或者锁止变速器的整个传动路径(偶数/奇数挡),甚至只能允许以目前车辆接合的挡位行驶。

3.1.6　双离合变速器检修

3.1.6.1　双离合变速器常见故障

　　双离合变速器的常见故障包括:不换挡或换挡困难、离合器打滑、变速器漏油、变速器异响等。

　　1)不换挡或换挡困难

　　其维修策略如下。

(1)离合器故障。 双离合变速器的换挡主要依赖于离合器的工作,如果离合器出现故障,如磨损过度或者损坏,就不能正常进行换挡操作。

(2)电子控制系统故障。 双离合变速器的换挡过程是由电子控制系统控制的,如果电子控制系统出现故障,如传感器、执行器等部件的故障,就无法正确识别驾驶人的需求并进行换挡操作。

(3)软件问题。 双离合变速器的控制软件出现问题,也可能导致不能正常换挡,如软件中的某个算法出现错误,可能导致无法准确判断车辆状态和驾驶人需求。

(4)驾驶习惯问题。 如果驾驶人一直使用低挡位高转速行驶,车辆长时间处于半联动状态,会导致离合器磨损加剧,从而影响换挡效果。

(5)油品问题。 使用劣质或不符合规定的油液,也会导致双离合变速器无法正常工作。

2)离合器打滑

离合器打滑是湿式双离合变速器中最为常见的故障之一。当车辆起步或加速时,发动机输出的动力无法完全传递到变速器,导致车辆加速缓慢、行驶无力等。

其维修策略如下。

(1)检查并调整离合器间隙,确保离合器能够正常工作。

(2)检查液压油路是否畅通,液压油是否足够,若不足需要及时添加。

(3)检查离合器片是否磨损过度,若磨损过度需要更换新的离合器片。

3)变速器漏油

变速器漏油也是湿式双离合变速器中常见的故障之一。漏油会导致变速器内部润滑不良,影响变速器的正常工作。

其维修策略如下。

(1)检查变速器的油底壳是否有裂纹或者损坏,若有问题需要及时更换新的油底壳。

(2)检查变速器的密封件是否有老化或者损坏,若有问题需要及时更换新的密封件。

(3)检查变速器的散热器是否有漏油现象,若有问题需要及时修复散热器。

4)变速器异响

这可能是由于变速器内部的齿轮、轴承等部件出现问题所导致的。

其维修策略如下。

(1)检查变速器的齿轮是否磨损过度,若磨损过度需要更换新的齿轮。

(2)检查轴承是否磨损过度,若磨损过度需要更换新的轴承。

(3)检查变速器内部是否有异物进入,若有问题需要及时清除异物。

3.1.6.2 双离合变速器基本检修方法

双离合变速器维修常规的步骤首先是更新变速器软件。如果问题依然存在,那么可能需要更换电子液压控制单元、双离合器总成或是整个变速器。在某些特定情况下,通过微调离合器轴向间隙也可以解决故障。当双离合变速器出现动力中断现象时,通常的解决手段是直接替换故障部件,这些部件多为控制单元或离合器的机械部件。其中,控制单元故障尤为常见。双离合变速器在更换机电控制单元后,若出现顿挫现象,可能的原因为机电控制单元未进行正确编程。

1)目视检查

目视检查包含以下内容:插头及接头,换挡杆移动的灵活性,换挡杆位置,油液泄漏,检查油位,变速器的机械损坏。检查接头时,只有在未通电的情况下才能断开插头。

2)自检及诊断

控制系统会监测变速器系统,出现故障时,将通过仪表上的警告灯和警示信息告知驾驶人。将故障及诊断故障码存储到故障记忆模块中,可以使用诊断仪将其读出或清除。

3)传感器检修

节气门位置传感器、发动机转速传感器、油温传感器等传感器检测方法与模块 2 内容一致,不再赘述。

4)检修换挡杆传感器(挡位开关)

通过诊断仪读取挡位开关数据流,可以确认换挡杆传感器(挡位开关)电路的工作性能是否正常。点火开关 OFF,连接诊断仪。打开点火开关 ON 挡,按照诊断仪提示选择换挡杆位置数据流菜单,分别将换挡杆置于不同位置,诊断仪显示应与换挡杆实际位置一致。否则,应调整换挡杆或进一步检测相关电路是否有故障。检查换挡杆传感器(挡位开关)连接器是否接触不良,检测其供电、搭铁等是否正常。

5)检修电磁阀

电磁阀故障,主要是电磁阀不工作、漏气或失效,应从以下几点排查:

(1)电磁阀电接头松动或线头松脱,紧固电接头,检测电磁阀是否通电正常。

(2)线路故障。可拆下电磁阀的线束,用万用表测量如果开路,则电磁阀线圈烧坏。

(3)输入电压是否正常。检测电磁阀电路,各类型电磁阀工作电压应均为12V,检测各电磁阀线圈电阻应为 $55\sim65\Omega$。检测各电磁阀的波形应为矩形脉冲波。起动发动机并将换挡杆置于不同位置运行汽车,用示波器依次检测相应端子的电压波形,测得结果应为矩形脉冲波,波形占空比随车速、挡位不同而变化,其余端子的波形在自动换挡时突变。否则,应进一步检测有关电路是否正常。

(4)检测电磁阀机械故障。电磁阀动作灵活性检查可以通过通电试验进行,当电磁阀通蓄电池电压时,应能够听到清脆的开闭动作响声,否则为动作不灵活,应清洗或更换电磁阀。拆下电磁阀,在通电(常开型)或断电(常闭型)时通以压缩空气,检测其密封性,不应有泄漏。否则,应清洗或更换电磁阀。

▶ 线上学习资源

1.线上微课

双离合器变速器结构组成		双离合器自动变速器总成的安装	
双离合器变速器电控系统元件(上)		双离合器总成的调整与测量(上)	
双离合器变速器电控系统元件(下)		双离合器总成的调整与测量(下)	
双离合器自动变速器的拆卸		双离合器变速器(6DCT450)结构认知	

2.线上作业

任务 3.1　线上作业

3.线上测试

任务 3.1　线上测试

▶ 素养课堂

"变速"人生,他为国产
汽车执掌"心脏"

探访最美汽车维修技师——
"湖北工匠"张龙

任务 3.2　无级变速器检修

3.2.1　无级变速器的概述

无级变速器(Continuously Variable Transmission,CVT)是传动比可以在一定范围内连续变化的变速器,最常见的是金属带式无级变速器。其结构比传统变速器简单,不需要使用手动变速器众多的齿轮副,也没有要求自动变速器复杂的行星齿轮组件,具有体积更小、质量轻、动力性好、燃油经济性好、驾驶舒适性好等优点。

无级变速器基本结构如图 3-36 所示,该装置包括两个对置的锥轮和一条环绕在两个锥轮上的 V 形传动钢带。变速装置的动力最终通过中间轴传递到变速器内的差速器。CVT 的基本工作原理如图 3-37 所示,采用传动带和工作直径可变的主、从动锥轮相配合传递动力,可实现传动比的连续改变。CVT 可以实现无级调速,但是仍然离不开离合器,也不能与发动机直接连接,基本上有三种动力连接方式,有湿式离合器、电磁离合器、液力变矩器三种,目的是使汽车以足够大的牵引力平顺地起步,提高驾驶舒适性,必要时切断动力传递,把发动机的动力传递到变速器。

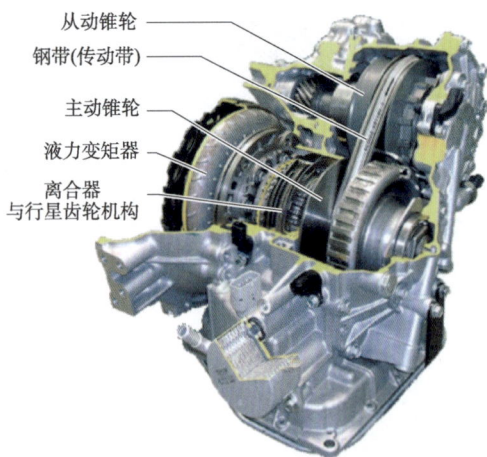

图 3-36　CVT 基本结构

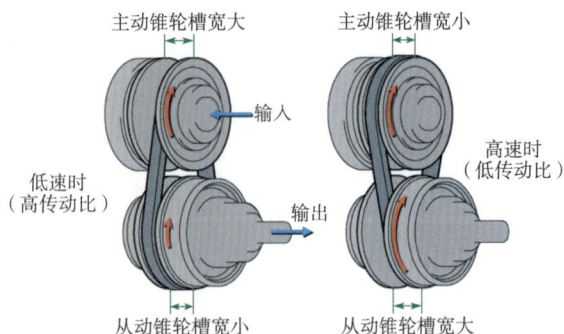

图 3-37　CVT 基本工作原理

根据辅助齿轮箱(行星齿轮组,用来产生前进挡和倒挡)的安装位置,CVT 可分为如图 3-38 所示的两种结构形式。辅助齿轮箱在前的 CVT 结构更加简洁紧凑,为目前广泛采用的一种形式。

图 3-38　CVT 结构形式

3.2.2　无级变速器的结构组成和原理

以奥迪 Multitronic 无级变速器为例,该变速器主要由动力传动系统、液压控制单元、电子控制单元三部分组成,如图 3-39 所示。该变速器的动力衔接装置采用离合器类型,发动机输出转矩通过飞轮减振装置或双质量飞轮传递给变速器,前进挡离合器和倒挡制动器都是湿式摩擦元件,两者均为起动装置。倒挡的旋转方向是通过行星齿轮机构改变的。发动机的转矩通过辅助减速齿轮传到传动比变换器,并由此传到主减速器、差速器。液压控制系统和电子控制系统集成一体,位于变速器内部。

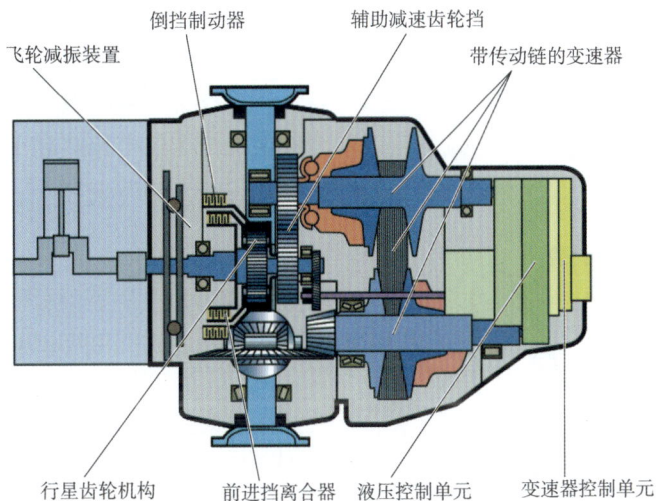

图 3-39　CVT 的总体结构

3.2.2.1　动力传动系统

动力传动系统主要由飞轮减振装置、前进挡离合器、倒挡离合器、行星齿轮机构、传动比变换装置等组成。

1）飞轮减振装置

奥迪无级变速器取消了液力变矩器。由于飞轮在工作时运转是不均匀的,即在做功行程转得快,而在其他行程则转得慢,这种转动的不均匀性传递给变速器内就会形成振动。因此,CVT 需要一个减振缓冲装置来缓冲这种振动。

2）动力输入装置

动力输入装置包括行星齿轮机构、前进挡离合器和倒挡制动器。

(1)前进挡离合器和倒挡制动器。

无级变速器的起动装置是前进挡离合器和倒挡制动器,并与行星齿轮机构一起实现前进挡和倒挡。它们只做起动装置,并不能改变传动比,这与前文自动变速器中的离合器和制动器的功用相同。

无级变速器的前进挡离合器和倒挡制动器均是采用湿式多片式结构,与前述自动变速器中的离合器和制动器的结构是相同的,这里不再赘述。

(2)行星齿轮机构。

其与前进挡离合器和倒挡制动器配合,实现前进挡、倒挡等方向改变,行星齿轮机构的结构和原理请见模块 2 中 2.1.3 的内容,这里不再赘述。

3）传动比变换器

传动比变换器是 CVT 最重要的部件,也称为速比变换装置,它的功用是实现无级变速传动。传动比变换装置由两组滑动锥轮和钢带组成,如图 3-39 所示。主动锥轮由发动机通过辅助减速齿轮驱动,发动机转矩由传动钢带传递到从动锥轮装置,并由此传给主减速器。每组锥轮装置中的其中一个锥轮可沿轴向移动,来调整传动钢带的跨度尺寸,从而连续地改变传动比。两组锥轮装置必须同步进行,这样才能保证传动钢带始终处于张紧状态,即有效地传递发动机转矩,并且具有足够的传动链和锥轮之间的接触压力。

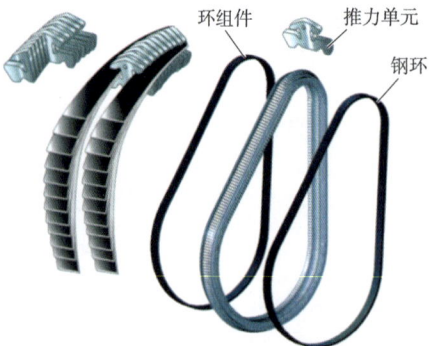

图 3-40　传动钢带的结构

4）传动钢带

传动钢带位于 CVT 中的两个锥轮之间,其作用是将发动机转矩从主锥轮组传递到辅助锥轮组。传动钢带被压低到锥轮上,发动机传递转矩。接触压力取决于负载和传动比。传动钢带如图 3-40 所示,由若干个钢片结构的推力单元和多层钢环组成,形成专用链条,在锥盘组之间传递动力。推力单元是两端有开槽形状的钢片,开槽内可以放入多层钢环,传递动力时主动锥盘依靠摩擦力带动推力单元,再由推力单元带动钢环,从而实现锥盘到压力钢带之间的动力传递,如图 3-41 所示。

图 3-41 压力钢带截面图

5)动力传递路线

无级变速器采用双行星齿轮机构的结构,如图 3-42 所示,由齿圈、2 个行星轮、行星架、太阳轮组成。当太阳轮顺时针转动时,驱动行星轮 1 逆时针转动,再驱动行星轮 2 顺时针转动,最后,驱动齿圈也顺时针转动。

作为输入元件的太阳轮与输入轴和前进挡离合器钢片相连接,作为输出元件的行星架与辅助减速齿轮的主动齿轮和前进挡离合器的摩擦片相连接,齿圈和倒挡制动器摩擦片相连接,倒挡制动器钢片和变速器壳体相连接。无级变速器传动机构的结构简图如图 3-43 所示。

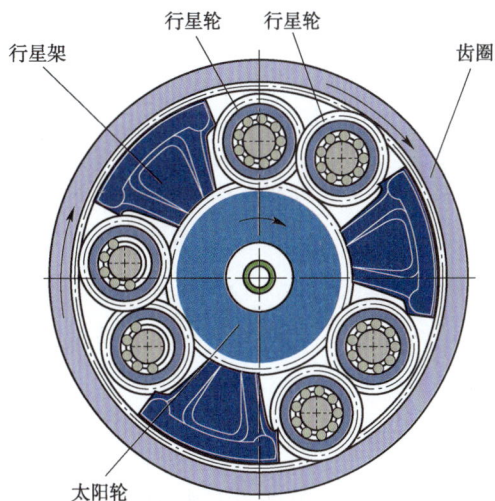

图 3-42 行星齿轮机构的结构

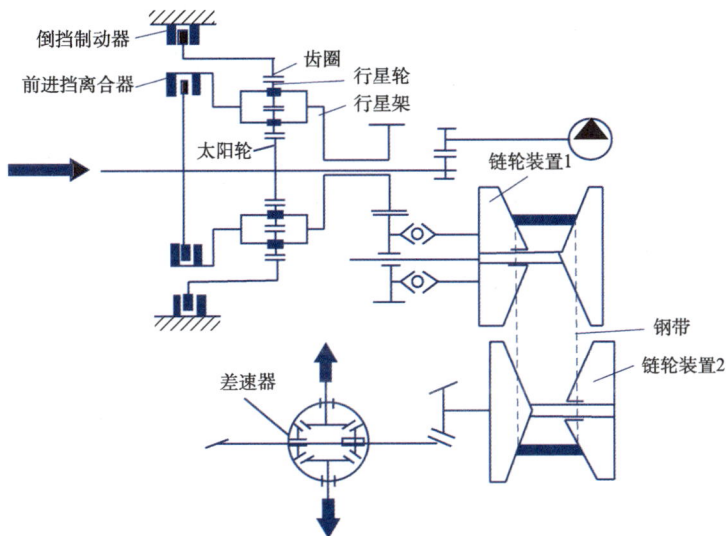

图 3-43 无级变速器动力传动机构简图

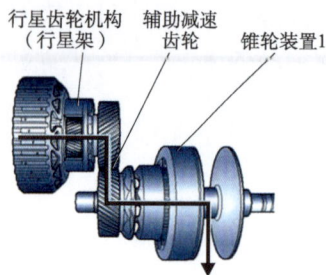

行星齿轮机构 辅助减速 锥轮装置1
（行星架） 齿轮

图3-44 辅助减速齿轮

由行星架输出的动力通过辅助减速齿轮传递到速比变换器的锥轮装置1,并由此传给主减速器,再到差速器,辅助减速齿轮结构如图3-44所示。

(1)前进挡的动力传动路线。

换挡杆处于D位时,前进挡离合器工作。由于前进挡离合器钢片与太阳轮连接,摩擦片与行星架相连接,此时,太阳轮(变速器输入轴)与行星架(输出部分)连接,行星齿轮机构被锁死成为一体,并与发动机运转方向相同,传动比为1:1。

(2)倒挡的动力传动路线。

换挡杆处于R位置时,倒挡制动器工作。由于倒挡制动器摩擦片与齿圈相连接,钢片与变速器壳体相连接,此时,齿圈被固定,太阳轮(输入轴)转动,转矩传递到行星架,由于是双行星齿轮(其中一个为惰轮),所以,行星架就会以与发动机旋转方向相反的方向运转,车辆向后行驶。

(3)P/N挡的动力传递路线。

当换挡杆处于P或N位时,前进挡离合器和倒挡制动器都不工作。发动机的转矩通过输入轴相连接的太阳轮传到行星齿轮机构并驱动行星齿轮1,行星齿轮1再驱动行星齿轮2,行星齿轮2与齿圈相啮合。车辆尚未行驶时,作为辅助减速齿轮输入部分的行星架(行星齿轮机构的输出部分)的阻力很大,处于静止状态,齿圈以发动机转速一半的速度怠速运转,旋转方向与发动机相同。

3.2.2.2 液压控制系统

CVT液压控制系统与前述的双离合器变速器的液压控制系统功能相似,担负着系统油压的控制、油路的转换控制、用油元件的供油以及冷却控制等功能。

1)供油装置

供油装置采用的是带月牙形密封的内啮合齿轮泵,直接装在液压控制单元上,形成一个整体,减少了压力损失。

2)液压控制单元

液压控制单元由手动换挡阀、9个液压阀和3个电磁控制阀组成,含有安全阀、限压阀、离合器冷却阀、最小压力阀及各电磁阀等。液压控制单元和电子控制单元集成于一体,如图3-45所示。液压控制单元的作用是控制前进挡离合器和倒挡制动器、调节离合器压力、冷却离合器、为接触压力控制提供压力油、控制传动、为飞溅润滑油罩盖供油。

3.2.2.3 电子控制系统

CVT控制系统由电子控制单元、输入装置(传感器、开关)和执行器(电磁阀)三部分组成。电子控制单元集成在速比变换器内,直接用螺栓紧固集成在液压控制单元上。3 个压力调节阀与控制单元间直接通过坚固的插头连接,没有连接线。控制单元用一个 25 针脚的小型插头与汽车相连。因为传感器为控制单元的集成部件,若某个传感器损坏,必须更换电子控制单元。如图 3-45 所示为电子控制系统的组成。

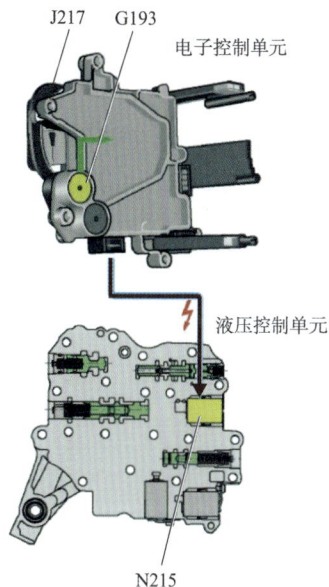

图 3-45 液压控制单元和电子控制单元
J217-自动变速器控制单元;G193-离合器油压传感器;N215-压力调节阀

1)电子控制单元

控制单元 J217 具有以下主要功能:

(1)换挡控制。 汽车运行时,控制模块根据各种传感器和开关传来的信号,将实际行驶条件与储存的行驶条件进行比较,即时确定一个主、从动带轮最佳传动比,通过调节主从动锥轮的油压以改变其工作半径进行换挡(传动比)控制。

(2)钢带与锥轮接触压力控制。 控制模块根据进气歧管绝对压力传感器、节气门位置传感器等传来的发动机负荷信号和其他信号,确定合适的钢带与锥轮接触压力值,通过带轮油压调节电磁阀控制合适的油压。

(3)起步离合器压力控制。 起步离合器的作用是保证汽车起步加速平稳,并在 D、L、S 和 R 挡位置实现装有液力变矩器的自动变速器所具有的蠕动功能。其控制原理为控制模块接受来自 CVT 转速传感器、挡位传感器、节气门位置传感器、进气歧管绝对压力传感器、制动开关、发动机转速传感器、CVT 主动锥轮转速传感器、CVT 从动带轮转速传感器的信号和来自 ABS 的车速后备信号确定施加于起步离合器的正确压力值,然后通过油压调节电磁阀控制合适的起步离合器油压。

(4)倒挡限止控制。 根据车速控制倒挡的实现与否。只有当车速低于 10km/h 时,选择倒挡,PCM 将限止装置电磁阀断电,接通倒挡制动器的油压,实现倒挡。

(5)失效保护控制。 当电子控制系统出现输入或输出的故障时,电子控制系统通常将电磁阀设定在一个默认的位置,无级变速器仍可以工作。若电子控制系统出现严重故障,则电子控制系统将停止工作,同时激活失效保护功能,此时,无级变速器变成机械液压式变速器。

2)传感器

大众车系 CVT 控制系统的传感器包括:多功能开关 F125(挡位传感器)、Tiptronic 挡位开关 F189、离合器油压传感器 G193、油压接触压力传感器 G194、变速器油温度传感器 G93、变速器输入转速传感器 G182、变速器输出转速传感器 G195 和 G196 等,如图 3-46 所示。

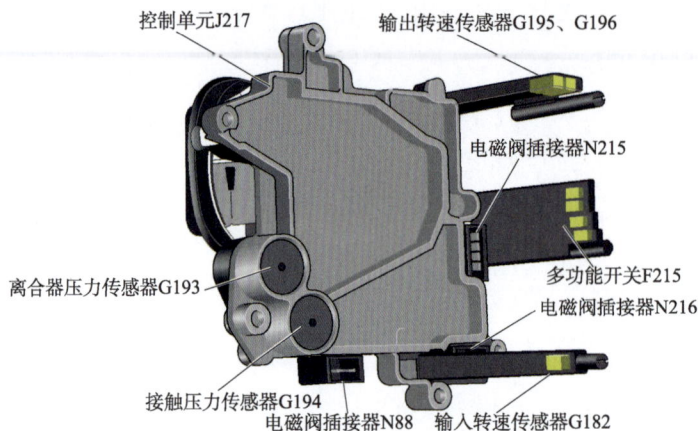

图 3-46　CVT 电子控制系统组成

G193 负责监控起步离合器的真实压力,G194 主要用来监测变速器中传动钢带部分夹紧力,也就是传动钢带与锥轮间的接触压力。G193 的控制原理为给计算机提供离合器真实的压力反馈信息,然后计算机通过与额定的离合器压力控制信息相比较,最终通过指令控制离合器压力调节电磁阀的电流来修正离合器所需的精准理想压力。G194 的控制原理简单来说就是通过锥轮缸内的油压来监测钢带松紧度(夹紧力),由于钢带夹紧力的大小取决于输入力矩大小和行驶速度的快慢等因素,同时输入转矩和行驶速度又都和离合器的控制有关,而离合器压力所产生的转矩又与发动机输入转矩成正比。因此,它的闭环控制功能是通过改变离合器的压力也就相当于改变了输入转矩,这样就变相地改变了锥轮缸内的压力,最终相当于实现双重闭环控制。

无论是 G193 还是 G194,从其整体结构上看其都属于 3 线应变片式传感器,通过压力的变化来反映其应变量即产生电信号的变化,计算机通过测量信号的变化计算出压力值来最终实现其闭环控制功能。当其出现故障时,电控系统会记录相应的故障码,但由于这种传感器与计算机间采用集成控制,因此,在维修中需要更换计算机总成。

3)执行器

CVT 采用三个电磁阀 N88、N215 和 N216,以及 1 个换挡杆锁止电磁阀 N110,接收自动变速器控制单元的指令,控制换挡和油压调节等功能。

3.2.2.4　CVT 工作原理

CVT 的工作原理是通过传动钢带与可变直径的主、从动锥轮相配合来传递动力,实现传动比的连续改变。主、从动锥轮的直径可以通过液压系统进行无级变化,从而改变传动比。CVT 液压控制系统通过控制油压来改变主、从动锥轮的直径。起步时,主动锥轮直径最大,从动锥轮直径最小,以提供较高的传动比。随着车速的增加,主动锥轮的工作半径逐渐减小,从动锥轮的工作半径相应增大,CVT 的传动比下降,使得汽车能够以更高的速度行驶。CVT 电子控制系统根据加速踏板、发动机转速、车速、换挡杆位置等传感器信号,通过计算机控制系统来断定控制油压,向执行系统发出操控指令,最终改变锥轮直径的连续变化,达到无级变速的效果。同时,随时计算判断驾驶人意图,指挥完成前进挡、倒挡的切换以及发动机制动等执行动作。

3.2.3 无级变速器控制电路

大众车系 CVT 控制电路如图 3-47 所示,离合器油压传感器 G193、油压接触压力传感器 G194、变速器油温度传感器 G93 集成在控制单元内,N88、N216、N215 位于液压控制单元。其中,①是传动系统总线 CAN-L,②是传动系统总线 CAN-H,③是换挡指示信号,④是车速信号,⑤是发动机转速信号,⑥是诊断插头。电路中传感器 G182 用于监测锥轮的变速器实际输入转速,变速器控制单元根据实际值与设定值间的比较,计算压力调节阀(N216)的控制电流,从而控制减压阀的位置;传感器 G182 和 G195 及发动机转速信号主要实现对换挡的监控。电磁阀 N88 用来控制离合器冷却阀和安全阀,压力调节阀 N215 用于控制离合器控制阀,压力调节阀 N216 用于控制减压阀工作。

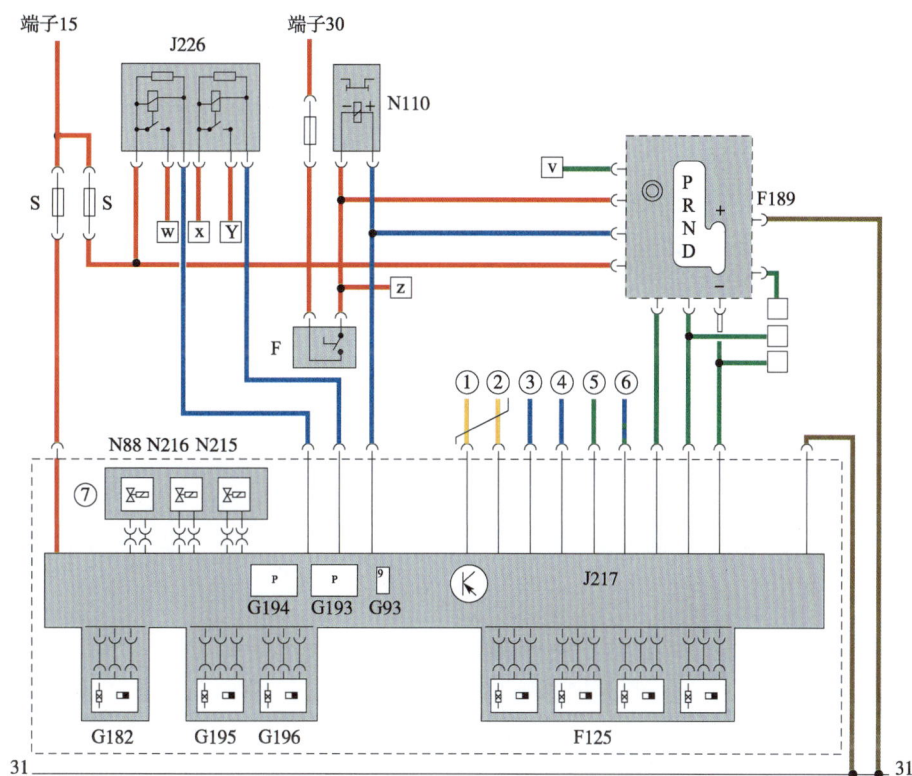

图 3-47 CVT 控制电路图

J226-起动锁止和倒车灯继电器;F125-多功能开关(挡位传感器);F189-Tiptronic 挡位开关;G193-离合器油压传感器;G194-油压接触压力传感器;G93-变速器油温度传感器;G182-变速器输入转速传感器;G195、G196-变速器输出转速传感器;J217-自动变速器控制单元;N215、N216-压力调节阀;N88-用来控制离合器的冷却阀和安全阀控制单元的作用是根据各传感器信号实现以下控制:离合器接合控制,离合器安全切断控制。在变速器工作时,油压传感器 G193 监测液压控制部分中的离合器压力(实际压力)。实际离合器压力与变速器控制单元计算的额定压力不断进行比较。如果实际离合器压力明显高于离合器额定压力,不论手动换挡阀处于任何位置,变速器控制单元都会给电磁阀 N88 发出指令,使安全阀工作,确保离合器快速分离。

3.2.4　无级变速器检修

3.2.4.1　常见故障

无级变速器的常见故障主要包括打滑、顿挫、异响和无法挂挡等问题。

(1)打滑是无级变速器常见的故障之一。 当变速器出现打滑后,汽车会出现深踩加速踏板时,发动机转速急速升高,但汽车加速无力、变速器油温升高的现象。在上坡行驶时,此现象会表现明显。

无级变速器主、从动轴均有转速传感器,计算机会比较两个转速传感器信号监测打滑情况。如果打滑情况严重,仪表板上会亮起故障警告灯。此时,驾驶人应该及时到修理厂进行检查修理,以免故障扩大。

无级变速器打滑故障的原因如下。

①**长时间怠速或低速行驶。** 长时间怠速或低速行驶会导致油温上升,从而影响钢带的摩擦系数,导致动力传递效率降低,产生类似打滑的现象。

②**超载。** 当车辆负载过大时,CVT 可能会因为钢带承受过大的压力而出现类似打滑的现象。

③**油液问题。** 如果 CVT 的油液出现问题,如油液变质、油量不足或者油路堵塞等,都可能导致 CVT 出现类似打滑的现象。

④**CVT 的某些部件出现故障。** 如液压泵、液压控制阀等,也可能导致类似打滑的现象。

⑤**压紧力不足。** 由于主压力缸、转矩传感器或链条等部件出现问题,导致压紧力不足,使得链条在传动过程中打滑。

(2)顿挫故障也是无级变速器的一个常见问题。 顿挫通常表现为在换挡或加速过程中,车辆出现短暂的停顿或冲击感。

无级变速器顿挫故障的原因主要包括以下几个方面。

①**油压不足或油液污染。** CVT 的工作原理是通过油液对钢带进行调压,以实现不同的传动比。如果油压过低或者油液污染,可能导致钢带调压不稳定,从而产生顿挫感。

②**传动带或链条磨损。** CVT 的传动系统由钢带和锥形轮组成,如果传动带或链条磨损

严重,可能导致锥形轮和钢带之间的接触不良,进而导致挂挡顿挫。

③控制单元故障。CVT 的控制单元负责接收驾驶信号并控制整个变速系统的运作。如果控制单元出现故障,可能导致挂挡控制不准确,从而产生顿挫感。

④液压系统故障。CVT 的工作原理是通过液压油推动钢带或链条实现速比的无级变化。如果液压系统出现问题,可能导致换挡不顺畅甚至顿挫。

⑤驾驶习惯。频繁地在高速行驶时直接切换到空挡(N 挡)滑行,可能会导致钢带或链条的冲击损伤,从而影响换挡平顺性。

解决无级变速器顿挫的方法如下。

①检查并更换变速器油。变速器油长期使用会变质、老化,其润滑性能和散热性能会下降,导致变速器内部零部件的磨损加剧,从而引起顿挫。建议按照车辆使用手册的要求定期更换变速器油,一般为每 2 年或 4 万 km 更换一次。

②检查并更换滤芯。变速器滤芯的作用是过滤变速器油中的杂质,如果滤芯堵塞,会影响变速器油的正常循环,导致油压不稳定,产生顿挫。定期检查并更换滤芯,可以保证变速器油的清洁度,减少顿挫的发生。

③检查并修复电磁阀和阀体。电磁阀和阀体是控制变速器油压的重要部件。如果电磁阀或阀体出现故障,会导致油压不稳定,引起顿挫。使用专业的检测设备检查电磁阀和阀体的工作状态,如有问题应及时更换或修复。

④重新编程设置变速器计算机系统。变速器的换挡逻辑是由计算机系统控制的。如果计算机系统的程序出现错误或紊乱,可能会导致变速器换挡顿挫。通过专业的诊断设备对变速器计算机系统进行重新编程设置,可以优化换挡逻辑,解决顿挫问题。

通过以上方法,可以有效诊断和解决无级变速器顿挫的问题,确保车辆的正常运行和驾驶的舒适性。

(3) 异响也是无级变速器的一个常见问题。异响可能源于多个部件,如差速器、输入轴行星架、轴承或散热器冷却油管等。这些部件的磨损、松旷或安装不当都可能导致异响的产生。例如,如果车辆在行驶过程中发出持续的"嗡嗡"声或"嘎吱"声,就可能是某个部件出现了异响。

无级变速器异响的原因主要包括以下几个方面。

①金属零件磨损或损坏。变速器的金属零件磨损或损坏,如齿轮、轴承等,会导致异响。金属冲击声可能是变速器内部金属零件磨损或损坏的表现。

②油泵问题。油泵的磨损或老化可能导致供油不足,从而引发噪声。液压系统是无级变速器的关键组成部分,液压油不足、油泵故障或阀门磨损都会导致异响。

③轴承问题。轴承磨损或损坏会导致间隙增大,配合精度降低,甚至造成变速元件损

坏。轴承的磨损和损坏会引发"嗡嗡"声。

④润滑问题。润滑油不足或过量都会导致异响。确保润滑油的量和质量是解决润滑问题的重要措施。

⑤变速器外壳问题。变速器外壳螺栓松动或变速器外壳损坏也会导致异响。定期检查变速器外壳的紧固情况是必要的。

⑥液压系统问题。液压系统中的问题,如液压油不足、油泵故障或阀门磨损,都会导致异响。

解决无级变速器异响的方法如下。

①检查和更换磨损或损坏的部件。如齿轮、轴承等,确保它们处于良好的工作状态。

②检查润滑油。确保润滑油的量和质量符合要求,及时更换合适的润滑油。

③检查油泵和液压系统。确保油泵正常工作,液压系统中的油位和压力正常。

④定期维护。定期检查变速器外壳的紧固情况,避免螺栓松动。

⑤使用优质自动变速油。避免使用劣质油品,确保使用厂家规定的优质油品。

(4)无法挂挡也是无级变速器的一种常见故障。这种故障可能由变速器内部故障、换挡操纵机构问题或离合器分离不彻底等原因引起。例如,当操纵换挡杆时,如果变速器无法顺利挂入挡位,就可能是出现了无法挂挡的故障。

无级变速器无法挂挡故障的原因主要包括以下几个方面。

①操作不当。可能是由于操作不当,如在车辆行驶过程中强行挂挡。

②变速器油问题。变速器内部缺少润滑油或油质不佳都会影响挂挡的顺畅性。建议定期检查变速器油,并及时补充或更换变速器油。

③变速器内部机械故障。包括换挡拉索等机械传动部件故障或变速器内部机械部件磨损,如齿轮磨损、轴承损坏等,检查变速器的内部机械部件,必要时进行更换。

④连接问路。可能是由于换挡杆或换挡连接部分出现问题,如换挡杆松动、换挡连接部分断裂等。

⑤变速器控制模块或传感器故障。如果变速器控制模块或传感器、执行器出现故障,如驾驶模式传感器插接件虚接可能会导致换挡问题。检查并修复传感器插接件,确保连接正常。

3.2.4.2 无级变速器基本检修

无级变速器的常见故障涉及多个方面和部件,需要仔细排查和诊断才能确定具体原因。

(1)问诊。通过询问车主,可以帮助诊断故障信息的来源、确认故障发生时间、故障症状等。

(2)基本检查。主要是一些外围的检查,包括发动机怠速检查、ATF液面高度检查、油质检查,换挡操纵机构的检查等。

(3) 自诊断检查。无级变速器电子控制系统具有故障自诊断功能,可通过故障码来指示故障,并按维修提示进行维修。

3.2.4.3　检查 CVT 油液

检查 CVT 油液时,应使油液预热到 50 ~ 80℃,液面高度在油尺上下刻线之间,颜色正常、无异味、无杂质。

CVT 油液的检查方法与自动变速器基本相同,具体如下:

(1)检查有无 CVT 油泄漏。

(2)发动机起动暖机后,行驶汽车至 CVT 油液温度达到 50 ~ 80℃。

(3)将汽车停在水平地面上并拉紧驻车制动器。

(4)发动机怠速运转,操纵换挡杆切换至各个挡位,并稍作停留,然后将换挡杆置于 P 挡。

(5)擦净油尺口,松开油尺锁止装置,拔出油尺并用无绒布擦干净油尺上的油液。

(6)重新将油尺插入油尺口并确认插到适当位置。

(7)拔出油尺,检查油液高度及质量是否符合要求。

(8)检查完毕,将油尺插入油尺口并固定好锁止装置。

通过以上检查,处理检查结果:

(1)若油液质量符合要求,液面高度不足,只需添加至规定高度即可。

(2)若颜色发黑或有焦煳味,应进一步检查 CVT 的工作情况,并在 CVT 修理后清洗 CVT 油液冷却系统。

(3)若油液颜色呈乳白色或浑浊,说明油水混合,应进一步检查可能的渗漏点,并在维修后清洗 CVT 油液冷却系统。

(4)若油液中有摩擦材料颗粒,应进一步检查 CVT 的工作情况,并在 CVT 修理后更换 CVT 油液散热器,清洗冷却系统油管。

3.2.4.4　电子控制系统检修

对于 CVT 电子控制系统的故障检修与其他电子控制自动变速器的故障检修几乎是一样的,可通过诊断仪的故障引导功能对故障码的分析、动态数据流的分析、波形分析、计算机电路、网络数据通信的分析以及对电子元件(传感器、开关、电磁阀)进行元件测试和更换等进行故障排除。

控制系统的传感器及各开关电路检测方法和执行器(电磁阀)检测方法基本与双离合器变速器一致。

(1) 控制单元检查。关闭点火开关,脱开电控单元线束连接器,用万用电表检测各电源端子与车身搭铁之间的电压,正常应为12V,检测搭铁端子与车身搭铁之间的电阻应为0～2Ω。否则,检查相应线路或熔断丝有无短路、断路、搭铁。

(2)电磁阀电路检测。调节电磁阀,线圈电阻为6～50Ω,脉冲工作电压由控制单元提供。开关电磁阀,线圈电阻为17.1～21Ω,工作电压为蓄电池端电压,由控制单元提供。举升汽车,挂挡运行,用示波器检测电磁阀控制端,所测波形应为矩形脉冲,否则,应进一步检测有关电路是否存在故障。

(3)电阻测量。点火开关OFF,脱开电磁阀线束连接器,测量各电磁阀线圈电阻。电阻值应符合标准要求,否则,更换电磁阀。

(4)动作测试。给电磁阀通以蓄电池电压,应能听到清脆的开关动作声,并密封良好。否则,更换电磁阀。

(5)挡位开关更换。在经过测量确认挡位开关内部相应触点因导通不良、不导通、串通导致不能准确提供挡位信息时,需更换挡位开关。若内部触点导通良好,但不能准确反映挡位信息时,也需更换挡位开关。

3.2.4.5 机械元件的检修

对于CVT机械元件的检修,只能作解体检查或故障部位的修理和更换。

▶ **线上学习资源**

1.线上微课

| 无级变速器的结构组成(上) | | 无级变速器链轮工作过程 | |

| 无级变速器的结构组成(下) | |

2.线上作业　　　　　　　**3.线上测试**

任务3.2 线上作业　　　　　　任务3.2 线上测试

▶ **素养课堂**

从 0 到 1 的突破

十年磨一链:
无级变速器之链条

模块 4

汽车车辆稳定控制系统检修

模块导学

1. 目标要求

随着人们对车辆安全和舒适的要求越来越高,汽车车辆稳定控制系统正逐步成为现代汽车不可或缺的一部分,通过集成先进的传感器、复杂的算法以及精密的执行机构,实现对车辆行驶状态的实时监控与精准调控。本模块主要学习传统汽车和新能源汽车防抱死制动系统、驱动防滑控制系统、电子制动力分配系统的结构与原理、故障分析及检修,车身电子稳定控制系统的结构与工作原理、检修,电子驻车制动系统的结构与原理、检修,电控四轮驱动技术的结构与原理、检修,电子控制防滑差速器的结构与原理,具备对汽车车辆稳定控制系统进行基本检修的职业能力。

2. 任务分解

本模块分为 5 个任务和 2 个子实训项目:

任务 4.1 防抱死制动/驱动防滑控制系统检修	子实训项目 4.1 ABS/ASR(或 ESP)控制系统检修
任务 4.2 车身电子稳定控制系统检修	子实训项目 4.2 电子驻车制动系统检修
任务 4.3 电子驻车制动系统检修	
任务 4.4 电控四轮驱动技术认知	
任务 4.5 电子控制防滑差速器认知	

3.情境导入

● **车辆概况**:2020 年 9 月 25 日,朱先生的一款奥迪 A6L 轿车送至我处维修,该车的行驶里程为 5 万多公里。

● **故障描述**:据朱先生反映,在市区拥堵的道路行驶过程中,频繁地踩制动踏板后,ABS、ESP 故障指示灯会亮起报警。根据车主反映故障出现的时间以及出现故障前后的症状,得知故障现象为 1 个月之前发生。维修人员接车后检查,打开点火开关,将钥匙调到 ON 挡,起动车辆,车辆无法行驶,故障与用户描述一致。

据了解,车主曾在之前出现该故障时进行过一次维修,更换过制动压力传感器 G201,未解决故障后又换过 ABS 泵和制动灯开关,现在又出现这个问题。

作为一名汽车专业技师,请思考如下问题:

(1)描述防抱死制动系统(ABS)的结构组成和工作原理。

(2)分析新能源汽车与传统汽车 ABS 的区别。

(3)分析 ABS 常见故障及其原因。

(4)ESP 包含哪些子系统?

(5)描述电子驻车制动系统的基本组成和工作原理。

(6)分析典型车辆电子驻车制动系统控制电路。

任务 4.1 防抱死制动/驱动防滑控制系统检修

4.1.1 防抱死制动系统组成与工作原理

4.1.1.1 防抱死制动系统概述

防抱死制动系统(Anti-lock Brake System,ABS)用于汽车制动时自动调节制动器的制动力,使车轮不抱死,处于滚动滑动状态,以保证车轮与地面的最大附着力。汽车在行驶过程中由于轮胎的变形、打滑等因素,车轮速度与汽车速度之间总是存在着差值,这个差值与汽车速度的比率就是滑移率,其计算公式为:

$$S = \frac{V - r\omega}{V} \tag{4-1}$$

式中:S——车轮滑移率;

V——汽车行驶速度(车轮中心纵向速度),m/s;

r——车轮的滚动半径,m;

ω——车轮角速度,r/s。

按上述定义可知,制动时车轮运动特征可由滑移率的大小来表达,即汽车在正常行驶中车轮纯滚动时,$S=0\%$;汽车在制动中车轮完全抱死纯滑动时,$S=100\%$;汽车在制动中车轮处于边滚边滑状态时,$0\%<S<100\%$。

汽车试验所获得的车轮与地面制动力随车轮运动状态不同而变化的规律如图 4-1 所示。从图 4-1 中可以看出,车轮纵向制动力随车轮滑移率的增加呈先上升后下降的趋势,制动力最大值(亦称峰值制动力),一般出现在滑移率 $S=15\%\sim25\%$ 之间,滑移率 S 达到 100%(车轮抱死)时的制动力(也称滑移制动力)小于峰值制动力,一般情况下,制动力随道路状况的恶化而增大。同时,当 $S=100\%$ 时,车轮的横向制动力趋近于 0,这时,车轮无法获得地面横向制动力。若这种情况出现在前轮上,会因前轮无法获得地面侧向力,导致转向能力的丧失;若这种状况出现在后轮上,则会导致后轴极易产生剧烈的侧滑,使汽车处于危险的失控状态。这些都极易造成严重的交通事故,特别是在雨、雪、冰的路面上制动时,更加明显。

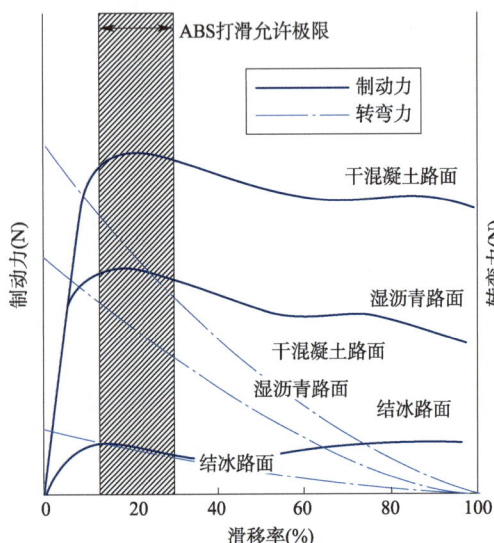

图 4-1　制动性能随滑移率变化规律

综上所述,理想制动系统的特性应是:当汽车制动时,将车轮滑移率 S 控制在 20% 附近,对应制动力保持在峰值制动力附近,这样既能使汽车获得较高的制动效能,又可保证它在制动时的方向稳定性。ABS 实质就是控制上述汽车轮胎的滑移率,只有将车辆滑移率控制在 $15\%\sim25\%$ 之间,使轮胎具有最大的附着力,制动效能才最好。它不仅能缩短制动距离,有效避免各种因制动引起的事故,还可减少轮胎磨损,延长轮胎使用寿命。

4.1.1.2　ABS 类型

在 ABS 中,能够独立进行制动压力调节的制动管路称为通道。如果对某车轮的制动压力可以进行单独调节,称这种控制方式为独立控制。如果对两个或两个以上车轮的制动压力同时进行调节,则称这种控制方式为一同控制。

按照控制通道数目的不同,汽车上应用较多的可分为三通道四传感器式、四通道四传感器式,目前绝大多数车上(包括新能源汽车)都使用四通道四传感器式 ABS。

1)三通道四传感器式

三通道四传感器 ABS 如图 4-2 所示,一般采用两个前轮独立控制,两个后轮按低选原则进行一同控制。对两个前轮进行独立控制,主要是考虑轿车,特别是前轮驱动的轿车,前轮制动力在汽车总制动力中所占的比例较大(可达 70% ~ 80%),可以充分利用两前轮的附着力。这种形式的 ABS 制动方向稳定性较好,但制动效能稍差。

a) 三通道四传感器 ABS(前后布置)　　　　b) 三通道四传感器 ABS(对角布置)

图 4-2　三通道四传感器 ABS

2)四通道四传感器式

现代轿车标配有四通道四传感器 ABS,如图 4-3 所示,每个车轮都有一个轮速传感器,且每个车轮的制动压力都是独立控制的。这种形式的 ABS 制动效能好,但在不对称路面上制动时的方向稳定性稍差。

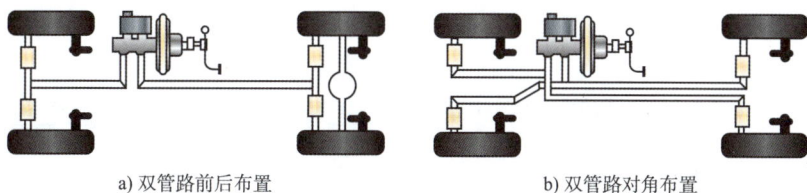

a) 双管路前后布置　　　　b) 双管路对角布置

图 4-3　常用的四通道四传感器 ABS

4.1.1.3　ABS 基本组成

ABS 通常由输入信号元件(传感器)、电子控制单元(ECU)和输出执行元件等组成,如图 4-4 所示,具体部件有轮速传感器、制动压力调节器(电磁阀)、液压泵电动机、电子控制单元(ECU)、ABS 警告指示灯等,新能源汽车的 ABS 还设有真空压力传感器,执行器增加真空泵。

各组成元件的功用见表 4-1。

1)传感器

(1)轮速传感器。

车轮转速传感器简称轮速传感器,常用的轮速传感器有电磁式与霍尔式两大类。电磁式轮速传感器由传感头和信号齿圈等组成,如图 4-5 所示,轮速传感器通常安装在各车轮轮轴、差速器、变速器输出轴或前驱桥的驱动轴上。轮速传感器与齿圈是共同作用的,齿圈随车轮转动时,轮齿与传感头之间的空气间隙发生变化,使电磁式传感器中磁路的磁通发生变化,从而切割线圈产生交流电,交流电的频率随齿圈转速的快慢而变化,根据交流电的频率,ECU 就能计算出车轮的转速。

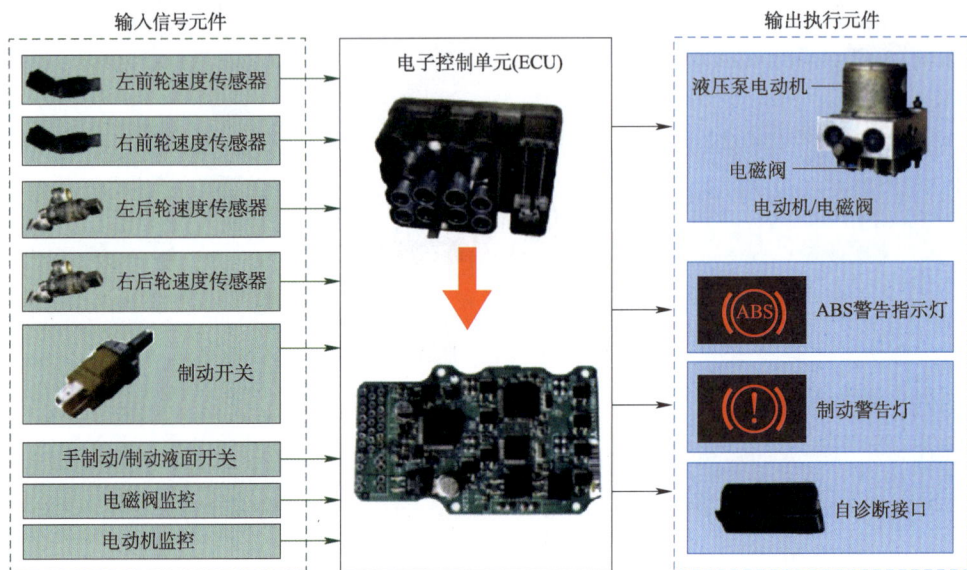

图 4-4　ABS 基本组成

ABS 各主要组成部件的功用　　　　　　　　　　　　　　　　表 4-1

组成元件		元件功能
传感器	车速传感器	检测车速,给 ECU 提供车速信号,用于滑移率控制方式
	轮速传感器	检测车轮速度,给 ECU 提供轮速信号,各种控制方式均适用
	真空压力传感器	新能源汽车配备,检测制动系统真空助力器的真空度
	减速度传感器	检测制动时汽车的减速度,识别是否为冰雪等易滑路面,一般用于车身电子稳定系统、电控悬架系统等
执行器	制动压力调节器(电磁阀)	接收 ECU 的指令,通过电磁阀的动作实现制动系统压力的增加、保持、降低
	液压泵(电动机)	受 ECU 控制,在可变容积式制动压力调节器的控制油路中建立控制油压;在循环式制动压力调节器调节压力降低的过程中,将由轮缸流出的制动液经蓄能器泵压回主缸,以防止 ABS 工作时制动踏板行程发生变化
	ABS 警告灯	当 ABS 出现故障时,由 ECU 控制将其点亮,向驾驶人发出报警
	真空泵(真空电动机)	新能源汽车配备,实现提供真空源的功能
控制器	电子控制单元(ECU)	接收车速、轮速、减速度等传感器的信号,计算出车速、轮速、滑移率和车轮的减速度、加速度,并将这些信号加以分析、判别、放大,然后输出控制指令,控制各种执行器工作

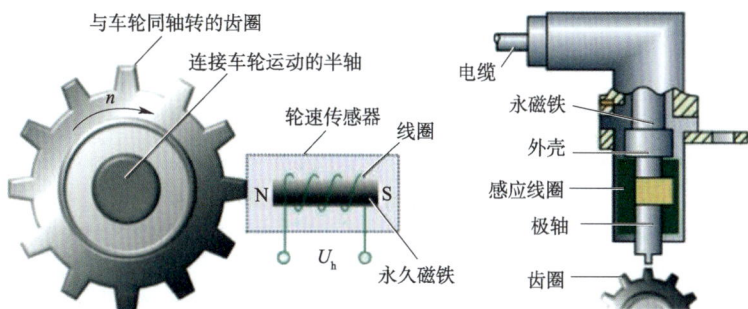

图 4-5 电磁式轮速传感器工作原理图

安装轮速传感器时,要保证其传感头与齿圈间留有适当的空隙(约为 1~2mm),要求安装牢固,且安装前需在传感器上加注一些润滑剂(如润滑脂),确保汽车制动过程产生的振动不会干扰或影响传感器信号,并避免灰尘、水、泥砂等对传感器的输出造成影响。

霍尔式轮速传感器也是由传感器头、齿圈组成。传感器头由永磁体、霍尔元件和电子电路等组成。传感器的工作原理如图 4-6 所示,永磁体的磁力线穿过霍尔元件通向齿圈,齿圈相当于一个集磁器。当齿圈位于图 4-6a)所示位置时,穿过霍尔元件的磁力线分散,磁场相对较弱;而当齿圈位于图 4-6b)所示位置时,穿过霍尔元件的磁力线集中,磁场相对较强。传感器的间隙与信号之间的关系如 4-6c)所示。

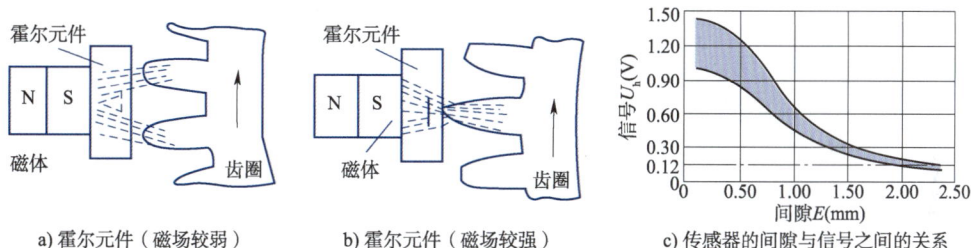

a) 霍尔元件(磁场较弱)　　b) 霍尔元件(磁场较强)　　c) 传感器的间隙与信号之间的关系

图 4-6 霍尔式轮速传感器工作原理示意图

齿圈转动时,使得穿过霍尔元件的磁力线密度发生变化,因而引起霍尔元件电压的变化,霍尔元件将输出一毫伏级的矩形波电压,此信号由电子电路转化成标准的脉冲电压,即车轮转速信号,如图 4-7a)所示。如果取电流作为信号,则霍尔式轮速传感器只有两个接线柱,搭铁线同时也是信号线(mA),如图 4-7b)所示。

a) 电压信号输出(三线制)　　　　　　　　b) 电流信号输出(二线制)

图 4-7 霍尔式轮速传感器输出信号示意图

（2）真空压力传感器。

新能源汽车的 ABS 采用电动真空助力制动系统,它主要由真空泵、真空罐、真空泵控制器(有些车型集成到整车控制器 VCU 中)以及与传统汽车相同的真空助力器等组件构成。这种系统利用电动真空泵产生真空源,从而进行制动助力,不仅广泛应用于新能源汽车,同时也适用于混合动力和传统动力汽车。系统配备真空压力传感器,用来监测制动助力器中的真空度。

真空压力传感器位于真空助力器上面,如图 4-8 所示。传感器将真空助力器内的真空度信号发送给电子真空泵控制模块,模块根据信号判断,若真空度小于规定值将会控制真空泵电动机工作以产生足够的真空。

电动真空泵和真空压力传感器电路如图 4-9 所示,共有 3 根线,分别是传感器电源线 5V 电压、搭铁端、传

图 4-8　真空压力传感器位置

感器信号输出端,电压信号范围从 0.2V 到 5.0V,这取决于增压器中真空度的大小。有些新能源汽车车型的真空传感器电路与整车控制器 VCU 连接,再通过网络与 ABS 模块通信。

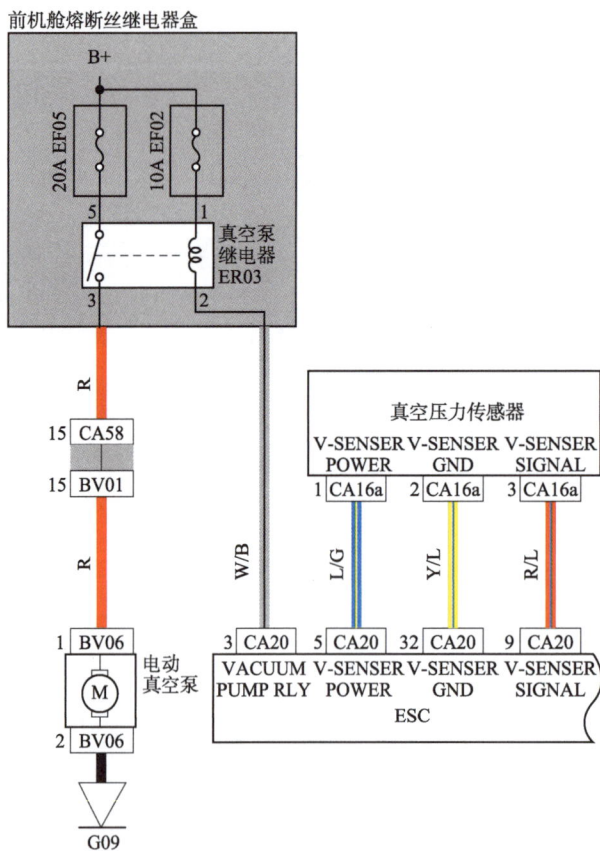

图 4-9　电动真空泵和真空压力传感器电路图

（3）车速传感器。

车速传感器与自动变速器共用,已在模块 2 的 2.1.6 中介绍,不再赘述。

（4）减速度传感器。

减速度传感器由 ESP、电控悬架系统等系统共用,与加速度传感器结构原理一致,将在模块 4 的 4.2.2 中进行介绍。

2）电子控制单元

电子控制单元 ECU 是 ABS 的控制中心,它的主要作用是接收传感器的信号并进行处理,判断车轮是否抱死,然后向制动压力调节器发出制动压力调节控制指令。

3）制动压力调节器

制动压力调节器根据 ABS 电子控制单元的指令,通过电磁阀来自动调节车轮制动器的制动压力,ABS 制动压力调节器总成分解如图 4-10所示。

（1）制动压力调节器的分类。

制动压力调节器根据其在制动系统中的安装形式可分为循环式和可变容积式两种类型。把直接控制轮缸制动压力的压力调节器称为循

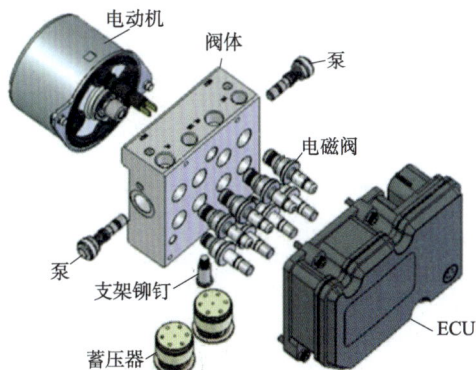

图 4-10　ABS 制动压力调节器总成

环式制动压力调节器,把间接控制轮缸制动压力的调节器称为可变容积式制动压力调节器。循环式制动压力调节器的液压模块由 8 个电磁阀、2 个储液器、2 个缓冲器、泵和电动机组成。每个车轮有 2 个控制电磁阀(1 个常开电磁阀和 1 个常闭电磁阀),如图 4-11 所示。每个对角线有 1 个储液器和 1 个缓冲器。制动管路是双管路 X 形布置,因此,液压控制单元分为 2 个相同的调节部分,每个部分负责 1 个对角线的调节,即 1 个前轮和 1 个对角的后轮,每个车轮是由 2 个电磁阀调节,即 1 个排出电磁阀(常开)和 1 个吸入电磁阀(常闭)。

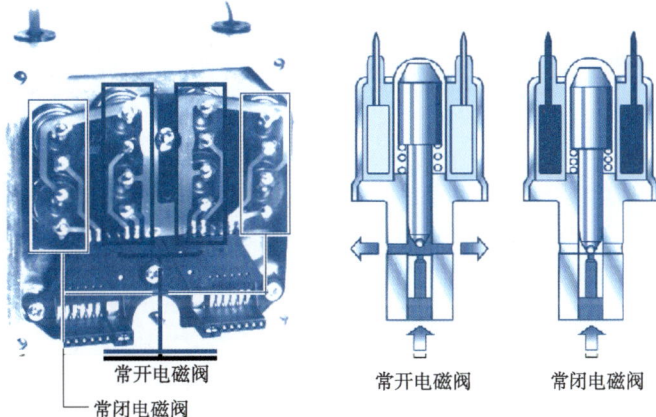

图 4-11　循环式制动压力调节器控制电磁阀

当制动没有抱死倾向时,2个电磁阀处于不工作状态。制动主缸和制动轮缸管路相通,制动轮缸接受制动主缸的整个压力。当制动有抱死倾向时,计算机通过控制1个或2个电磁阀来调节它的压力,计算机根据车轮的情况可以选择3个压力阶段:压力上升阶段,压力保持阶段,压力下降阶段。

(2)制动压力调节器的工作过程。

①循环式制动压力调节器的工作过程。

循环式制动压力调节器由电磁阀、液压泵和电动机等部件组成。调节器直接装在汽车原有的制动管路中,通过串联在制动主缸和制动轮缸之间的三位三通电磁阀直接控制轮缸的压力,可以使轮缸的工作处于常规工作状态、增压状态、减压状态或保压状态。三位是指电磁阀有三个不同位置,分别控制轮缸制动压力的增、减或保压,三通是指电磁阀上有3个通道,分别通制动主缸、制动轮缸和储液器。

a. 在常规制动过程中,ABS系统不工作。电磁线圈中无电流通过,电磁阀处于"升压"位置,此时制动主缸与轮缸直通,由制动主缸来的制动液直接进入轮缸,轮缸压力随主缸压力而增减。此时回油泵也不需工作,如图4-12a)所示。

b. 在保压过程中当轮速传感器发出抱死危险信号时,ECU向电磁线圈通入一个较小的保持电流(约为最大电流的1/2)时,电磁阀处于"保压"位置。此时主缸、轮缸和回油孔相互隔离密封,轮缸中保持一定的制动压力,如图4-12b)所示。

c. 在减压过程中,如果当"保持压力"命令发出后,仍有车轮抱死信号,ECU即向电磁线圈通入一个最大电流,电磁阀处于"减压"位置,此时,电磁阀将轮缸与回油通道或储液室接通,轮缸中制动液经电磁阀流入储液室,轮缸压力下降,如图4-12c)所示。

d. 在增压过程中,当压力下降后车轮加速太快时,ECU便切断通往电磁阀的电流,主缸和轮缸再次相通,主缸中的高压制动液再次进入轮缸,使制动压力增加,如图4-12d)所示。

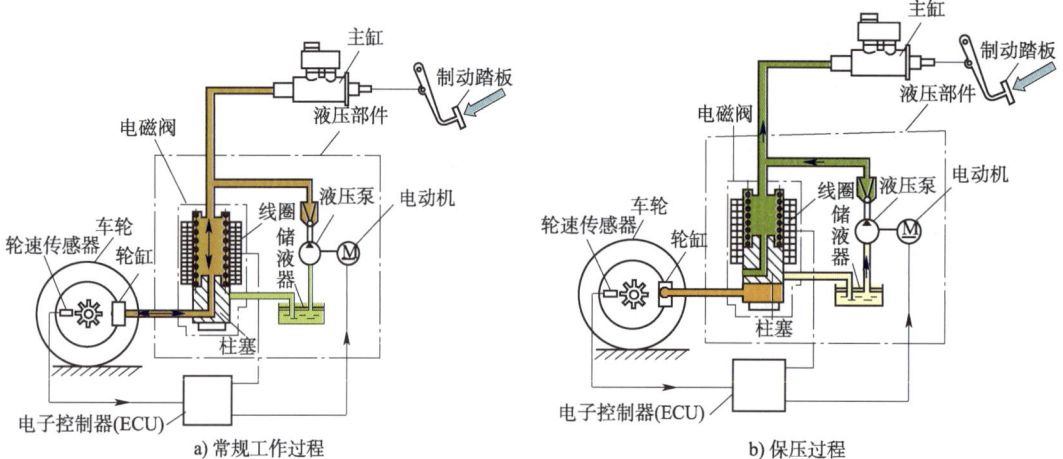

图 4-12

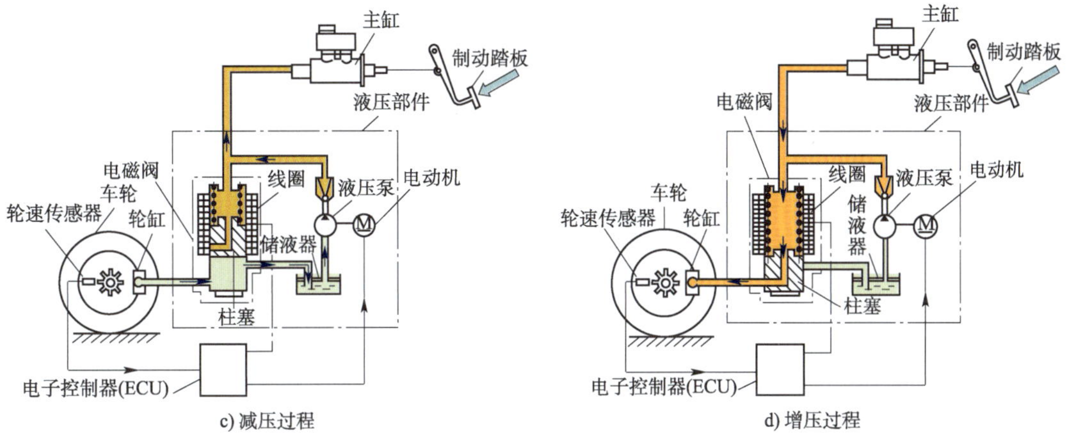

图 4-12 循环式制动压力调节器工作过程

②可变容积式制动压力调节器的工作过程。

可变容积式制动压力调节器的基本原理是在汽车原有制动管路上增加一套液压控制装置,用它控制调节制动管路中制动液容积的大小,从而控制制动压力的变化。其特点是制动压力油路和 ABS 控制油路是相互分离的。可变容积式制动压力调节器主要由控制活塞、电磁阀、电动泵、蓄能器等组成,如图 4-13a)所示。

同样,可变容积式制动压力调节器有 4 个不同的工作状态:常规制动状态、轮缸保压状态、轮缸减压状态和轮缸增压状态。其基本工作过程如下:

a. 常规制动状态。汽车在制动时,电磁阀不工作,控制活塞在弹簧的作用下使活塞位于最左端,活塞顶端推杆将止回阀打开,使制动主缸与轮缸的制动管路接通,制动主缸的制动液直接进入制动轮缸,制动轮缸的压力随主缸压力的变化而变化。这种状态是 ABS 工作时或 ABS 不工作时(常规制动状态)系统的制动状态,如图 4-13b)所示。

b. 保压状态。当电控单元 ECU 向电磁阀输入一个较小电流时,由于电磁阀电磁力减小,柱塞在弹簧力的作用下左移致使蓄能器、回油管和控制活塞工作腔管路处于关闭的位置,如图 4-13c)所示。此时,控制活塞左侧的液压保持一定,控制活塞在控制压力和弹簧力的作用下保持在一定位置,轮缸一侧的容积也不发生变化,制动压力保持一定。

c. 减压状态。当车轮制动趋向抱死、需要减压时,电控单元 ECU 向电磁阀输入一较大电流,电磁阀内的柱塞在电磁力的作用下克服弹簧的作用力向右移动,产生较大位移,如图 4-13d)所示,将蓄能器与控制活塞的工作腔管路接通。蓄能器中的制动液进入控制活塞工作腔并推动活塞右移,止回阀关闭,制动主缸与制动轮缸之间的通路被切断。由于控制活塞的右移,使制动轮缸侧制动液容积增大,制动压力减小。

d. 增压状态。当制动压力不足时,电控单元 ECU 切断电磁阀的电流,使电磁阀中无电流流过,控制活塞在弹簧力的作用下将活塞推向左端,活塞顶端推杆将止回阀打开,使制动主缸与轮缸的制动管路再次接通,制动主缸的制动液直接进入制动轮缸,使制动轮缸的压力增加,如图 4-13b)所示。

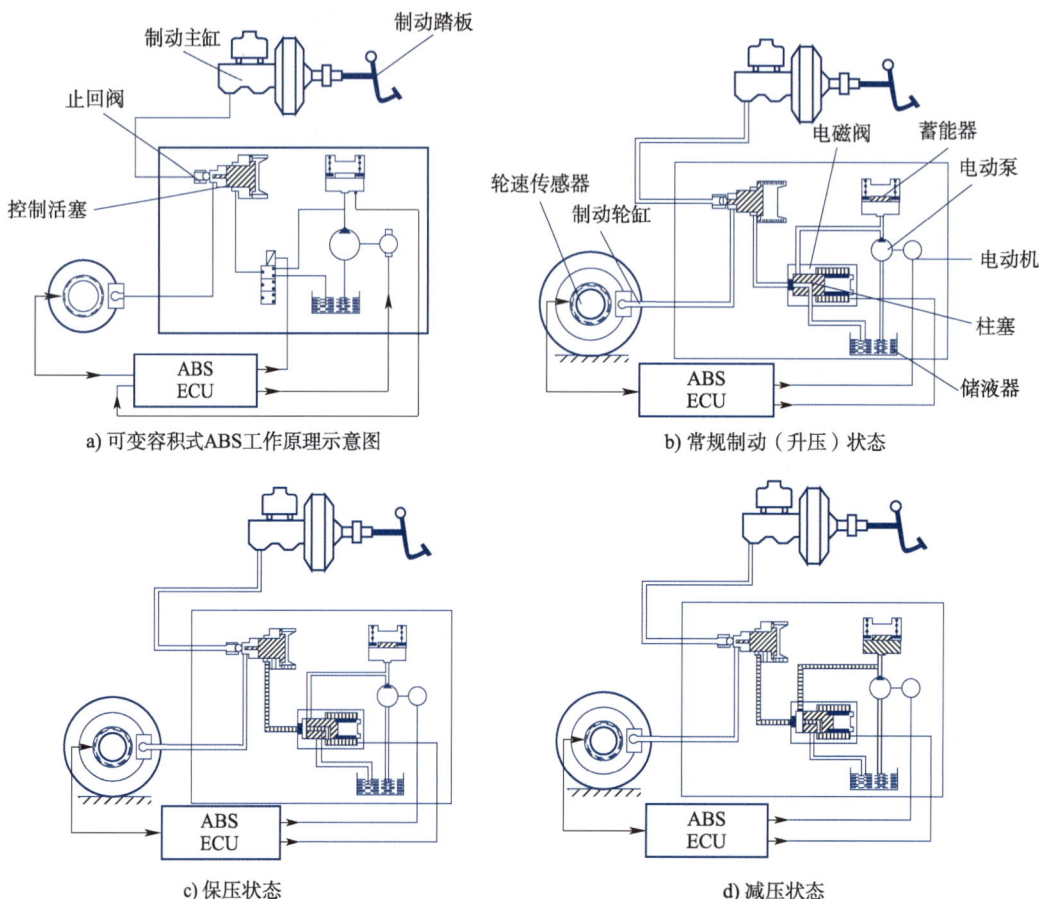

a) 可变容积式ABS工作原理示意图

b) 常规制动(升压)状态

c) 保压状态

d) 减压状态

图 4-13　可变容积式 ABS 的工作过程示意图

4.1.1.4　ABS 工作原理

如图 4-14 所示,汽车在制动过程中,轮速传感器把各个车轮的转速信号及时输送给 ABS 控制单元,ABS 控制单元根据设定的控制逻辑对 4 个轮速传感器输入的信号进行处理,并计算汽车的参考车速、各车轮速度和减速度,确定各车轮滑移率,并将滑移率与设定的滑移率控制极限值进行比较。如果某个车轮的滑移率超过了控制极限值,ABS 控制单元就输出指令给制动压力调节器,使该车轮制动轮缸的制动压力减小;如果某个车轮滑移率还没达到设定的控制极限值,ABS 控制单元也输出指令至制动压力调节器,使该车轮的制动压力增大;如果某个车轮滑移率接近于设定的控制极限值,ABS 控制单元就输出指令至制动压力调节器,使该车轮制动轮缸的制动压力保持一定,从而使各个车轮的滑移率保持在理想的范围之内,防止车轮抱死。

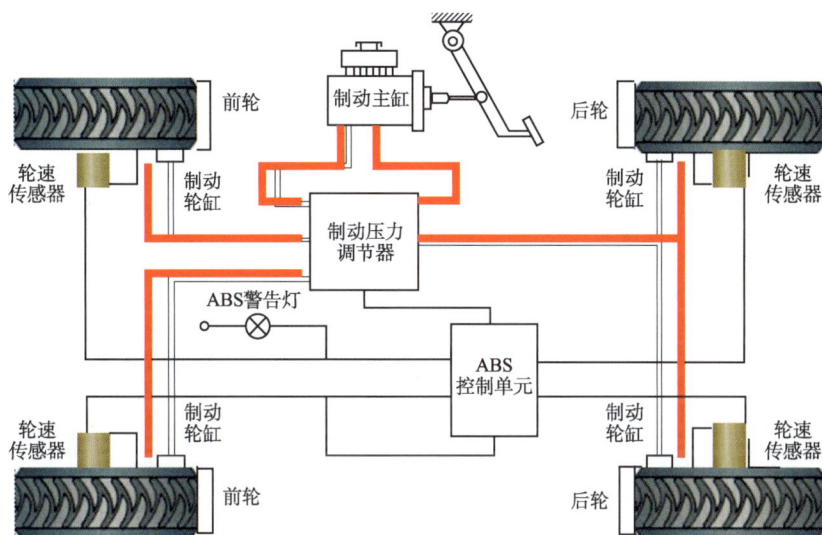

图 4-14　ABS 工作原理示意图

制动压力调节器受电子控制单元的控制,对各制动轮缸的制动压力进行调节,在不同路面附着情况下,每秒进行 4 ～ 10 个调节循环,在制动过程中用来确保车轮始终不抱死,车轮滑移率处于合理范围内。

在制动过程中,如果没有车轮趋于抱死,ABS 将不参与制动压力控制,此时,制动过程与常规制动系统制动过程相同。如果 ABS 出现故障,ABS 控制单元将不再对制动压力调节器进行控制,并将仪表板上的 ABS 警告灯点亮,向驾驶人发出信号,此时,ABS 不起作用,制动过程将与没有 ABS 的常规制动系统工作过程相同。

4.1.1.5　典型车型工作电路

以大众迈腾车型为例,该车配有集成电子稳定系统(ESP),含有驱动防滑控制系统(ASR)和防抱死制动系统(ABS),其供电电路如图 4-15 所示。ABS 控制单元 J104 共有四路供电:

第一路:蓄电池正极经 SA8 40A 熔断丝为 N55 ABS 液压单元的 T38/1 脚,提供 12V 蓄电池电压供电。

第二路:蓄电池常电 30 供电经 SB2 30A 熔断丝,通过熔断丝支架 B 的 T40/27 端子,供应到 N55 ABS 液压单元的 T38/25 端子。

第三路:车载电网控制单元 J519 控制 J329 接线端 15 供电继电器,通过主线束内的连接 38 即 B571 内部连接线供应 15 正电至 SD2 5A 熔断丝(SD2 5A 熔断丝之前的部分在此图中没有给出),再由 SD2 5A 熔断丝供电给 N55 ABS 液压单元 T38/14 端子。

第四路:蓄电池正极常电 30a 经 SA4 60A 熔断丝(图书没有给出)通过正极连接 16 即 B330 节点供应到 SD17 5A 熔断丝,再由其供电到 N55 ABS 液压单元的 T38/15 端子。

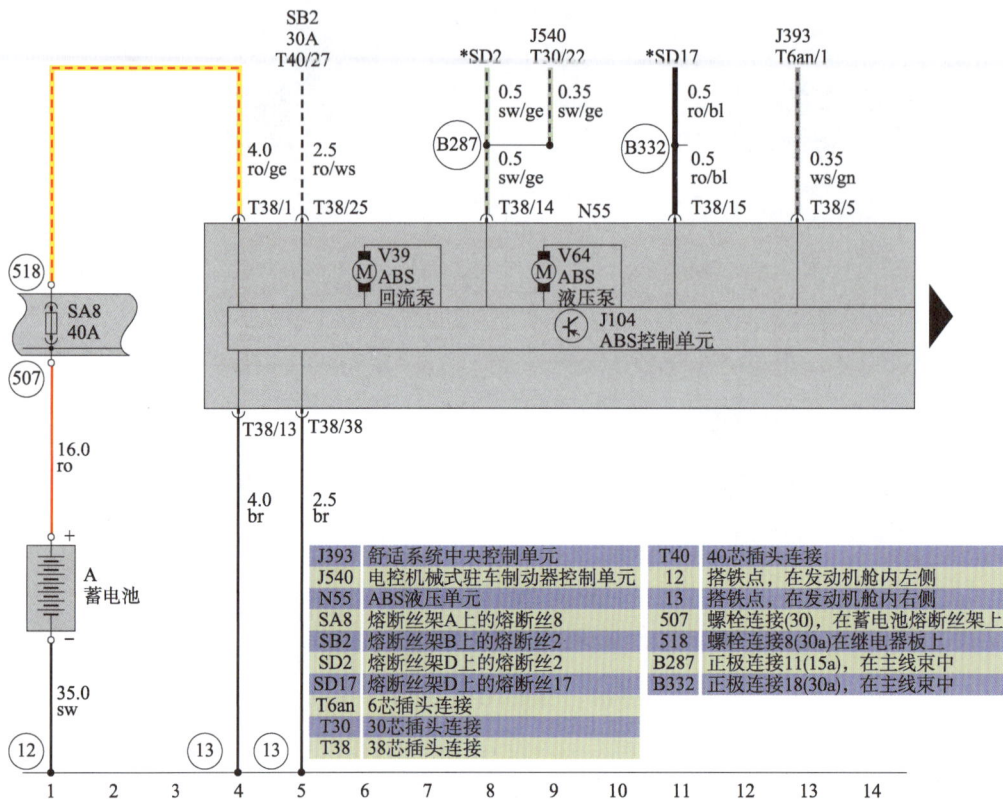

图 4-15　ABS/ASR/ESP 工作电路(供电电路)

ABS/ASR/ESP 传感器和电磁阀电路如图 4-16 所示。G44、G45、G46、G47 分别为 4 个车轮的转速传感器,均为双线制无源电磁式传感器,工作原理相同。这里以 G44 右后转速传感器为例,当车轮转动并带动脉冲轮一起转动时,电磁会产生交变电压信号,分别通过 T38/11 和 T38/10 端子传递给 N55 ABS 液压单元,在液压单元内部的 ABS 控制单元内转换后识别出车轮转速,借助此信号判断车轮在制动时是否抱死。

4.1.2　驱动防滑控制系统组成与工作原理

4.1.2.1　驱动防滑控制系统概述

驱动防滑控制系统(Acceleration Slip Regulation,ASR)的作用是维持汽车行驶方向的稳定性,并尽可能利用车轮—路面的纵向附着力,提供最大的附着力。驱动防滑控制系统可在行驶、加速方面解决驾驶技术要求。汽车在行驶时随着驱动轮转矩的不断增大,汽车的驱动力也随之增大,当驱动力超过地面附着力时,驱动轮就开始滑转。驱动轮的滑转程度用驱动轮滑转率 S 表示:

$$S = (r\omega - V)/r\omega * 100\% \tag{4-2}$$

式中:S——驱动时的滑转率;

V——汽车行驶速度(车轮中心纵向速度),m/s;

r——驱动轮的车辆半径,m;

ω——驱动轮角速度,r/s。

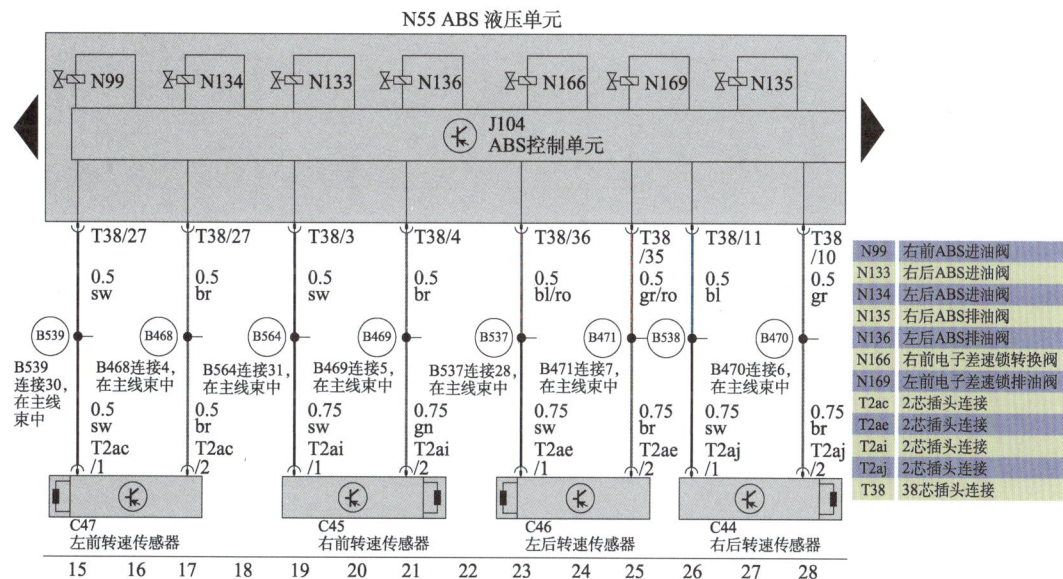

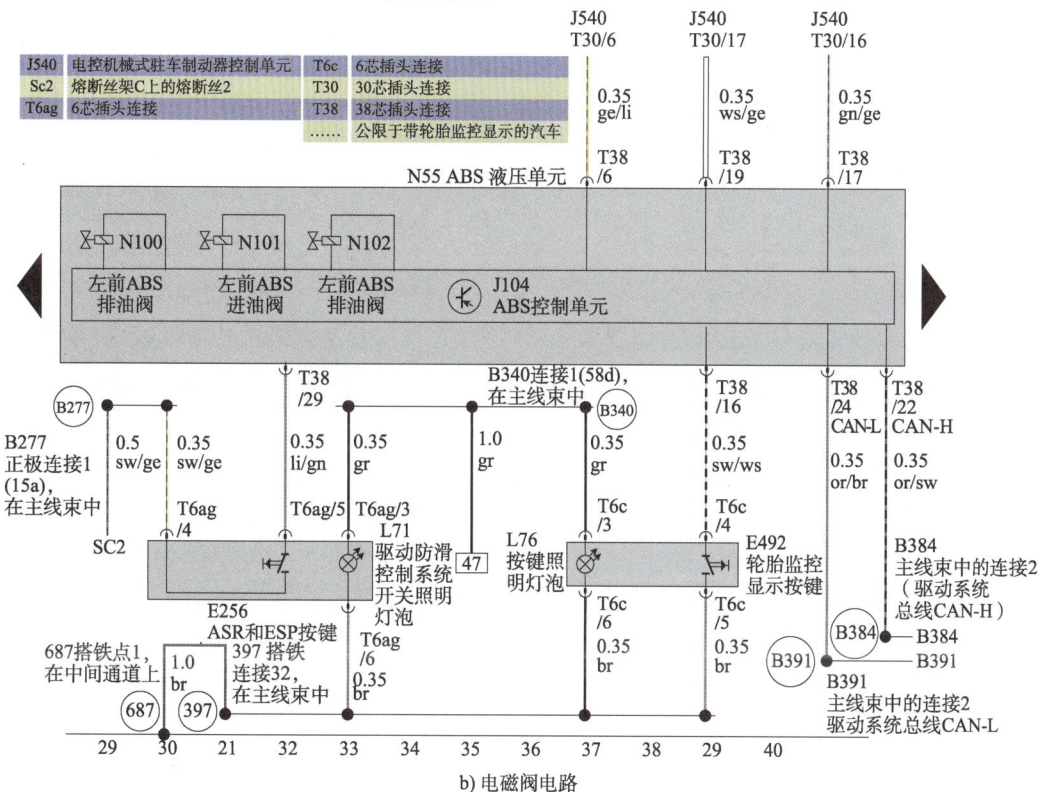

N55 ABS 液压单元

N99　N134　N133　N136　N166　N169　N135

J104
ABS控制单元

T38/27　T38/27　T38/3　T38/4　T38/36　T38/35　T38/11　T38/10

0.5 sw　0.5 br　0.5 sw　0.5 br　0.5 bl/ro　0.5 gr/ro　0.5 bl　0.5 gr

B539　B468　B564　B469　B537　B471　B538　B470

B539 连接30,在主线束中　B468连接4,在主线束中　B564连接31,在主线束中　B469连接5,在主线束中　B537连接28,在主线束中　B471连接7,在主线束中　B470连接6,在主线束中

0.5 sw　0.5 br　0.75 sw　0.75 gn　0.75 sw　0.75 br　0.75 sw　0.75 gr

T2ac/1　T2ac/2　T2ai/1　T2ai/2　T2ae/1　T2ae/2　T2aj/1　T2aj/2

C47 左前转速传感器　C45 右前转速传感器　C46 左后转速传感器　C44 右后转速传感器

15　16　17　18　19　20　21　22　23　24　25　26　27　28

N99	右前ABS进油阀
N133	右后ABS进油阀
N134	左后ABS进油阀
N135	右后ABS排油阀
N136	左后ABS排油阀
N166	右前电子差速锁转换阀
N169	左前电子差速锁排油阀
T2ac	2芯插头连接
T2ae	2芯插头连接
T2ai	2芯插头连接
T2aj	2芯插头连接
T38	38芯插头连接

a) 传感器电路

J540	电控机械式驻车制动器控制单元
Sc2	熔断丝架C上的熔断丝2
T6ag	6芯插头连接
T6c	6芯插头连接
T30	30芯插头连接
T38	38芯插头连接
……	仅限于带轮胎监控显示的汽车

J540 T30/6　J540 T30/17　J540 T30/16

0.35 ge/li　0.35 ws/ge　0.35 gn/ge

T38/6　T38/19　T38/17

N55 ABS 液压单元

N100 左前ABS排油阀　N101 左前ABS进油阀　N102 左前ABS排油阀

J104 ABS控制单元

B277　T38/29　B340连接1(58d),在主线束中　B340　T38/16　T38/24 CAN-L　T38/22 CAN-H

B277 正极连接1 (15a),在主线束中

0.5 sw/ge　0.35 sw/ge　0.35 li/gn　0.35 gr　1.0 gr　0.35 gr　0.35 sw/ws　0.35 or/br　0.35 or/sw

T6ag/4　T6ag/5　T6ag/3　T6c/3　T6c/4

SC2　E256 ASR和ESP按键　L71 驱动防滑控制系统开关照明灯泡　47　L76 按键照明灯泡　E492 轮胎监控显示按键

B384
主线束中的连接2
(驱动系统
总线CAN-H)

687搭铁点1,在中间通道上　397搭铁连接32,在主线束中

1.0 br　T6ag/6　T6c/6　T6c/5

0.35 br　0.35 br　0.35 br

B384 — B384

B391 — B391

687　397　B391
主线束中的连接2
驱动系统总线CAN-L

29　30　21　32　33　34　35　36　37　38　29　40

b) 电磁阀电路

图 4-16　ABS/ASR/ESP 工作电路(传感器电路和电磁阀电路)

当车轮在路面上完全滚动时,汽车速度完全由车轮滚动产生,滑转率 $S=0$;当车轮在路面上完全滑转时,车速 $V=0$,其滑转率 $S=100\%$。

驱动时纵向附着系数与车轮滑转率的关系,与制动时相似,如图 4-17 所示。

从图 4-17 可以看出,当滑转率在 10% ~20% 时,纵向附着系数达到峰值,此时,横向附着系数也比较大,只要最大程度的利用附着系数,获得最大的驱动力,就能得到较好的方向稳定性和转向控制能力。ASR 的作用是防止驱动时车轮滑转并将滑转率控制在 10% ~20% 的目标值范围之内,充分利用驱动车轮的最大附着力。

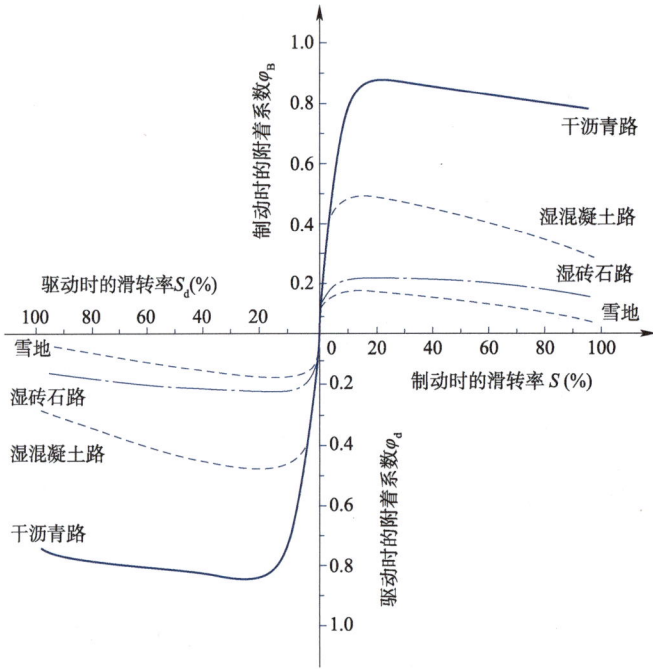

图 4-17 驱动时附着系数与车轮滑转率的关系

ASR 控制驱动轮最佳滑转率的控制方式多种多样,包括发动机输出功率的调节、驱动轮制动控制、差速器控制以及综合控制等。这些控制方式可根据实际路况和车辆状态进行灵活调整,以实现最佳的防滑效果。

1)驱动轮制动控制

这种方法是对发生滑转的驱动轮直接加以制动(增加车轮制动轮缸的力)。该方法是反应时间最短、最迅速的一种控制方式。一般采用 ABS/ASR 组合的液压控制系统,驱动控制功能是在 ABS 的基础上增加电磁阀、调节器、蓄能器等而获得的。

2)发动机输出功率控制

在汽车驱动轮发生滑转时(起步、加速或行驶在附着系数小的路面上时),ASR 控制单元根据各传感器信号输出控制信号来控制发动机的输出功率,以抑制驱动轮滑转。控制发动机输出转矩的方法有控制点火时间、控制燃油供给量、控制节气门开度等。

3) 差速器控制

控制差速器的锁止程度必须采用防滑差速器进行控制。防滑差速器是一种由电控单元控制的可锁止差速器,控制原理如图 4-18 所示。在防滑转差速器向车轮输出驱动力的输出端设置有一个离合器,调节作用在离合片上的油液压力,即可调节差速器的锁止程度。油压逐渐降低时,差速器锁止程度逐渐减小,传递给驱动轮的驱动力就逐渐减小;反之油压升高时,驱动力将逐渐增大。

图 4-18　防滑差速器锁止控制原理图

上述三种控制方式中,前两种采用的较多。这些控制方式在 ASR 中可以被单独使用,也可以组合使用,但组合使用方式较为普遍。

4.1.2.2　ASR 的基本组成

驱动防滑控制系统是在 ABS 基础上的扩充,其结构组成同样由传感器、ASR 电子控制单元、执行器(制动压力调节器、电动机等)、故障指示灯等组成。ASR 电子控制单元可以是独立的,也可以与 ABS 共用。ASR 的传感器主要是轮速传感器和节气门位置传感器、车速传感器。其中,轮速传感器与 ABS 共用,而节气门位置传感器则与发动机控制系统共用。执行器主要有制动压力调节器、液压泵电动机等。

4.1.2.3　ASR 制动压力调节器

ASR 制动压力调节器接收 ASR 电子控制单元的指令,对滑转车轮施加制动力并且调节制动力的大小,以使滑转率在规定范围之内。ASR 制动压力来源于蓄能器,通过电磁阀来调节驱动车轮制动力的大小。

ASR 制动压力调节器有单独结构方式和组合结构方式两种。

1) 单独结构方式的 ASR 制动压力调节器

所谓单独结构方式是指 ASR 制动压力调节器和 ABS 制动压力调节器在结构上各自分开,其工作原理如图 4-19 所示。ASR 不起作

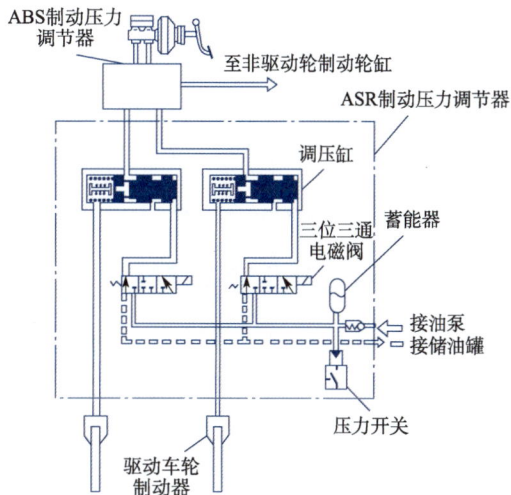

图 4-19　单独结构方式 ASR 制动压力调节器

用时,电磁阀不通电,阀位于上端位置,调压缸的右腔与储液器相通,由于右腔压力低,调压缸的活塞被复位弹簧推到右边极限位,ABS制动压力调节器与驱动车轮的制动轮缸连通。

当驱动轮出现滑转时,ASR电子控制单元输出控制信号,使电磁阀线圈通电而移至下端位置。此时,调压缸右腔与储液器隔断而与蓄能器连通,蓄能器内的压力制动液推动调压缸的活塞左移,进而切断ABS制动压力调节器与驱动车轮轮缸之间的液压通道。同时,随调压缸活塞左移压缩右腔内的制动液,使调压缸左腔和驱动车轮制动轮缸内的制动压力增大,从而使车轮制动。

当驱动车轮的制动压力保压时,电子控制单元使电磁阀电流变小,三位三通电磁阀在其复位弹簧力的作用下回到中间位置,调压缸右腔与蓄能器隔断,与储液器也断开,调压缸右腔压力保持不变。

当减小驱动车轮的制动压力时,电子控制单元使电磁阀断电,三位三通电磁阀在其复位弹簧力的作用下回到上端位置,调压缸右腔与蓄能器隔断而与储液器连通,调压缸右腔压力下降,活塞在复位弹簧力的作用下右移,使调压缸左腔和驱动车轮制动轮缸之间的空间增大,从而使制动压力下降。

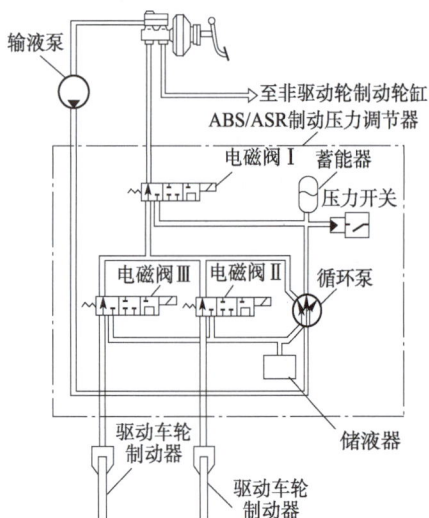

图4-20　ABS/ASR制动压力调节器

2)组合结构方式的ASR制动压力调节器

组合结构方式的ASR制动压力调节器是指ASR制动压力调节器与ABS制动压力调节器在结构上组合为一个整体,称ABS/ASR制动压力调节器,其工作原理如图4-20所示。当ASR不起作用时,电磁阀Ⅰ不工作;当ABS起作用时,通过控制电磁阀Ⅱ和电磁阀Ⅲ来调节制动压力。当驱动车轮出现滑转时,ASR电子控制单元ECU使电磁阀Ⅰ通电工作,电磁阀移至左侧位置;电磁阀Ⅱ和电磁阀Ⅲ不通电,电磁阀处于右侧位置,蓄能器的高压制动液进入驱动车轮制动轮缸,形成制动压力。制动压力的调节是靠电磁阀Ⅱ和电磁阀Ⅲ的工作来完成的。

4.1.2.4　ASR的工作原理

ASR的工作原理是:车辆在行驶过程中,轮速传感器将驱动车轮及非驱动车轮的转速转变为电信号输送给ASR ECU,ASR ECU根据车轮转速计算驱动车轮的滑转率。如果滑转率超出了目标范围,ECU则综合各方面参数选择控制方式,并发出相应的指令使执行机构工作,从而使驱动车轮的滑转率控制在目标范围之内。

ASR ECU向执行机构发出指令有以下几种:

（1）控制滑转车轮的制动力。此指令启动 ASR 制动压力调节器，对滑转车轮施加一个适当的制动力，将车轮的滑转率控制在目标范围内。

（2）控制发动机的输出功率。此指令启动节气门驱动器等，使节气门的开度适当改变或减少喷油量，以控制发动机的输出功率，进而控制驱动车轮的滑转。

（3）同时控制发动机的输出功率和驱动车轮的制动力。此指令同时启动 ASR 制动压力调节、节气门开度调节，在对驱动车轮施加制动力的同时，减小发动机的输出功率，以达到理想的控制效果。

4.1.2.5 ABS 和 ASR 的区别

1）ABS 与 ASR 的共同点

（1）ABS 和 ASR 都是用来控制车轮相对地面的滑动，以提高车轮与地面之间的附着力，使滑动率控制在设定的理想范围之内，从而缩短汽车的制动距离或提高汽车的加速性能，并改善汽车行驶的方向稳定性和转向操纵能力。

（2）ABS 和 ASR 都要求系统具有快速反应能力，以适应车轮附着力的变化。

（3）ABS 与 ASR 都要求具有较高的控制精度，以免引起汽车及传动系统的振动。

（4）ABS 与 ASR 都要求尽量减少调节过程中的能量消耗。

2）ABS 与 ASR 的不同点

（1）ABS 对所有车轮都可进行控制，而 ASR 则只对驱动车轮进行控制。ABS 是在轿车制动过程中工作，在车轮出现"滑移"时起作用；而 ASR 则是在汽车行驶过程中都工作，在驱动车轮出现"滑转"时起作用。一般在车速很低（小于 8km/h）时 ABS 不起作用，而 ASR 一般在车速很高（大于 80～120km/h）时不起作用。

（2）ABS 控制起作用阶段是在制动过程期间，即离合器处于分离状态，发动机处于怠速运转；而 ASR 控制阶段是在汽车驱动期间（尤其是在起步、加速、转弯等过程中），离合器则处于接合状态，发动机的惯性会对 ASR 控制产生一定的影响。

（3）在 ABS 控制期间，汽车传动系统的振动较小，因而对 ABS 控制产生的影响也较小；而在 ASR 控制期间，则很容易使传动系统产生较大的振动，即对 ASR 控制产生的影响较大。

（4）在 ABS 控制期间，各车轮之间的相互影响不大；而在 ASR 控制期间，由于差速器的作用会使驱动车轮之间产生较大的相互影响。

（5）ABS 是一个反应时间近似一定的制动控制单环系统，而 ASR 则是由包括发动机等反应时间不相同的多个制动控制环节所组成的多环系统。

ASR 是在 ABS 的基础上的扩充，一个控制制动打滑，一个控制驱动打滑，二者相辅相成，共同控制汽车既能够平稳的起步，又能够安全的制动，它们是保障汽车安全的利器。汽车的其他制动辅助系统，都是从它们的基础上扩展来的。

4.1.3 新能源汽车 ABS

新能源汽车 ABS 与传统燃油汽车 ABS 在结构上最大的区别是增加了真空泵。传统汽车 ABS 主要依赖于发动机产生的真空环境来为制动系统提供助力。而新能源汽车,特别是纯电动汽车,由于没有发动机,无法提供真空环境。因此,在新能源汽车中,需要额外安装真空泵或采用其他形式的助力装置来满足制动系统的需求,如图 4-21 所示为传统汽车和新能源汽车的制动系统真空源。

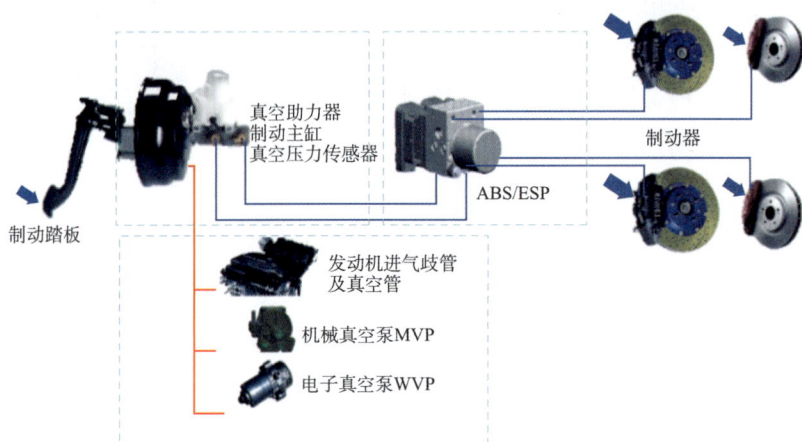

图 4-21 传统汽车和新能源汽车的制动系统真空源

新能源汽车的制动系统增加了真空压力传感器,典型电动汽车真空泵和真空压力传感器电路,如图 4-22 所示,其中 VBU 为真空助力制动系统控制单元。

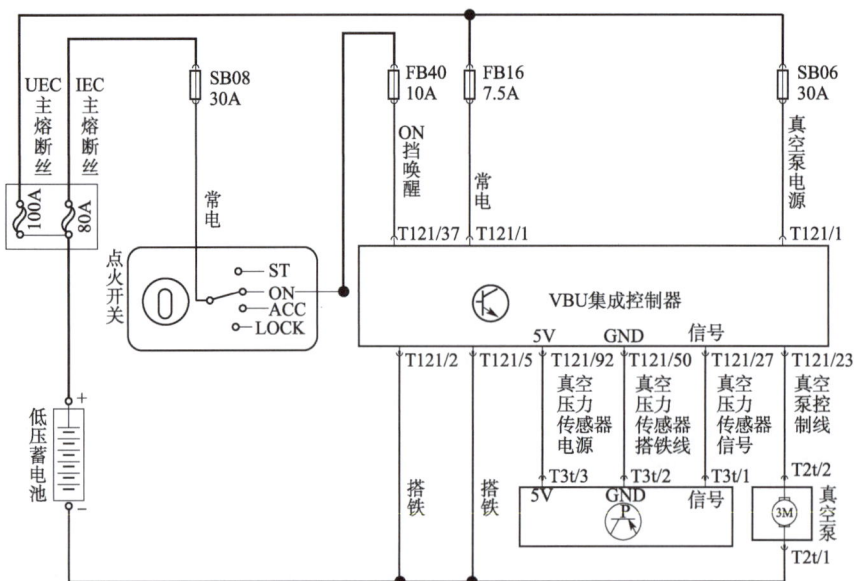

图 4-22 电动汽车 ABS 真空泵和真空压力传感器电路图

新能源汽车 ABS 工作原理与传统汽车基本相同。当车辆需要制动时,车轮上的轮速传感器会检测此时四个车轮的轮速信号,然后发送给 ECU,由 ECU 控制单元将这些信号加以分析,判断此时车辆所处状态,接着 ECU 向 ABS 压力调节器发送制动压力控制指令。当 ABS 压力调节器接收到制动压力控制指令后,通过控制 ABS 压力调节器内部电磁阀直接或间接地控制各通道制动压力的大小,从而调节四个车轮的制动力矩,使之与地面附着力相适应,防止某个车轮因制动力过大而抱死的现象发生。

4.1.4　新能源汽车制动能量回收系统

制动能量回收系统(Braking Energy Recovery System)是指一种应用于汽车或者轨道交通上的,能够将制动时产生的热能转换成机械能,并将其存储,在使用时可迅速将能量释放的系统。目前,制动能量回收系统已经成为新能源汽车的标配,该项技术可使纯电动汽车大约可降低 15% 的能量消耗,续驶里程提高 10% ~ 30%,可使插电式混合动力汽车油耗降低 15% ~ 20%。

4.1.4.1　新能源汽车制动能量回收系统类型

1)根据储能原理不同分类

根据储能原理不同,制动能量回收系统主要有飞轮储能式、液压储能式和电池储能式三种。目前,纯电动汽车普遍采用蓄电池储能式制动能量回收,在制动能量回收过程中需要将机械能转化成电能并产生电气制动力矩,在车辆需要时将电能转化成机械能来驱动车辆。能量转化的工作可由驱动电机或轮毂电机完成。

2)根据电机制动和液压制动两者结合方式的不同分类

根据电机制动和液压制动两者的结合方式,可将制动能量回收系统分为并联系统和串联系统两类。并联系统又叫叠加式系统,是在传统液压制动系统的基础上叠加电机制动,两种制动互不影响;串联系统又叫协调式系统,通过独立调节前后轮的液压制动,使得液压制动力与电机制动力根据总制动需求协调输出,保证制动效果。

并联式制动能量回收系统,最大限度沿用了传统制动系统的硬件,包括制动主缸、真空助力器、储液罐、制动器及液压调节单元,另外增加了电子真空泵、主缸压力传感器或踏板位移传感器。主缸压力传感器或者踏板位移传感器提供信号给整车控制器,整车控制器根据上述信号判断驾驶人制动意图并计算电机制动力。在存在能量回收的制动过程中,电机制动和液压制动同步作用于车辆制动,只是电机制动力可电控调节,液压制动力仅受踏板位移影响。所以,并联式制动能量回收系统在结构和策略上都非常简单,但是能量回收率低。

串联式制动能量回收系统,电机制动跟液压制动并不是随动的比例关系,两者在控制上相对独立,但又要共同满足总体制动力需求。为了实现电机制动与液压制动的独立控制,那就需要制动踏板与制动液路之间的解耦设计,因此,串联式制动能量回收系统除了基本的电机制动和液压制动机构之外,还需要增加踏板模拟器和液压调节机构,以保证制动踏板感觉和制动力灵活分配。于是,串联式制动能量回收系统在结构和策略上都非常复杂,而且衍生出多种方案,但是能量回收率相对并联式系统大大提高。

4.1.4.2　新能源汽车制动能量回收系统结构原理

1)结构组成

如图4-23所示,制动能量回收系统是由液压制动和电制动系统两个子系统组成,液压制动系统由制动踏板、制动控制单元、踏板模拟器、阀体阀块、储能罐等组成,实现机械摩擦制动力的建立和调节;电制动系统包括驱动电机及控制器、动力蓄电池及管理系统、整车控制单元等,整车控制单元负责制动力分配计算,驱动电机将传动系统的动能转换成电能,动力蓄电池及管理系统负责将电能储存起来。

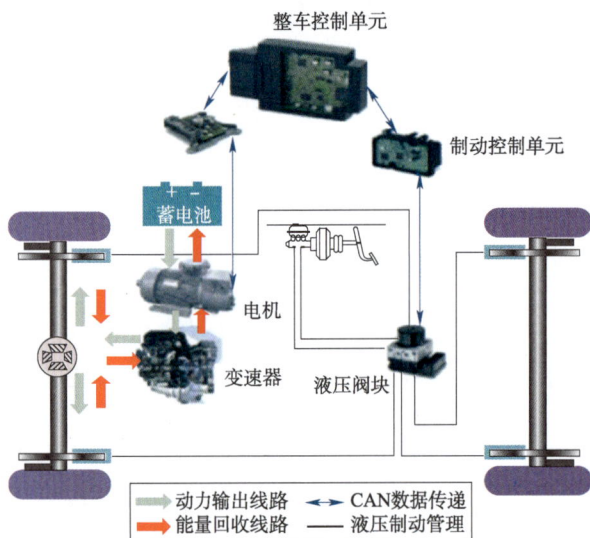

图 4-23　制动能量回收系统组成

2)能量回收方式

目前,新能源汽车有两种能量回收方式,分别是制动能量回收和滑行能量回收。制动能量回收功能是在制动过程中,可将车辆行驶中产生的动能,转换为电能储存在动力蓄电池内,即所谓"给蓄电池返充",以增加车辆续驶里程。而滑行能量回收则是通过不踩踏制动踏板,通过车辆本身惯性滑行将电机的驱动工况转变为发电工况反转发电,将动能回收,为蓄电池补能。

3)蓄电池储能式制动能量回收原理

蓄电池储能式制动能量回收原理如图4-24所示。它先将车辆在减速或制动过程中的机械能,通过发电机转化为电能并储存在动力蓄电池中;当车辆再次起动或加速时,再将动力蓄电池中的电能通过电动机转化为车辆行驶的机械能。动力蓄电池可采用锂离子蓄电池或超级电容,由发电机/电动机实现机械能和电能之间的转化。该系统通常还包括一个控制单元,用来控制动力蓄电池的充放电状态,并保证动力蓄电池的剩余电量在规定的范围内。

4) 滑行能量回收原理

目前在售的新能源车型中,滑行能量回收的强度都是按预设的能量回收强变等级设置的,一般是回馈转矩设置为等级可调,如"强""中""弱"等,回馈转矩的等级越高,车辆具有越高的能量回收效率,同时在车辆滑行时会带给驾驶人更强的减速感。

当车辆在行驶状态下,驾驶人松开加速踏板后,驱动电机从提供驱动转矩变为回馈制动转矩,会在整车上产生制动减速度,这一减速过程就是滑行能量回收。滑行能量回收的强度和滑行回馈力矩设置有关,滑行回馈力矩由驱动电机提供。根据驱动电机外特性,驱动电机特性导致整车在低速情况下对

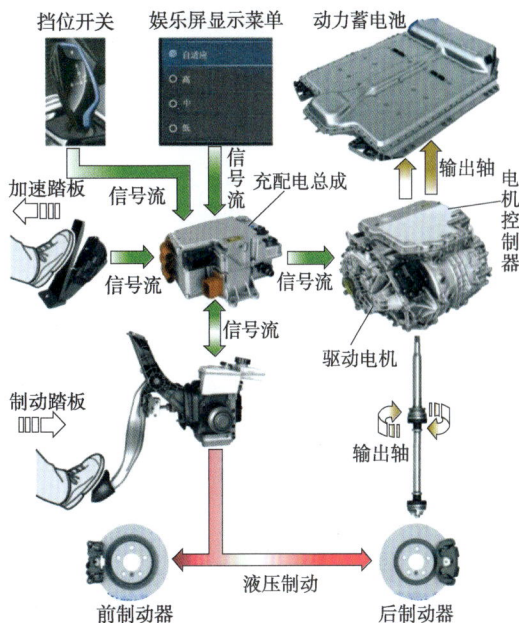

图 4-24　蓄电池储能式制动能量回收原理图

应的转矩都是很大的,如果只考虑驱动电机外特性的话,无论是制动能量回馈还是滑动能量回馈,整车状态均会出现抖动,越是低速抖动得越是厉害,因此,这就需要对回馈转矩进行实车标定。常规的纯电动汽车,一般可以实现 ECO(经济模式)和 NORMAL(标准模式),在不同车速下,两种模式下滑行回馈的力矩也会有所差异。

4.1.5　电子制动力分配系统

4.1.5.1　电子制动力分配系统功能

电子制动力分配(Electronic Brakeforce Distribution,EBD)系统也是防滑控制制动 ABS 专门的计算机程序的组成之一。ABS 的主要作用是防止制动时车轮抱死,提高车辆制动时方向的稳定性和可操纵性,防止制动时产生侧滑和甩尾等危险现象,同时提高对路面附着系数的利用,可以使汽车获得较短的制动距离。但 ABS 并没有解决汽车制动系统中的所有缺陷。因为当车轮抱死滑移时,车轮与路面间的侧向附着力完全消失。如果只是前轮(转向轮)制动到抱死滑移而后轮还在滚动,汽车将失去转向能力;如果只是后轮制动到抱死滑移而前轮将产生侧滑(甩尾)现象,这些都极易造成严重的交通事故。EBD 系统则有能力解决这一问题,能够根据重心的移动需要自动分配每个轮的制动力。该系统不仅可对汽车前、后轮制动器制动力进行分配,而且可根据汽车的行驶工况,实时、合理地分配制动力给左、右车轮,防止汽车发生跑偏。另外,当汽车出现失稳趋势时,EBD 系统还可通过调节某车轮的制动压

力,来主动遏制此失稳状态,从而避免汽车发生倾斜甚至侧翻。基于车轮滑移率的 EBD 系统,无论车轮垂直载荷和路面附着条件怎样变化,都可迅速、合理地分配制动器制动力,如图 4-25 所示。

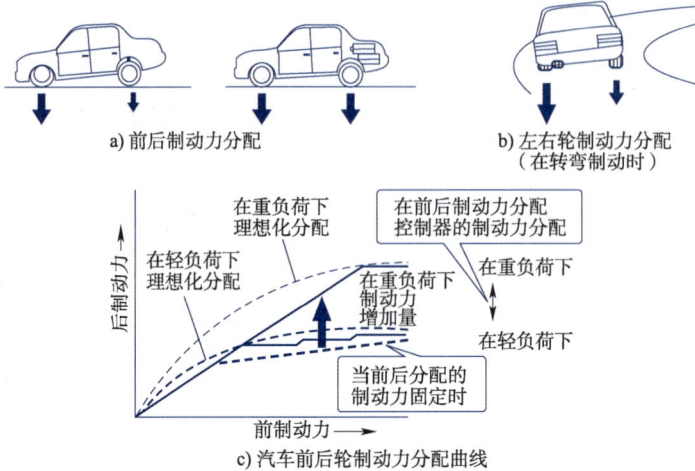

a) 前后制动力分配　　b) 左右轮制动力分配(在转弯制动时)

c) 汽车前后轮制动力分配曲线

图 4-25　EBD 系统制动力分配控制示意图

4.1.5.2　电子制动力分配系统组成和原理

1) EBD 系统组成

EBD 系统是在 ABS 的基础上发展而来的,主要是控制逻辑和控制算法的改变,而硬件结构基本没有变化。在安装了 ABS 的汽车上,不需增加任何硬件,只需通过改进 ABS 的控制逻辑,便可实现 EBD 系统制动力分配控制功能,所以又称为电子控制制动力分配程序(Electronic Control Brakeforce Distribution Programs),执行器是 ABS 制动压力调节器的电磁阀。因此与 ABS 相比,除控制理论不同外,EBD 系统中的安全装置等其他硬件结构跟 ABS 基本相同。EBD 系统包括传感器、电子控制器和液压执行器三个部分。

2) EBD 系统工作原理

EBD 系统的工作是由控制单元中设定的程序来完成的,在车轮部分制动时,电子制动力分配功能就起作用。轮速传感器发出四个车轮的转速信号,电子控制单元根据这些信号计算车轮的转速及滑移率。如果后轮滑移率大于某个设定值,则由液压控制单元调节后轮制动压力,使后轮制动力降低,以保证后轮不会先于前轮抱死。当 ABS 起作用时,电子制动力分配系统即停止工作。EBD 压力调节过程也分为升压、保压和减压三个阶段。当制动结束后,松开制动踏板,制动主缸内的制动压力为零,此时再次打开常闭阀,低压蓄能器中的制动液经常闭阀、常开阀返回制动主缸,低压蓄能器排空,为下一次 ABS 或 EBD 做好准备。

4.1.6　汽车 ABS 检修

4.1.6.1　ABS 常见故障

1)常见故障现象

(1)紧急制动时车轮抱死。

在紧急制动过程中,如果 ABS 检测到车轮即将抱死,会自动调节制动压力,防止车轮锁死。如果车轮仍然抱死,这通常表明 ABS 无法正常工作。

(2)制动效果不良。

如果驾驶人在踩下制动时感觉到踏板变软或有脉动感,这可能是 ABS 出现故障。ABS 的主要功能是在紧急制动时保持车轮的滑动,从而提供稳定的制动效果。

(3)ABS 警告灯亮起。

当 ABS 检测到异常时,仪表盘上的 ABS 警告灯会点亮。这是一个明显的信号,表明 ABS 可能存在问题,需要立即检查和维修。

2)故障原因

ABS 故障大多是由于系统内的接线插头松脱或接触不良、导线断路或短路、电磁阀线圈断路或短路、ABS 泵内部电源失效、ABS 泵电路断路或短路、ABS 轮速传感器电路断路或短路、ABS 轮速传感器失效、ABS 与 ECU 通信故障、ABS 的系统电源供应电压太低以及制动开关、液位开关和压力开关等不能正常工作引起的。另外,蓄电池电压过低、车轮转速传感器与齿圈之间的间隙过大或受到泥污沾染、储液室液位过低等也会影响系统的正常工作。

4.1.6.2　ABS 故障诊断步骤

特定的诊断与检查可及时发现 ABS 中的故障,是维修中非常重要的部分。对于不同的车型,甚至同一系列不同年代生产的车型,检查的方法和程序都会有所不同,这一点只要比较相应的维修手册便可知道。当防抱死制动系统警示灯持续点亮时,或感觉防抱死制动系统工作不正常时,应及时对系统进行故障诊断和排除。在故障诊断和排除时应该按照一定的步骤进行,才能取得良好的效果。故障诊断与排除的一般步骤如下:

(1)确认故障情况和故障症状。

(2)对系统进行直观检查,检查是否有制动液泄漏导线破损、插头松脱、制动液液位过低等现象。

(3)读解故障码,既可以用故障诊断仪直接读解,也可以通过警示灯读取故障码,再根据维修手册查找故障码所代表的故障情况。

（4）根据读解的故障情况,利用必要的工具和仪器对故障部位进行深入检查,确诊故障部位和故障原因。

（5）故障排除。

（6）清除故障码。

（7）检查警示灯是否仍然持续点亮,如果警示灯仍然持续点亮,可能是系统中仍有故障存在,也有可能是故障已经排除,而故障码未被清除;警示灯不再点亮后,进行路试,确认系统是否恢复工作。

在故障诊断和维修过程中,应当注意,不仅不同型号的汽车所装备的防抱死制动系统可能不同,而且即使是同一型号的汽车,由于生产年份不同其装备的防抱死制动系统也可能不同。

4.1.6.3　检查与诊断方法

当 ABS 故障指示灯常亮不熄,系统不能工作时,检查方法如下:

（1）检查驻车制动器(手刹)是否完全释放。

（2）检查制动液液面是否在规定的范围之内。

（3）检查 ABS 电控单元导线插头、插座的连接是否良好,连接器及导线是否损坏。

（4）检查下列导线连接器(插头与插座)和导线的连接或接触是否良好:

①制动压力调节器上的电磁阀体连接器;

②制动压力调节器上的主控制阀连接器;

③连接压力警告开关和压力控制开关的连接器;

④制动液液面指示开关连接器;

⑤四轮车速传感器的连接器;

⑥电动泵连接器。

（5）检查所有的继电器、熔断丝是否完好,插接是否牢固。

（6）检查蓄电池容量(测量电解液比重)和电压是否在规定的范围内;检查蓄电池正、负极导线的连接是否牢靠,连接处是否清洁。

（7）检查 ABS 电控单元、液压控制装置等的搭铁端接触是否良好。

（8）检查车轮胎面纹槽的深度是否符合规定。

如果用上述方法不能确定故障位置,就可转入使用故障自诊断。在进行 ABS 故障检测与诊断时,应根据 ABS 的工作特性分析故障现象和特征,在确认故障症状后,根据维修资料的说明有目的地进行检测与诊断。为便于检测与诊断查找 ABS 的故障,必须首先了解 ABS 各主要部件在车上的安装位置。

4.1.7　EBD 系统的检修

4.1.7.1　常见故障

当 EBD 系统出现故障时,车辆通常会出现一系列异常现象:

(1)制动过程中车辆稳定性下降,出现偏移或摇摆。

(2)制动距离明显增长,制动效果降低。

(3)制动踏板感觉异常,如变软或发硬。

(4)仪表板上出现与制动系统相关的警告灯或故障码。

通过观察和分析这些故障现象,我们可以初步判断 EBD 系统可能存在的问题,为后续的检查和维修提供依据。

4.1.7.2　系统检修

1)系统功能检查

在进行系统功能检查时,需进行以下步骤:

(1)检查车辆制动系统整体功能是否正常,包括制动踏板行程、制动力度等。

(2)进行路试,观察在不同车速、负载及路况下,车辆的制动性能是否稳定。

(3)使用故障诊断仪检查 EBD 系统的状态,确认系统无故障或异常提示。

2)传感器状态检测

EBD 系统依赖于多个传感器提供实时数据以实现智能制动分配,因此,传感器状态的检测至关重要。具体检测内容如下:

(1)检查轮速传感器是否工作正常,无损坏或信号干扰。

(2)检测负载传感器信号是否准确,能够反映车辆的实际负载情况。

(3)验证加速度传感器和车身姿态传感器等其他相关传感器的信号输出是否稳定可靠。

3)制动执行器测试

制动执行器是 EBD 系统实现制动力分配的关键部件,其性能测试包括以下方面:

(1)检查制动执行器的机械连接是否紧固,无松动或磨损。

(2)通过模拟不同负载和制动需求,测试制动执行器的响应速度和制动力分配准确性。

(3)验证制动执行器在极端条件下的工作性能,如高温、低温或潮湿环境。

4)控制单元诊断

控制单元是 EBD 系统的核心,负责处理传感器信号并控制制动执行器动作。控制单元诊断主要包括:

（1）使用故障诊断仪读取控制单元的故障代码和状态信息，确认是否存在故障或异常。

（2）检查控制单元的供电和搭铁是否正常，无短路或断路现象。

（3）验证控制单元与其他系统单元之间的通信是否正常，确保数据传递无误。

5）数据通信检查

EBD系统与其他车辆系统之间存在数据通信，为确保系统正常运行，需进行数据通信检查：

（1）检查通信线路的物理连接是否完好，无断路或短路现象。

（2）使用故障诊断仪监控通信数据流，确认数据传输无误，无丢包或延时现象。

（3）检查通信协议是否匹配，确保各系统之间的数据能够正确解析和处理。

6）故障码解读与清除

当EBD系统出现故障时，控制模块会记录相应的故障码。在进行检修时，需对故障码进行解读和清除：

（1）使用故障诊断仪读取并解读故障码，了解故障的具体原因和位置。

（2）根据故障码信息，进行相应的检修操作，修复故障部位。

（3）清除已修复故障的故障码，确保系统恢复正常运行。

通过以上检修内容和操作，可以确保电子制动力分配系统的正常运行和车辆的稳定制动性能，提高行车安全性。

▶ 线上学习资源

1. 线上微课

防抱死制动系统的结构与原理		轮速传感器检测（电磁式）	
制动压力调节器结构原理		车速传感器检测	
防抱死制动系统的检修		新能源汽车电动制动系统	

2.线上作业

任务 4.1 线上作业

3.线上测试

任务 4.1 线上测试

▶ **素养课堂**

"汽车医生"精准
把脉车辆安全

从清华孵化的正高级团队
打造汽车制动技术"巨无霸"

任务 4.2 车身电子稳定系统检修

4.2.1 车身电子稳定系统概述

汽车在高速行驶中急转弯时可能出现两种意外情况:一是因为后轮与地面的附着力不足,车后部甩尾,称为过度转向;二是因为前轮与地面的附着力不足,车前部甩出,称为转向不足。如果意外发生在湿滑路面上,轻者造成侧滑、甩尾,重者可能翻车。当后轮首先达到抓地极限,开始出现侧滑时,汽车本身会变得不稳定。在这种情况下,就会出现所谓的"回旋"现象,又称为"甩尾",就像汽车被快速拉向转弯角一侧。前轮胎首先达到抓地极限而引起的过度侧滑现象称为"漂出",又称为"侧滑"。当出现这种状态时,驾驶人再打方向也不能减少转弯半径,汽车难以正常行驶。

汽车车身电子稳定系统(Electronic Stability Program,ESP)能够解决以上问题,属于汽车主动安全系统。ESP 是以 ABS、ASR 为基础所衍生出的更智能的安全系统。它不是一个独立的系统,系统集成了制动力分配(EBD)、制动辅助(EBA)和牵引力控制系统(TCS)等主动安全系统。在它们的基础上增加了更多的传感器,通过传感器监控车辆自身行驶状态,一旦探测到车辆紧急躲避障碍物、转弯等容易出现不稳定状况时,以及在转向过度或转向不足情况下,利用动力系统干预及制动系统干预,能主动控制四轮(驱动轮和从动轮)的制动力与牵引力,使车辆回归理想的驾驶路径及行驶状态,提升车辆的稳定性和操控性,为车辆行驶提供更好的安全性。

该系统各公司名称有所不同,例如大众、奥迪、奔驰称为 ESP,丰田称为 VSC 系统(Vehicle Stability Control),日产称为 VDC 系统(Vehicle Dynamic Control),宝马、捷豹、路虎、马自达称为 DSC 系统(Dynamic Stability Control)、本田称为 VSA 系统(Vehicle Stability Assist Control)、美国称为 ESC 系统(Electronic Stability Control)等。

4.2.2 ESP 系统组成

ESP 系统由传感器、系统控制单元、执行器等组成,如图 4-26 所示。

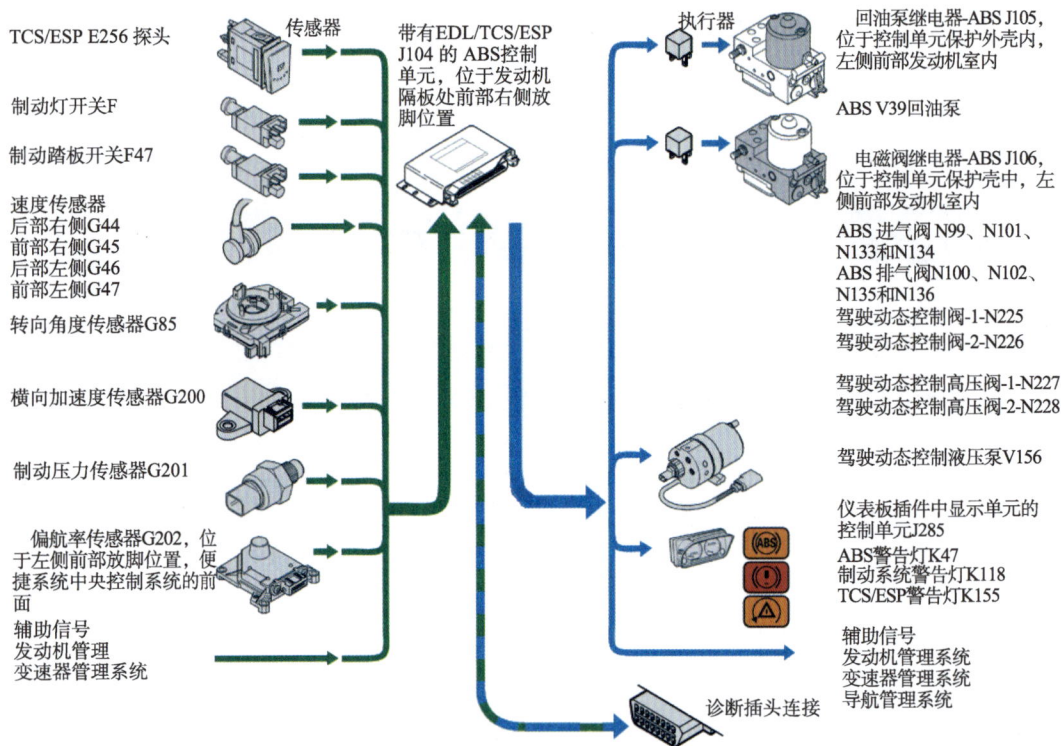

图 4-26 ESP 系统组成

4.2.2.1 ESP 系统控制单元

现代汽车多采用 ESP 控制系统集成单元,结构如图 4-27 所示,液压泵电动机、电磁阀、液压阀体单元、电子控制单元等元件集成为一体。液压阀体单元(HCU)将来自电子控制单元的电信号转变为液压动作,控制车轮分泵压力。HCU 与电子控制单元组装在发动机舱内。HCU 是独立单元,只能整体维修。液压阀体单元由以下部分构成:油泵总成、阀体、蓄能器、电磁阀、制动压力传感器等。

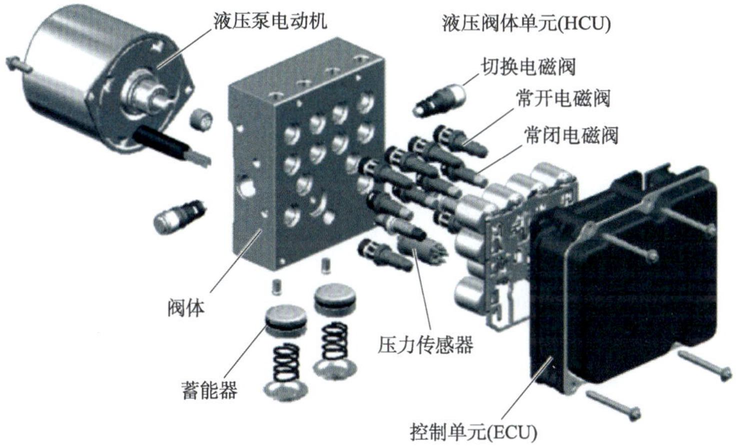

液压泵电动机 液压阀体单元(HCU)
切换电磁阀
常开电磁阀
常闭电磁阀

阀体
压力传感器
蓄能器

控制单元(ECU)

图 4-27　ESP 控制系统集成单元结构

4.2.2.2　传感器

ESP 的主要传感器包括转向盘转角传感器、横摆率传感器、偏航角速度传感器、轮速传感器、车速传感器、加速度传感器、制动主缸压力传感器等。ESP 可以监控汽车行驶状态,并自动向一个或多个车轮施加制动力,以保持车辆在正常的车道上运行,甚至在某些情况下可以进行每秒 150 次的制动。轮速传感器和车速传感器在模块 3 中已经介绍,不再赘述。

1)转向盘转角传感器

转向盘转角传感器安装在转向盘中,与电动助力转向系统 EPS 共用,它用于检测转向盘的转角和转动速度。这些信息被 ESP 系统用来判断驾驶人的转向意图,以及车辆的实际转向状态。

2)横摆率传感器

横摆率传感器也叫横摆角速度传感器,横摆率传感器通常安装在汽车的底盘上,位置与车轮相邻,与汽车垂直轴线平行。大多数汽车配备了两个横摆率传感器,一个安装在前部底盘,另一个安装在后部底盘。

该传感器信号与转向盘转角信号结合,其作用是检测车辆绕其垂直轴转动的角速度,即车辆的横摆运动。其用于计算车辆的稳定性,并在需要时触发 ESP 系统的干预。系统控制单元将使用此数据来决定何时应该向车辆的制动器或动力控制系统施加反作用力,以协助车辆保持稳定和控制方向。同时,横摆率传感器还可以帮助车辆识别和纠正过度转弯或失控转弯等异常情况,防止车辆失去控制。

3)偏航角速度传感器

偏航角速度传感器可测量偏航角,偏航角指车辆在转弯时指向的方向与车辆实际移动方向之间的差异,也称为偏航率传感器。

偏航角速度传感器的基本组件是一个硅单晶体制成的双音叉微机械系统,该系统在一个小电子部件内,这个电子部件装在传感器片上。双音叉的简化图如图 4-28 所示,双音叉在其"腰部"处与其他硅元件相连,双音叉由一个励磁音叉和一个测量音叉构成。

通上交流电压后,硅制音叉会产生谐振。这两个音叉是这样设定的:励磁音叉以 11kHz 谐振,测量音叉以 11.33kHz 谐振。因此,若双音叉上作用有 11kHz 交流电压时,励磁音叉发生谐振,而测量音叉不会发生谐振。当双音叉的另一半和传感器与车辆一同在旋转加速度作用下运动时,双音叉中发生振动的部分的反应滞后,因此,双音叉会扭动,如图 4-29 所示。这种扭动会引起音叉上电荷分布的改变,电极可测出这个改变,传感器将其处理后作为信号传给控制单元。

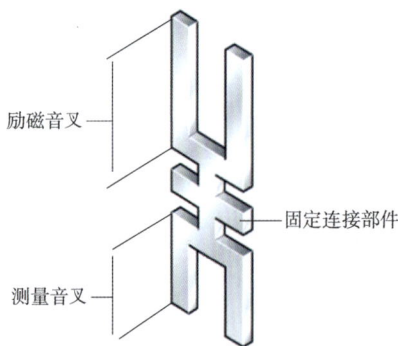

| 励磁音叉 |
| 固定连接部件 |
| 测量音叉 |

图 4-28 偏航率传感器结构件图   图 4-29 偏航率传感器偏航率的产生

4)加速度传感器

加速度传感器水平地安装在汽车重心附近地板下方的位置,它检测汽车的纵向和横向加速度。有的车型把横摆率传感器与加速度传感器集成装在一起。

横向加速度传感器可测量车辆转弯时产生的横向作用于车辆的力量,即监测汽车转弯时的离心力。

纵向加速度传感器可在车辆前行与倒车时测量汽车加速与减速情况。

侧向加速度传感器用于检测车辆侧向加速度的大小和方向。它可以确定车辆是否受到使车辆发生滑移作用的侧向力,以及侧向力的大小。当车辆发生侧滑或偏离预定行驶轨迹时,侧向加速度传感器会向 ESP 控制单元发送信号,触发相应的控制措施。

加速度传感器常用的类型是电容式加速度传感器,采用电容原理工作,其结构原理如图 4-30所示。测量电容器的容量是依据车辆加速度时产生的重力加速度改变成电极之间的距离,并且将测量值改变成电信号。假设有两个串联的电容器,中间公用的电容器片可以通过力的作用而移动。每个电容器都有一定的电容,也就是说可以容纳一定量的电荷。

(1) 未有加速度时的状态。如果没有加速度作用,中间的电容器片与两侧的电容器片是等距的,那么这两个电容器的电容是相等的,如图 4-31 所示。

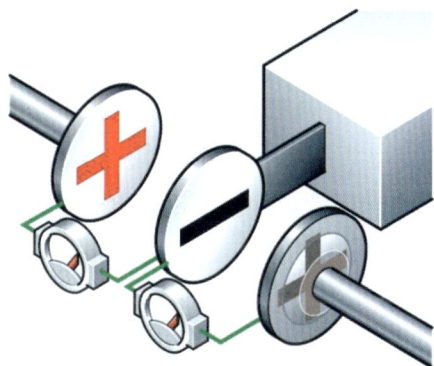

图 4-30　加速度传感器原理结构图

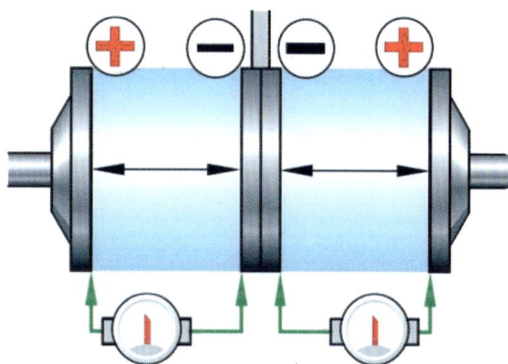

图 4-31　电容相等时的状态

(2) 有加速度时的状态。有横向或者纵向加速度作用时,中间片就会移动,它与一边的距离变大,与另一边的距离变小。于是每个电容器的电容也会改变。电子装置根据电容的变化就可以判断出横向加速度的方向和大小,如图 4-32 所示。

另外一种常用的加速度传感器是压电式加速度传感器,主要由压电陶瓷盘和膜片组成,其结构及工作原理如图 4-33 所示。

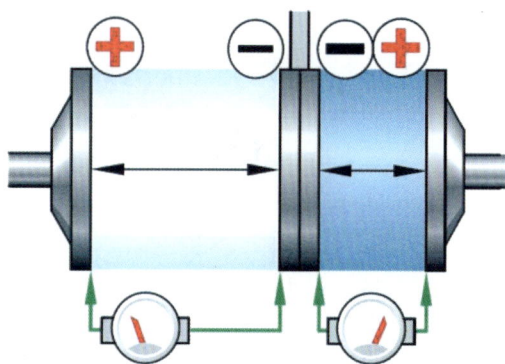

图 4-32　电容不等时的状态

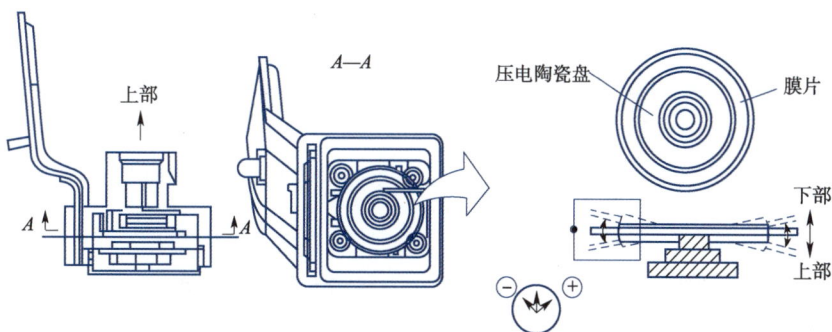

图 4-33　压电式加速度传感器的结构与原理示意图

其工作原理是:两个压电陶瓷盘固定在膜片两侧,并支承在传感器中心。当加速度作用在整个传感器时,压电陶瓷盘在其自身重量作用下弯曲变形。根据压电陶瓷的特性,它们将产生与其弯曲率成正比变化的电荷,这些电荷由传感器内的电子电路转换成与加速度成正比例变化的电压,输送到 ECU。

还有一种霍尔式加速度传感器,其基本结构如图 4-34 所示。如果传感器受到侧向加速度 a 的作用,传感器的弹簧—质量系统将离开其静止位置而偏移,偏移程度与加速度的大小有关。运动的磁铁在霍尔元件中产生霍尔电压 U_H,经信号电路处理后输出能够反映加速度大小的信号电压。阻尼板的功用是产生感应涡流 I_W,其磁场与永久磁铁磁场相互作用衰减片状弹簧的振动。

5)制动压力传感器

制动压力传感器装在 ESP 液压控制装置内部,用来感知制动时液压控制单元的内部压力,其位置如图 4-35a)所示。当车辆进行紧急制动时,压力传感器把感知的信息传递给 ESP,从而进行制动辅助功能。控制单元根据这个信号来判断制动系统的状态,并在必要时对 ESP 系统进行相应的调整。

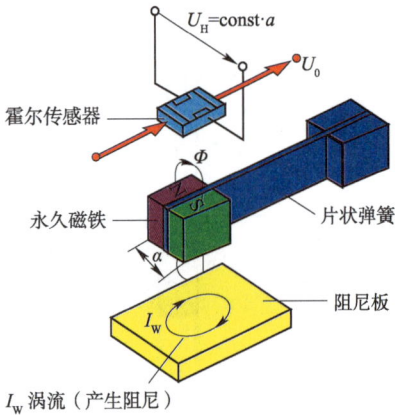

图 4-34　霍尔式加速度传感器
U_H-霍尔电压;U_0-电源电压;Φ-磁场;α-检测的侧向加速度

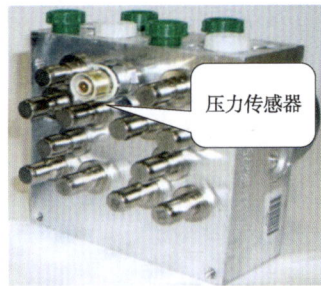

a)制动压力传感器位置　　b)制动压力传感器电路

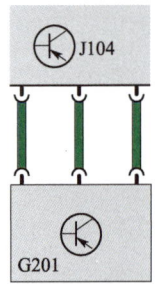

图 4-35　制动压力传感器

制动压力传感器通过 3 根导线连接在控制单元 J104 上,如图 4-35b)所示。

6)轮速传感器

轮速传感器装在每个车轮上,用以检测每个车轮的实际轮速,以便监测各个车轮的速度转动和判断车轮的运动状态。

7)节气门位置传感器

节气门位置传感器装在节气门体上,检测节气门的开度。

8)ESP OFF 开关

驾驶人可以通过"ESP OFF"开关手动开启和关闭 ESP 功能。一般车辆有设置 ESP 系统开关,驾驶人可以手动控制。ESP 系统是默认打开的,但是在一些情况下需要手动关闭。例如:车辆车轮陷入泥地或沙地,车轮发生滑动,触发 ESP 系统,导致车轮制动,车子更难脱困;

雨雪天气上坡时,ESP 的制动效果使上坡更加困难;车辆轮胎装有防滑条,ESP 系统会不断介入,影响车辆正常驾驶;喜欢越野漂移的车主也需要关闭 ESP,因为车辆轮胎需要与地面摩擦,ESP 制动使车辆驾驶不流畅。

4.2.2.3 执行器

(1) 节气门执行器。 燃油汽车采用,安装在发动机进气通道上,在 ESP 起作用期间,调节发动机输出功率,由节气门体上的节气门电动机来控制发动机节气门的开度。

(2) ESP 液压控制装置。 含有各类型电磁阀,电磁阀被直接用来控制制动管路的压力变化,如图 4-36 所示。其装在发动机舱左前侧,在正常情况下,制动时如果车轮抱死,它执行 ABS 的功能;当车轮在起步、加速下出现打滑空转时,它执行 ABS&ASR 功能;当汽车转向存在过度转向或转向不足,或者出现侧滑时,它执行 ESP 功能。总之,在电子控制单元 ECU 的控制下,ESP 液压控制装置把受到控制的制动液压施加到每个车轮。

图 4-36 阀体的电磁阀

(3) 油泵电机。 安装在液压单元上,维修时不能单独进行更换。油泵总成由一个电动机和一个液压泵组成。在 ABS 控制过程中,油泵总成确保减压阶段制动液快速回流和增压阶段所需的压力油液的供应。ESP 工作的同时,ECU 计算需要的制动力,液压单元迅速将制动力分别施加在相应车轮上,还用指示灯和蜂鸣器来预警汽车在转弯时出现的失控,告知驾驶人轮胎有抓地力不足的危险,注意安全行驶。

(4) 蓄压器。 蓄压器有低压蓄压器和高压蓄压器两种,如图 4-37 所示。低压蓄压器安装在液压单元内部,用于储存释放制动时回流的制动油。在 ABS 减压阶段制动液流回制动管路低压侧。低压蓄压器活塞压缩弹簧移动并储存制动液。当油泵运转吸油时活塞回移,油泵把制动液泵回到制动轮缸和高压蓄压器管路。高压蓄压器在管路中用于降噪缓冲。

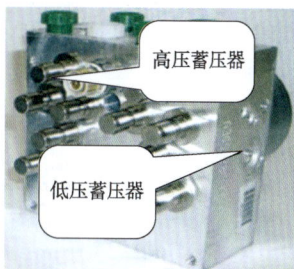

图 4-37 阀体的蓄压器

4.2.2.4 液压控制单元及工作过程

以德国博世公司生产的 ESP 系统为例,液压控制回路结构如图 4-38 所示,它在 ABS 的基础上增加 4 个电磁阀,2 个转换电磁阀,2 个 ESP 主电磁阀,转换电磁阀不工作时为 ABS 功能,转换电磁阀和 ESP 主电磁阀工作时,进入 ESP 功能。

ESP 液压控制装置主要分为 4 个部分:

(1) 液压制动力的产生部分。 该部分由电动机驱动电动泵和蓄压器组成。蓄压器储存由电动泵供应的制动液,作为本液压装置的压力源。

（2）**制动主缸和制动助力器部分**。根据驾驶人的制动操作产生液压,并进行助力。

（3）**选择电磁阀部分**。当 ABS、ASR 或 ESP 工作时,它关闭制动主缸的制动液,并把从液压制动力来的制动液或从制动助力器(调节液压)来的制动液送到控制电磁阀,以控制每个车轮制动轮缸的液压。

（4）**控制电磁阀部分**。当 ABS、ASR 或 ESP 工作时,它增加或降低每个车轮制动轮缸的压力,以控制每个车轮的制动力。

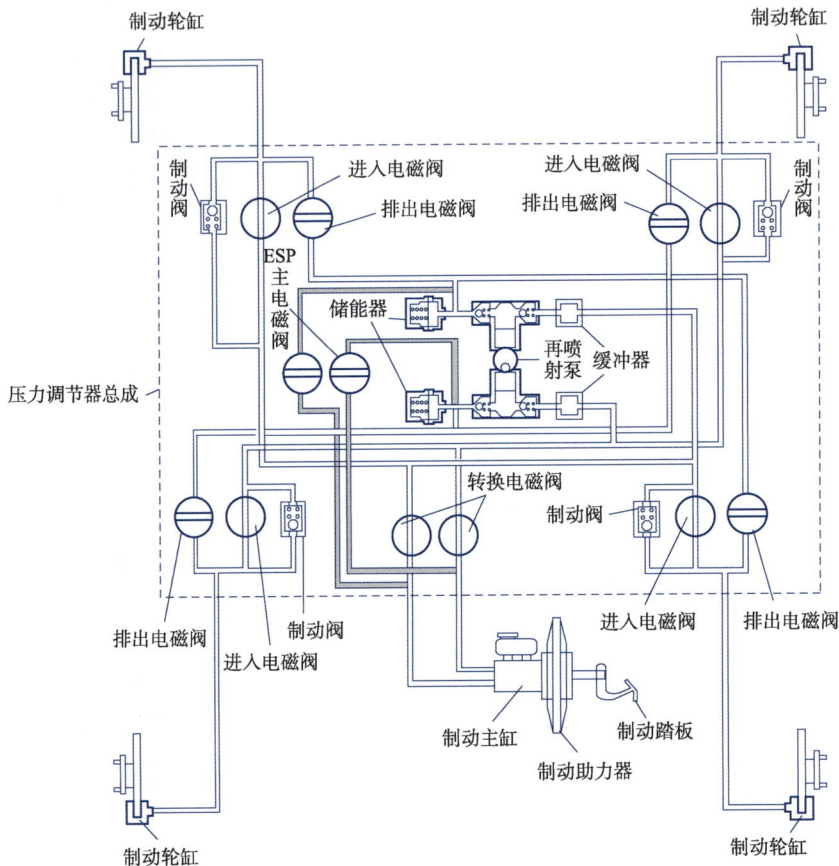

图 4-38　ESP 液压控制回路结构示意图

ESP 工作过程如下:

图 4-39　常规车轮的制动液路(压力增加)示意图

（1）**压力升高阶段**。制动时,只要车轮稳定,制动钳(或车轮轮缸)中的压力相当于制动主缸产生的压力,制动踏板上的作用力直接作用在制动车轮轮缸上,进入电磁阀处于打开状态,排出电磁阀关闭。ESP 的 ECU 不参与该运行阶段,如图 4-39 所示。

（2）**压力保持阶段**。制动时,制动钳(或车轮轮缸)中的压力升高到某一车轮稳定车速,ESP 的 ECU 参与该运行阶段,通过操作选择进入电磁阀关闭,排出电动阀关闭,车辆保持匀速运行,如图 4-40a)所示。控制电磁阀脉冲关闭时长由通/断占空比来驱动,以把高压制动液调节并控制在匀速所需的合适水平。

(3)压力下降阶段。当某一侧车轮极度不稳定,某一侧车轮制动附着力迅速降低,超过滑动界限值后,ESP 的 ECU 参与该运行阶段,如图 4-40b)所示。这时由于进入电磁阀还处于关闭状态,计算机打开排出电磁阀,它将某一侧车轮制动钳(或车轮制动轮缸)与储能器联通,调节油泵开始工作,储能器膜片移位并压缩弹簧来降低管路中的压力,车轮恢复速度。同时,计算机控制压力调节泵将储能器中的制动液输送到制动主缸的储液室中。控制电磁阀脉冲由通/断占空比来驱动,以把高压制动液调节并控制到合适的水平。增压—保压—降压—增压过程往复循环。

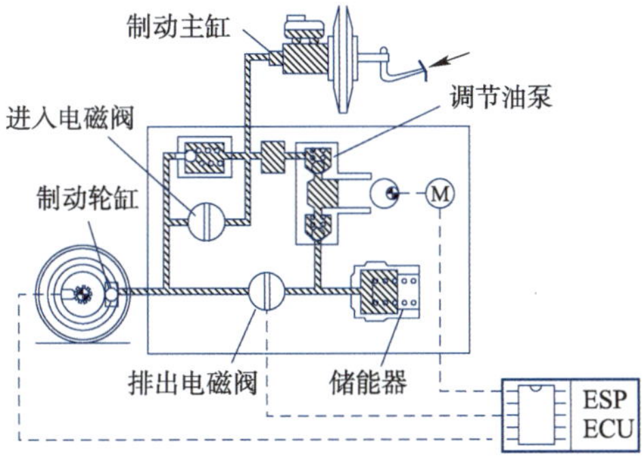

a) 制动液路(压力保持)示意图 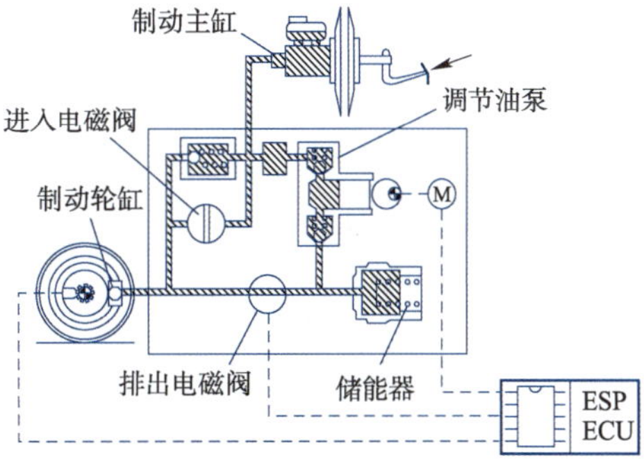   b) 制动液路(压力下降)示意图

图 4-40   制动液路压力保持和降低原理示意图

4.2.3   ESP 系统工作原理

汽车在行驶过程中,ESP 通过安置在车身上的各种传感器实时监测车辆的状态。ESP 工作时,首先通过转向盘转角传感器、轮速传感器信号识别转弯方向、角度、速度,确定驾驶人想要的行驶方向,从而判断驾驶人的驾驶意图。与此同时,ESP 通过横摆率传感器、侧向加速度传感器、车轮速度传感器识别车辆绕其垂直轴转动的方向、角速度(侧倾速度)以及旋转角度(横摆角)等,由横摆率传感器负责测定汽车围绕纵轴的旋转运动(横摆率),其他传感器负责记录偏航角速度和横向加速度。

当 ESP 监测到车辆实际运动方向与驾驶人的驾驶意图不符时,ESP 将首先利用牵引力控制系统中的发动机转矩减小功能,并向发动机控制模块发送一个指令,请求减小发动机转矩。如果电子稳定程序仍然监测到车轮侧向滑移,则电子稳定程序将实行主动制动干预。如果单独制动某一车轮不足以稳定车辆,还可以根据情况同时对两个或多个车轮制动,对各个车轮的制动力也可以不同,达到迅速有效控制车辆稳定的目的。

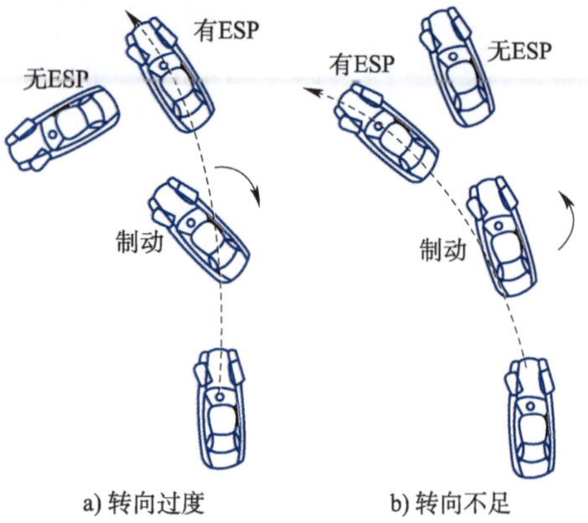

a) 转向过度　　　　b) 转向不足

图 4-41　ESP 对转向不足和转向过度的纠偏示意图

ESP 是一种主动控制,在转向过度或转向不足的情形下控制效果更加明显,转向不足会产生向理想轨迹曲线外侧的偏离倾向,过度转向会产生向理想轨迹曲线内侧的偏离倾向,ESP 能够自动纠正驾驶人的不足转向和过度转向,如图 4-41 所示。

1)转向不足时 ESP 的工作状态控制

ECU 将车辆实际运动方向与驾驶人的驾驶意图进行比较,如果车辆实际绕其垂直轴转动的角度小于由转向盘转角和轮速确定的车辆应该绕其垂直轴的转角(横摆角速度太小),或者是转向盘转角传感器向电子控制单元发送一个驾驶人想要转向的信号,横摆率传感器监测到车辆开始打转,同时车辆前端开始产生滑移,前轴滑向弯道外侧,则判断为转向不足,ESP 会发出指令降低发动机转矩,并立即发送指令给执行器,对弯道内侧的车轮施加制动并对后轮施加更大的制动力,由于此轮纵向力的增加,所能提供的侧向力减小,地面制动力将对汽车产生一个与转向方向相同的力矩,纠正不足转向,使汽车回到正常的路线,按照驾驶人的驾驶意图行驶。

2)转向过度时 ESP 的工作状态控制

当车辆出现转向过度有失稳风险之前,通过控制右后车轮制动力,给车辆提供一个合适的横摆力矩,从而保证车辆行驶稳定性。如果车辆实际绕其垂直轴转动的角度大于由转向盘转角和轮速确定的车辆应该绕其垂直轴的转角(横摆角速度太大)或者是转向盘转角传感器向电子控制单元发送一个驾驶人想要转向的信号,横摆率传感器监测到车辆开始打转,同时车辆后端开始产生滑移,后轴滑向弯道外侧,则判断为过度转向,使后轮打滑,车辆抛出转弯曲线,ESP 会发出指令,减小发动机的转矩,ESP 立即指令执行器,再对弯道外侧的车轮施加制动并对前轮施加更大的制动力,由于此轮纵向力的增加,所能提供的侧向力减小,地面制动力将对汽车产生一个与转向方向相反的力矩,使车辆的转弯力量减小,纠正过度转向,使汽车回到正常的路线,按照驾驶人的驾驶意图行驶。

4.2.4　ESP 系统控制电路

现代汽车 ESP 系统控制单元与发动机或其他模块单元之间均采用网络通信,如图 4-42 所示,由于其要求数据传输要快,所以大多应用 CAN 网络系统。图 4-43 为大众车系途观汽车 ESP 系统电路图,ESP 控制单元与车载网络的其他控制单元通过 CAN 网络进行数据交换,执行元件电磁阀与控制单元集成一体。

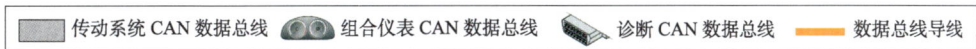

图 4-42　ESP 系统与其他模块的 CAN 网络图

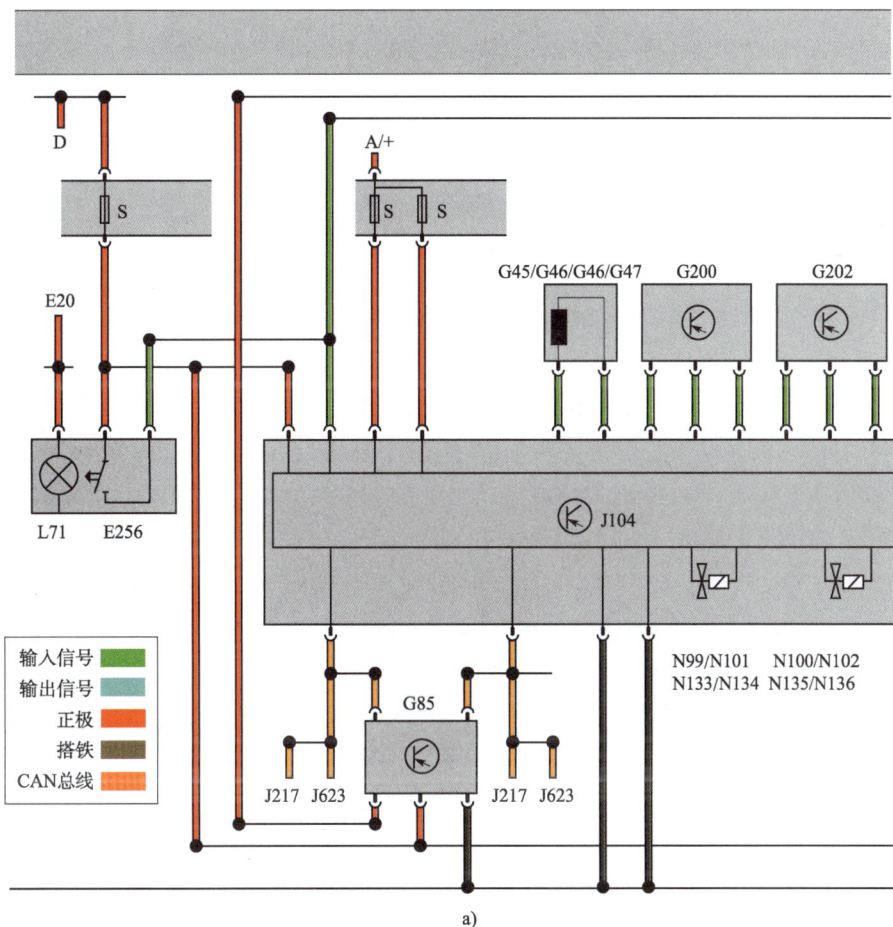

a)

图　4-43

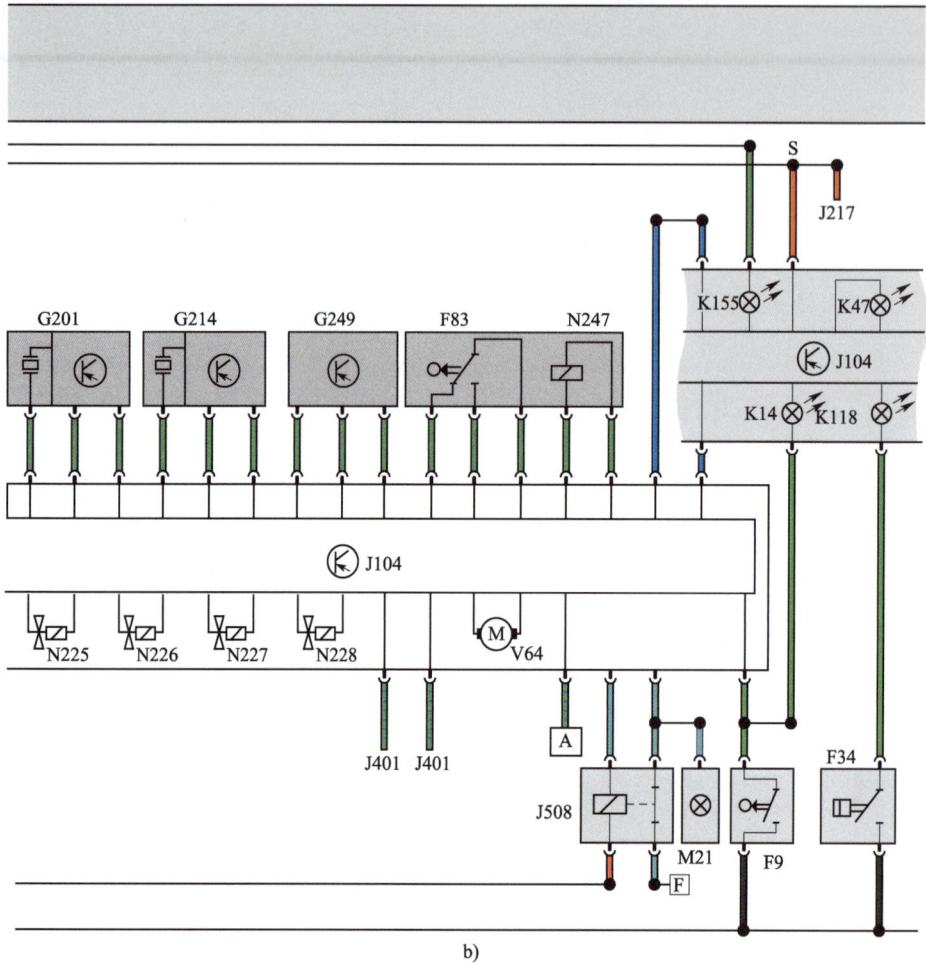

图 4-43　大众汽车 ESP 工作原理电路

A/＋-正极连接；D-点火开关；E20-开关及仪表照明调节器；E256-ASR/ESP 按钮；F-制动信号灯开关；F9-驻车制动器指示灯开关；F34-制动液警告触点；F83-ESP 制动识别开关；G45～G47-转速传感器；G85-转向角传感器；G200-横向加速度传感器；G201-制动压力传感器 1；G202-横摆率传感器；G214-制动压力传感器 2；G249-纵向加速度传感器；J623-发动机管理系统控制单元；J104-带 EDB/ASR/ESP 的 ABS 的控制单元；J217-自动变速器控制单元；J401-带 CD 驱动器的导航控制单元；J508-制动信号灯抑制继电器；K14-驻车制动器指示灯；K47-ABS 指示灯；K118-制动系统指示灯；K155-ASR/ESP 指示灯；L71-ASR 开关照明；M21-左侧制动信号灯和尾灯灯泡；N99/N101/N133/N134-ABS 进油阀；N100/N102/N135/N136-ABS 排油阀；N226-行驶动力控制系统分配阀 2；N227-行驶动力控制系统高压分配阀 1；N228-行驶动力控制系统高压分配阀 2；N247-制动压力电磁线圈；S-熔断丝；V64-ABS 回油泵；A-诊断导线

　　图 4-44 所示为吉利熔断电动汽车 ESP 系统电路图。左前、右前、左后、右后轮速传感器采集的轮速信息通过 CA20 线束插接器传递至 ESC 控制单元（即 ESP 系统）。安装在转向柱中的转向盘转角传感器通过室内熔断丝 IF28 供电，通过 G28 搭铁点与车身形成回路，采集的转向盘转角信息通过 V-CAN 传递至 ESC 控制单元。

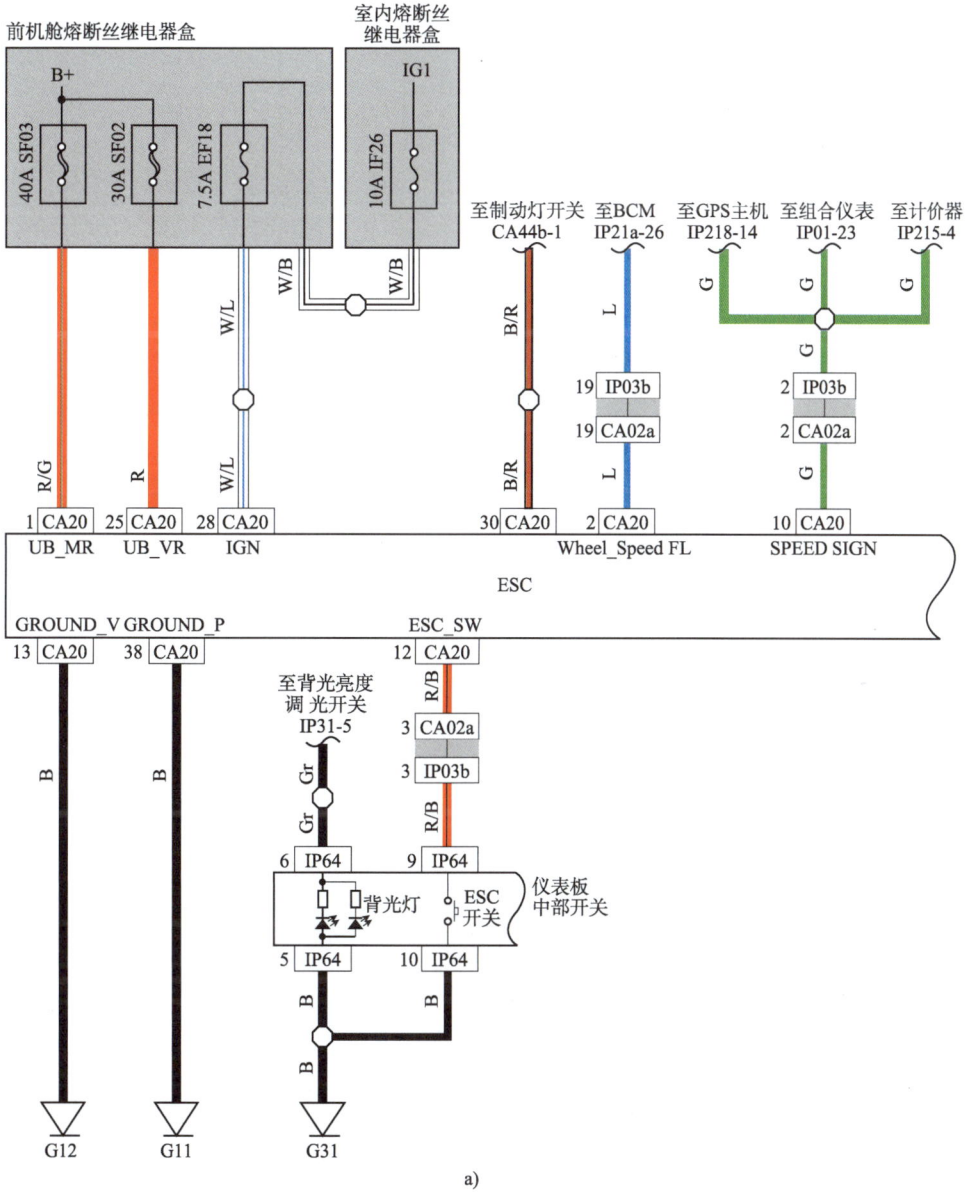

图 4-44

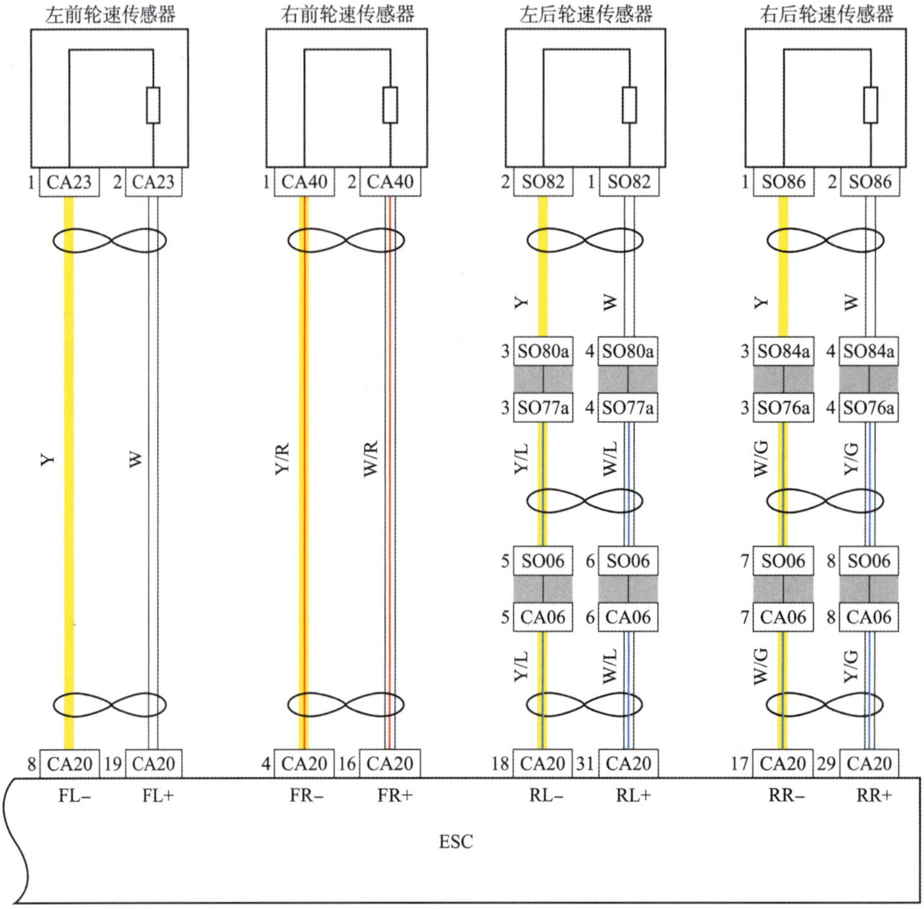
左前轮速传感器
右前轮速传感器
左后轮速传感器
右后轮速传感器
1 CA23
2 CA23
1 CA40
2 CA40
2 SO82
1 SO82
1 SO86
2 SO86
Y
W
Y/R
W/R
Y
W
Y
W
3 SO80a
4 SO80a
3 SO77a
4 SO77a
3 SO84a
4 SO84a
3 SO76a
4 SO76a
Y/L
W/L
W/G
Y/G
5 SO06
6 SO06
5 CA06
6 CA06
7 SO06
8 SO06
7 CA06
8 CA06
8 CA20
19 CA20
4 CA20
16 CA20
18 CA20
31 CA20
17 CA20
29 CA20
FL−
FL+
FR−
FR+
RL−
RL+
RR−
RR+
ESC

b)

图 4-44

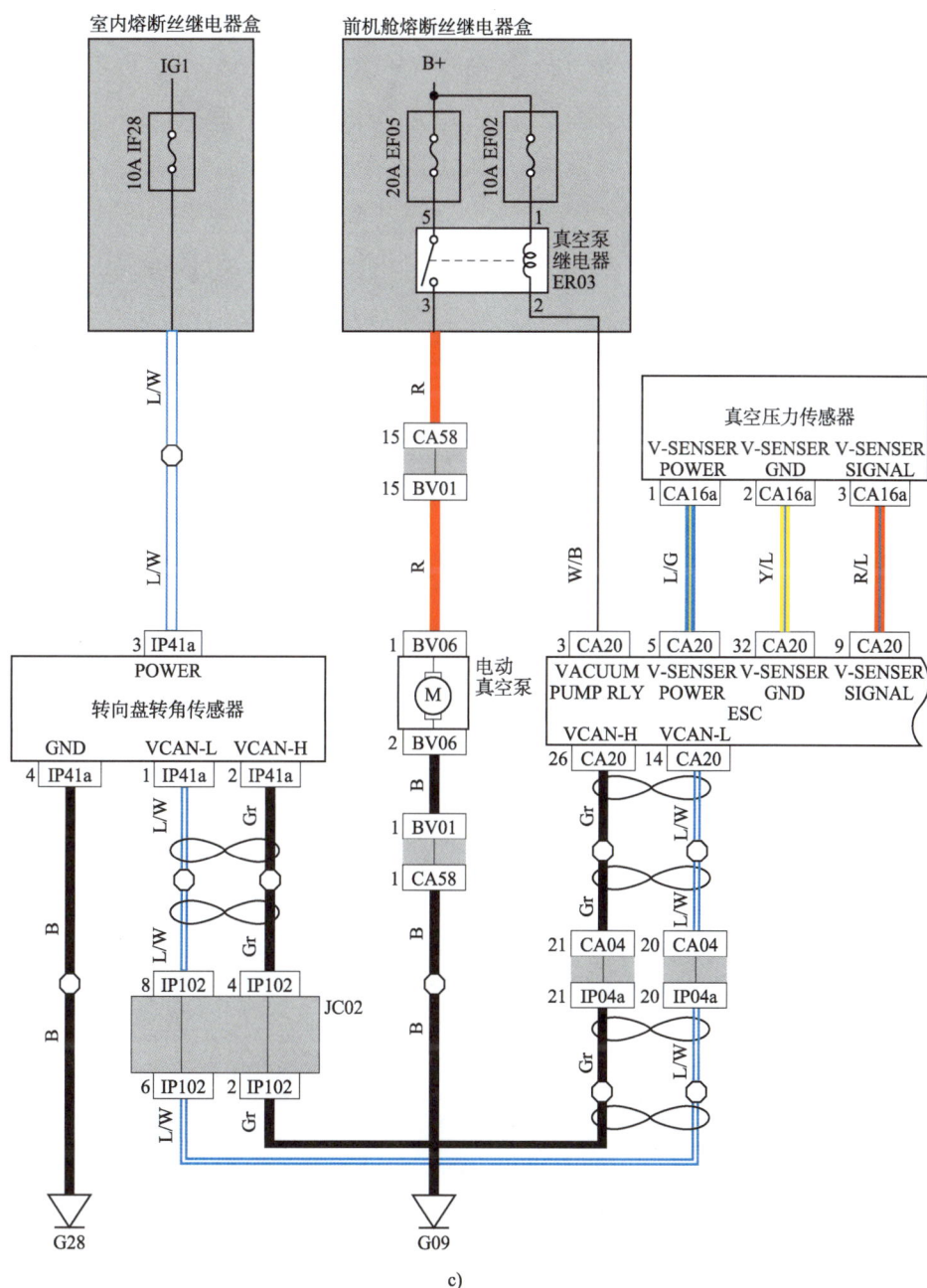

c)

图 4-44 吉利电动汽车 ESP 系统控制电路图

图 4-45 为全新比亚迪秦 ESP 系统电路图,ESP 控制单元 ECU 与其他系统的 ECU 通信采用 CAN 网络信号传输,B03/26 针脚和 B03/14 针脚分别为 CAN-H、CAN-L 网络线;B03/25 针脚为供电端,B03/38 针脚为搭铁端,B03/1 针脚为液压泵电动机电源端子,B03/13 为液压泵电动机搭铁端子。B03/9 针脚为 AVH 开关信号,即自动驻车功能开关信号。按下自动驻车开关,开启自动驻车,仪表显示白色 AVH 待命状态指示灯,满足自动

驻车功能运行的条件后,仪表 AVH 指示灯变成绿色。再次按下自动驻车功能开关,自动驻车功能关闭。

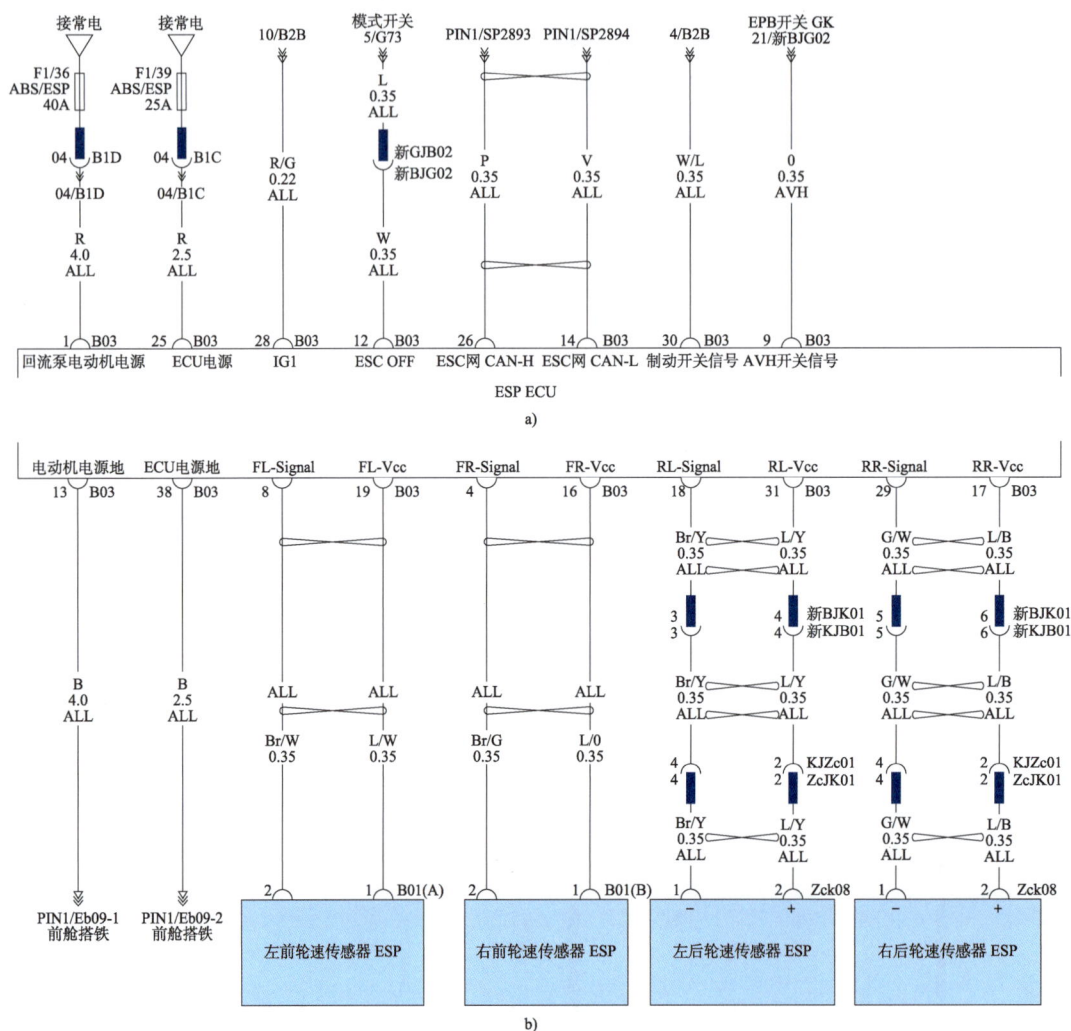

a)

接常电　接常电　10/B2B　模式开关 5/G73　PIN1/SP2893　PIN1/SP2894　4/B2B　EPB开关 GK 21/新BJG02

F1/36 ABS/ESP 40A　F1/39 ABS/ESP 25A

04↓B1D　04↓B1C

04/B1D　04/B1C

L 0.35 ALL　新GJB02 新BJG02

R/G 0.22 ALL

R 4.0 ALL　R 2.5 ALL　W 0.35 ALL

P 0.35 ALL　V 0.35 ALL　W/L 0.35 ALL　0 0.35 AVH

1 B03　25 B03　28 B03　12 B03　26 B03　14 B03　30 B03　9 B03

回流泵电动机电源　ECU电源　IG1　ESC OFF　ESC网 CAN-H　ESC网 CAN-L　制动开关信号　AVH开关信号

ESP ECU

b)

电动机电源地　ECU电源地　FL-Signal　FL-Vcc　FR-Signal　FR-Vcc　RL-Signal　RL-Vcc　RR-Signal　RR-Vcc

13 B03　38 B03　8　19 B03　4　16 B03　18　31 B03　29　17 B03

Br/Y 0.35 ALL　L/Y 0.35 ALL　G/W 0.35 ALL　L/B 0.35 ALL

3 3　4 4 新BJK01 新KJB01　5 5　6 6 新BJK01 新KJB01

B 4.0 ALL　B 2.5 ALL　ALL ALL　ALL ALL

Br/W 0.35　L/W 0.35　Br/G 0.35　L/0 0.35

Br/Y 0.35 ALL　L/Y 0.35 ALL　G/W 0.35 ALL　L/B 0.35 ALL

4 4　2 2 KJZc01 ZcJK01　4 4　2 2 KJZc01 ZcJK01

Br/Y 0.35 ALL　L/Y 0.35 ALL　G/W 0.35 ALL　L/B 0.35 ALL

PIN1/Eb09-1 前舱搭铁　PIN1/Eb09-2 前舱搭铁

2 1 B01(A)　2 1 B01(B)　1 2 Zck08　1 2 Zck08

左前轮速传感器 ESP　右前轮速传感器 ESP　左后轮速传感器 ESP　右后轮速传感器 ESP

图 4-45　比亚迪秦 ESP 系统电路图

4.2.5　ESP 系统检修

4.2.5.1　ESP 常见故障

ESP 故障通常指的是车身电子稳定控制系统出现了问题,导致其无法正常工作。当 ESP 灯亮起时,表明 ESP 系统可能出现了故障,需要及时进行诊断和维修。

当汽车 ESP 系统出现故障时,车辆通常会出现一系列异常现象:

(1)组合仪表上 ESP 报警灯亮起。

（2）车辆在高速状态下进行转弯时，车轮制动发生侧滑，甚至能导致车辆侧翻。

（3）车辆转弯过急会发生甩尾，出现车身摆动的现象。

（4）ESP 故障会威胁驾车的安全性，使车辆变得不可控。

4.2.5.2　ESP 故障原因

ESP 故障的原因多种多样，包括但不限于：

（1）传感器故障。 ESP 系统依赖多个传感器来监测车辆的各个参数，如车速、转向角度、横向加速度等。如果其中任何一个传感器发生故障，它可能会向系统发送错误或无效的数据，导致 ESP 系统无法准确地感知和响应驾驶情况。

（2）控制单元故障。 ESP 系统的控制单元（ECU）是系统的核心，负责接收传感器数据，进行计算和判断，并控制车辆的制动系统和动力系统。如果 ECU 出现故障，可能会导致 ESP 系统无法正常工作。

（3）执行器故障。 ESP 系统需要通过制动执行器和动力执行器来实现对车辆制动和动力分配的控制。如果这些执行器出现故障，可能会导致 ESP 系统无法准确执行控制命令，从而影响车辆的稳定性和操控性能。

（4）电气连接故障。 ESP 系统需要与车辆的电气系统进行连接，通过电气信号传递数据和控制命令。如果电气连接出现故障，如插头脱落、线路损坏或松脱，ESP 系统可能无法与其他部分正常通信，导致系统故障。

（5）软件问题。 ESP 系统的控制逻辑和参数存储在车辆的 ECU 中，如果 ECU 的软件出现问题，可能导致 ESP 系统无法正常工作。

（6）车辆环境因素。 车辆运行环境中的一些因素也可能导致 ESP 系统故障。例如，恶劣的天气条件（如雨雪、冰雪路面）、不平整的路面或异常动态行驶情况（如急加速、急制动）可能会导致 ESP 系统不稳定或出现错误响应。

当 ESP 故障灯亮起时，驾驶人应该及时采取措施进行解决。首先可以尝试自行检查和解决问题，如重新起动车辆、检查轮胎和制动系统、清洁传感器等。如果问题无法自行解决，建议尽快将车辆送至专业的维修中心进行检查和修复，以确保驾驶的安全性。同时，定期进行车辆的维护和检查，尽量避免在恶劣的行驶环境和条件下驾驶，这有助于减少 ESP 系统故障的发生。

4.2.5.3　故障诊断与检测

1）故障诊断

ESP 发生故障时，车主应谨慎驾驶，尤其要避免车辆高速转弯，以免发生侧滑。ESP 不可信信号故障的原因涉及很多，车主应引起重视，及时送修，由专业人员检测维修，以免发生危险。

在对与 ESP 系统相关的故障进行诊断时，读取该系统的诊断故障码，可以起到事半功倍的效果。ESP 系统的故障码主要有三种类型。

(1)通信故障的故障码。这类故障主要原因有:ABS 模块电源线路故障,充电系统故障,网络连接模块通信故障。

(2)系统部件故障码。这类故障主要原因有:轮速传感器故障,HCU 故障,传感器供电与搭铁故障,驻车系统的部件故障。

(3)由于驻车制动器故障造成的故障码。

2)主要部件检测

(1)网络通信检测。

ESP 系统工作时,传感器以及动力控制等模块都需要通过网络传递信息,如果某个信息缺失也会造成系统不能工作。连接故障诊断仪,进入网络检测,观察通信状况。如果某个模块不能通信,需要对其线路进行检测。

(2)稳定性传感器性能检测。

稳定性传感器是指偏航速率传感器、纵向加速度和横向加速度传感器等。进行稳定性传感器性能检测时,车辆应该在一个水平路面并保持静止状态。连接诊断仪,进入 ABS 系统,读取 YAW 和 LAT 的数值。正常值为:YAW-0.05 ~ 0.05,LAT-0.4 ~ 0.4。

(3)轮速传感器检测。

连接诊断仪,读取数据流 PID,使车速高于 20km/h,观察四轮的轮速传感器的数值,如果轮速差超过 5km/h,说明变化大的传感器有问题。可能的原因为:线束故障或者破损,车轮轴承故障。

(4)真空检测。

当制动系统的真空管出现泄漏时,也会造成 ABS 出现故障码。进行真空泄漏测试时,进行如下步骤:关闭点火开关时,断开真空助力器的真空管,连接真空表;起动发动机,检查真空表的度数应该大于 60kPa,否则需要更换真空泵。

4.2.5.4 维修注意事项

1)使用配件时的注意事项

ESP 系统的有些传感器(如横摆率传感器或横向加速传感器)是源于航天技术的高灵敏度测量部件,因此,必须使用原包装运输配件,直到安装前才打开包装。不要让配件掉在地上;不要在传感器上放置重物;安装时确保安装位置正确;遵守工作场所的有关清洁规定。

2)传感器的校准

更换转向角传感器或控制单元后,新传感器必须进行校准,即传感器必须知道车辆直线行驶时转向盘的位置。不同车型具体的操作步骤请参阅有关维修手册。

更换压力传感器、横向加速传感器及纵向加速传感器后,必须用故障诊断仪校准。横摆率传感器自动进行调整。

▶ **线上学习资源**

1.线上微课

ESP 车身电子稳定系统故障诊断		牵引力控制系统的结构与工作原理	
车辆动态控制系统的结构与工作原理		电子制动力分配系统结构原理	

2.线上作业

任务4.2　线上作业

3.线上测试

任务4.2　线上测试

▶ **素养课堂**

只要肯用心，
就没有修不好的车

一个严把 ESP 质量大门

任务4.3　电子驻车制动系统检修

4.3.1　电子驻车制动系统组成

电子驻车制动系统(Electrical Park Brake,EPB)是指将行车过程中的临时性制动和停车后的长时性制动功能整合在一起,并且由电子控制方式实现停车制动的技术。EPB 由电子按钮手动操作,并兼备自动控制功能。

4.3.1.1 类型

目前,电子驻车制动系统可分为钢索牵引式和整合卡钳式两种类型。钢索牵引式电控驻车执行机构与传统驻车制动器无异,同为制动蹄(或制动盘)式,仅仅是把原来用于平衡左右侧驻车制动力的驻车制动器拉索平衡器换成电子控制拉索控制模块而已,如图 4-46 所示。由于钢索牵引式电子驻车装置的加装成本低,结构紧凑,因而更利于对普通车型应用时的设计变更。

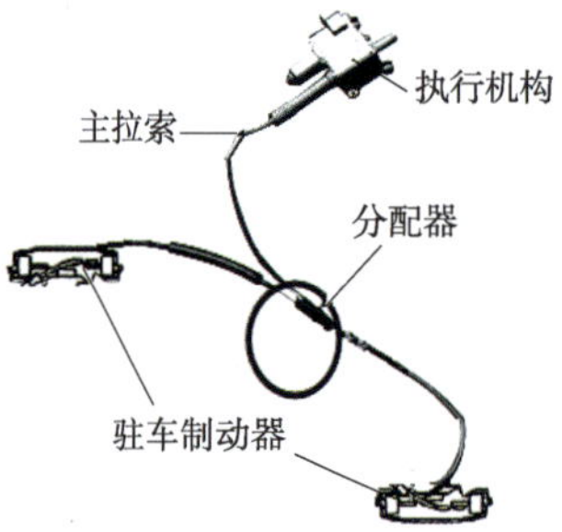

a) 钢索牵引式电子驻车制动系统 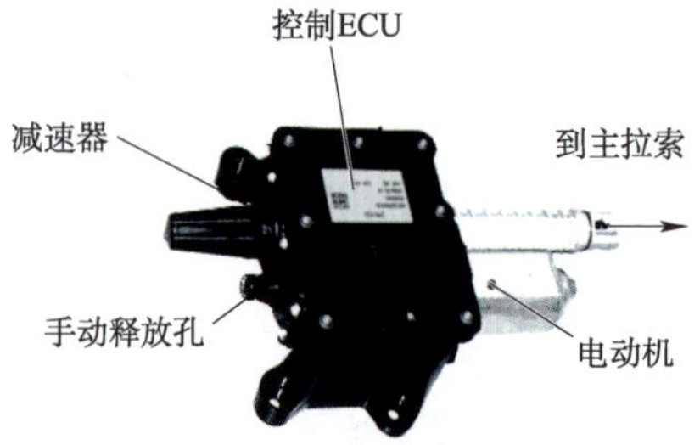　　b) 执行控制模块示意图

图 4-46　钢索牵引式电子驻车制动系统示意图

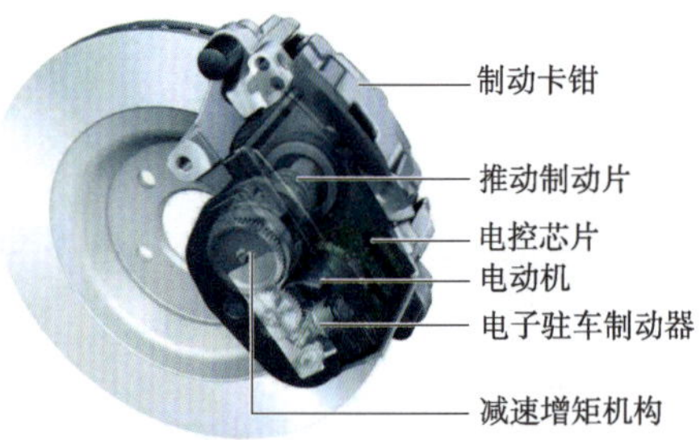

图 4-47　整合卡钳式电子驻车制动机构示意图

整合卡钳式电子驻车制动系统需要专用的制动卡钳和相关的执行机构,其执行部件均位于后轮制动卡钳上,没有了传统的驻车制动器拉索,系统变得更加简单,如图 4-47 所示,但成本相对较高。由于整合卡钳式电子驻车制动系统采用了电线进行指令信号传递,因而更利于对普通车辆的组装(或改装)及驻车系统的简化,更经济实用。

4.3.1.2 功能

EPB 系统除了常规的制动功能之外,若将电子驻车制动系统与其他电子制动系统等系统结合,则可以得到以下的附加功能,不同厂家的电子驻车制动系统的功能略有不同。

1)自动驻车功能(AUTO HOLD)

车辆在等红灯或上下坡停车时自动启动四轮制动,即使在 D 位或 N 位,驾驶人也无须一直脚踩制动踏板或使用驻车制动,车辆始终处于静止状态。

驾驶人可以按下中控台中的 AUTO HOLD 按钮,按钮中的指示灯点亮,说明该功能已经激活。再一次按下 AUTO HOLD 按钮,就关闭了自动驻车功能。

2)动态起步辅助功能

在上坡路上起步时,只有当车辆的输入转矩大于控制单元计算出的斜坡输出转矩时,驻车制动才会解除,因此,确保了车轮不会自行向后滚动,可以减轻驾驶人的负担。

如果在交通信号灯前驻车时,无需踩制动踏板。一旦踩下加速踏板,驻车制动就会自动解除,车辆可以继续行驶。

3)动态紧急制动功能

当制动踏板失灵或锁住时,通过按住电控机械式驻车制动器按钮,可以通过动态紧急制动功能强行制动车辆。

4)自动驻坡功能

车辆起步时,系统会自动实施车轮制动,防止倒滑,松开驻车制动器及制动踏板后,制动器会在延迟 2s 后松开,以此保持车辆状态,帮助驾驶人在坡道上自由起步,防止溜车。当起步前的牵引力大于行驶阻力时,系统会自动放开车轮使之直接前行。

4.3.1.3 组成

以常用的整体卡钳式电子驻车制动系统为例,其主要由传感器、驻车按钮开关、驻车制动控制单元 ECU、执行机构(驻车制动电动机、减速执行机构)等组成,如图 4-48 所示。

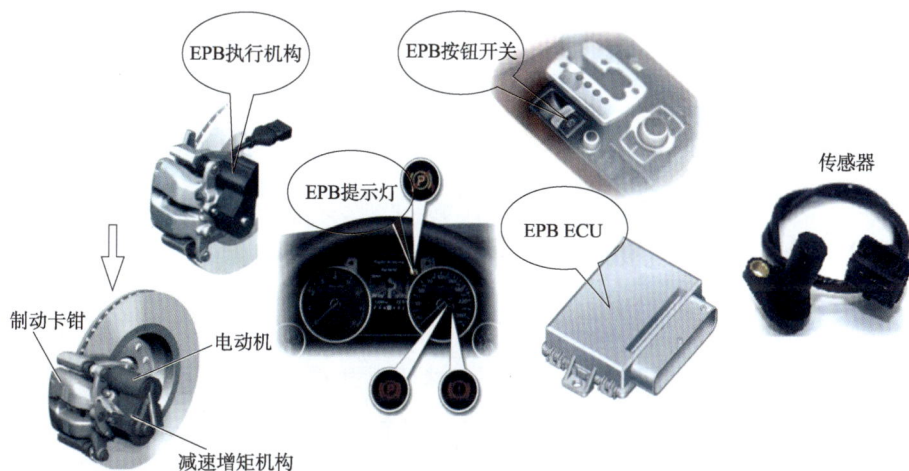

图 4-48 整合卡钳式电子驻车制动系统组成

1)驻车控制单元 ECU

驻车控制单元 ECU 是电子驻车制动系统的核心,它负责接收来自传感器的信号,并据此控制执行机构的动作。

2)传感器

传感器则负责监测车辆的状态信息,如驻车按钮开关、车轮转速、车辆倾斜角度等信号,以便系统能够准确地判断制动需求和制动效果。

3)执行机构

执行机构部件是电子驻车制动系统实现制动功能的关键,主要包括驻车制动电动机、减速增矩机构和传动机构等。在接收到驻车控制 ECU 的指令后,执行机构会驱动制动活塞或制动卡钳进行制动操作。

4)制动活塞与制动卡钳

制动活塞和制动卡钳是直接与车轮接触的制动部件,推动制动活塞的螺纹机构结构如图 4-49 所示。在电子驻车制动系统中,它们根据执行机构的指令,对车轮施加制动力,以实现车辆的稳定停放。

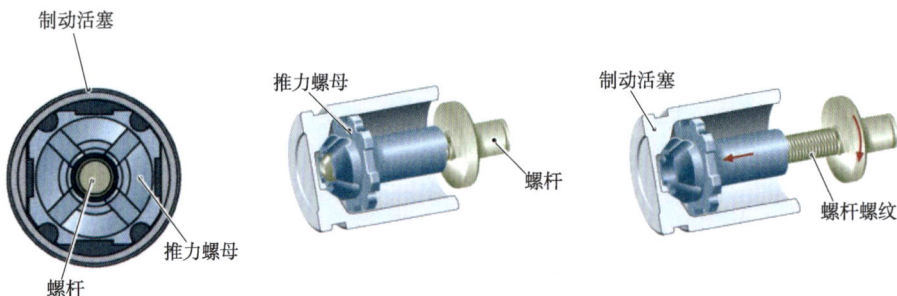

图 4-49　螺纹螺杆(丝杆)机构

制动卡钳电动机安装在后制动卡钳上。电动机可以进行单独维护。通过制动驱动电动机、行星齿轮减速机构及螺杆传动,可以正反向驱动一根螺杆旋转,推力螺母就会推动制动活塞移动。将制动摩擦片的制动力压靠到制动盘上,实现驻车功能。

4.3.2　电子驻车制动系统工作原理

图 4-50 所示为电子驻车制动系统工作基本原理图,电子驻车制动系统由 ECU 负责各种电子驻车制动信号的采集、处理,并发出指令,然后通过 CAN 总线传输到两个后轮的制动 ECU,通过减速器能够把电动机的高转速、小力矩的输出转换成执行机构的低转速、大转矩的输出。即当有电流通过时,电动机运转带动减速机构来推动卡钳内部的螺杆螺套来运动,进而实现卡钳总成的夹紧和释放。而卡钳本体的部分和常规卡钳一样,用来实现行车制动的功能。有些车型采用是集成式 EPB 系统,EPB 系统集成在车辆稳定控制系统 ESP 单元中,EPB 系统与 ESP 系统联合工作。

4.3.3　电子驻车制动系统电路分析

以宝马 X6 为例,其动态稳定控制系统(DSC 系统)是电动机械式驻车制动系统 EPB 的主控单元,总线电路如图 4-51 所示。驻车时,点动驻车制动按钮开关,将信号传给 DSC 系统,DSC 系统同时搜集车轮转速信号、发动机转速信号和变速器控制系统 EGS 的变速器挡位信号,判断车辆状态,控制驻车制动器 EMF 实现驻车制动;接线盒电子装置实现 PT-CAN 总线与 K-CAN 总线之间的数据转换,同时在组合仪表 KOMBI 中显示驻车信号指示灯及驻车系统出现故障时的报警灯,这样形成了整个驻车系统。

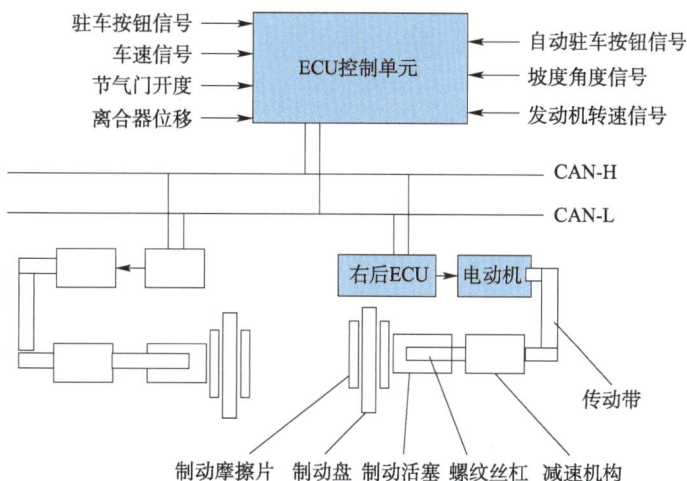

图 4-50　电子驻车制动系统原理示意图

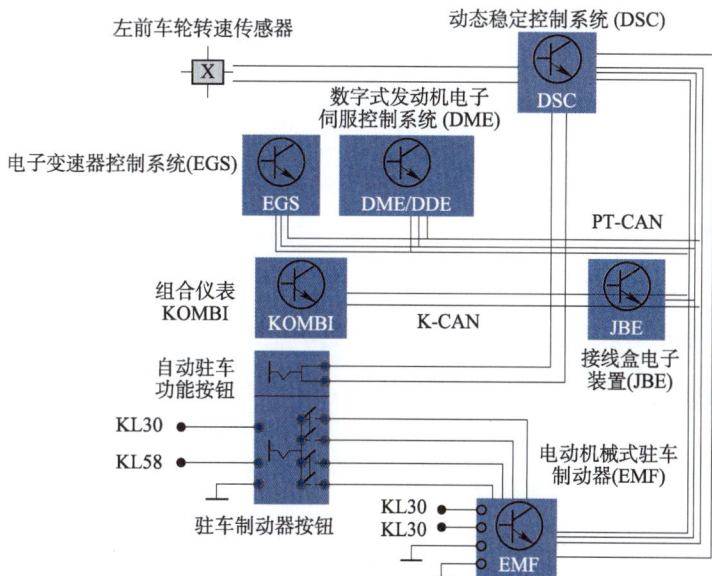

图 4-51　宝马 X6 电子驻车制动系统总线电路图

新能源汽车比亚迪秦的 EPB 系统电路如图 4-52 所示。该系统电控单元与整车控制器局域网(CAN)通信,对左右后制动钳上的电动机进行控制。当需要驻车制动时,EPB 按钮被按下,按钮操作信号反馈给电控单元,由电控单元控制电动机和减速机构工作,对左右后制动钳实施制动。EPB 开关共有 4 根线与 EPB ECU 连接。驻车电动机有左后和右后两个,每个电动机与 EPB ECU 的 2 个端子连接。起动驻车制动时,其中 1 个端子的电压从蓄电池电压降为 0V,另外一个端子的电压从 0V 升至蓄电池电压;关闭驻车制动时,电路原理相反。

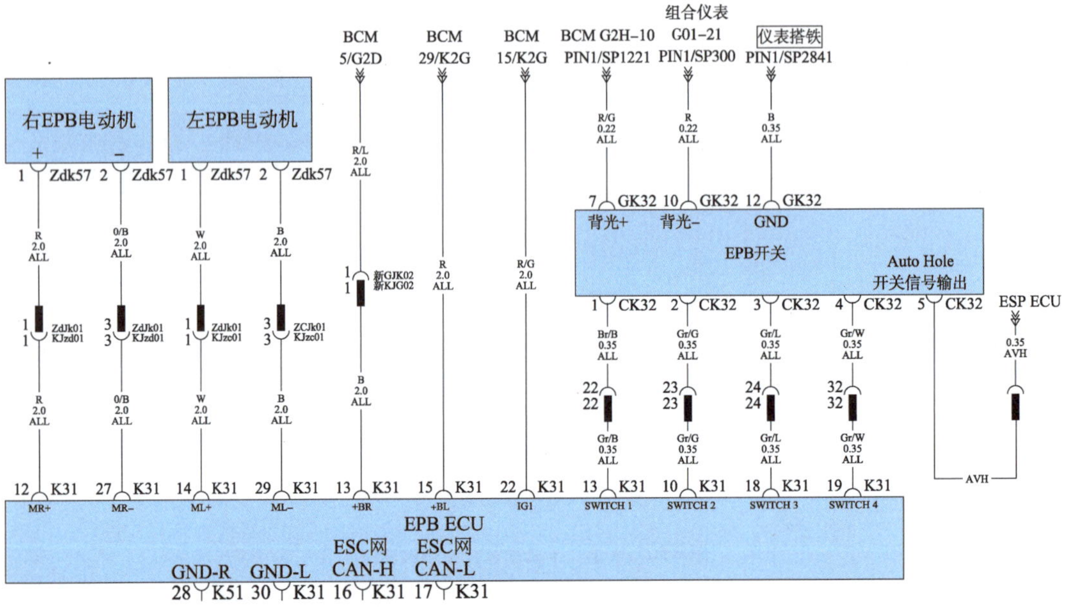

图 4-52 比亚迪秦 EPB 系统电路原理

如图 4-53 所示为吉利新能源汽车 EPB 系统电路图,EPB 控制单元由熔断丝 IF23 提供 IG1 电,接收安装在仪表板中部的 EPB 开关信号后,通过短时间给左后、右后卡钳电动机通电(双向电流),由熔断丝 SF04 和 SF06 提供常电,经 G32 搭铁,卡钳电动机工作压紧或释放制动片,从而实现驻车制动或释放驻车制动。

以左后卡钳电动机为例,说明电动机工作回路:当按下 EPB 操作按钮时,蓄电池—熔断丝 SF04(30A)—EPB 控制单元—插接器 IP27-29 端子—左后卡钳电动机—插接器 IP27-14 端子—EPB 控制单元—插接器 IP27-30 端子—G32,左后卡钳电机执行释放操作;当拉起 EPB 操作按钮时,蓄电池—熔断丝 SF04(30A)—EPB 控制单元—插接器 IP27-14 端子—左后卡钳电动机—插接器 IP27-29 端子—EPB 控制单元—插接器 IP27-30 端子—G32,左后卡钳电动机执行驻车夹紧操作。

4.3.4 电子驻车制动系统故障检修

电子驻车制动系统常见故障包括制动电子控制单元故障、制动器磨损、传感器故障和电源故障。针对不同的故障原因,可以采取相应的解决方法,包括检查线路连接、重起系统、更换电子控制单元、定期检查制动器、进行制动器维护、检查传感器连接、清洁传感器、更换传感器、检查蓄电池电压和电源线路等。通过正确的维护和及时的修复,我们可以确保电子驻车制动系统的正常运行,提高行车安全性。

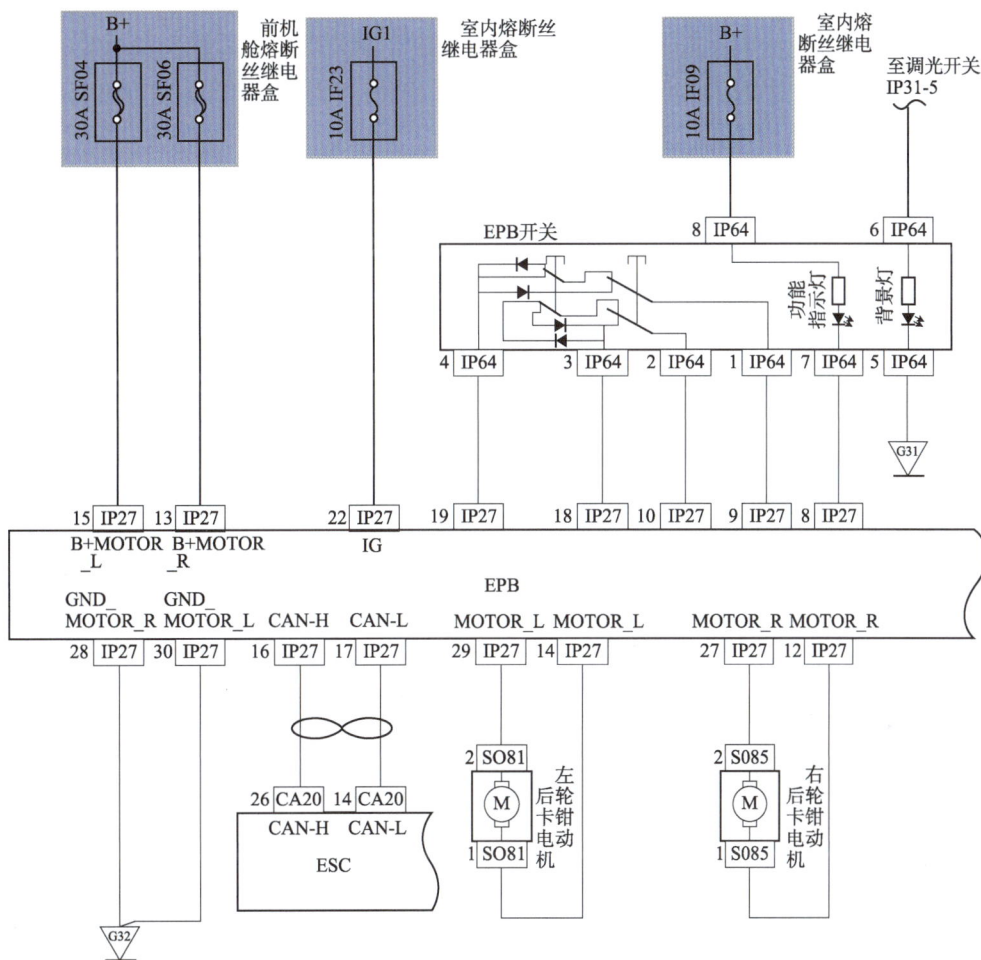

图 4-53　吉利新能源汽车 EPB 系统电路

4.3.4.1　电子控制单元故障

电子控制单元是电子驻车制动系统的核心部件,负责控制制动力的释放和锁定。常见的故障原因包括电子控制单元内部元件损坏、线路连接松动或腐蚀等。当电子控制单元故障时,驻车制动可能无法正常释放或锁定。其解决方法如下:

(1) 检查线路连接。检查电子控制单元与制动器之间的连接线路是否松动或腐蚀,如有问题,及时进行修复或更换。

(2) 重起系统。有时电子控制单元故障可能是暂时性的,可以通过重起车辆来解决。具体方法是将车辆熄火,等待几分钟后重新起动。

(3)更换电子单元。如果以上方法无效,可能需要更换电子控制单元。建议找专业技师进行更换和调试,确保系统正常运行。

4.3.4.2 传感器故障

电子驻车制动系统依靠传感器来感知车辆的运动状态和制动力的释放与锁定。传感器故障可能导致制动力无法正常释放或锁定,给车辆行驶带来危险。

其解决方法如下:

(1)检查传感器连接。检查传感器与电子控制单元之间的连接是否松动或腐蚀,如有问题,及时进行修复或更换。

(2)清洁传感器。传感器可能会受到灰尘、油污等影响,导致故障。定期清洁传感器表面,确保其正常工作。

(3)更换传感器。如果传感器损坏无法修复,可能需要更换传感器,确保系统正常运行。

4.3.4.3 电源故障

电子驻车制动系统需要稳定的电源供应才能正常工作。蓄电池电压过低或电源线路故障可能导致系统故障。

其解决方法如下:

(1)检查蓄电池电压。定期检查车辆蓄电池电压,确保电压稳定在正常范围内。如发现电压过低,可能需要更换蓄电池。

(2)检查电源线路。检查电源线路是否有松动、腐蚀或短路等问题,如有必要,及时进行修复。

▶ **线上学习资源**

1.线上微课	2.线上作业	3.线上测试

电子驻车制动系统结构原理	任务4.3 线上作业	任务4.3 线上测试

▶ 素养课堂

坚持自主创新——芜湖伯特利
"从小变大"的背后故事

精益求精工匠魂
爱岗敬业铸辉煌

任务 4.4　电控四轮驱动技术认知

4.4.1　四轮驱动系统功能和类型

四轮驱动系统(4 Wheel Drive system,4WD),又称全轮驱动系统(All Wheel Drive System,AWD),是指汽车前后轮都有动力,可按行驶路面状态不同而将转矩按不同比例分布在前后所有的车轮上,遇到特殊路况时防止车轮打滑,汽车的通过能力得到相当大的改善。四轮驱动系统使用一系列特殊的装置(如动力传输装置,ATC 耦合器装置或驱动耦合器、黏性耦合器等)将动力传递到各个车轮上,如图4-54 所示,如大众途观、高尔夫(四驱)、福特锐界等车型都采用此类型四驱系统架构,结构上大同小异。四轮驱动系统的功能是系统持续监控车辆状态,实时自动调整前后轴的转矩分配。在正常工作过程中,大部分转矩传送到前轴车轮。如果检测到前后轴车轮之间车轮滑转,或车辆处于加速状态下,系统会增加传递给后轴的转矩,以防止或控制车轮滑转。

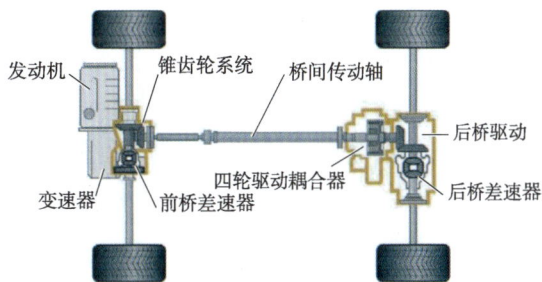

图 4-54　四轮驱动系统基本结构布置图

四轮驱动汽车与两轮驱动汽车的最大差别在于:前驱车型会因为车轮的空转而转向不足,偏离了弯道,后驱车型则会甩尾,而四轮驱动则由于各个车轮的动力分配是自动的,不会存在上面这些问题。四轮驱动系统动力分配更合理、车辆的牵引力分布更理想、车辆行驶的稳定性和平顺性增加、适合多种路况、越野能力和机动性增加。为了实现这些功能和体现四轮驱动的特点,在四轮驱动车辆上装备了一些附加的部件和系统,因此,四轮驱动车辆的成本也相应地提高了;同时,由于车辆质量的增加,燃油经济性也比较差,轮胎的寿命也缩短。国产福特翼虎、锐界车型均采用四轮驱动。

四驱系统主要分成两类:分时四驱和全时四驱。

1)分时四驱

分时四驱(PART-TIME 4WD)是一种驾驶人可以在两驱和四驱之间手动选择的四轮驱动系统,由驾驶人根据路面情况,通过接通或断开分动器来变化两轮驱动或四轮驱动模式,这也是越野车或四驱SUV最常见的驱动模式。这种驱动方式无须担心正常行驶中前后桥间的转速差问题,因为前后桥间是互不干扰彼此保持独立的转动方式,所以在附着力良好的路面上可以保持平顺地行驶。当遇到附着力较差的路况时,可以接通另外两个驱动轮,共同驱动车辆前进。由于接通后,前后桥间实现了刚性连接,所以,理论上讲前后桥的动力分配也与其所受阻力成正比。当驶回良好附着力的路况时,必须断开前后桥间的刚性连接,否则会妨碍车辆转弯行驶。

2)全时四驱

全时四驱又称全时全轮驱动(FULL-TIME 4WD),具体的含义是:汽车在行驶的任何时间,发动机输出转矩按50∶50设定在前后轮上,所有车轮均独立运动,永远维持四轮驱动模式,随时有良好的驾驶操控性和行驶循迹性,最明显的就是它会比两驱车型转向更加中性,通常它可以更好地避免前驱车的转向不足和后驱车的转向过度,这也是驾驶安全性以及稳定性的特点之一。但搭载全时四驱系统的车型燃油经济性通常较差。

4.4.2 四轮驱动系统结构原理

以福特锐界车型为例,四轮驱动系统的组成包括机械、电子控制两部分。机械部分主要由动力传输装置(Power Transfer Unit,PTU)、传动轴、ATC耦合器、后驱动桥组成,如图4-55所示。动力传输装置用于前后轴动力分配,实现动力从PTU到后驱动轴。电子控制部分如图4-56所示,由相关传感器(输入信号元件)、控制模块、执行元件组成。四轮驱动系统在需要四轮驱动时,首先由发动机将驱动力传递至变速器,输送至前轮的驱动力经装配在变速器上的主减速器和差速器传递至前轮半轴;传递至后轮的驱动力经过变速器后传递至分动器(动力传输装置PTU),再由分动器通过传动轴输送至后桥半轴,最后抵达后轮,实现四个车轮同时驱动,并且四个车轮的驱动力基本相等,极大地提升车辆的动力性。

4.4.2.1 输入信号元件

四轮驱动系统的输入信号元件包括:制动开关、车轮转速信号、节气门位置传感器等。

锐界车型在 PTU 壳体上,还有一个 PTU 温度传感器。PTU 油温传感器检测 PTU 油温,进行保护,当温度超过 145℃时,切断四驱模式。制动开关用于接收驾驶人的制动信号。ESP 系统控制单元用于传递车轮转速信号,判断前后轴是否有滑差。节气门位置传感器,用于接收踏板的位置信号。车轮转速传感器与其他系统共用。

图 4-55 四轮驱动系统机械部分结构

图 4-56 四轮驱动系统电子控制部分组成

4.4.2.2 执行元件

四轮驱动系统的输出执行元件只包括一个 ATC 电磁阀,电路图如图 4-57 所示。ATC 电磁阀安装在后桥 ATC 耦合装置内部;利用占空比控制,ATC 电磁阀可以产生不同的作用力,实现不同的转矩传输;ATC 电磁阀在室温条件下,电阻大约为 1 ~ 3Ω。ATC 电磁阀用来控制 ATC 离合器的工作。

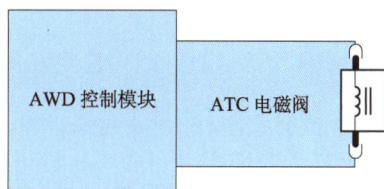

图 4-57 ATC 电磁阀

4.4.2.3 控制模块

1)动力控制模块

动力控制模块(PCM)对 AWD 控制模块发送低频占空比信号;AWD 控制模块向 ATC 电磁阀发送高频占空比信号,如图 4-58 所示。

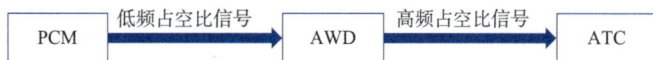

图 4-58 四轮驱动系统控制信号传输路径

2)AWD 控制模块

四轮驱动控制系统的功能是由动力控制模块(PCM)来实现的,四轮驱动控制模块(AWD 控制模块)用于控制 ATC 电磁阀的工作。PCM 可以控制 AWD 控制模块的动作与监测 AWD 控制模块的状态。

AWD 控制模块电路共有 6 根线,如图 4-59 所示,各针脚功能如下:

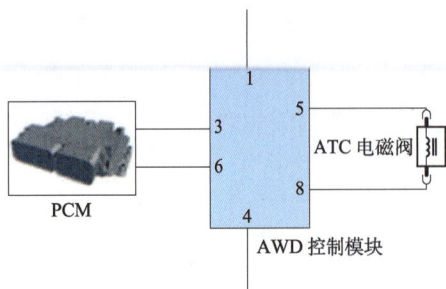

图 4-59 AWD 模块控制电路

(1)1 号针脚连接模块电源。

(2)5 号针脚与 8 号针脚控制 ATC 电磁阀。

(3)4 号针脚连接模块搭铁。

(4)3 号针脚是 PCM 的控制指令线,当需要后轮传递转矩信号时,向 AWD 控制模块传递一个低占空比信号。

(5)6 号针脚是 AWD 控制模块向 PCM 反馈的占空比信号线。

4.4.2.4 动力传输装置

动力传输装置 PTU 直接连接在变速器的输出轴上,PTU 的输入轴(驱动齿轮)连接在变速器内部的差速器壳体上,如图 4-60 所示,PTU 的输出轴(被动小齿轮)连接在后驱动轴上,将变速器输出的动力转换方向后传递到后驱动轴上,从变速器输出的动力只是经过了方向的改变。PTU 本身并没有减速装置,也没有差速装置,它只能实现动力传递和方向改变的功能。

PTU 的作用是:PTU 只是将变速器的动力分配给了后驱动轴,与前驱动轴没有关系,车辆在正常的驾驶条件下主要是由前轮进行驱动的,后驱动轴在此时是被动地转动,后轮没有有效的动力输出。当需要后轮进行驱动时(如前轮失去牵引力的情况下),后桥驱动装置中的电控耦合器(ATC 耦合器)结合,后驱动轴的动力传递到后驱动桥上,实现四轮驱动的功能。PTU 与后桥驱动装置的工作原理如图 4-61 所示。

图 4-60 PTU 动力传输装置结构图

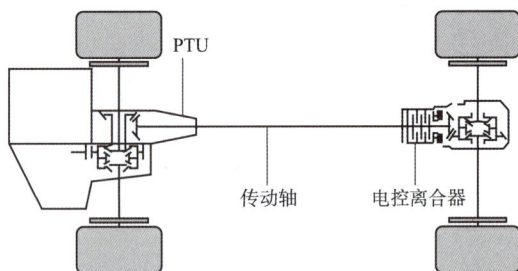

图 4-61 PTU 与后桥驱动装置的工作原理

后桥驱动装置包括以下部件,如图 4-62 所示。

(1)耦合离合器:当离合器接合时,实现四轮驱动。

(2)ATC 电磁阀线圈:通电时产生磁力,离合器工作。

(3)差速器:实现两后轴等转矩传递。

　　ATC 耦合器是智能四驱系统的核心部件,由电磁阀、钢珠传动式离合器、摩擦片、摩擦片壳体、输出轴等部分组成。该耦合器的核心部件为钢珠传动式离合器,由导向离合器、主动离合器及钢珠组成。导向离合器及主离合器是两个互不接触的、带有凹槽的传动盘。两个传动盘的凹槽呈镜面对称且都是由浅至深,最深处正好能容纳一颗钢珠。ATC 耦合离合器结构如图 4-63 所示。主离合器连接传动轴,并由电磁阀控制移动位置;导向离合器控制摩擦片的压紧程度,摩擦片壳体与后驱动桥输入轴相连。

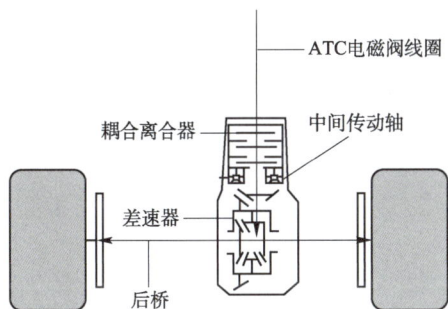

图 4-62　后桥驱动装置的结构图

图 4-63　ATC 耦合离合器结构

　　耦合离合器电磁阀工作过程如图 4-64 所示。当不需要四轮驱动时,ATC 电磁阀不通电,没有产生磁力,后桥无动力输入。当需要四轮驱动时,ATC 电磁阀通电,产生磁力,动力经过输出轴传递至后驱动桥。

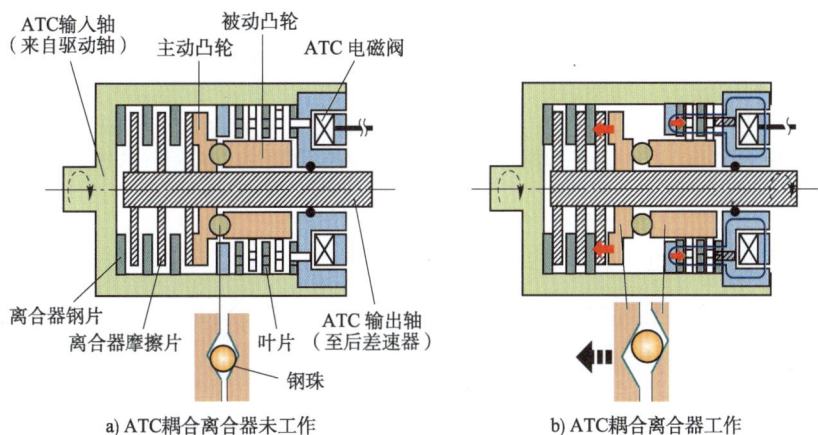

a) ATC耦合离合器未工作　　　　b) ATC耦合离合器工作

图 4-64　耦合离合器工作过程

1)耦合离合器未工作过程

　　当 ATC 电磁阀未通电时,没有产生磁力。被动凸轮处于自由状态;当被动凸轮运转时,在摩擦力的作用下,被动凸轮与主动凸轮同步运转;离合器钢片与摩擦片自由运转,没有动力输出。

2)耦合离合器工作过程

　　当 ATC 电磁阀通电后,产生磁力;被动凸轮被磁力吸住,无法转动;主动凸轮与被动凸轮产生相对滑转;钢球产生滑移,离开球窝;对摩擦片产生推力,实现动力传递。

ATC 电磁阀通电时间越长,电流越大,则导向离合器位移越大,钢球顺凹槽移动至越浅的位置,可传递的力矩越大。

4.4.3 四轮驱动系统检修

4.4.3.1 常见故障

四轮驱动系统的故障主要包括 AWD 控制模块故障、耦合离合器控制故障、轮速信号故障等。

AWD 控制模块检查方法:检查模块电源搭铁及使用万用表测量指令线是否断路及与电源或搭铁短路;使用万用表测量反馈线是否断路及与电源或搭铁短路。

ATC 电磁阀检查方法:测量电磁阀电阻是否为 1-3Ω,如果不是,说明电磁阀损坏。测量两条线是否断路、短路。如果都正常,更换 AWD 控制模块。

4.4.3.2 数据流诊断与分析

以福特汽车为例,通过 IDS(福特汽车故障诊断仪)可以观察轮速信号、加速踏板信号、制动信号。数据流分析可以提高诊断效率。

1)四轮转速信号确认

当出现车轮转速信号相关故障码时,可进行下列操作。

以 48km/h 的速度驾驶车辆,监控下述车轮速度传感器的数据流(PID):

(1)左侧前车轮速度传感器(LF_WSPD);

(2)左侧后车轮速度传感器(LR_WSPD);

(3)右侧前车轮速度传感器(RF_WSPD);

(4)右侧后车轮速度传感器(RR_WSPD)。

4 个车轮速度相互之间的差距是否不超过 2km/h。如果超过,说明单个车轮可能有问题。

2)加速踏板信号确认

加速踏板可以通过 PCM 观察加速踏板信号,通过 IDS 观察加速踏板信号静态与动态变化是否正确。

3)制动信号确认

制动信号可以在 ABS 或 PCM 中确认。踩制动踏板,观察制动信号是否发生变化。如不变化,检查制动开关及信号。

4.4.4 电动四轮驱动系统

4.4.4.1 电动四轮驱动系统概述

电动四轮驱动系统属于新能源汽车技术,是通过电机驱动来实现四轮驱动,其工作原理是通过前后桥双电机布局、前发动机驱动＋后电机驱动、四轮毂独立电机等结构来实现电动四驱。目前主流的电动四驱,不管是混合动力电动汽车还是纯电动汽车,采用的都是双电机四驱,即在车辆的前后桥分别安装一个电机,分别驱动前后轮,如图 4-65 所示。新能源汽车快速发展的时代,电动四驱系统技术应用广泛,如比亚迪唐的"极速电四驱"、特斯拉的"双电机全轮驱动"等都属于电动四轮驱动系统,通过前后轴各布置一台电机,配合先进的控制程序,实现智能四驱形式与动力控制。相较于传统四驱系统,电动四驱无需复杂的机械连接件(如传动轴),仅凭控制元件与电动机即可适应不同驾驶场景,实现动力分配,并具备差速器锁定和运动化差速器的功能。

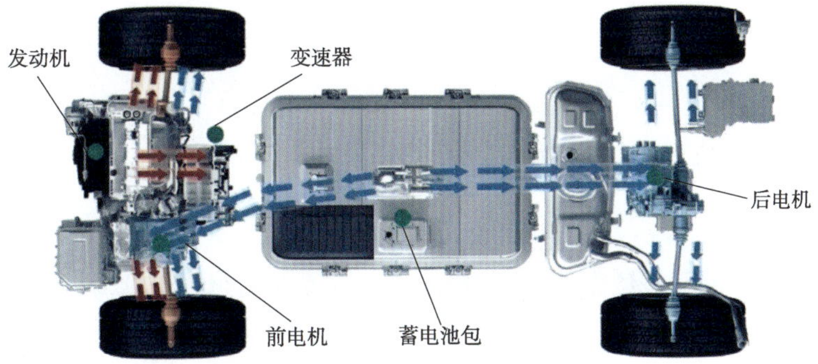

图 4-65　双电机四驱结构布置

1)优点

(1)**动力输出强**。对比发动机,电机可以在瞬间达到最高转速并爆发最大转矩,而且电机的转速往往要比发动机高得多,因此,电动四驱的瞬时动力输出会比传统机械四驱更强,更有利于车辆脱困以及起步加速。

(2)**传动效率高**。相比于传统燃油汽车的机械四驱,电动四驱取消了变速器、分动器等零部件,使得结构更简单,传动效率更高,减少了动力在传输过程中的损耗。

(3)**四轮动力分配的响应速度快**。电动四驱直接通过控制前后轴的电机来分配动力,相比于机械传动,电动四驱的响应速度更快、更精准。在复杂路面行驶时,车辆可以根据四轮实时附着力以及路况,及时对四个车轮的动力和转矩进行合理分配。

(4)**成本低**。电动四驱系统由于结构简单,往往能适配不同车型,不需要像燃油汽车那样考虑传统轴长度、分动器、差速锁布局问题,不同车型需要重新布局四驱系统,因此电动四驱的成本更低,同级车型对比,新能源汽车的电动四驱会比燃油汽车的四驱更经济。

2)缺点

(1)不适合硬派越野。新能源汽车的电动四驱往往是通过前后两个大功率电机实现的,在越野场景下,电机长时间高转速工作,车辆的电耗自然就会非常高,续驶能力便会大打折扣,而且新能源汽车的底盘一般都会安装动力蓄电池包,越野过程中难免会出现磕碰的情况。

(2)技术还不够成熟。电动四驱是新能源汽车发展浪潮下衍生出来的产物,至今其实只有短短几年时间,对比历史悠久的传统机械四驱,电动四驱的可靠性、稳定性还有待长时间验证,而且其技术也还有着很大的提升空间。

(3)脱困能力一般。电动四驱靠的是电机的瞬时转矩爆发来实现脱困,也就是"大力出奇迹",大部分电动四驱车型其实都没有搭载分动器、差速锁,因此在其中一组或一个车轮打滑的情况下,车辆无法将打滑车轮的动力分配到有附着力的车轮上,使得电动四驱的脱困能力不如传统机械四驱。

总的来说,电动四驱的优点是瞬时动力输出强、传动效率高、成本低,目前更适合应用于城市道路;缺点就是电动四驱的越野性能存在一定不足,车辆不适合翻山越岭挑战各种复杂路段。

4.4.4.2 电动车实现四驱的基本原理

1)前后双置电机

双电机四驱是在前后桥各安装一台电机,前电机负责驱动前车轮,后电机负责驱动后车轮,从而实现四驱,部分车型可能还会在前后双电机之间安装差速锁,当有车轮打滑时,差速器就会对该车轮进行锁止,并将打滑车轮的转矩分配到其他有附着力的车轮上。双电机四轮驱动最大的优势是能够通过系统控制实现各种驱动方式,全时四驱、分时四驱、前驱、后驱等多种方式可以适应不同复杂路况。

2)四轮独立轮毂电机或轮边电机

轮毂电机是以轮毂作为转子,轴承作为定子,以此来实现传动驱动车辆。而轮边电机则是在四个车轮旁安装一个普通电机,然后通过传动轴驱动车辆,如图4-66所示。轮毂电机和轮边电机的区别在于,前者的轮毂就是电机的转子,而轴承座(羊角)作为定子;后者则是普通电机安置在车轮旁边,需要传动轴驱动车辆。

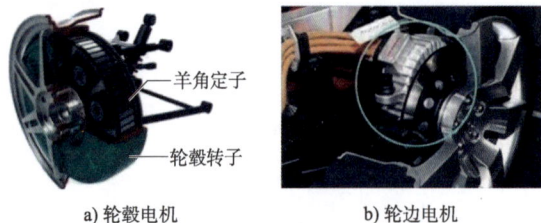

a) 轮毂电机　　b) 轮边电机

图4-66　轮毂电机和轮边电机的区别

▶ **线上学习资源**

1.线上微课

电控四轮驱动系统检修

2.线上作业

任务4.4　线上作业

3.线上测试

任务4.4　线上测试

▶ **素养课堂**

仰望"易四方"四电机
驱动技术解析

任务 4.5　电子控制防滑差速器认知

4.5.1　防滑差速器概述

防滑差速器是一种能自动控制汽车驱动轮打滑的差动装置,属于主动安全传动装置。防滑差速器的作用是当汽车在好路面上行驶时只具有正常的差速作用,当汽车在坏路面上行驶时,它的差速作用被锁止,从而能起到防止驱动车轮滑转的作用。装有防滑差速器的汽车当某一车轮发生滑转时,它能将驱动力矩的大部分或全部传给不滑转的驱动车轮,充分利用不滑转车轮同地面间的附着力,产生足够的牵引力,使汽车越过障碍,继续前进。传统防滑差速器也有自身的不足,如使汽车油耗增加、不能与车身电子稳定系统及防抱死制动系统协同工作等,由此出现了电子控制防滑差速器(Electronic Limited Slip Differential,ELSD)。

电子控制防滑差速器在中高级轿车及 SUV 车上的应用越来越广,它是提高汽车主动安全性的重要组成部分。

4.5.2　电子控制防滑差速器的类型和结构

4.5.2.1　电子控制防滑差速器类型

电子控制防滑差速器可分为主动防滑差速器和四轮驱动防滑差速器。

1)主动防滑差速器

主动防滑差速器主要有 V-TCS(Vehicle Tracking Control System)型差速器和 LSD(Limited Slip Differential)型差速器两种形式。

V-TCS 型防滑差速器通过监测驱动轮的滑移量,利用电子控制装置调整发动机转速和制动力来工作。而 LSD 型则利用车辆传感器来感知道路和车辆状态,根据驾驶人的操控意图来优化左右车轮的驱动力分配。V-TCS 型防滑差速器基本结构如图 4-67 所示。

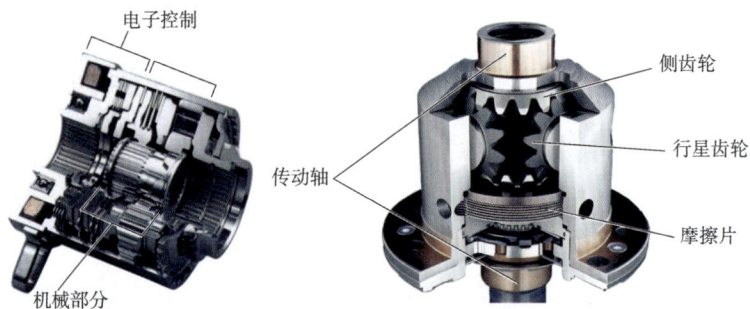

图 4-67　电子防滑差速器

2)四轮驱动防滑差速器

四轮驱动防滑差速器由中央差速器、差速限制机构和电子控制系统组成。中央差速器一方面把变速器输出的动力均匀分配到前、后轮驱动轴上,同时在车轮转动时将前轮驱动轴和后轮驱动轴的转速差加以吸收。差速限制机构用于当前后车轮间发生转速差时,控制前、后轮的转矩分配。

4.5.2.2　电子控制防滑差速器组成

电子控制防滑差速器(ELSD)系统组成如图 4-68 所示,主要包括各种传感器、电子控制单元以及差速器机械本体。

(1)传感器部分。 ELSD 系统的传感器可从功能上可将其分为两类。第一类是用来获取驾驶人的操作意图,其中包括转向盘转向传感器和节气门位置传感器,可以用他们对驾驶人的转向意图和车辆的起步、加速状态进行判断。另一类则是用来监测汽车行驶状态的传感器,如轮速传感器和惯性测量单元。

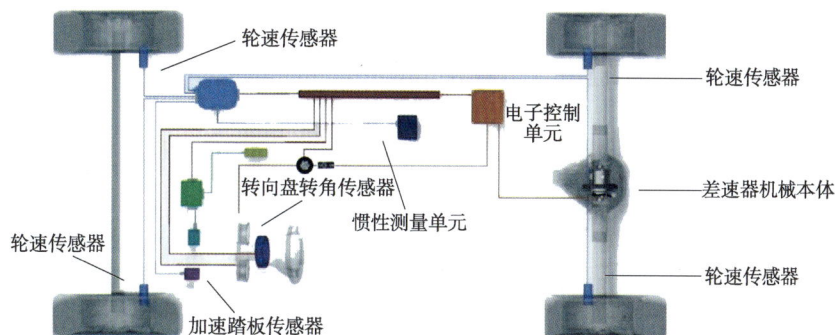

图 4-68　电子控制防滑差速器系统组成

(2)电子控制单元 ECU。其主要包括主控微处理器、CAN 通信模块、电磁阀驱动模块、电压状态监测模块、故障诊断模块、输入输出信号调理模块、电源模块等。ECU 是 ELSD 系统的重要部件,可以通过分析和计算传感器采集的数据来判断汽车的打滑程度,并根据车辆的打滑程度对液压执行机构发出相应控制指令,使左右驱动轮的驱动力矩重新分配,及时地对汽车行驶状态进行调整,提高车辆的稳定性和牵引性。

(3)差速器机械本体。差速器机械本体作为电子控制防滑差速器系统的执行机构,其

图 4-69　电子防滑差速器结构示意图

结构组成如图 4-69 所示。高速开关阀为该差速器的唯一控制元件,端盖和摆线泵构成了摆线泵机构,活塞与摩擦片组构成了离合器机构,行星齿轮架与外壳形成分动器机构。差速器防滑功能未启动时,若车轮出现打滑现象,ELSD 左右两半轴出现转速差,摆线泵定子与转子之间出现相对运动,油液经外壳上的进油口进入控制油路。由于此时高速开关阀处于常开状态,油路出口压力接近于零,离合器活塞处产生的压力很小,防滑作用很弱,左右车轮处于自由转动的差速状态。当差速器防滑功能启动时,电子控制单元根据控制策略向高速开关阀输出高频 PWM 信号。由于后者的比例调节特性,对电液控制回路产生不同的负载压力,从而调控离合器活塞压紧摩擦片力的大小,最终实现差速器左右半轴转矩的重新分配,完成防滑控制。

4.5.3　电子控制防滑差速器的工作原理

主动防滑控制差速器控制系统结构框图如图 4-70 所示,主动防滑控制差速器的工作原理是利用车上某些传感器,掌握各种道路情况和车辆运动状态,通过操纵加速踏板和制动

器,采集或读取驾驶人所要求的信息,并按照驾驶人的意愿和要求来最优分配左、右驱动车轮的驱动力。

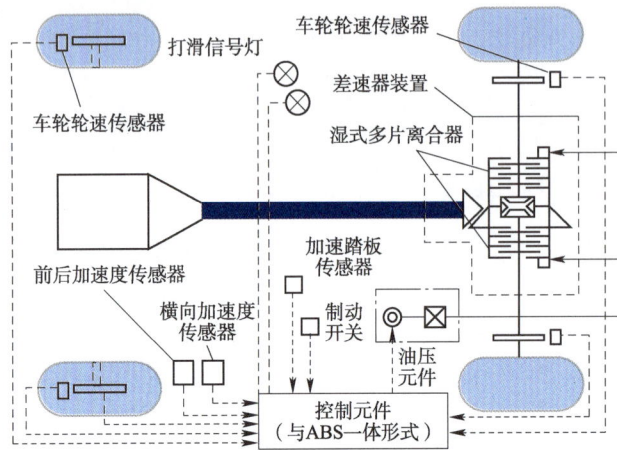

图 4-70　主动防滑控制差速器控制系统结构框图

如图 4-71 所示为具有油压多板式离合器差动限制器的四轮驱动防滑差速器系统组成。从发动机输出的动力经过变速器变速后,从驱动小齿轮传递到环齿轮,由中央差速器分配到前后驱动轴,而且前差速器、后差速器分别传递到左右车轮。该差速传动系统主要由中央差速器和差速限制机构等组成。

图 4-71　四轮驱动的防滑差速器系统组成(动力传递路线)

1) 基本结构

(1) 中央差速器。 中央差速器具有两大功能, 第一个功能是把变速器输出的动力均匀地分配到前后轮驱动轴上; 第二个功能是在车轮转动时将前轮驱动轴和后轮驱动轴的转速差加以吸收。右侧齿轮经过分动器齿轮安装箱→主动齿轮→分动器从动齿轮, 最后驱动力被传递到后差速器, 后差速器经过前差速器箱把驱动力传向前差速器。

(2) 差速限制机构。 当前轮与后轮之间发生转速差时, 根据此转速差, 控制油压多板离合器的接合力, 从而控制前后轮的转矩分配。差动限制离合器是由湿式多板离合器盘、平板以及活塞构成, 如图 4-72 所示。改变环齿轮安装箱和前差速器箱的接合状态, 亦即按照作用于活塞的油压大小, 改变多板离合器的压紧力, 从而控制向前差速箱分配转矩。此外, 按照车辆行驶状态的差动限量, 由电子控制器 ECU 进行判别, 由电磁阀控制活塞的工作油压。

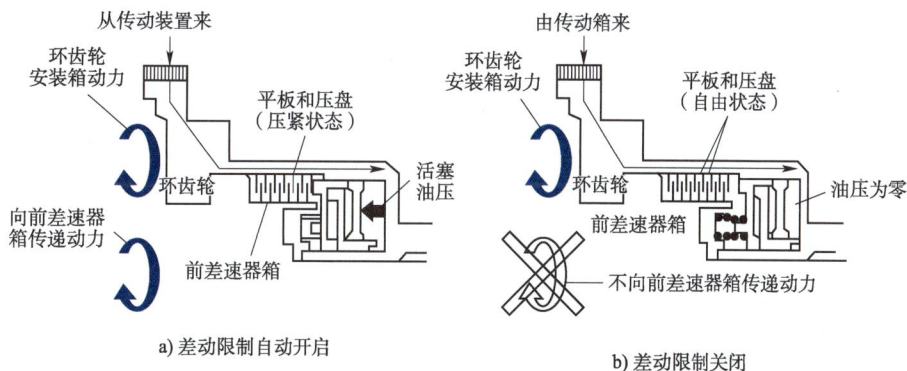

图 4-72 差动限制离合器的结构和工作示意图

2) 工作原理

图 4-73 所示为防滑差速器电子控制系统控制原理图, 该系统主要由传感器、ECU、调节阀 (转换阀) 等组成。调节阀用于调节液压系统管路压力。在图 4-73 上的 1 号与 2 号电磁阀线圈均处于断开状态。这时 1 号转换阀输出口被关闭, 不向活塞室供给油压, 差动限制离合器处于自由断开状态。当 1 号与 2 号电磁阀线圈都接通时, 由于 1 号和 2 号转换阀上部的油压分别由各自的电磁阀线圈作用而排出, 转换阀由于复位弹簧的弹性作用向上顶起, 所以, 管路油压 (高压) 经过图中的箭头所指的路径由输出口 D 供给, 并与差动限制离合器的活塞结合。只有当 1 号电磁阀线圈接通时, 被控制的管路油压经过 A→B→D 的路径作用于活塞, 这时油压低, 离合器接合力变弱。只有当 2 号电磁阀线圈接通时, 被调节的油压经过 A→C→D 的路径作用于活塞上, 这时的油压由于 1 号转换阀的作用, 管路油压向 E 反馈, 所以变为中油压, 具体见表 4-2。

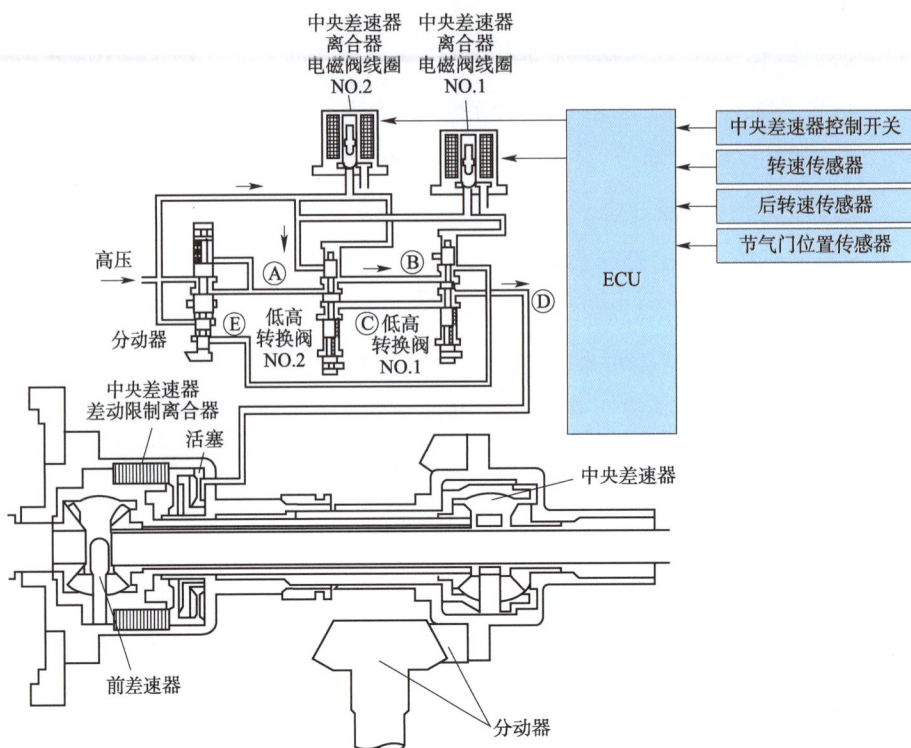

图 4-73　电子控制防滑差速器控制系统原理图

电磁阀线圈工作情况　　　　　　　　　　　　　　表 4-2

差动限制离合器接合油压	1 号电磁阀线圈	2 号电磁阀线圈
无（Free）油压	关	关
低（Low）油压	开	关
中（Medium）油压	关	开
高（High）油压	开	开

在四轮驱动汽车中，通常在驾驶座旁装配其控制开关，这样可方便驾驶人自由选择差动限制结合（ON）或断开（OFF）。例如，左前轮在泥泞道路中，控制开关在"AUTO"时就能对中央差速器的转速差动进行自动限制，于是和差动限制相匹配的驱动力即被分配到后差速器一侧，由于驱动力全部传递到没有空转的后轮胎上，车轮就可较轻易地从泥泞道路中出来；而当控制开关在"OFF"时，由于中央差速器没有差速限制，前差速器及中央差速器引起旋转差动，则驱动力不能向左前轮以外的车轮传递。差动限制在自由挡的断开工况（OFF），仅应用于车辆被牵引行驶或紧急装卸轮胎时。

4.5.4　电子差速锁

4.5.4.1　电子差速锁工作原理

电子差速锁(Electronic Differential System,EDS),又称 EDL(Electronic Differential Locking Traction Control)。它也是 ABS/ASR 的另一种扩展功能,用于汽车的加速打滑控制。

其工作原理:汽车在加速过程中,当电子控制单元根据轮速信号判断出某一侧驱动轮打滑时,EDS 就自动开始工作,当由于车轮打滑而产生两侧车轮的转速不同时,EDS 将对打滑一侧的车轮进行制动,通过液压控制单元对该车轮进行适当强度的制动,从而提高另一侧驱动轮的附着利用率,提高车辆的通过能力。当车辆的行驶状况恢复正常后,电子差速锁即停止工作。同普通车辆相比,带有 EDS 的车辆可以更好地利用地面附着力,来提高车辆的运行性,保证汽车平稳行驶且不损失动力,从而有利于起步、加速和爬坡。

4.5.4.2　电子差速锁与电子控制防滑差速器的区别

电子差速锁和电子控制防滑差速器是两种常用于提升车辆驱动效率和牵引力的技术,尤其在应对低摩擦路面(如泥泞、雪地或冰面)时显得尤为重要。

1)电子差速锁(EDL)

电子差速锁是一种通过制动系统干预来模拟差速锁效果的技术。当一个车轮失去牵引力并开始空转时,EDL 会自动应用制动力到这个车轮子,这样可以把转矩转移到另一个有更好抓地力的车轮上。

其主要特点包括:

(1)成本效益。EDL 通常通过现有的 ABS 和制动系统实现,不需要额外的机械组件,因此成本较低。

(2)适用性。适用于轻度到中度的牵引力不足情况,如在城市滑雪路面或轻微湿滑的路面行驶。

(3)限制。在极端越野或高速应用中,它的效果不如真正的机械差速锁。

2)电子控制防滑差速器(ELSD)

电子控制防滑差速器是一种更为复杂的系统,它使用机械或电子装置来控制差速器内部的摩擦,从而限制轮间的转矩差异。这种系统可以更精确地控制车轮,特别是在高性能或重型越野车辆中。

其主要特点包括:

(1)性能优越。ELSD 能够在各种驾驶条件下提供更优的控制和牵引力,尤其适合于需要高性能牵引力的场景,如赛车或重型越野。

(2)动态响应。相比 EDL,ELSD 能够根据驾驶条件动态调整转矩分配,提供更加平滑和稳定的驾驶体验。

(3)成本和维护。由于结构和功能上的复杂性,ELSD 的成本和维护费用通常高于 EDL。

电子差速锁(EDL)适合经济型车辆的日常驾驶,特别是在成本和安装的简便性方面有优势。而电子控制防滑差速器(ELSD)更适用于高性能汽车和需要极致牵引力的应用,如赛车或高级越野车。两者都在提高车辆牵引力和操控性方面发挥着重要作用,但适用的场景和效果有所不同。

▶ **线上学习资源**

1.线上微课

| 电子防滑差速器控制系统 | | 电子控制差速器 | |

2.线上作业　　　　　**3.线上测试**

任务 4.5　线上作业　　　　　任务 4.5　线上测试

▶ **素养课堂**

超级汽车驱动技术,电子差速
有效解决轮边驱动难题

模块 5

汽车转向控制系统检修

模块导学

1. 目标要求

汽车转向控制系统在现代汽车中扮演着非常重要的角色,它为驾驶人提供了更好的操控体验和车辆稳定性,系统出现故障会影响汽车的性能和驾驶安全。本模块主要学习汽车转向控制系统的类型、电控助力转向系统的结构及工作原理;学习电控助力转向系统的电路分析及检修;学习四轮转向系统的不同类型及结构原理;具备对汽车转向控制系统进行基本检修的职业能力。

2. 任务分解

本模块分为 2 个任务和 1 个实训项目:

任务 5.1　电控助力转向系统检修	实训项目　汽车电控助力转向系统检修
任务 5.2　四轮转向系统认知	

3. 情境导入

● **车辆概况**:维修记录显示,2024 年 5 月 13 日,黄先生的一款小鹏 G3 纯电动紧凑型 SUV 送至我处维修。该车配备电控助力转向系统 EPS,行驶里程为 37336km。

● **故障描述**:据车主反映,驾驶汽车转动转向盘的时候总觉得比平常沉重,而且转向时有轻微异响,同时还发现仪表板上的转向系统黄色警告灯亮起。

维修人员接车后检查,打开点火开关,将钥匙调到 ON 挡,转动转向盘发现有轻微异响,且转向困难,仪表板亮有黄色的转向系统警告灯。故障与用户描述一致。

作为一名汽车专业技师，请思考如下问题：

(1)描述 EPS 系统的结构组成和工作原理。

(2)分析 EPS 系统的电路工作原理。

(3)分析电控电动式四轮转向系统的基本组成。

(4)描述 EPS 系统常见故障及其原因。

任务 5.1　电控助力转向系统检修

5.1.1　电控助力转向系统功能和类型

汽车转向性能是汽车的主要性能之一，转向系统的性能直接影响到汽车的操纵稳定性，它对于确保车辆的安全行驶、减少交通事故以及保护驾驶人的人身安全、改善驾驶人的工作条件起着重要的作用。助力转向系统通过增加外力辅助驾驶人转向，能减轻驾驶人转向操纵的负担，提高汽车操纵的安全性和舒适性，现已逐步取代了机械转向系统。目前，电控助力转向系统可分为液压式电控助力转向系统和电动式电控助力转向系统两类。液压式电控助力转向系统使用较少，使用比较广泛的是电动式电控助力转向系统。

液压式电控助力转向系统(Electronic Hydraulic Power Steering, EHPS)是在传统的液压动力转向系统的基础上增设了电子控制装置。转向助力控制 ECU 根据检测到的各种信号控制转向电动机，转向电动机带动液压助力泵(齿轮泵)工作，产生不同大小的液压力，从而满足不同时速和工况下对转向助力大小的要求。目前市场上正逐渐淘汰该类型。

电动式电控助力转向系统(Electric Power Steering, EPS)是将直流电动机作为动力源，转向助力控制 ECU 根据检测到的各种信号控制转向电动机，转向电动机直接控制转向系统的机械部件(有的是转向柱，有的是转向器)，从而满足不同时速和工况下对转向助力大小的要求。

5.1.2　液压式电控助力转向系统的组成和工作原理

5.1.2.1　液压式电控助力转向系统的组成

液压式电控助力转向系统由转向控制单元 ECU、转向助力电动机、助力油泵、转向力矩传感器、转向角度传感器、车速传感器和液压油储油罐等组成,如图 5-1 所示。

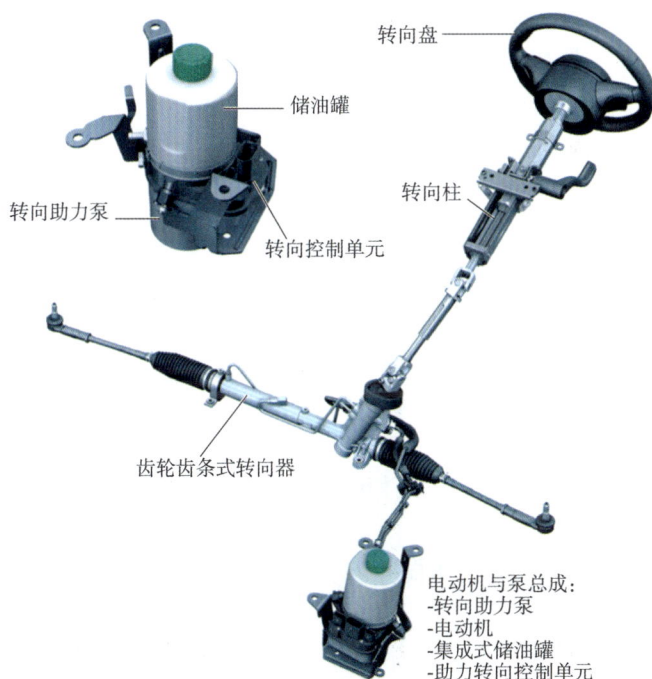

图 5-1　液压式电控助力转向系统

（1）**转向控制模块**。液压油储油罐、转向助力电动机、助力油泵和转向控制单元 ECU 安装在一起。转向控制单元 ECU 用于接收来自各种传感器的信号,判断现行的车辆情况,并决定施加到转向助力电动机的辅助电流,从而控制转向助力的大小。

（2）**转向助力电动机**。电动机受转向控制单元 ECU 的控制,并且只有在点火装置打开以及发动机运行的情况下才能运转。

（3）**助力油泵**。在传统的液压助力转向系统中的助力油泵一般多为叶片泵,并由发动机带动。而在 EHPS 中的助力油泵采用的是齿轮泵,并通过转向助力电动机驱动。

（4）**转向力矩传感器**。一般安装在转向轴下端(连接转向器处),用于检测转向力矩的大小和方向。当驾驶人操作转向盘时,转向力矩通过转向轴施加到转向力矩传感器输入轴上。传感器检测到后转化成电信号,并传递给转向控制单元。

（5）**转向角度传感器**。转向角度传感器将转向的角度信息(角度大小和转向的速度)传递给转向控制单元。

5.1.2.2　液压式电控助力转向系统的工作原理

液压式电控助力转向系统检测外部相关输入信号,如发动机 ECU 提供的发动机转速、ABS 控制单元提供的车速信息、转向角度信息、转向力矩信息等,转向控制单元 ECU 根据车速、转向盘转角等信息,计算出合适的助力大小和方向。它通过调节电动机的电流或电压,控制电动助力泵的输出压力,从而提供合适的助力。汽车加速时将降低电动机转速,并减小转向助力程度,这样便可以得到较好的驾驶路感,且转向系统以节能模式运行。当转向角速度较快时,提高泵转速,以提供所需的流量。在低速时,电动机产生的助力较大,以增强转向性能;在高速时,电动机产生的助力较小,以保证稳定性。

此外,液压式电控助力转向系统具有故障诊断与保护功能。如果系统检测到故障(如电动助力泵故障、液压油泄漏等),ECU 将会自动降低助力泵的工作压力或者停止工作,同时发出警告信号提醒驾驶人。此外,如果系统检测到异常的驾驶行为(如突然制动或急转弯),ECU 也会自动调整助力泵的工作状态以增强稳定性。

5.1.3 电动式电控助力转向系统组成和原理

5.1.3.1 电动式电控助力转向系统概述

液压式电控助力转向系统虽然弥补了很多传统的液压助力转向系统的不足,但由于还有液压油的存在,随着油质的变化或者系统的泄漏等可能发生的问题,所以仍然需要养护。与液压式电控助力转向系统相比,电动式电控助力转向系统有更多的优点:

(1)转向助力是通过"按需要"来调节电动机实现的,该系统根据行驶条件来为驾驶人提供可变的转向助力。

(2)增强了转向跟随性,改善了转向回正特性,提高了操纵稳定性。

(3)不再使用液压系统来提供助力,没有液压油,更节能环保。

(4)电动式电控助力转向系统结构更加紧凑,占用的空间更小,也更利于生产和装配。一般情况下不需要养护,减少了车主的用车成本。

对于一些高端车型,转向电动机能主动的调整方向,甚至是当车辆加入驾驶辅助功能的部件后,可以和自动泊车、车道保持功能、自适应巡航系统 ACC 等各种驾驶辅助系统配合使用,让行车过程变得更为轻松和安全。

根据电动机安装位置和机械结构的不同,电动式电控助力转向系统可以分为转向柱(轴)助力式 EPS(Column-asssit Type EPS,C-EPS)、齿轮助力式 EPS(Pinion-asssit Type EPS,P-EPS)和齿条助力式 EPS(Rack -asssit Type EPS ,R-EPS)三大类,如图 5-2 所示。转向轴助力式 EPS 中将助力电动机安装在管柱上,通过减速增矩机构与转向轴相连,直接驱动转向轴助力转向。这样的系统结构简单紧凑、易于安装,但由于助力电动机安装在驾驶舱内,受到空间布置和噪声的影响,电动机的体积较小,输出转矩不大,一般只用在小型及紧凑型车辆上。

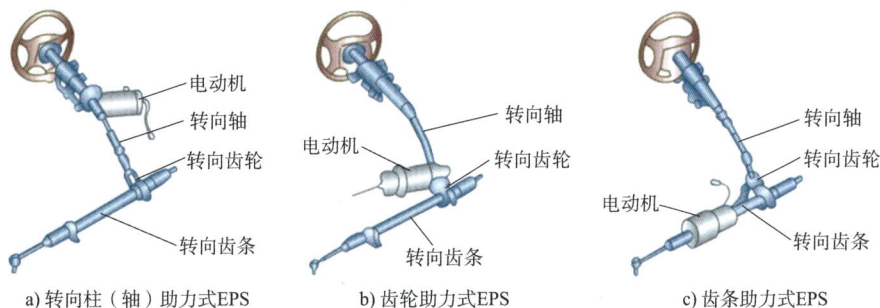

a) 转向柱（轴）助力式EPS　　　b) 齿轮助力式EPS　　　c) 齿条助力式EPS

图 5-2　电动式电控助力转向系统类型

齿轮助力式 EPS 中将助力电动机和减速增矩机构与小齿轮相连,直接驱动齿轮实现助力转向。由于助力电动机不是安装在乘客舱内,因此可以使用较大的电动机以获得较高的助力转矩,而不必担心电动机转动惯量太大产生的噪声。

齿条助力式 EPS 中将助力电动机和减速增矩机构直接驱动齿条提供助力,因此能提供更大的助力,但整套系统结构复杂,成本较高,所以适用于豪华车和商务车上。

5.1.3.2　电动式电控助力转向系统的组成

无论何种类型,电动式电控助力转向系统基本由三大部分构成:信号传感器(包括转向力矩传感器、转向角度传感器和车速传感器等)、转向执行器(转向助力电动机、电磁离合器、减速机构等)以及转向控制单元 ECU 等,如图 5-3 所示。

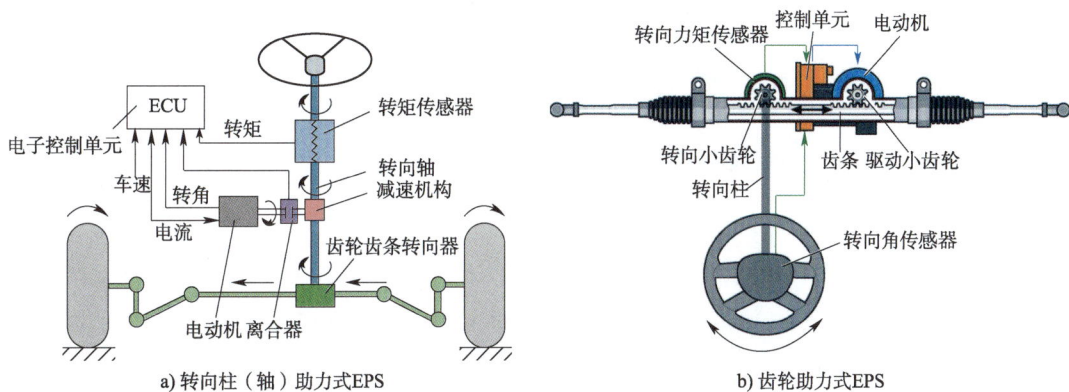

a) 转向柱（轴）助力式EPS　　　b) 齿轮助力式EPS

图 5-3　电动式电控助力转向系统组成

1)信号传感器

(1)转向力矩传感器(转矩传感器)。

传感器检测到扭转杆扭转变形,将其转变为电子信号并输出至 EPS ECU。转向力矩传感器安装在转向柱的下端,不同类型的 EPS 位置有所区别,如图 5-4 所示为转向力矩传感器的安装位置。按照内部结构分类,该传感器可分为接触式传感器和非接触式传感器两类。接触式传感器由于传感元件之间一直存在滑动摩擦,因此在使用过程中容易受到磨损老化,出现测量信号不准确甚至报错的情况。这种类型的传感器已经逐渐被淘汰,非接触式传感

图 5-4　转向力矩传感器安装位置

器成为市场主流。非接触式传感器的优点是体积小、精度高,缺点是成本较高,主要有磁感应式、霍尔式两种。

磁感应式是指安装于扭力杆上下位置的检测线圈(磁电传感器)和补偿线圈(磁电传感器)的凹凸相对位置随着扭力杆的扭转而变化,并通过外侧设置的检测线圈获取相应磁路变化的方式,具体结构如图 5-5 所示,这种方式的转矩传感器已被广泛应用。输出轴和输入轴通过扭力杆连接在一起,检测线圈和补偿线圈位于各检测环外侧,不经接触形成励磁电路,检测线圈包括输出转矩传感器信号 1 和转矩传感器信号 2 两个信号的对偶电路。当转矩作用在扭转轴上时,两个感应电压 U_1 和 U_2 存在相位差。这个相位差与扭转轴的扭转角成正比。这样,传感器就可以把转矩引起的扭转角转换成相位差的电信号,ECU 根据这两个信号控制助力的大小,同时检测传感器故障。

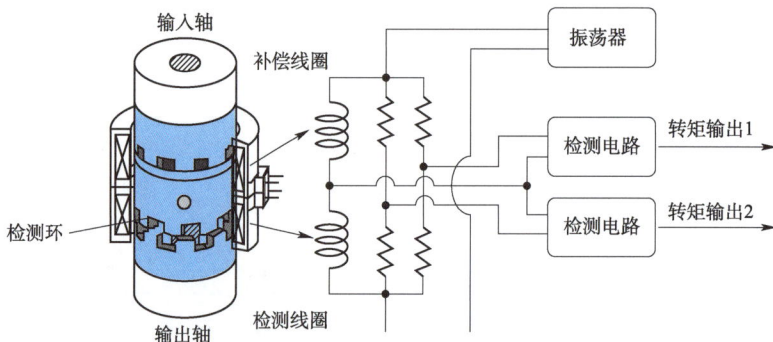

图 5-5　磁感应式转矩传感器

该传感器的原理相当于一个电位计,转矩传感器有 4 根线,如图 5-5 所示。两个输入端通过线路连接电控单元(ECU)的 VCC 和 GND 端口,即电源端子和搭铁端子,分别是 +5V 和 0V,转矩传感器的两个输出端,即转矩信号 1 和转矩信号 2,通过线路分别连接 ECU。当转向盘处于中间位置时,转矩传感器的转矩信号 1 和转矩信号 2 的输出电压均为 2.5V,则此时 ECU 会检测输出的规定电压,指示转向的自由位置,因此,它不向 DC 电动机供电;当转向盘向右旋转时,转矩信号 1 端口的电压大于 2.5V,转矩信号 2 端口的电压小于 2.5V;当转向盘向左旋转时正好相反。ECU 根据转矩传感器输出的电压值,即可判定转向盘的转动方向与转动角度。

霍尔式转矩传感器是通过霍尔效应在导体的两端产生电势差,主要由定子分总成、转子分总成、上端盖、下端盖、集磁极、霍尔 IC(集成电路)组成,如图 5-6 所示。转子由多级磁铁组成,固定在输入轴上,主要是提供磁场。定子上装有磁轭(磁导率比较高的金属材料),固定在下端盖上,下端盖与壳体固定。当转向盘向左转动时,传感器扭杆发生扭转变形,霍尔转子和定子发生转动,使得上下磁轭与多级磁铁发生错动,磁通量从 N 极至 S 极,霍尔 IC 接收到磁通。如果转子与定子反方向相对位移,霍尔 IC 也接收反向的磁通。磁通的变化经过霍尔 IC 转换为相应的电压变化,从而测量出相应的转矩大小和方向。

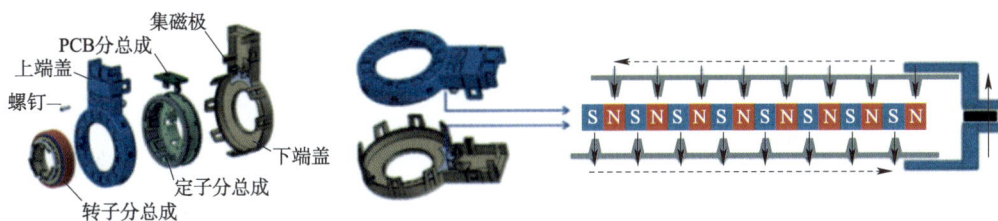

图 5-6　霍尔式转向力矩传感器结构

当转向盘在中间位置时,磁通量为零;当转向盘左转(+4.5°),磁通量高斯值为 550;当转向盘右转(-4.5°),磁通量反向,高斯值为 -550,如图 5-7 所示。因此,通过磁通量高斯值的改变,进而判断转向管柱是否受到转向力的作用。当转向盘处于中间位置时,中位电压为 2.5V。当转向盘向右旋转时或向左旋转时,传感器的输出电压是被 ECU 控制器进行采集的,而 ECU 通过计算传感器的电压信号,得知驾驶人转动转向盘转矩的大小。

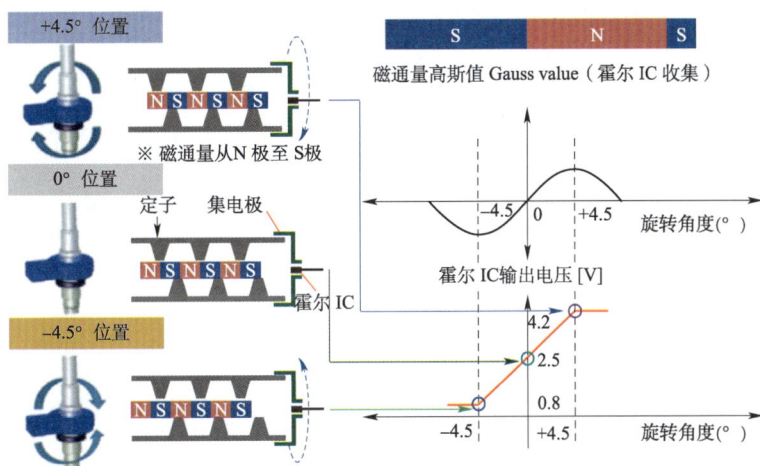

图 5-7　霍尔式转矩传感器工作原理

(2)转向角度传感器。

转向角度传感器(简称转角传感器)将转向的角度信息(角度大小和转向的速度)传递给转向控制单元。转角传感器有光电式、磁电式等类型,应用范围比较广的是光电式转角传感器。现在汽车发展趋势倾向于将转矩传感器和转角传感器集成化,并采用非接触式结构,如磁环—霍尔式、磁环—磁阻式、光电式、微波式等传感器以适应汽车的智能化和集成化。

如图 5-8 中的转角传感器用的是光电式传感器,它一般安装在转向盘总成的下侧,和安全气囊的时钟弹簧连接在一起。通过检测电动机的旋转角度来计算车轮转向角度的大小。

光电式转角传感器对转角信息的测量是通过光栅原理来实现的。可将传感器结构简化成如图 5-9a)所示。遮光盘下端的遮光栏分别是间隙均匀分布的增量遮光栏和间隙不均匀分布的绝对遮光栏,两个遮光栏之间有光源,光学传感器布置在遮光栏的两侧。如果光透过遮光栏的缝隙照到传感器上,就会产生一个电信号,如图 5-9b)所示,两侧的光学传感器都接收到了光,产生一样的信号电压。如果光源被遮住,这个电压随之消失。

图 5-8　光电式转角传感器组成示意图

遮光栏随着遮光盘移动时,间隙均匀分布的增量遮光栏产生一个波形均匀的电信号,间隙不均匀分布的绝对遮光栏产生一个波形不均匀的电信号,如图 5-9c)所示。系统通过对比这两个信号就可以计算出遮光栏旋转的距离,进而确定旋转的角度。

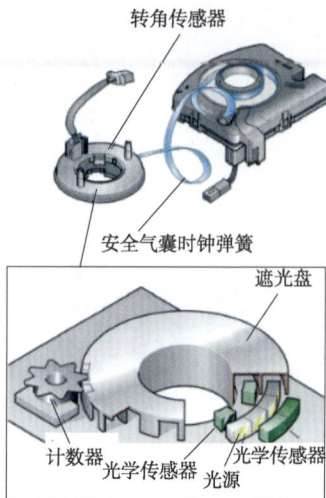

图 5-9　光电式转角传感器工作原理

光电式转角传感器早期也采用另一种大同小异的结构,如图 5-10a)所示,电路原理如图 5-10b)所示。在转向轴上装有一个带等距孔环的圆盘形成遮光盘,遮光盘的两面分别有两个发光二极管和两个光敏三极管,组成两组光电耦合器。当遮光盘随转向轴转动时,带孔环的遮光盘使光电耦合器之间产生的光束发生通、断变化,从而两个光电耦合器的输出端即可进行 ON/OFF 变换,形成脉冲信号。电子控制单元(ECU)根据两个光电耦合器输出端 ON/OFF 信号变换的速度,检测出转向轴的转动速度,同时由于两个光电耦合器 ON/OFF 信号变换的相位错开约 90°,通过判断哪个遮光器首先转变为"ON"状态即可检测出转向轴的转动方向。

2)转向执行器

(1)转向助力电动机。

现在 EPS 的转向助力电动机大都是无刷异步直流电动机,如图 5-11 所示。异步电动机输入电压的频率与电动机转动频率是不同的,可以适应快速地转向反应。电动机的定子是线圈,和转向器总成的外壳固定在一起。电动机的转子是磁场,中高端车型上使用的是电磁铁,可以通过改变励磁电流来改变电动机的助力大小。

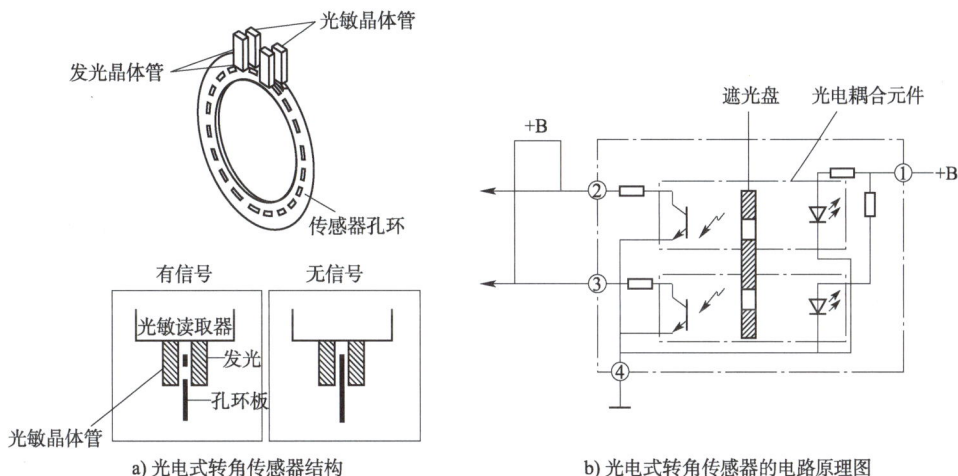

a) 光电式转角传感器结构

b) 光电式转角传感器的电路原理图

图 5-10 光电式转角传感器的结构及电路原理图

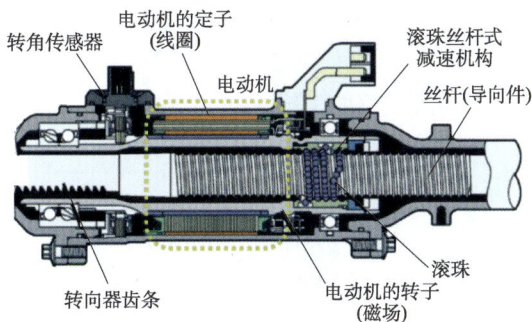

图 5-11 转向助力电动机的结构

(2) 电磁离合器。

电磁离合器在电动助力转向系统中作为连接和切断助力系统的装置,其主要作用是实现电动机与助力转向系统的机械接合和分离功能。在电磁离合器工作时,通过励磁电流产生的磁场,吸引线圈中的铁芯,从而将输入轴和输出轴之间实现机械连接或分离,结构如图 5-12 所示。当离合器处于断开状态时,电动助力失效,转向变得困难;而当离合器处于连接状态时,电动助力就会生效,驾驶人就可以轻松地掌控转向方向。

(3) 减速机构。

电动机的转动会先传到减速机构,以增大扭力,主要有滚珠丝杠式减速机构和蜗轮蜗杆减速机构、行星齿轮机构三种。如图 5-13 所示为蜗轮蜗杆减速机构,电动机提供的转向助力通过蜗轮蜗杆减速机构放大作用于转向柱,辅助驾驶人进行转向动作。

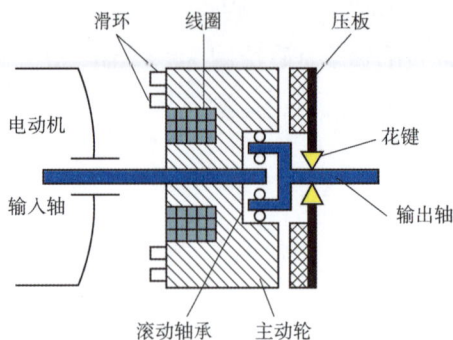

图 5-12　电磁离合器结构

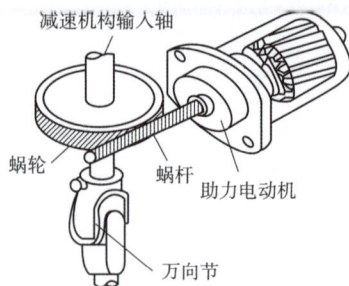

图 5-13　蜗轮蜗杆减速机构

3）转向控制单元

转向控制单元 ECU 是 EPS 的控制核心，它根据各传感器的输入信号进行计算分析，得出控制参数的最佳值，然后发出控制指令给电动机与离合器，控制其动作。EPS ECU 的电路如图 5-14 所示，它可监控系统的输入、输出及电动机的驱动电流，同时还具有故障自诊断功能。

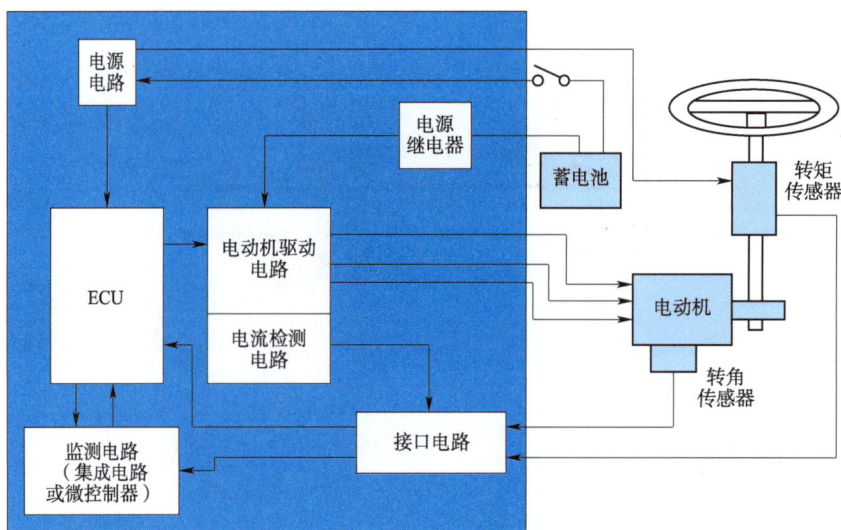

图 5-14　EPS ECU 控制电路原理图

5.1.3.3　电动式电控助力转向系统的原理

电动式电控助力转向系统的工作原理非常高效且智能，是利用直流电动机作为动力源，EPS 控制系统获取各传感器（转角传感器、转矩传感器、车速传感器等）的信号，控制电动机转矩的大小和方向，如图 5-15 所示。当操纵转向盘时，装在转向盘轴上的转角传感器、转矩传感器不断地测出转向轴的转角、转矩信号，并与车速信号同时输入到 EPS ECU。EPS ECU 根据这些输入信号来确定助力转矩的大小和方向，实时控制电动机的旋转方向和助力电流的大小,使电动机输出相应大小和方向的转向助力转矩,以提供不同的助力效果。电动机的转矩通过减速机构减速增扭后,施加在汽车的转向机构上,与转向所需作用力相适应。这样,汽车在低速转向行驶时可以更轻便灵活,高速转向行驶时可以更稳定可靠,减轻驾驶人操作转向盘的工作强度,缓解驾驶疲劳。

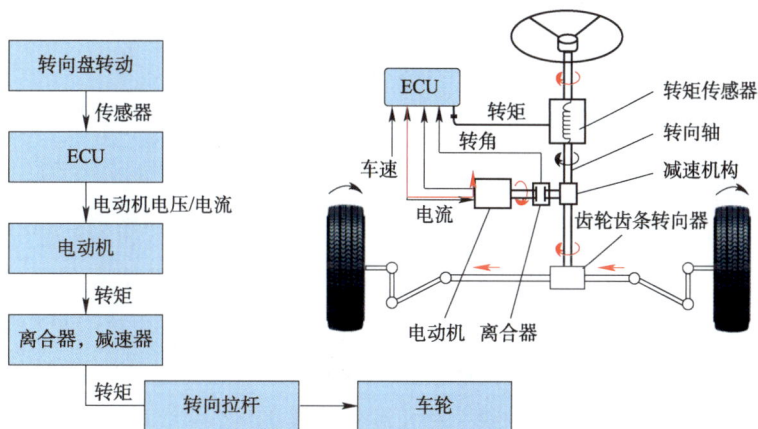

图 5-15　电动式电控助力转向系统工作原理

电动式电控助力转向系统一般都设定一个工作范围,当车速为 45km/h 以下时,根据车速决定转向助力的大小。当车速高于 52km/h 时,就不需要辅助动力助力转向,ECU 停止对电动机供电,这时电动机就停止工作,为了不使电动机和电磁离合器的惯性影响转向系统的工作,离合器应及时分离,以切断辅助动力。另外,当电动机发生故障时,离合器会自动分离,这时仍可利用手动控制转向系统。

5.1.4　电控助力转向系统电路

北汽新能源汽车的电控助力转向系统控制电路如图 5-16 所示,其中驱动电机有 2 根控制线,转矩传感器获得转向盘上操作力大小和方向信号,并把它们转换为电信号,传递到 EPS ECU,共有 4 根线,分别为传感器电源线 5V、搭铁线、传感器主路信号线、传感器辅路信号线。

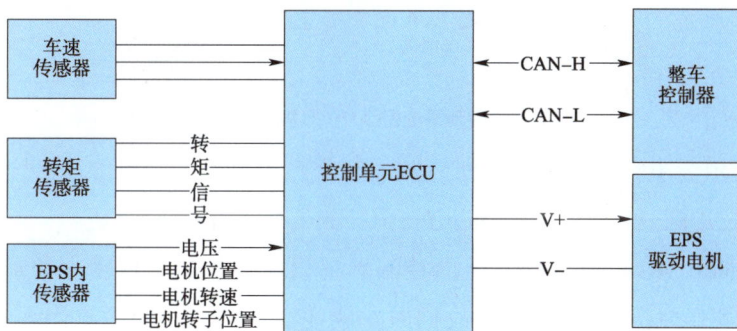

图 5-16　北汽新能源汽车电控助力转向系统控制电路

北汽新能源汽车电控助力转向系统控制原理如下：

（1）当整车处于停车下电状态，EPS 不工作（EPS ECU 不进行自检、不与 VCU 通信、EPS 驱动电机不工作）；当钥匙开关处于 ON 挡，ON 挡继电器吸合后 EPS ECU 开始工作。

（2）EPS ECU 正常工作时，EPS ECU 根据接收来自 VCU 的车速信号、唤醒信号及来自转矩传感器的转矩信号和 EPS 助力电机的位置、转速、转子位置、电流、电压信号等进行综合判断，以控制 EPS 助力电机的转矩、转速和方向。

（3）EPS ECU 在上电 200ms 内完成自检，上电 200ms 后可以与 CAN 线交互信息，上电 300ms 后输出 470 帧，上电 1200ms 后输出 471 帧（版本信息帧）。

（4）当 EPS ECU 检测到故障时，通过 CAN 总线向 VCU 发送故障信息，并采取相应的处理措施。

比亚迪秦电控助力转向系统电路原理如图 5-17 所示，其中转矩传感器和转角传感器集成一体，共 6 根线，其中电源线为 VO，TQ1、TQ2 分别是转矩信号 1 和转矩信号 2，GND 为搭铁线，ANG1、ANG2 分别为角度信号线 1 和角度信号线 2。

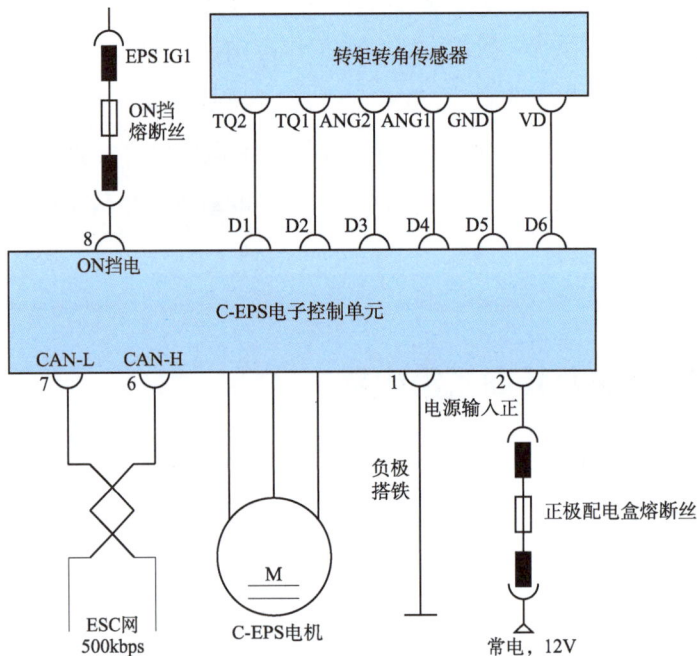

图 5-17　比亚迪秦电控助力转向系统电路原理图

图 5-18 所示为小鹏 G3 的电动助力转向系统电路图。当驾驶人操纵车辆需要转向时，30 常电经过熔断丝 EF1，给电动助力转向控制器（即 EPS ECU）提供电源，同时点火信号 IG1 经过熔断丝 IF3 给电动助力转向控制器提供信号。此时驾驶人转动转向盘，电机以及转矩传感器便能接收相应的信号，同时车辆便能根据驾驶人的意图作出相应的转向操作。

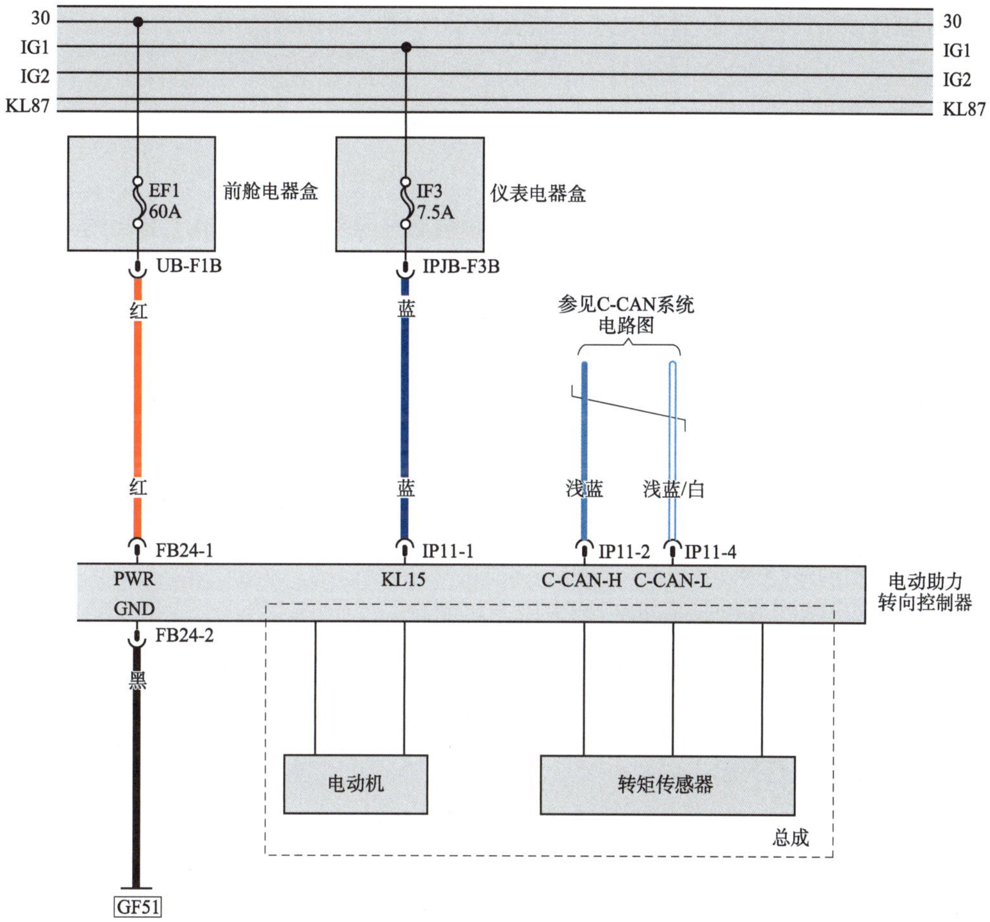

图 5-18　小鹏 G3 电控助力转向系统电路图

小鹏 G3 电动助力转向系统电路图可以细分为 3 条回路：

（1）30 常电→熔断丝 EF1→插接件 UB-F1B→插接件 FB24-1→电动助力转向控制器的 PWR 端→插接件 FB24 的 1 号针脚→搭铁点 GF51。

（2）点火信号 IG1→熔断丝 IF3→插接件 IPJB-F3B→插接件 IP11-1→电动助力转向控制器的 KL15 端，输入控制信号→电机和转矩传感器。

（3）点火信号 IG1→熔断丝 IF3→插接件 IPJB-F3B→插接件 IP11-1→电动助力转向控制器的 KL15 端，输入控制信号→电动助力转向控制器的 C-CAN-H 和 C-CAN-L 端口，输出控制信号给 C-CAN 系统。

5.1.5　电控助力转向系统检修

EPS 系统是现代汽车中的重要组成部分，它通过电子控制单元（ECU）和传感器监测驾驶人的转向输入，提供辅助转向力，使驾驶更加轻松和安全。然而，当 EPS 系统发生故障时，驾驶人可能会面临转向困难、转向力变重或变轻等问题,这不仅影响驾驶体验,还可能带来安全隐患。

EPS 系统需要稳定的电源供应,如果车辆蓄电池电量不足或电源线路出现短路等问题,就可能导致 EPS 系统故障。EPS 系统依赖于多个传感器来检测驾驶人的转向输入和车辆运行状态,如果其中一个传感器损坏或失效,就会影响 EPS 系统的正常工作。ECU 是控制 EPS 系统的大脑,如果 ECU 发生故障,就会导致 EPS 系统无法正常工作。

5.1.5.1　EPS 系统常见故障及原因分析

1)转向盘沉重或转向困难

故障原因:助力电动机故障、电源问题或控制器损坏。

解决方法:检查助力电动机是否正常工作,确保电源连接稳固,若控制器损坏需更换。

2)转向盘抖动或异响

故障原因:机械部分松动或磨损,助力电动机问题。

解决方法:检查转向盘和转向柱的连接部位,确认是否松动或磨损,必要时进行更换或紧固。

3)转向系统报警灯亮起

故障原因:传感器故障、控制器故障或线路问题。

解决方法:使用诊断仪读取故障码,针对性维修传感器或控制单元,检查线路连接是否正常。

4)助力不足或失效

故障原因:电动机功率不足、传感器失灵或控制器问题。

解决方法:检测电动机输出功率是否足够,检查传感器和控制单元的工作状态,必要时进行更换。

5.1.5.2　EPS 系统故障基本检修方法

1)检查电源供应

应确保车辆的蓄电池电量充足,并检查电源线路是否正常。如果发现电源问题,及时修复或更换相应的部件。

2)检查传感器

检查 EPS 系统中的传感器是否正常工作,包括转角传感器、转矩传感器等。如果发现传感器故障,需要及时更换损坏的传感器。如检查整车 CAN 网络是否有车速信号输出,车速信号是否为有效值;检测接插件是否退针;检查传感器接插件及线束是否松动,是否导通;检查 EPS 电动机线束是否松动等。

3)检查 ECU

如果经过以上步骤后,EPS 系统仍然无法正常工作,可能是 ECU 出现故障。建议将车辆送至专业的汽车维修店进行诊断和修复。

4)软件升级

有些 EPS 系统故障可能是由于软件问题引起的。在一些情况下,更新或升级 EPS 系统的软件版本可能能够解决问题。可以咨询车辆制造商或授权维修中心获取相关软件升级信息。

5)转角传感器检修

根据具体车型维修手册及电路原理图,找到转角传感器的连接端子。断开连接插头,使用三通线连接传感器插头和线束端插座。打开点火开关,用万用表直流电压挡位检测电源与搭铁线之间电压应为蓄电池端电压,否则应检修电控单元与传感器之间线路是否断路。使用诊断仪连接车辆,转动转向盘读取转向时的数据。信号值应在标准范围内,否则说明传感器故障。

6)拆装/更换系统元件和后续工作

对于电动式电控助力转向系统的部件不能单独更换(除了防尘套和转向横拉杆),如果系统有故障,必须更换整个转向机构总成。

电控助力转向系统中的转向盘、转向柱、转向助力机构总成或者转向助力控制单元进行拆卸、安装或者更换后,需要让转向助力系统得到以下部件的自适应:左转向和右转向的极限位置以及转向盘的中间位置;转矩传感器的校准;转角传感器的校准,需要专用诊断仪才能完成。

特别注意:对于进行转向助力器总成、转向横拉杆以及横拉杆头的拆装或者更换,由于影响了车辆定位参数,为了保证车辆的正常行驶特性,还需要进行车轮定位。

5.1.5.3 汽车 EPS 灯亮的原因分析及解决方法

汽车 EPS 灯亮的原因主要有以下几种情况:

(1)车辆出现断电、亏电或更换蓄电池的情况,这种情况导致 EPS 系统故障的原因是转向模块数据丢失。

解决方法:这种情况下,只需要在原地起动车辆,并左右打死几次转向盘,接着驾驶车辆行驶 30~50km,EPS 故障灯便会自动消除。如果通过上述方法还不能消除故障灯,就需使用诊断仪重新匹配数据。

(2)转矩传感器损坏,传感器内部线圈损坏,也会导致 EPS 故障灯亮。

解决方法:直接更换转矩传感器便能解决故障,不过需要注意,如果是集成在转向机内部的转矩传感器,就需要更换掉转向机的总成。

（3）转向器总成内部进水或线束插头腐蚀导致 EPS 故障灯亮，汽车的转向器总成位于车辆底盘的下方，长时间的使用工作必然会沾有泥土灰尘，从而导致出现故障。

解决方法：修复损坏的转向器总成或线束即可解决故障。

（4）ABS 传感器损坏或脏污，这是常见的故障原因，主要是因为 EPS 系统在工作时会采集 ABS 数据，如果传感器损坏，也会间接导致 EPS 故障灯亮。

解决方法：将 ABS 传感器拆下，清理干净上面的灰尘脏物，再装回车上即可。若 EPS 故障灯还亮，就说明是传感器损坏，需要更换传感器。

▶ 线上学习资源

1. 线上微课

汽车电子助力转向系统		电动助力转向系统的检修	
转矩传感器和转向传感器的结构原理			

2. 线上作业

任务 5.1　线上作业

3. 线上测试

任务 5.1　线上测试

▶ 素养课堂

"汽车医生"张斌：
车辆检修不容半点含糊

咬定青山，向远而行——
联创汽车电子转向控制系统

任务 5.2　四轮转向系统认知

5.2.1　四轮转向系统

汽车四轮转向(Four-wheel Steering,4WS)技术是一种通过控制车辆的前轮和后轮同时转向,进而改变车辆的转向性能和操控性能的主动转向技术。传统汽车只有前轮转向,而四轮转向则使得后轮也可以转向,其中,后轮偏转角一般不超过5°。根据理论分析和大量实验表明,4 个车轮都能起转向作用,是提高汽车转向的机动灵活性和高速行驶时的操纵稳定性的重要措施之一。

四轮转向系统在汽车低速行驶时,依靠逆向转向(前、后车轮的转角方向相反),获得较小的转向半径,改善汽车的操纵性;在汽车中、高速行驶时,依靠同向转向(前、后车轮的转角方向相同),减小汽车的横摆运动,使汽车可以利用高速变换行进路线,提高转向时的操纵稳定性,如图 5-19 所示。与两轮转向相比,四轮转向系统具有转向能力强、转向响应快、直线行驶稳定性好等优点。但也存在不足,如在低速转向时,汽车尾部容易碰到障碍物;实现理想控制的技术难度大;转向系统结构复杂、成本高;在转向过程中,内外侧转角控制难保证;故障率高,可靠性低。

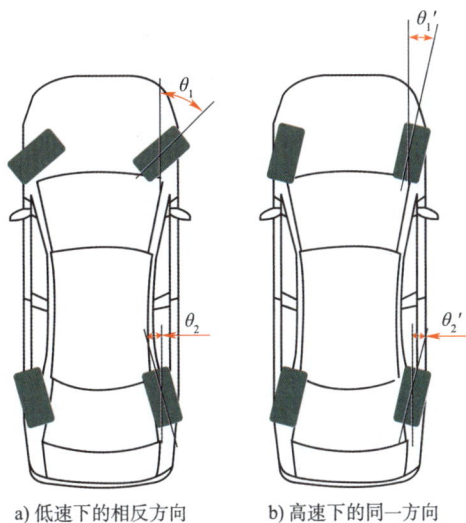

a) 低速下的相反方向　　b) 高速下的同一方向

图 5-19　四轮转向系统示意图

四轮转向系统的分类如下:

1)按后轮转向机构驱动方式的不同分类

按后轮转向机构驱动方式的不同,主要分为机械式、液压式、电控机械式、电控液压式和电控电动式等几种类型。目前使用最广泛的 4WS 系统为电控电动式。

2)按前、后轮的偏转角和车速之间的关系分类

(1)转角传感型。前轮和后轮的偏转角度之间存在一定的应变关系,即后轮可按前轮偏转方向做同向偏转,也可做反向偏转。

(2)车速传感型。根据事先设计的程序,当车速达到某一预定值(通常为 35～40km/h)时,后轮与前轮同方向偏转;低于某一预定值时,后轮与前轮反方向偏转。

3）按控制方式分类

（1）主动式四轮转向。在主动式四轮转向系统中,通过电子控制单元和传感器等组件,根据车速、转向角度、转向力等参数来实时控制前轮和后轮的转向角度。在低速行驶时,后轮会与前轮反向转向,以缩小车辆的转弯半径,提高操控性和转向灵活性。在高速行驶时,后轮会与前轮同向转向,以增加车辆的稳定性和高速操控性。主动式四轮转向系统市场使用广泛。

（2）被动式四轮转向。在被动式四轮转向系统中,通过机械连接件和几何设计实现后轮的转向。例如,通过连杆、橡胶套等连接前轮和后轮,使得后轮可以根据前轮的转向角度自动调整自己的转向角度。被动式四轮转向的操作不依赖于电子控制,而是通过车辆的运动和力学设计来实现。

5.2.2 电控电动式四轮转向系统

5.2.2.1 电控电动式四轮转向系统组成

电控电动式四轮转向系统也称为主动四轮转向系统,主动四轮转向系统已变成现代汽车的主流配置。电控电动式 4WS 系统是指采用电子控制、电动机助力的 4WS 系统,前后轮转向器均为电动助力,两转向器之间无任何机械连接装置及液压管道等部件,结构上相互独立。采用电子控制直接对前后轮的转向进行控制,具有前后轮转向角关系控制精确、控制自由度高、机构简单等优点。

典型电控电动式 4WS 系统主要由前后轮转向机构（前后轮转向执行器）、传感器（主、副后轮转角传感器,后轮转速传感器,车速传感器,主、副前轮转角传感器等）、电控单元（ECU）等组成,如图 5-20 所示。

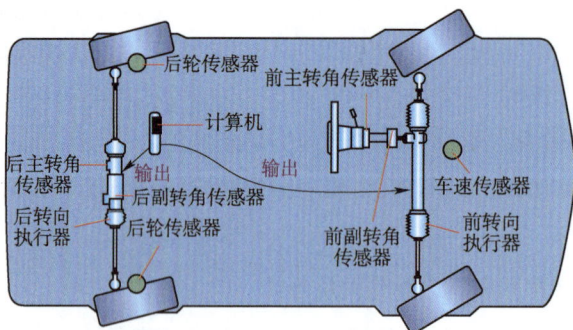

图 5-20　电控电动式 4WS 系统的组成

转向时,前轮转角、车速、横摆角速度传感器等信号送入 ECU 进行分析计算,ECU 确定后轮转角并向步进电动机输出驱动信号,通过后轮转向机构驱动后轮偏转以适应前轮转向,实现四轮转向。

1)传感器

传感器的功用是检测汽车转向时的有关运动物理量,并转换成电信号,输入到 ECU 中,供 ECU 进行分析计算。

(1)前、后轮转角传感器。

其分别安装在前、后轮转向机构靠近车轮的一侧,采用非接触型霍尔元件传感器,用来检测前、后车轮的瞬时偏转角。

(2)车速传感器。

车速传感器与自动变速器、ABS 等系统共用,将汽车前进速度检测出来,以脉冲信号的形式输出,送入四轮转向系统 ECU。

(3)车身横摆角速度传感器。

横摆角速度传感器与 ESP 等系统共用,以电信号的形式输入 ECU,ECU 输出控制信号,实时控制汽车的转向运动,保证汽车转向行驶时的动态稳定性。

2)电控单元(ECU)

ECU 是 4WS 系统的核心,其功用是根据制定的控制方案,按照编制的程序对各种传感器输入信号进行分析、计算、处理,输出一定的控制信号指令,驱动步进电动机动作。为保证控制系统可靠地工作,电控单元还必须采取有效的抗干扰措施和故障自诊断处理措施。

3)后轮转向执行器

后轮转向执行器包括一个通过循环球螺杆机械驱动转向齿条的电动机。执行器内的复位弹簧在点火开关关闭时或四轮转向系统失效时将后轮推到直线行驶位置。一个后轮转角传感器和一个副后轮转角传感器安装在后轮转向执行器的顶端。

电动机采用步进电动机,其功用是根据 ECU 的指令输出适宜的转矩和转角,驱动后轮转向机构,控制后轮的转向,是后轮转向系统中的驱动执行元件。步进电动机是一种数字控制电动机,将数字式电脉冲信号转换成角位移,控制性能好,非常适合于单片机控制。采用步进电动机的主要优点是:步进电动机的角位移与输入脉冲数严格成正比,随动性好,可与角度反馈环节组成高性能的闭环数控系统;动态响应快,易于实现起停、正反转及变速;具有自锁和保持转矩能力;结构简单,坚固耐用,抗干扰能力强。

4)减速机构

减速机构结构和功能与 EPS 系统一致。

5)后轮转向传动机构

不同的车型,后轮转向传动机构的结构形式也不一样,可采用传统的转向机构形式,也可根据汽车后悬结构和行驶转向要求,设计特定结构形式的后轮转向机构。

5.2.2.2 电控电动式四轮转向系统工作原理

图 5-21 所示为电控电动式四轮转向系统工作原理,当转动转向盘时,传感器(前轮转

角、车速、横摆角速度传感器)将前轮转向的信号和汽车运动的信号送入 ECU,ECU 进行分析计算,通过内部预设的控制模式,确定后轮转角,向电动机输出驱动信号,电动机动作,通过后轮转向机构控制驱动后轮偏转,前轮的转向控制与上述的 5.1.3 内容的 EPS 系统控制原理一致。同时,ECU 进行实时监测汽车状况,电控单元再根据后轮偏转机构中的主、辅偏转角传感器反馈信号,计算目标转向角与后轮实际转向角之间的差值,来实时调整后轮的转角,对后轮的偏转角进行修正以适应前轮转向。这样可以根据汽车的实际运动状态,实现汽车的四轮转向。

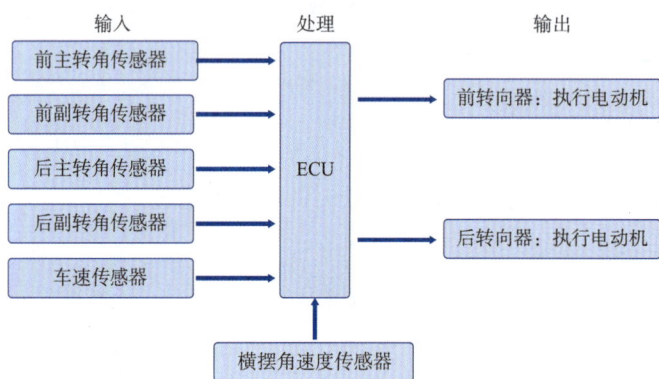

图 5-21　电控电动式四轮转向系统工作原理图

5.2.2.3　主动式四轮转向系统

如图 5-22 所示为奥迪汽车主动式四轮转向系统,属于电控电动式四轮转向系统,其后桥转向系统通过主动式调节元件更改后桥车轮的前束值和转向角度。车轮支架上的转向横拉杆与传统后桥一样,安装在橡胶金属轴承上。与传统车桥不同的是,转向横拉杆不是直接固定在副车架上,而是固定在主动式调节元件上。

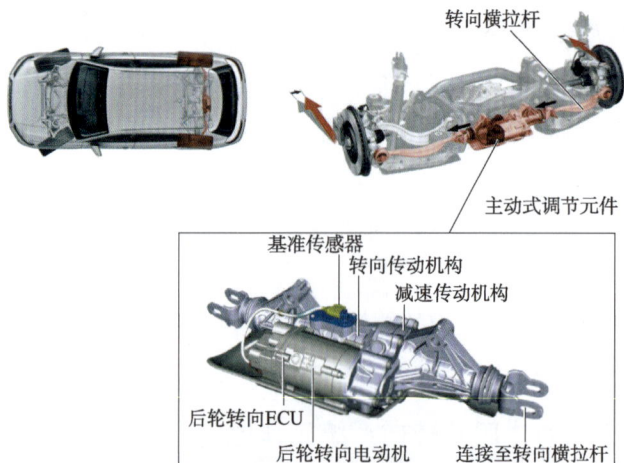

图 5-22　奥迪汽车主动式四轮转向系统后轮转向结构组成

奥迪汽车主动式四轮转向系统由转向传动机构、执行驱动装置(后轮转向电动机、减速传动机构)和电子调节系统(后轮转向 ECU、基准传感器等)组成,固定在副车架上,同时转动车轮相同的转向角。由于前束角度最多更改约 5°,因此不像前桥一样需要使用摆动轴承。通过摆臂与车轮支架之间轴承元件的弹性实现改动角度。

1)转向传动机构

传动机构为螺杆螺母机构,电动机通过驱动皮带驱动螺杆螺母,螺杆螺母的转动运动转换成螺杆的直线运动。相连的转向横拉杆将这种直线运动传递到车轮支架上,车轮一同向右或向左转动。

2)基准传感器

基准传感器测定零位位置,即螺杆驱动装置的"中间位置":不在转向位置或是处于不偏不倚的状态。该传感器按照霍尔原理工作,为此,螺杆配有一个轴颈,它固定在永久磁铁上,如图 5-23 所示。在零位位置区域内以小幅角度范围识别螺杆位置。在真正霍尔式传感器的"上游",传感器电路板上有两个额外的霍尔开关,用于识别螺杆运动方向。

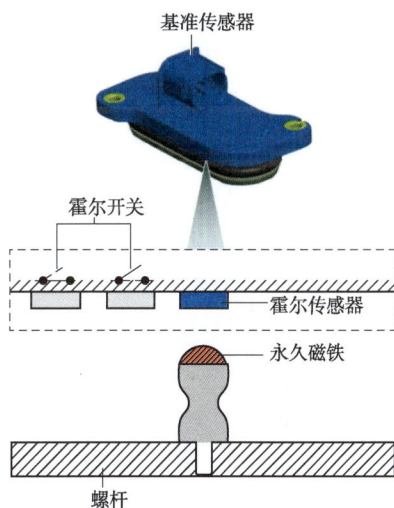

图 5-23　基准传感器结构

3)后轮转向电动机

后轮转向电动机的作用是调节后轮转向驱动机构。电动机采用三相交流无刷同步电动机,电动机内部有控制单元用于将直流电转换成三相交流电,同时电动机中内置一个转子位置传感器,用于精确记录转子的位置。

4)后桥转向 ECU

该控制单元作为小电阻终端共享单元连接在 FlexRay 总线上,根据定义的输入端信息计算电动机所需的触发电流。控制单位内部 AC/DC 变换器提供用于触发电动机的交变电压。

奥迪汽车主动四轮转向系统工作原理如图 5-24 所示。ABS 控制单元 J104 将车轮速度以信息形式发送到 FlexRay 总线上。转角传感器 G85 记录转向角,同时以信息形式发送到 FlexRay 总线上。后桥转向系统控制单元 J1019 根据车速和前桥车轮转向角的这两个"指导性信息"测定后桥上所需的转向角。

5.2.2.4　基于轮毂电机的电动汽车四轮转向系统

随着底盘模块化和电动化的发展,转向系统、驱动系统和制动系统都可以采用电子线控的方式。目前,市场上有一种全新的四轮独立驱动/转向电动汽车(4WID-4WIS EV),由四个电子线控模块组成,其转向角和驱动/制动力矩可以被独立控制,该类型电动汽车是基于轮毂电机与转向电机的四轮独立驱动、四轮独立转向。

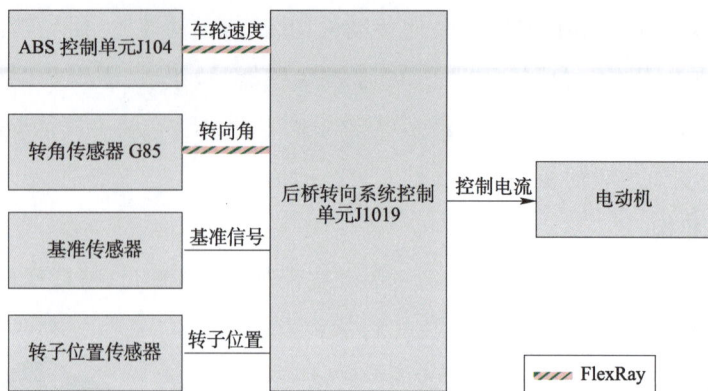

图 5-24 奥迪汽车四轮转向系统工作原理

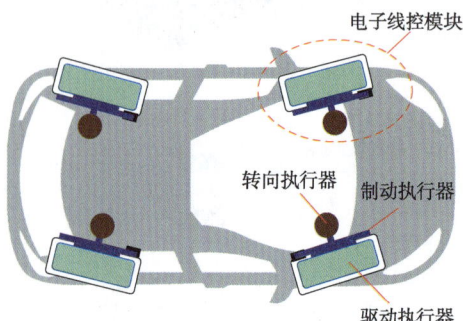

图 5-25 四轮独立驱动/转向电动汽车的底盘配置

如图 5-25 所示，4WID-4WIS EV 由四个集成了转向、驱动、制动和悬架系统的线控模块组成。线控模块中包括三种执行器：线控转向执行器、线控驱动执行器和线控制动执行器。线控转向执行器通常与转向主销集成在一起，该主销可以是虚拟主销亦可是悬架系统的一个部件。与轮毂集成的轮毂电机通常作为线控驱动执行器，与传统的集中式驱动系统相比，取消了减速器、差速器和半轴。电动液力制动系统（EHB）和电动机械制动系统（EMB）通常作为线控制动执行器。由于采用电子线控模块，转向角和驱动/制动力矩可以被独立控制，因此，4WID-4WIS EV 相比于传统车辆有更多的自由度，这使其有更多的转向和运动模式。

4WID-4WIS 电动汽车是一种多执行器、多控制自由度的特殊电动车辆，4 个车轮的驱动、制动和转向都独立可控，可实现主动后轮转向、直接横摆力矩控制等功能，有利于提高车辆低速行驶机动性与高速行驶操纵稳定性，是一种理想的无人驾驶汽车车型。与传统汽车相比，该种类型的电动汽车在车辆节能控制、操纵稳定性控制等方面具有无可比拟的优势。这种新型电动汽车的优势如下：

（1）基于轮毂电机的 4WID 系统（简称 4WID 系统或驱动系统），由内嵌于轮毂中的电机直接控制车轮转矩，可轻松实现汽车的独立驱动与独立制动，无需使用传统汽车的离合器、变速器等传动机构，这样不仅提高了传动效率，也为防抱死制动系统、牵引力控制系统等多种汽车主动安全系统的设计带来了便利。通过双驱/四驱、前驱/后驱行驶模式间的转换，能够更加充分地发挥电动汽车在动力性和经济性上的优势。

（2）基于转向电机的 4WIS 系统，放弃了转向梯形的机械结构，避免了机械结构对车轮转角的限制。此外，车轮转角可独立控制的特点使得主动前轮转向（Active Front Steering，AFS）、四轮转向（4WS）等主动转向技术，以及横移、原地转向等一些特殊转向工况可以轻易实现,满足不同环境下对车辆机动性的不同要求。基于轮毂电机及转向电机的 4WID-4WIS 电动汽车至少具有 8 个可控自由度,可同时满足多种车辆动力学优化目标。此外,通过协调或集成控制技术,可实现多种车辆主动安全技术间的配合,达到动力性与经济性、稳定性与机动性间的相互协调,以及车辆性能的综合最优。

(3)基于轮毂电机及转向电机的 4WID-4WIS 电动汽车不但具有其他类型电动汽车节能、环保的特点,还具有易于实现多种驾驶模式以及各种车辆主动安全功能的独有特色。另外,4WID-4WIS 协调控制系统在汽车稳定性提高、极限工况车道保持、驱动防滑等方面均能取得很好的控制效果,对于车辆行驶安全性的提升效果显著。从长远角度来看,4WID-4WIS 电动汽车具有很好的发展前景,符合汽车行业的未来趋势。

▶ **线上学习资源**

1. 线上微课

电控四轮转向系统结构原理(上)	四轮转向原理
电控四轮转向系统结构原理(下)	

2. 线上作业

任务 5.2 线上作业

3. 线上测试

任务 5.2 线上测试

▶ **素养课堂**

汽车转向发展史之如何让
汽车像螃蟹一样行车

模块 6

汽车电控悬架系统检修

🔘 模块导学

1. 目标要求

汽车底盘技术已从传统底盘发展到电动底盘,并且智能底盘技术初步实现应用。电控悬架作为汽车底盘技术的重要系统,提高了车辆对不同路面及行驶状况的适应能力,满足了消费者对汽车舒适性和操控性越来越高的要求,已成为主流市场热门配置之一。本模块主要学习汽车电控空气悬架系统的结构、原理、控制电路与检测方法;学习电磁控制悬架系统的结构和原理;具备对汽车电控悬架系统进行检修的职业能力。

2. 任务分解

本模块分为 1 个任务和 1 个实训项目:

任务　电控悬架系统检修	实训项目　汽车电控空气悬架系统检修

3. 情境导入

●**车辆概况**:维修记录显示,2023 年 6 月 26 日,客户郭先生的一辆奥迪 A8 汽车送至我处维修。该车配备电控悬架,行驶里程 55000km。

●**故障描述**:郭先生反映,感觉爱车的电控悬架始终在最低位置,不能进行高度自动调节,车辆在驶过一段颠簸路面后,悬架故障灯点亮,悬架系统无法正常升降以调节车身高度,甚至车轮上部与叶子板干涉。

作为一名汽车专业技师,请思考如下问题:

（1）汽车电控悬架系统的类型有哪些？

（2）分析汽车电控空气悬架系统的结构原理。

（3）分析典型汽车电控空气悬架的控制电路原理。

（4）查阅典型车辆维修手册，描述电控悬架系统故障检修的注意事项。

任务　电控悬架系统检修

6.1.1　电控悬架系统功能和类型

汽车电控悬架系统（Electronic Controlled Suspension System，ECSS）是智能底盘系统中的重要组成部分，又称为电子调节悬架系统（Electronic Modulated Suspension System，EMSS），在不同路况和驾驶情境下，通过调节悬架的刚度、阻尼以及车身高度，为用户带来更加舒适和稳定的行驶感受。

6.1.1.1　电控悬架系统的功能

电控悬架系统的基本功用是通过自动调节悬架的刚度和阻尼力系数，以及对车身姿态、车身高度的调整，使汽车的悬架特性与道路状况和行驶状态相适宜，从而使汽车的乘坐舒适性和操纵稳定性都得到提高。

1）刚度和阻尼系数随车速与路面变化的控制

当汽车处于高速行驶时，可以自动提高悬架的弹性刚度和减振器的阻尼系数，以提高汽车高速行驶时的操纵稳定性。当前轮遇到障碍物时，可减小后轮悬架弹簧刚度和减振器阻尼系数，以衰减车身的振动和冲击。当汽车行驶在恶劣的路面上时，可以降低弹簧刚度和减振器阻尼系数，以抑制车身的振动。

2）车身姿态的控制

在车辆急转向时，可以提高弹簧刚度和减振器阻尼系数，以抑制车身的侧倾。制动时点头控制：紧急制动时，可以提高弹簧刚度和减振器阻尼系数，以抑制车身的点头。加速时后坐控制：急加速时，提高弹簧刚度和减振器阻尼系数，以抑制车身的后坐。

3）车高调节功能

不管车辆负载在规定范围内如何变化，都可以保持汽车高度一定，车身保持水平，可大大减少汽车在转向时产生的侧倾。当车辆在凹凸不平的道路上行驶时可提高车身高度，当车辆高速行驶时又可使车身高度降低,以减少风阻并提高车辆的操纵稳定性。

6.1.1.2 电控悬架系统的类型

现代汽车配置的电控悬架系统类型很多,根据刚度和阻尼系数是否可调分为主动悬架、半主动悬架和被动悬架。根据传力介质的不同,可分为电控空气悬架系统和电磁控制悬架系统。目前,轿车上采用的悬架系统主要有半主动悬架系统和全主动悬架系统两种。

仅悬架刚度或阻尼之一可调的悬架称为半主动悬架,能够根据汽车行驶过程中的振动及工况变化自动调整悬架的刚度或者阻尼,这种调整通常在几毫秒内完成,确保汽车的振动频率维持在一个理想的范围内。而全主动悬架,或称主动悬架,能够根据汽车的载荷质量、路面状况、行驶速度以及运行工况的变化自动调整悬架的刚度和阻尼以及车身高度。尽管全主动悬架能够同时满足汽车在行驶平顺性和操纵稳定性等多方面的需求,但半主动悬架因其成本较低且性能接近全主动悬架系统,具有可靠的故障状态适应能力,成为当前市场的主流选择。

目前,市场主流车型采用的是电控空气悬架系统,是用四个空气弹簧替代了传统的螺旋弹簧,根据压缩空气所用容器不同,空气弹簧分为囊式和膜式两种形式,如图 6-1 所示。囊式空气弹簧是由夹有帘线的橡胶气囊和封闭在其中的压缩空气所组成。气囊的内层用气密性好的橡胶制成,而外层则用耐油橡胶制成。节与节之间围有钢制的腰环,使中间部分不会有径向扩张,并防止两节之间相互摩擦。而膜式空气弹簧的密闭气囊由橡胶膜片和金属制件组成,会产生径向扩张。

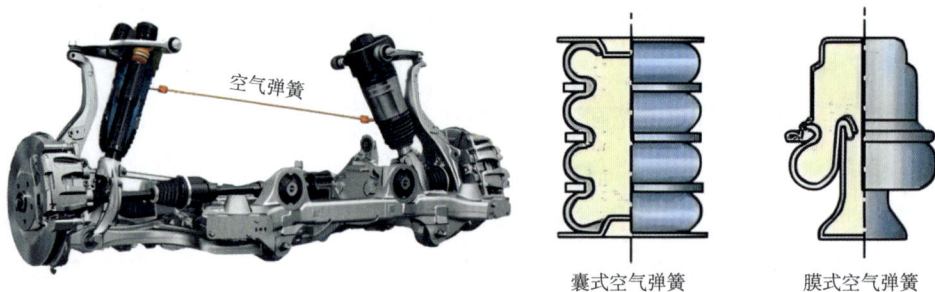

空气弹簧

囊式空气弹簧　　　　膜式空气弹簧

图 6-1　空气弹簧

现在,越来越多的车型都配备了电控空气悬架系统,如奔驰 S 级、宝马 7 系、奥迪 A8 等豪华轿车。新能源汽车安装电控空气悬架系统也越来越普遍,如比亚迪、小鹏、理想等。极氪001 汽车的空气悬架系统采用了双腔空气弹簧结构,具有高度可调、主动调节阻尼和刚度等特性。这种空气悬架系统不仅可以提高车辆的舒适性和操控性,还可以在复杂路况下提供更好的通过性和行驶稳定性。理想 L9 标配的自研自适应空气悬架系统,让车身高低调节范围达到了 80mm。智己 LS7 空气悬架系统配有空气悬架和电子减振器,可以自动调节刚度大小、控制车轮的侧倾和点头等,空气悬架和电磁动态阻尼调节系统相互配合,提高极限性能和舒适性。

随着科技创新和新质生产力的发展,比亚迪主动悬架系统并未选择借助空气弹簧来实现各自的独有特性,而是创新采用云辇 P 悬架系统,采用一套液压车身控制系统,四个减振器内部的液压管路彼此连通,靠液力实现车身升降;油液通路中布置有多个油气弹簧等组件,各自承担刚度调节、阻尼调节、抗冲击等作用。

6.1.2 电控空气悬架系统组成和原理

电控空气悬架系统主要包括以下几个关键部分。

(1)**空气弹簧**。不同于传统的钢制弹簧,空气弹簧使用压缩空气作为弹性介质。它们能够根据需要改变内部压力,从而改变车辆的高度和支持力。

(2)**可变阻尼减振器**。这种减振器可以根据路面状况和驾驶模式调整其硬度,从而在不同的行驶条件下提供最佳的乘坐体验。

(3)**传感器**。包括车身高度传感器、加速度传感器等,用于监测车辆状态并提供实时数据给控制系统。

(4)**电子控制单元(ECU)**。作为系统的"大脑",负责接收来自各个传感器的数据,并根据预设算法发出指令,调整悬架的工作状态。

(5)**执行器(执行机构)**。如电磁阀,它们响应 ECU 的命令,控制空气弹簧或减振器的不同工作状态。

(6)**空气压缩机总成**。为整个系统提供必要的压缩空气源。

(7)**蓄压器**。储存额外的压缩空气,在需要时快速供应给空气弹簧。

6.1.2.1 传感器

传感器主要有车身高度传感器、压缩机温度传感器、空气压力传感器、车速传感器、加速度传感器、转角传感器等。开关有模式选择开关、制动灯开关、停车开关、车门开关、高度控制开关等。传感器和开关随时向 ECU 传递车辆状态。转向盘转角传感器与 EPS 系统共用,加速度传感器与 ESP 系统共用,详见模块 4 中 4.2.2 节的内容,车速传感器的结构原理详见模块 2 中 2.1.6 节内容。

1)车身高度传感器

(1)光电式车身高度传感器。

车身高度传感器的功用是将车身与车桥之间高度的相对变化(悬架高度变形量的不同)转换为电信号并传送给电控单元。车身高度传感器常用的形式有电磁式、霍尔式和光电式传感器。其中,光电式车身高度传感器在电控悬架中的应用广泛,这种传感器一般安装在车身与车桥之间,其安装位置和工作原理如图 6-2 所示。光电式车身高度传感器内部有由连接杆带动的转动轴,轴上固定一个带槽孔的圆盘。圆盘两侧对称安装有 4 组发光二极管和光敏晶体管,组成 4 对光电耦合器(Tr1、Tr2、Tr3、Tr4)。当车身高度发生变化时,车身与车轮的相对运动使车身高度传感器的连接杆转动,通过传感器转动轴带动带槽孔的圆盘转动。当圆盘上的槽孔对准耦合器时,发光二极管发出的光线通过该槽孔使光敏晶体管受光导通,输出"通"(ON)信号,反之则输出"断"(OFF)信号。利用这 4 对光电耦合器通与断的组合变化,就可以对车身高度的变化进行检测。

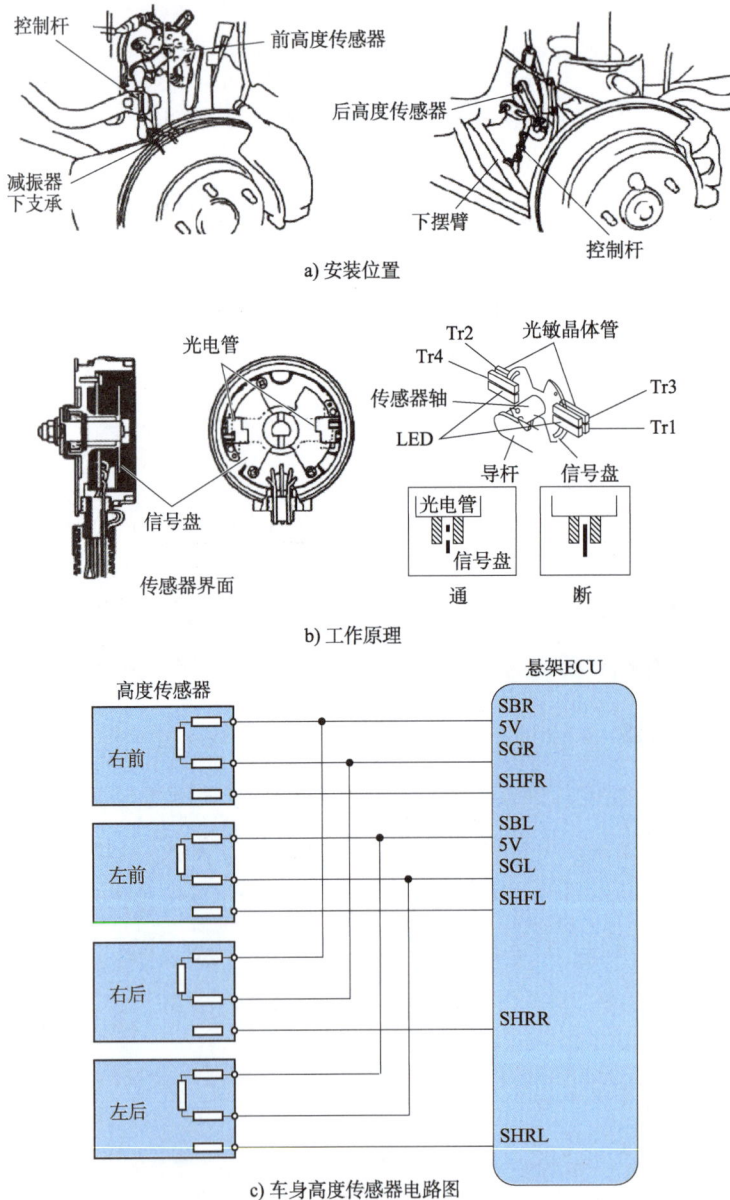

a) 安装位置

b) 工作原理

c) 车身高度传感器电路图

图 6-2　车身高度传感器安装位置与结构原理图

（2）电磁式车身高度传感器。

该类型车身高度传感器主要由定子和转子构成，如图 6-3 所示。定子由一个多层电路板构成，其上有励磁线圈和 3 个接收线圈以及控制/电子解析单元；3 个接收线圈为星型且采用偏置布置方式；励磁线圈位于电路板（定子）的背面；转子连接着执行杆并随其运转；闭合导线圈位于转子上；导线圈的几何形状与三个接收线圈相同。

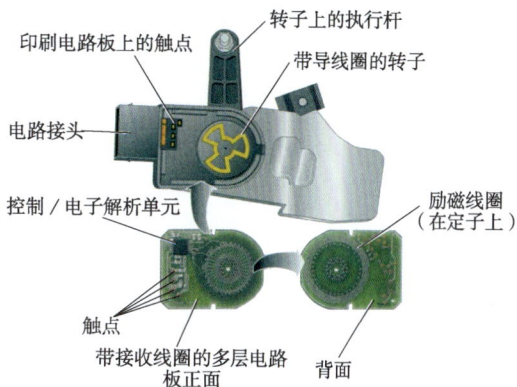

图 6-3　车身高度传感器的内部结构

车身高度传感器的原理如图 6-4 所示，交变电流流经励磁线圈（定子）后产生一个励磁线圈的交变电磁场（初级磁场）。该交变磁场穿过转子的导线圈，转子导线圈中感应出来的电流反过来也会产生一个转子导线圈交变磁场（次级磁场）。励磁线圈与转子的交变磁场作用在 3 个接收线圈上，并在其上感应出与位置相关的交流电压（AC 电压）。转子中的感应与转子的角度位置无关，接收线圈的感应取决于它们到转子的距离，也就是它们与转子的相对角度位置。由于转子与各个接收线圈的交叠随角度位置而变化，所以，接收线圈中的感应电压幅值也随着它们的角度位置而变化，如图 6-5 所示。电子解析单元将接收线圈的交流电压进行整流和放大并使之与三个接收线圈的输出电压成比例（成比例测量）。在该电压求值后，结果被转换成高度传感器的输出信号，并提供给控制单元进行下一步处理。

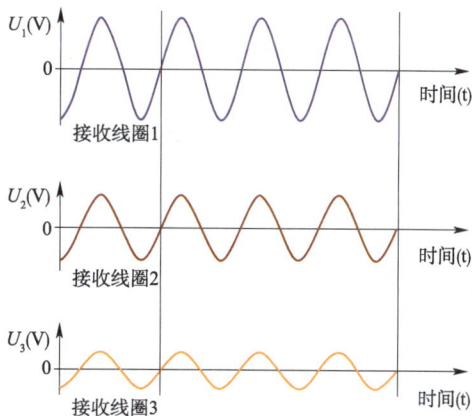

图 6-4　车身高度传感器工作原理　　图 6-5　取决于转子位置的接收线圈电压幅值

车身高度传感器电路图如图 6-6 所示，共有三根线，其中一根为电源线，一根为搭铁线，第三根为信号线,信号为 PWM(脉冲宽度调制)信号。

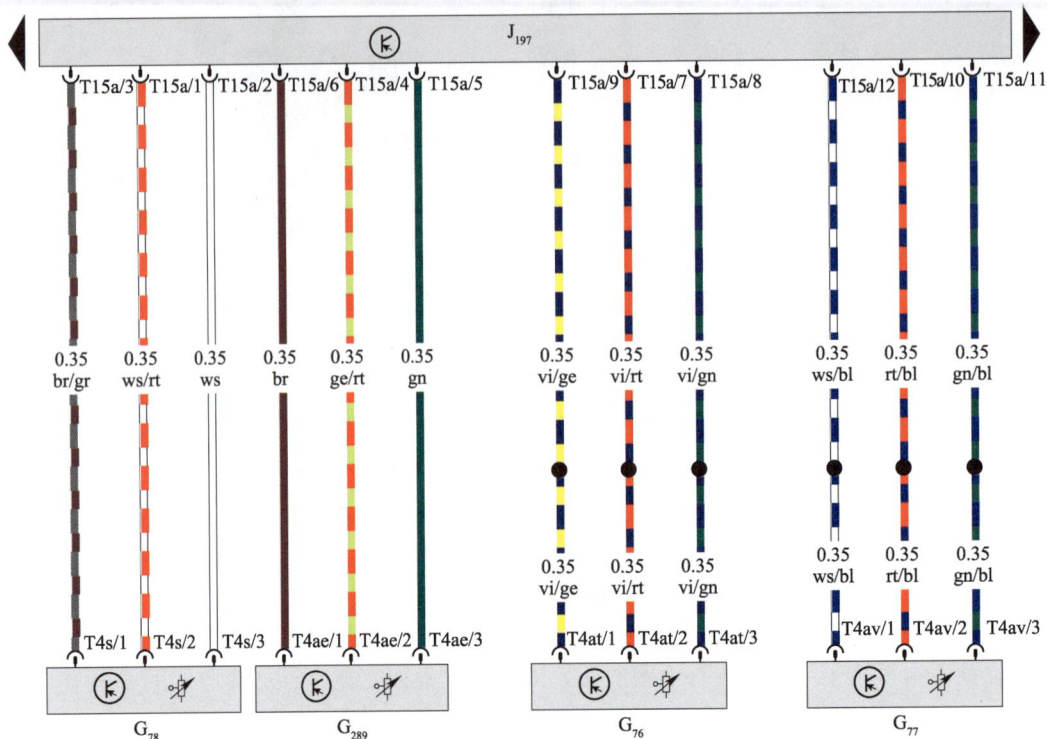

图 6-6　车身高度传感器电路

2)压缩机温度传感器

压缩机温度传感器用于探测压缩机缸盖上的温度。它的电阻采用负温度系数电阻,随温度的升高急剧降低,与常规温度传感器结构一样。空气压缩机最大运行时间取决于当前温度。当压缩机温度超过最大许可值后,控制单元切断压缩机并禁止它启动,维修时不得单独更换零件。

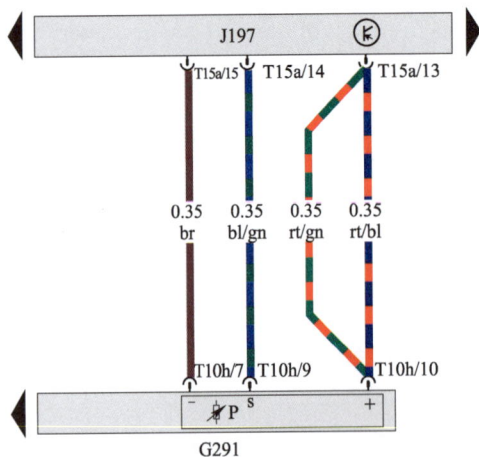

图 6-7　空气压力传感器电路

G291-空气压力传感器;J197-控制单元

3)空气压力传感器

空气压力传感器,监控储压器与空气弹簧中的压力变化。传感器产生正比于压力的电压信号,传感器电路如图 6-7 所示,共有三根线,分别为电源线、搭铁线、信号线,控制单元根据此传感器信号进行控制工作。这个压力值如果过大,悬架控制单元就会释放一部分气体,以免系统压力过大导致悬架损坏;当系统压力值过小时,控制单元就会控制空气泵进行打气来建立压力,保证悬架内或储气罐内气体充足。

4)车门开关

车门开关是为了防止行驶过程中车门未关闭而设置的,用于判断车门的开启和关闭信号。

5)高度控制开关

高度控制开关是用来选择汽车高度的,电子控制单元可检测高度控制开关的状态和相应信号使汽车高度升高或下降,可用于人为地选择开启或停止车高控制。

6)模式选择开关

有些车型设有模式选择开关,位于换挡杆旁,驾驶人根据汽车的行驶状况和路面情况选择悬架的运行模式,通过控制模式选择开关,可使悬架系统在不同模式下运行,车型不同,控制模式不一样。如雷克萨斯车型分为 4 种模式:自动、标准;自动、运动;手动、标准;手动、运动。当选择自动挡时,悬架系统可以根据汽车的行驶状态自动调节减振器的阻尼系数,从而保证汽车乘坐的舒适性和操纵的稳定性;当选择手动挡时,悬架系统的阻尼系数只有标准和运动两种状态的转换。

6.1.2.2 控制单元(ECU)

电控悬架系统的控制中心是控制单元(ECU),ECU 通过传感器和 CAN 总线采集高度、速度、转向盘转角、驾驶模式等作为输入信号,经过算法处理,经由驱动电路控制电磁阀通断电时间或电流大小,进而调节对空气弹簧的充气、放气,或调节减振器阻尼力,达到调节悬架刚度和阻尼、调节车身高度、车身姿态的作用。

6.1.2.3 执行器

执行器主要有空气压缩机、可调节车身高度的控制阀、刚度大小可调节的悬架控制执行器、可调阻尼力减振器等,不同车型的执行器基本大同小异。

1)空气压缩机

车身高度是由空气压缩机气缸内的压缩空气量来决定的,随着气缸内压缩空气量的增多而增高,随着气缸内压缩空气量的减少而降低。空气压缩机总成包括空气压缩机、排气电磁阀、干燥器、电动机等。空气压缩机工作由电子控制单元(ECU)进行控制,用来提供车身高度调节所需的压缩空气。

2)悬架控制执行器

如图 6-8 所示为早期雷克萨斯车型 LS400 电控空

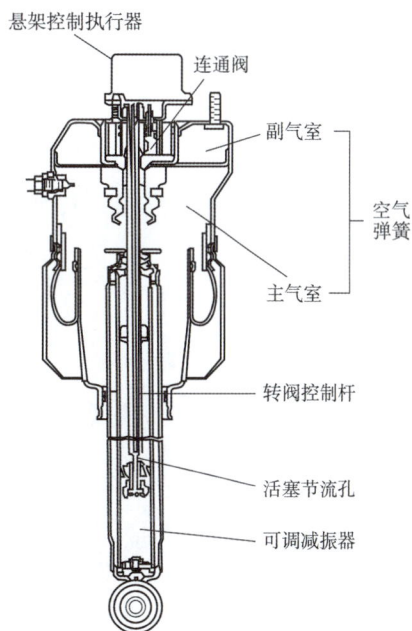

图 6-8 电控空气悬架基本结构组成

气悬架的基本结构组成,该类型悬架控制执行器将调节车身高度、悬架刚度、阻尼的功能集成为一体。如图6-9所示为悬架控制执行器的结构,悬架控制执行器安装在空气弹簧与减振器总成的上部,由驱动电机、传动齿轮、小齿轮和2根输出轴组成。2根输出轴分别连接减振器回转阀控制杆和空气弹簧空气阀控制杆。减振器内设有回转阀,回转阀在控制杆的带动下旋转。当回转阀转角发生变化时,减振器阻尼系数随之发生变化。

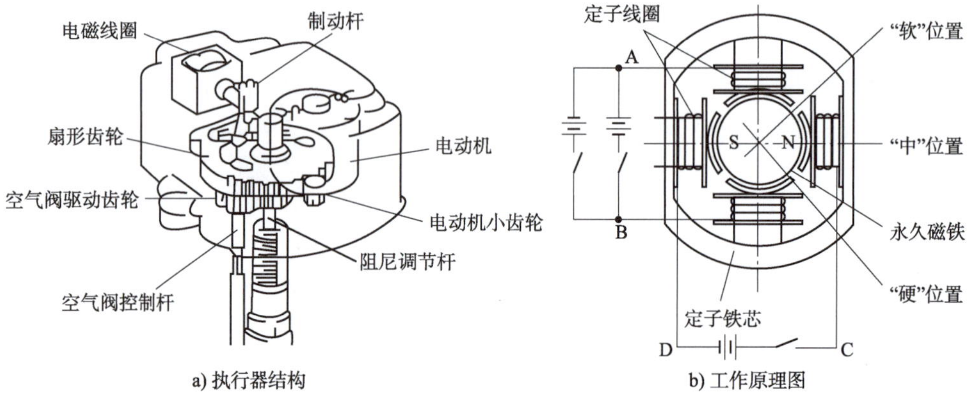

图6-9　悬架控制执行器的结构及其工作原理示意图

空气弹簧的空气阀在控制杆的驱动下打开或关闭空气弹簧气室与高度控制阀的通道,使压缩空气进入或排出,从而改变空气弹簧的刚度及车身高度。

悬架控制执行器是通过电动机驱动主、副气室的空气阀阀芯和减振器阻尼孔的回转阀转动,使悬架的各参数保持在稳定的状态。当电动机带动小齿轮驱动扇形齿轮转动时,与扇形齿轮同轴的阻尼调节杆带动回转阀转动,使阻尼孔开闭角度发生变化,从而可以调节减振器阻尼系数。同时,阻尼调节杆驱动齿轮带动空气阀驱动齿轮转动,空气阀控制杆转动,随着阀芯角度的改变,悬架的刚度系数也得到改变。当电磁线圈控制的电磁制动开关松开时,制动杆处于扇形齿轮的滑槽内,扇形齿轮可以转动。当电磁制动开关吸合时,制动杆往回拉,各齿轮处于锁止状态,各转阀均不能转动,使悬架的参数保持稳定状态。

(1)空气悬架刚度的调节原理。

空气弹簧刚度调节原理如图6-10所示。主气室是可变容积的,在它的下部有一个可伸缩的橡皮隔膜,压缩空气进入主气室可升高悬架的高度,反之使悬架高度下降。主、副气室设计成一体既节省空间,又减轻了质量。悬架的上端与车架相连,下端与车桥相连。主气室与副气室之间有一个通道供气体相互流动。改变主气室与副气室通道的大小,就可以改变空气悬架刚度的大小。主气室与副气室之间的通道通过空气阀芯处于不同的位置,可实现空气弹簧处于低、中、高3种刚度调节状态,即软、中、硬3个刚度状态。

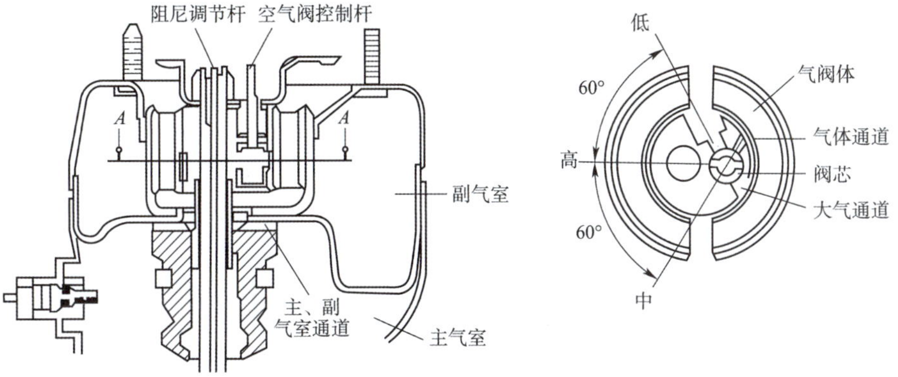

图 6-10　空气弹簧刚度调节原理

（2）空气悬架阻尼系数的调节原理。

悬架阻尼系数的调节是通过改变减振器阻尼孔截面积的大小来实现的。可调节阻尼系数减振器主要由缸筒、活塞及活塞控制杆、回转阀等构成，调节原理如图 6-11 所示。与减振器阻尼调节杆连接的回转阀上共有 3 个阻尼孔，悬架控制执行器驱动阻尼调节杆转动，从而使回转阀转动，开闭 3 个阻尼孔，使回转阀与活塞杆上的油孔连通或切断，改变油路截面，促使油液的流动阻力改变，达到调节减振器阻尼孔系数的目的，实现高、中、低 3 个工作状态的调节。

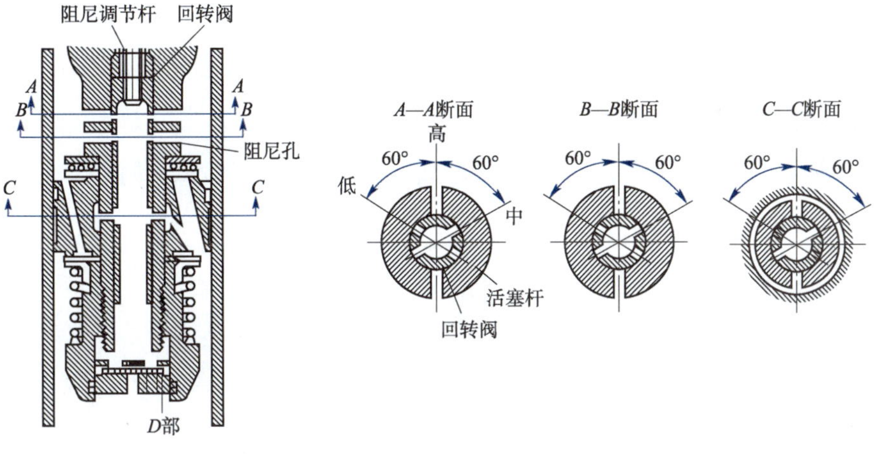

图 6-11　悬架阻尼系数调节原理

当 3 个截面 A、B、C 的阻尼孔全部被回转阀封住时，只有减振器下方的主阻尼孔（D 部）工作，减振器的阻尼最大，阻尼处于"高"状态。回转阀从"高"状态顺时针转动 60°，则 B 截面的阻尼孔打开，A、C 截面的阻尼孔仍关闭，减振器的阻尼处于"中"状态。回转阀从"高"状态逆时针转动 60°，则 3 个截面的阻尼孔全部打开，减振器处于"低"状态。

（3）车身高度的控制原理。

车身高度控制装置的工作是通过向空气弹簧的主气室内充放气体来实现车身高度的调

节。它一般由空气压缩机、直流电动机、高度控制电磁阀、排气电磁阀、空气干燥器等组成，如图 6-12 所示。空气压缩机由直流电动机驱动，根据需要向主气室内提供升高车身所必需的压缩空气。空气干燥器可以将空气中的水分过滤掉。排气电磁阀可以从系统中放出压缩空气，同时排掉空气干燥器滤出的水分。

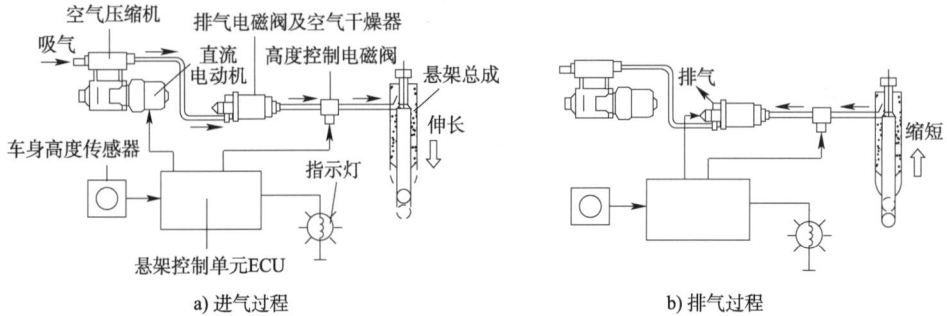

图 6-12　车身高度控制原理图

悬架控制单元 ECU 根据车身高度传感器送来的信号来判断车身的高度状况，当判定车身需要升高时，向高度控制阀发出指令，高度控制阀打开，压缩空气进入空气弹簧的主气室，车身升高；当判定车身需要降低时，发出指令，控制高度控制阀和排气阀同时通电打开，悬架的主气室中的空气通过高度控制阀、管路，最后由排气阀排出，车身高度下降；当车身达到规定高度时，高度控制阀关闭，空气弹簧的主气室中的空气量保持不变，车身维持一定高度不变。

3) 可调阻尼力减振器

目前空气悬架的减振器，多采用可调阻尼减振器，也称为连续可调减振器，如大众、奥迪车型多采用此种类型减振器。通过调节减振器阻尼大小，实现悬架阻尼在软、中、硬之间进行自动调节，从而使悬架刚度和阻尼最优配合。

目前，可调阻尼减振器主要有两个发展方向，一种是在减振器结构上做改变，另一种则是采用特殊的减振器油液，即电磁悬架系统的减振器油液，将在 6.1.4 中介绍。在减振器结构上做改变是目前比较主流的方式，这类减振器通过在活塞或减振器内外腔室间增加电磁阀来改变减振器动作时流体流动的阻力，进而使减振器消耗的振动能量增加或减少，使其阻尼特性发生变化，本质上也是通过阻尼孔的开度来实现。在奥迪、宝马、别克、凯迪拉克等品牌上都有使用。

可调阻尼减振器（Continuous Damping Control，CDC），意为连续减振控制。其结构原理如图 6-13 所示，活塞中的主减振阀是通过弹簧来预张紧的，在该阀的上面有一个电磁线圈，连接电缆通过中空的活塞杆通往外部。减振的阻尼力大小主要由主减振阀的液体流动阻力来决定。流过主减振阀的液压油的阻力越大，减振的阻尼力也就越大。

图 6-13　可调阻尼减振器的基本结构和工作原理

减振的基本工作原理(以减振器压缩过程为例):活塞总成在缸套内以速度 V 向下运动,主减振阀下面油腔内的机油压力就升高了。电磁线圈一旦通上了电,电磁力 F_M 会克服弹簧力 F_F 并使该力增大。当电磁力与机油压力的和($F_M + F_P$)超过了弹簧力 F_F 时,就会产生一个 F_R 力,这个力会打开主减振阀。电磁力的大小可以根据电流的大小来进行调节。电流越大,液压油的流过阻力和减振阻尼力也就越小。电磁线圈未通电时,减振阻尼力最大。在减振阻尼力最小时,电磁线圈要通上约 1800mA 的电流。在应急状态时,电磁线圈是不通电的。这时减振阻尼力被设定在最大状态,以便保证动态行驶稳定性。

6.1.2.4　电控空气悬架系统的工作原理

电控空气悬架系统的一般工作原理如图 6-14 所示,悬架控制单元 ECU 首先通过车身高度传感器、加速度传感器等装置,实时检测车辆的行驶状态及车身姿态。这些传感器将收集到的信息转换为电信号,传送给控制单元 ECU,ECU 根据预设的算法对信号进行分析处理,计算机通过驱动电路控制悬架系统的执行器动作,完成悬架特性参数的调整,及时调整悬架的刚度、阻尼及车身高度,以确保汽车在行驶过程中的操纵稳定性和平顺性。

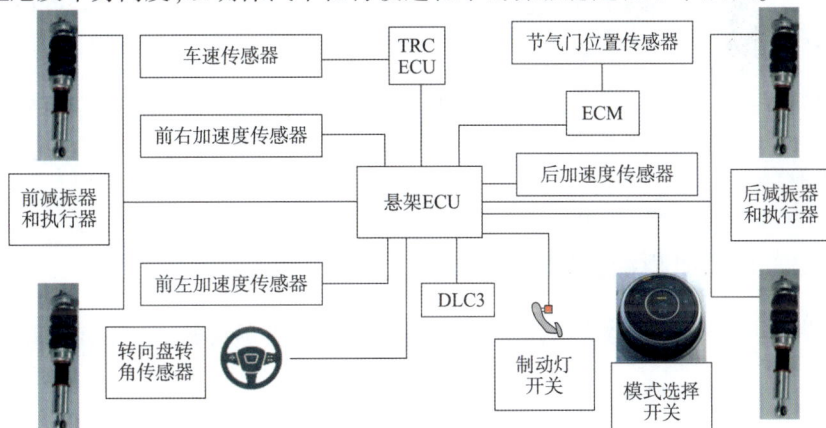

图 6-14　电控空气悬架系统工作原理

6.1.3 典型车型电控空气悬架系统结构及原理

以奥迪汽车为例,该悬架能够调整车身高度和减振器阻尼力,属于半主动控制悬架,系统有 4 种工作模式,分别为自动、舒适、动态、提升模式,可以手动或自动选择。系统主要由前桥空气悬架支柱总成、后桥空气悬架支柱总成、空气悬架控制单元、前车身高度传感器、后车身高度传感器、车身加速度传感器、空气供给总成、蓄压器、电磁阀体等部件组成,如图 6-15 所示。

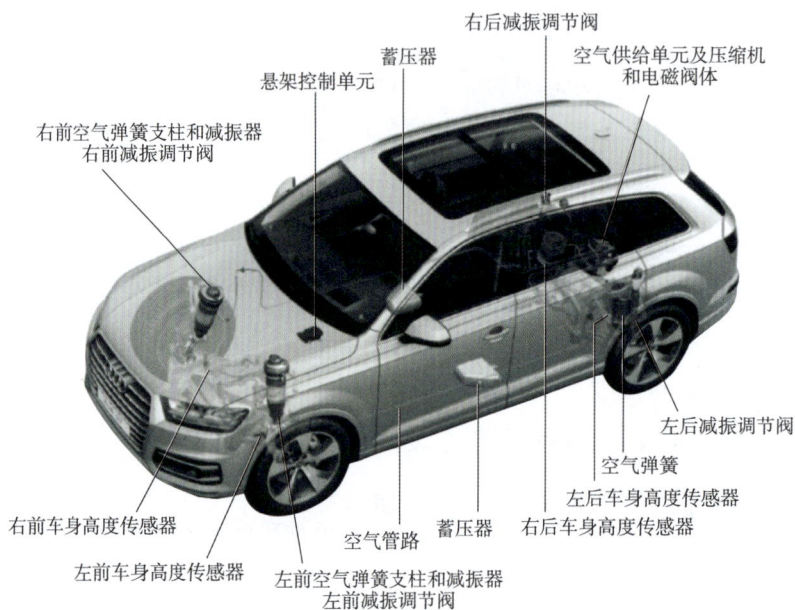

图 6-15 奥迪电控空气悬架系统主要组成

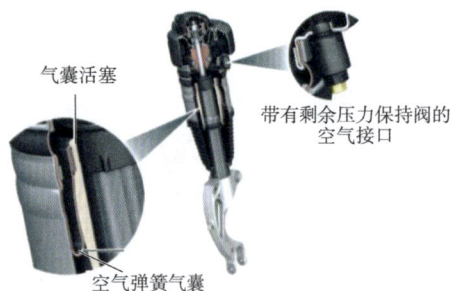

图 6-16 奥迪前后桥空气弹簧支柱

6.1.3.1 悬架支柱总成

空气悬架支柱总成含空气弹簧和减振器,4 个空气悬架支柱总成的结构基本相同。空气弹簧气囊裹在充气减振器外部(双管式充气减振器)。空气弹簧是封装式的,包在一个铝制缸体内,如图 6-16所示。

6.1.3.2 可调阻尼减振器

该减振器采用的是双管式充气减振器,具有电动连续可调功能,即可调阻尼减振器。

6.1.3.3 空气供给总成

空气供给总成安装在发动机舱内左前部,最大静态系统压力为 1.6MPa。如图 6-17 所示,此供给系统包括:带有电动机的压缩机单元、压缩机、空气干燥器、余压维持单元(剩余压力保持阀)、最大压力限制器、排放回路/阀、带空气滤清器的消音器、压缩机温度传感器(用于过热保护的温度传感器)、带有压力释放阀的气动排放阀以及电磁阀体等。空气经由行李舱给压缩机供气。空气经由消音器/滤清器吸入,然后进行清洁并排出。为了防止压缩机过热,设有压缩机温度传感器,在必要时(气缸盖温度太高)空气供给总成会被切断,确保在各种气候与驾驶条件下为空气悬架供气。

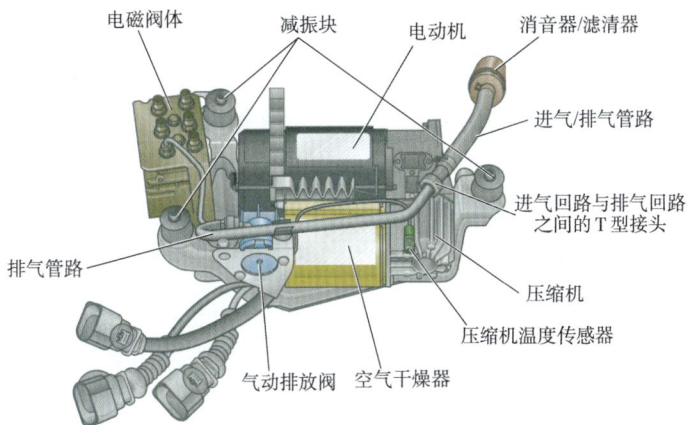

图 6-17　空气供给系统总成的结构组成

1)压缩机单元总成

如图 6-18 所示,压缩机单元总成主要包括带有电动机的压缩机单元、压缩机、空气干燥器、最大压力限制阀、排放阀等元件。排放阀 N111、带有压力限制阀的气动排放阀和 3 个止回阀都集成在空气干燥器壳体中。压缩机温度传感器用来控制避免过热,压缩机在超过一定温度后会切断。其工作过程(以后桥为例)如下:

图 6-18　压缩机单元总成

（1）进气。

当活塞向上运动时，空气经过消音器/滤清器从进气接头被吸入曲轴箱。气缸中活塞上方的空气被压缩，然后通过止回阀 1 流入空气干燥器。经过压缩和干燥后的空气通过止回阀 2 和压力接头进入阀门和储压器，如图 6-19 所示。

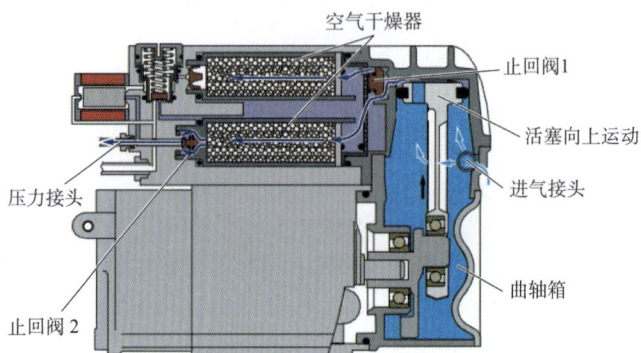

图 6-19 进气循环过程图

（2）旁通气流。

在活塞向下运动时，吸入曲轴箱的空气旁通膜片阀然后流入气缸，如图 6-20 所示。

图 6-20 旁通气流循环过程图

（3）充气/提升循环。

如要给弹簧充气（即升起汽车）时，控制单元需要同时激活压缩机继电器与空气弹簧阀（即减振支柱阀 N148 与 N149）。此时车辆底盘升高，即车身高度升高。

（4）排气/降低循环。

减振支柱阀 N148 与 N149 以及排放阀 N111 在排气循环中同时打开，空气弹簧压力送至气动排放阀，然后经过空气干燥器、压力限制阀和消音器/滤清器送到行李舱中的备用车轮舱，如图 6-21 所示。"排放"循环的气动原理如图 6-22 所示，此时车辆底盘降低，即车身高度降低。

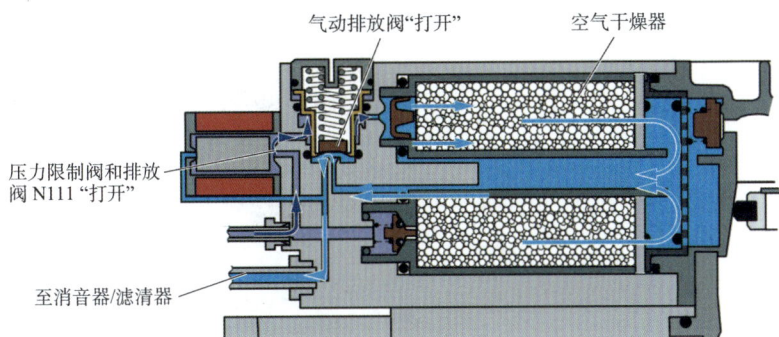

图 6-21　排气循环过程

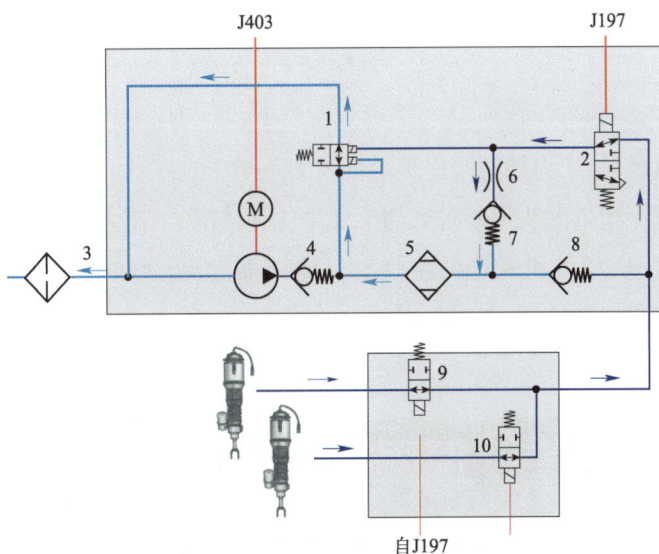

图 6-22　"排放"循环的气动原理图

1-气动排放阀;2-电动排放阀 N111;3-消音器/滤清器;4-止回阀 1;5-空气干燥器;6-排放节流阀;7-止回阀 3;8-止回阀 2;9-减振支柱阀 N148;10-减振支柱阀 N149

2)气动排放阀

气动排放阀有两个功能:余压维持和压力限制。为了避免空气弹簧的损坏(空气弹簧气囊),规定最小压力必须维持在 0.35MPa(余压)以上。余压维持功能确保了空气弹簧系统中的压力在压力释放过程中不会降到 0.35MPa 以下(除非气动排放阀的上游发生泄漏)。图 6-23 为气动排放阀的结构原理,当施加的空气弹簧压力大于 0.35MPa 时,此阀的阀体克服两个阀门弹簧的弹力向上升起并将阀座 1 和阀座 2 打开。在空气弹簧压力的作用下,空气经过节流阀和止回阀 3 进入空气干燥器。空气经过空气干燥器后,旁通压力限制阀的阀座和行李舱中备用车轮舱的排气滤清器。节流阀下游气压的骤减会导致空气相对湿度降低,从而增加了"废气"所吸收的潮气。

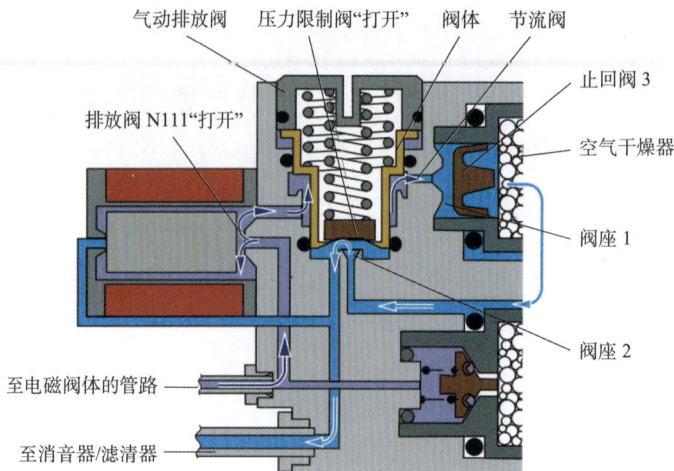

图 6-23　气动排放阀的结构原理

3) 压力限制阀

在发生以下情况时,压力限制阀保护系统压力不至于过高,如当继电器触点或者控制单元发生故障而导致压缩机无法切断时。如果发生这种情况,当压力超过大约 2MPa 时压力限制阀克服弹力而打开,压缩机输送的空气通过滤清器送出。压力限制阀的结构和原理如图 6-24、图 6-25 所示。

图 6-24　压力限制阀结构

4) 储压器

储压器又称为蓄压器,安装在车辆左侧、行李舱地板和后消音器之间。从储压器中抽取压缩空气可以让车辆高度快速升高并且噪声很小。只有在车辆运动中才能给储压器充气。如果储压器能够提供足够大的压力,车辆可以在压缩机不工作的情况下升高。当储压器与空气弹簧之间的压差达到 0.3MPa 时足以升起车辆。储压器容量为 5.8L,最大操作压力约为 1.6MPa。

空气供给策略:当车速低于 35km/h 时,空气主要由储压器提供(如果它可以提供足够的压力)。储压器只有在车速高于 35km/h 时才充气。当车速高于 35km/h 时,空气主要由压缩机供给。这种供气策略保证系统可以安静地运行,且可以保存蓄电池电能。

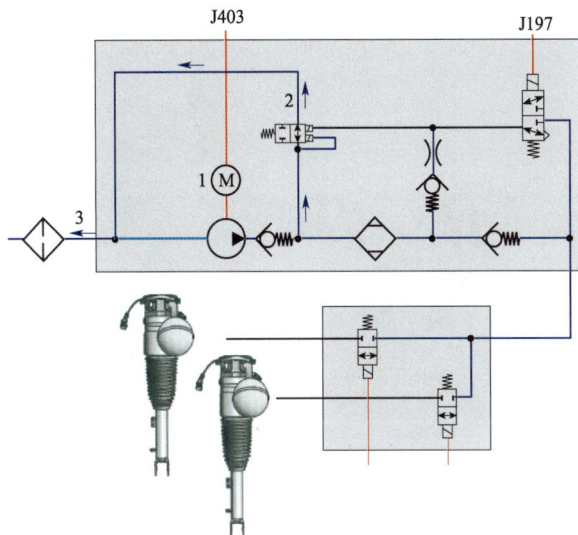

图 6-25　压力限制阀气动原理图

1-压缩机;2-带压力限制阀的气动排放阀;3-消音器/滤清器

6.1.3.4　控制系统组成

电控空气悬架控制系统主要由传感器、控制单元、执行器组成,如图 6-26、图 6-27 所示为系统组成和各部件的位置图。

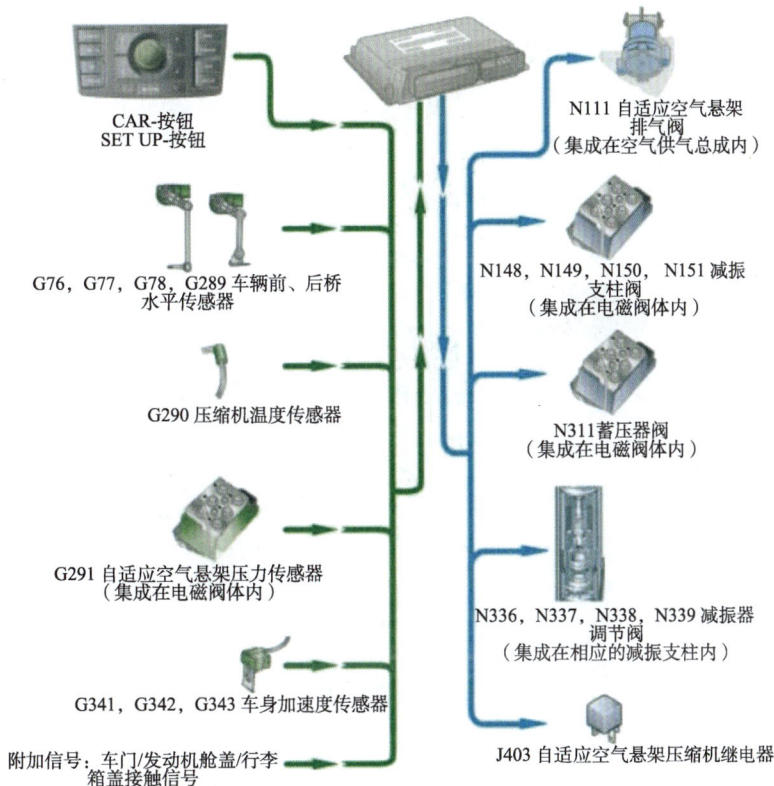

CAR-按钮
SET UP-按钮

G76，G77，G78、G289 车辆前、后桥
水平传感器

G290 压缩机温度传感器

G291 自适应空气悬架压力传感器
（集成在电磁阀体内）

G341，G342，G343 车身加速度传感器

附加信号：车门/发动机舱盖/行李
箱盖接触信号

N111 自适应空气悬架
排气阀
（集成在空气供气总成内）

N148，N149，N150，N151 减振
支柱阀
（集成在电磁阀体内）

N311 蓄压器阀
（集成在电磁阀体内）

N336，N337，N338，N339 减振器
调节阀
（集成在相应的减振支柱内）

J403 自适应空气悬架压缩机继电器

图 6-26　电控空气悬架控制系统组成

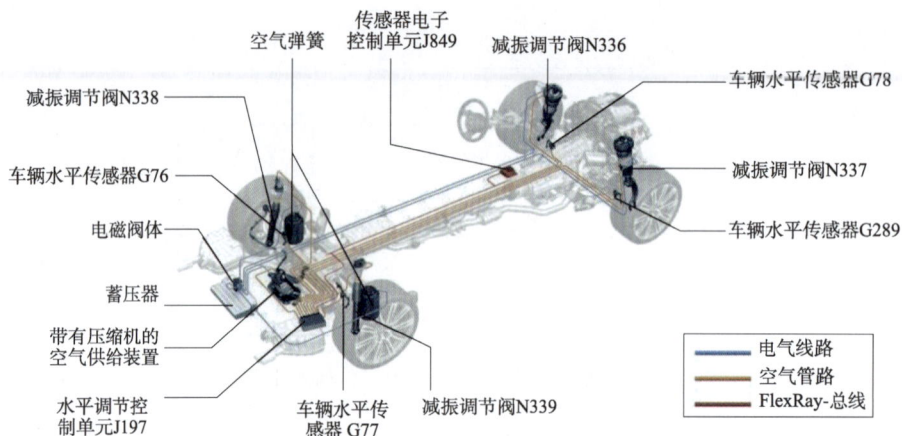

图 6-27　电控空气悬架控制系统各部件位置

1）系统控制单元

空气悬架控制单元 J197 是系统的核心控制部件,也称为水平高度调节系统控制单元 J197,它安装在手套箱的前方。该控制单元处理其他网络总线用户的相关信息以及单独的输入信号。控制单元通过各信号处理分析后,控制压缩电磁阀和减振器的信号。它具有以下作用:

（1）控制空气悬架和减振器。

（2）监控整个系统。

（3）诊断整个系统,并且通过 CAN 总线(动力传动系统 CAN 总线)进行通信,如图 6-28 所示为空气悬架控制单元网络拓扑。

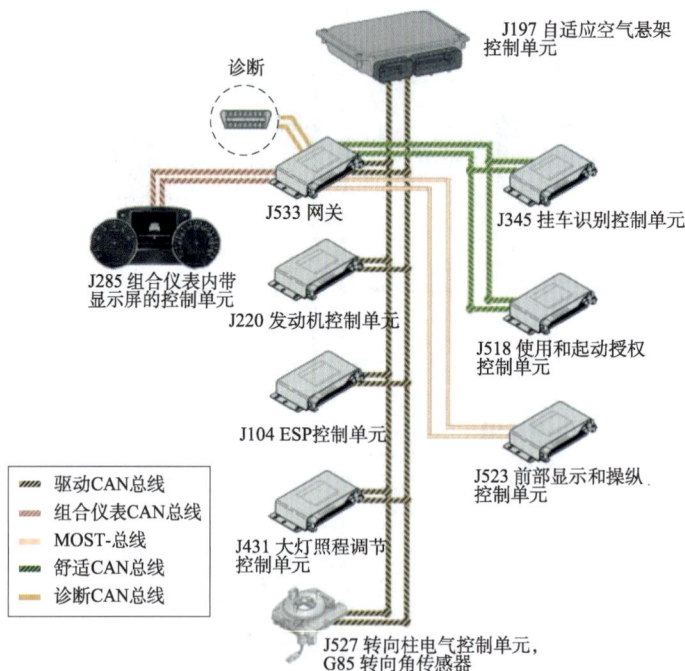

图 6-28　空气悬架控制单元网络拓扑示意图

2）传感器

传感器主要有车身高度传感器、系统空气压力传感器、压缩机温度传感器、车身加速度传感器、车轮加速度传感器以及相关辅助信号（如车门/发动机舱盖/行李舱盖触点开关信号）。

（1）车身高度传感器。

该车型车身高度传感器结构为电磁式车身高度传感器，4 个车辆高度传感器 G76、G77、G78、G289 对于每一侧和每个车桥在结构上相同，支架和连接杆位于车轴的侧面和特定的位置上，如图 6-29 所示。传感器测得悬臂和车身之间的距离，转换成角度变化量并由此测得车辆的高度状态，输出信号为水平高度调节系统 J197 提供一个与角度成正比的 PWM（脉冲宽度调制）信号，也称为车辆水平（倾斜）传感器，用来感知车身高度（车辆水平状况）。

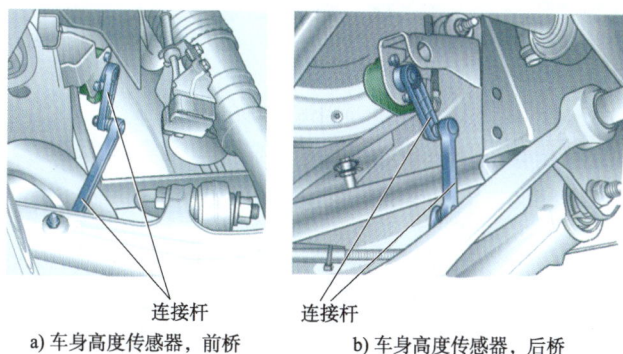

连接杆　　　　连接杆
a) 车身高度传感器，前桥　　b) 车身高度传感器，后桥

图 6-29　车身高度传感器安装位置

（2）压缩机温度传感器。

压缩机温度传感器（G290）用于探测压缩机缸盖上的温度，如图 6-30 所示。它的电阻采用负温度系数电阻（NTC），随温度的升高急剧降低，与常规温度传感器结构一样，空气压缩机最大运行时间取决于当前温度。当压缩机温度超过最大许可值后，控制单元 J197 切断压缩机并禁止它启动，维修时不得单独更换零件。

（3）空气压力传感器。

该系统空气压力传感器 G291 集成在阀单元中，如图 6-31 所示。

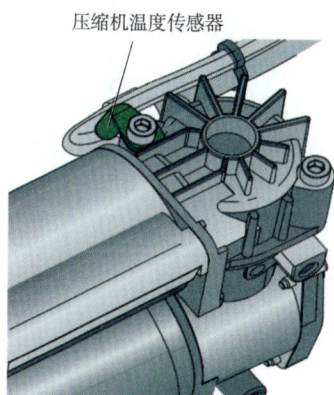

压缩机温度传感器

图 6-30　压缩机温度传感器

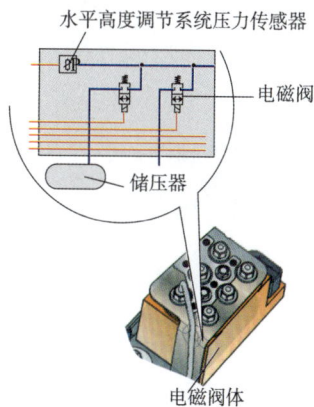

水平高度调节系统压力传感器
电磁阀
储压器
电磁阀体

图 6-31　空气压力传感器

（4）车身加速度传感器。

系统拥有 3 个车身加速度传感器 G341、G342、G343，用来测量车身的垂直加速度。分别安装在左前轮罩、右前轮罩以及行李舱右前侧内衬，如图 6-32 所示。

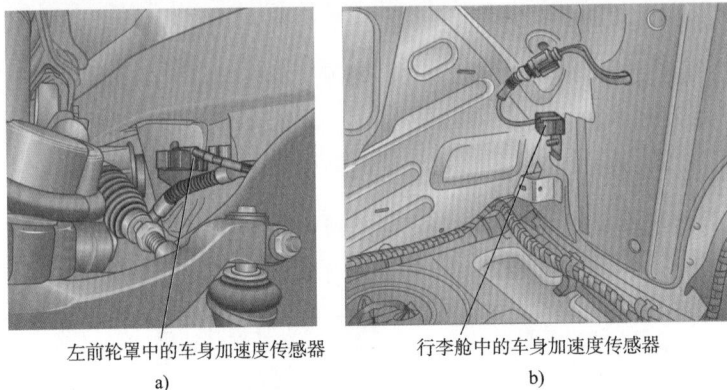

左前轮罩中的车身加速度传感器
a)

行李舱中的车身加速度传感器
b)

图 6-32　车身加速度传感器

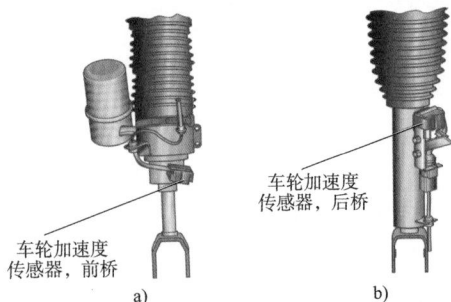

车轮加速度传感器，前桥
a)

车轮加速度传感器，后桥
b)

图 6-33　车轮加速度传感器

（5）车轮加速度传感器。

系统的 4 个车轮加速度传感器 G337、G338、G339、G340 直接安装在前桥和后桥的空气弹簧支柱上，如图 6-33 所示。它们用来测量车轮的加速度，控制单元使用这些信号以及车身加速度信号来计算支柱相对车身的运动方向。车身加速度传感器与车轮加速度传感器是相同的传感器，结构一样，这些加速度传感器按照电容测量原理工作，详见模块 4 中 4.2.2 的内容。

（6）车门开关信号。

此信号是车载电源控制单元的搭铁信号，用以指示车门或行李舱盖已经打开。它是一种"唤醒信号"，将睡眠模式转换到备用模式。

3）执行器

执行器主要有集成在空气压缩机总成电磁体上的各个电磁阀、压缩机继电器、排放阀、减振支柱阀、储压器阀、减振器调节阀等执行器。

（1）电磁阀体。

空气压缩机总成电磁阀体上带有各个空气弹簧支柱和储压器的控制阀，以及一个用于监控储压器的集成式空气压力传感器。该电磁阀体安装在车左侧的车轮罩衬板和 A-柱之间。为了避免接错压力管路，压力管路上都带色标。电磁阀体上相匹配的接头上也有色标，如图 6-34 所示。

水平高度调节系统储压器阀 N311 和 4 个减振支柱阀 N148、N149、N150、N151 都在电磁阀体中。电磁阀体中的阀都是 2/2 路阀，并且在关闭后断电。

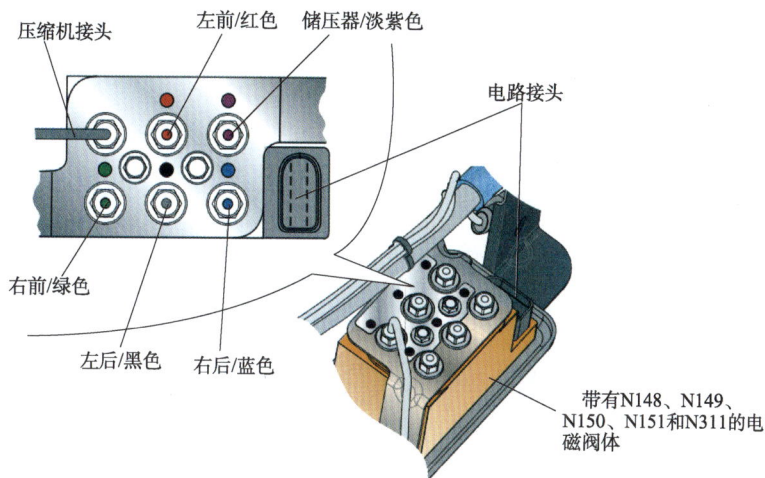

压缩机接头　左前/红色　储压器/淡紫色

电路接头

右前/绿色

左后/黑色　右后/蓝色

带有 N148、N149、N150、N151 和 N311 的电磁阀体

图 6-34　电磁阀体

图 6-35 所示为空气悬架空气供给总成气动原理图,控制单元 J197 控制 4 个减振支柱阀 N148、N149、N150、N151 与其他控制阀配合,用来控制 4 个空气弹簧的空气进气行程和排气行程,实现车辆高度的调整。

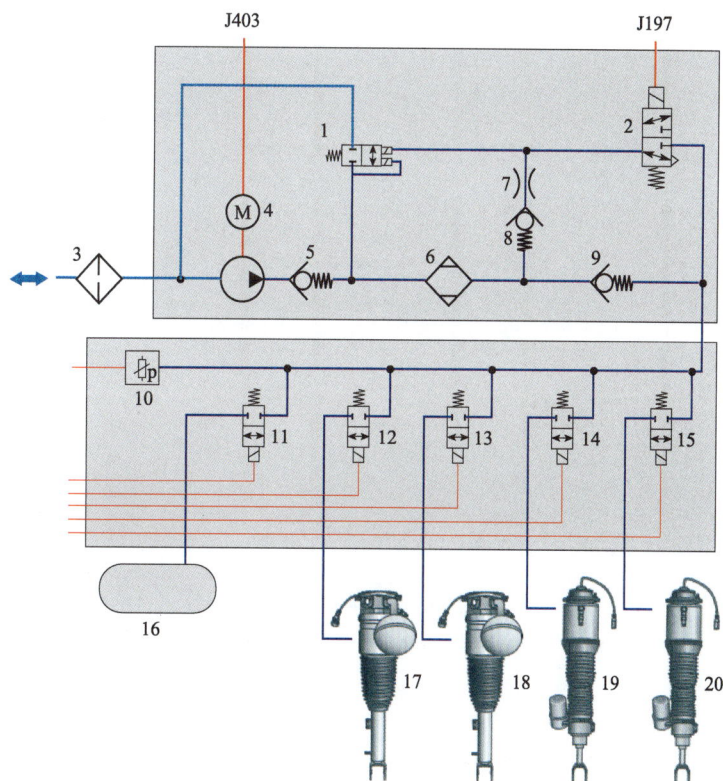

图 6-35　空气悬架空气供给总成气动原理图

1-气动排放阀;2-排放阀 N111;3-消音器/滤清器;4-压缩机 V66;5-止回阀 1;6-空气干燥器;7-排气节流阀;8-止回阀 3;9-止回阀 2;10-压力传感器 G291;11-储压器阀 N311;12-减振支柱阀,左后 N150;13-减振支柱阀,右后 N151;14-减振支柱阀,左前 N148;15-减振支柱阀,右前 N149;16-储压器;17-支柱,左后;18-支柱,右后;19-支柱,左前;20-支柱,右前

（2）排放阀。

排放阀 N111 连同气动排放阀共同构成了一个集成在干燥器壳体中的功能单元。排放阀 N111 是 3/2 路阀，并且在关闭后断电。气动排放阀有两个作用：限制压力和维持余压。

（3）减振器调节阀。

减振器调节阀 N336、N337、N338、N339，用于控制电子减振器的阻尼力，通过集成在活塞上的电控阀门进行大范围减振力调节。通过改变流经电磁阀的电流，流经活塞阀的油流和减振力可以在几毫秒内适应瞬间的减振需求。减振器调节阀电路如图 6-36 所示，每个电磁阀有 2 条控制线。

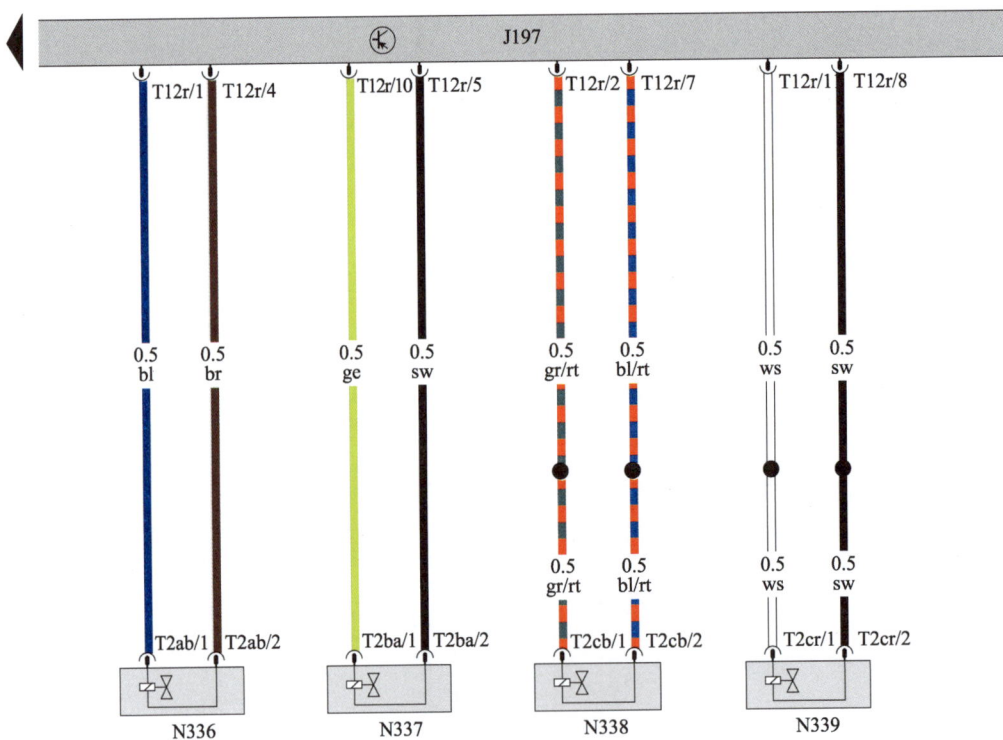

图 6-36　减振器调节阀电路

J197-水平高度调节系统控制单元；N336-左前减振器调节阀；N337-右前减振器调节阀；N338-左后减振器调节阀；N339-右后减振器调节阀

6.1.3.5　电控空气悬架控制电路

空气悬架与减振控制的信息通过动力传动系统 CAN 总线在水平高度调节系统控制单元 J197 与联网的控制单元之间进行交换，如图 6-28 所示。电控空气悬架控制系统电路原理如图 6-37 所示。

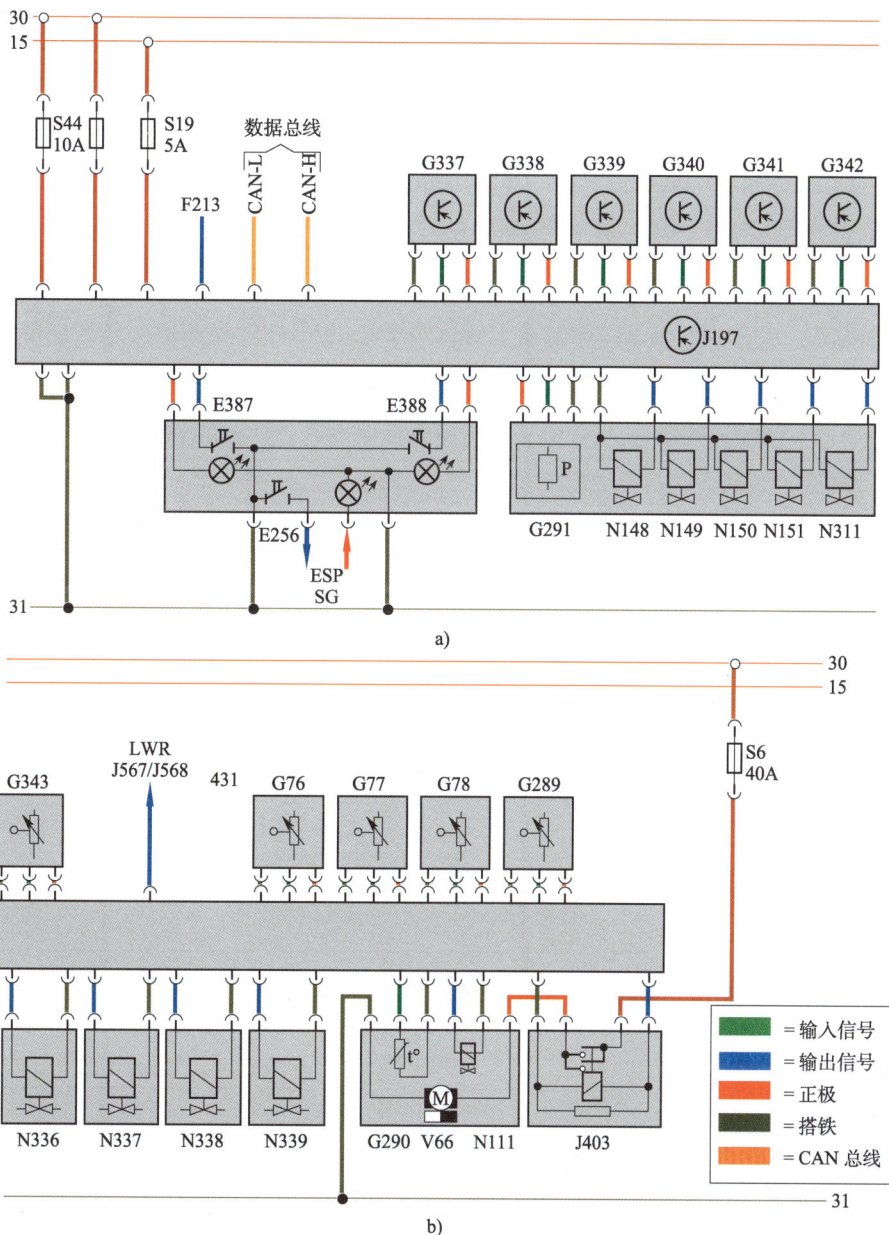

图 6-37 电控空气悬架控制系统的电路原理

E256-TCS/ESP 按钮；E387-减振器调节按钮；E388-水平高度调节系统按钮；F213-驾驶人车门触点开关；G76-车辆高度传感器，左后；G77-车辆高度传感器，右后；G78-车辆高度传感器，左前；G289-车辆高度传感器，右前；G290-压缩机温度传感器；G291-水平高度调节系统压力传感器；G337-车轮加速度传感器，左前；G338-车轮加速度传感器，右前；G339-车轮加速度传感器，左后；G340-车轮加速度传感器，右后；G341-车身加速度传感器，左前；G342-车身加速度传感器，右前；G343-车身加速度传感器，后；J197-水平高度调节系统控制单元；J403-水平高度调节系统压缩机继电器；J567-带 HRC 的气体放电灯控制单元以及在相关前照灯单元中的 J568；N111-水平高度调节系统排放阀；N148-减振支柱阀，左前；N149-减振支柱阀，右前；N150-减振支柱阀，左后；N151-减振支柱阀，右后；N311-储压器阀，水平高度调节系统；N336-减振器调节阀，左前；N337-减振器调节阀，右前；N338-减振器调节阀，左后；N339-减振器调节阀，右后；V66-水平高度调节系统压缩电动机现代雷克萨斯典型车型的电控空气悬架也采用半主动电控悬架,悬架系统可以实现车身高度的调整和减振器阻尼的调整。采用电子阻尼力调整控制器(Electronic Damping Force Controller,EDFC),集成了减振电动机,能够调节减振器阻尼孔大小,进而实现减振器的不同阻尼,减振器结构与奥迪车型的减振器一致。如图 6-38 所示为雷克萨斯车型的电控空气悬架控制电路原理图,悬架控制 ECU(Suspension Control ECU)与减振器控制 ECU(Absorber Control ECU),通过 CAN 网络通信,如图 6-38c)所示。车身高度传感器电路是光电式类型,共有 3 根线,如图 6-38d)所示。其中,1 号高度控制阀用于前悬架控制,它由两个电磁阀分别控制前轮左右气压室;2 号高度控制阀用于后悬架控制,它由两个电磁阀组成并共同控制后轮左右气压室,如图 6-38b)所示。减振器控制 ECU 控制各车轮减振器电磁阀工作,如图 6-38e)所示。

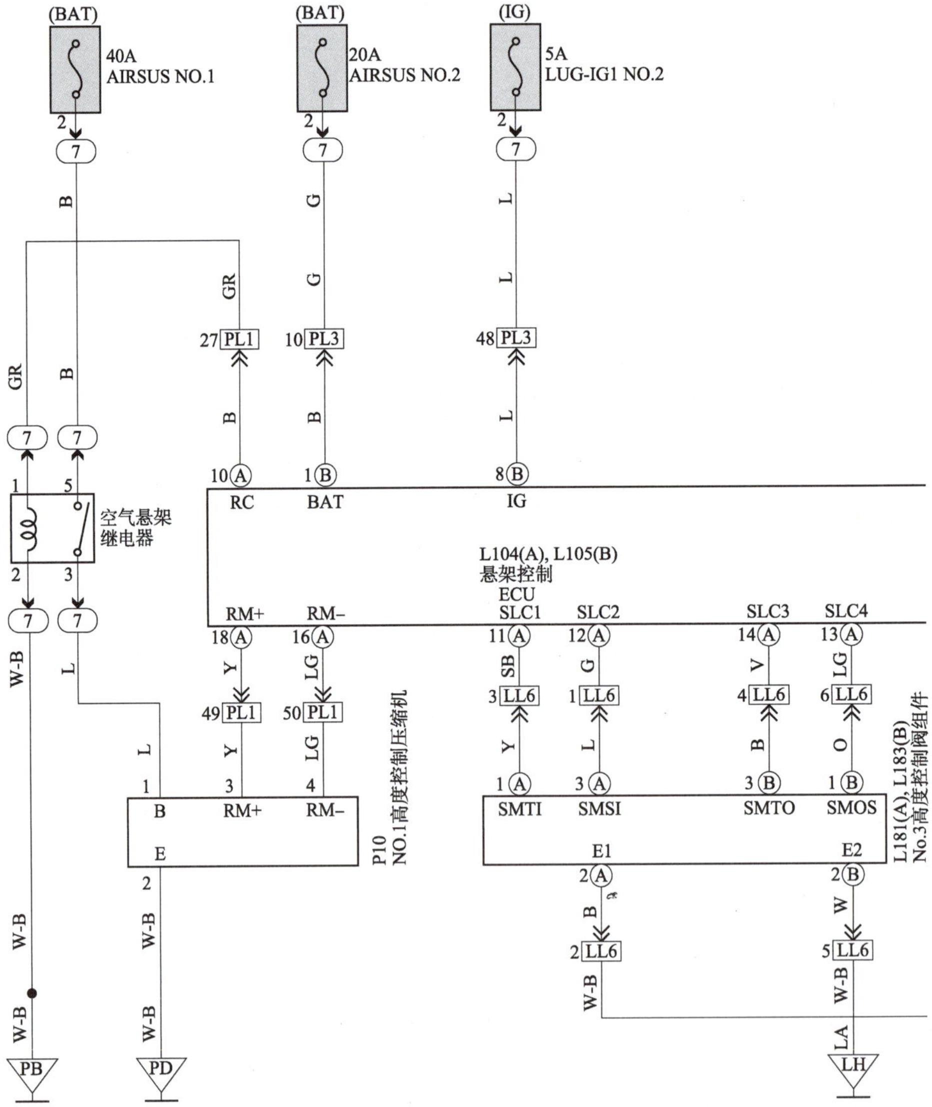

图 6-38

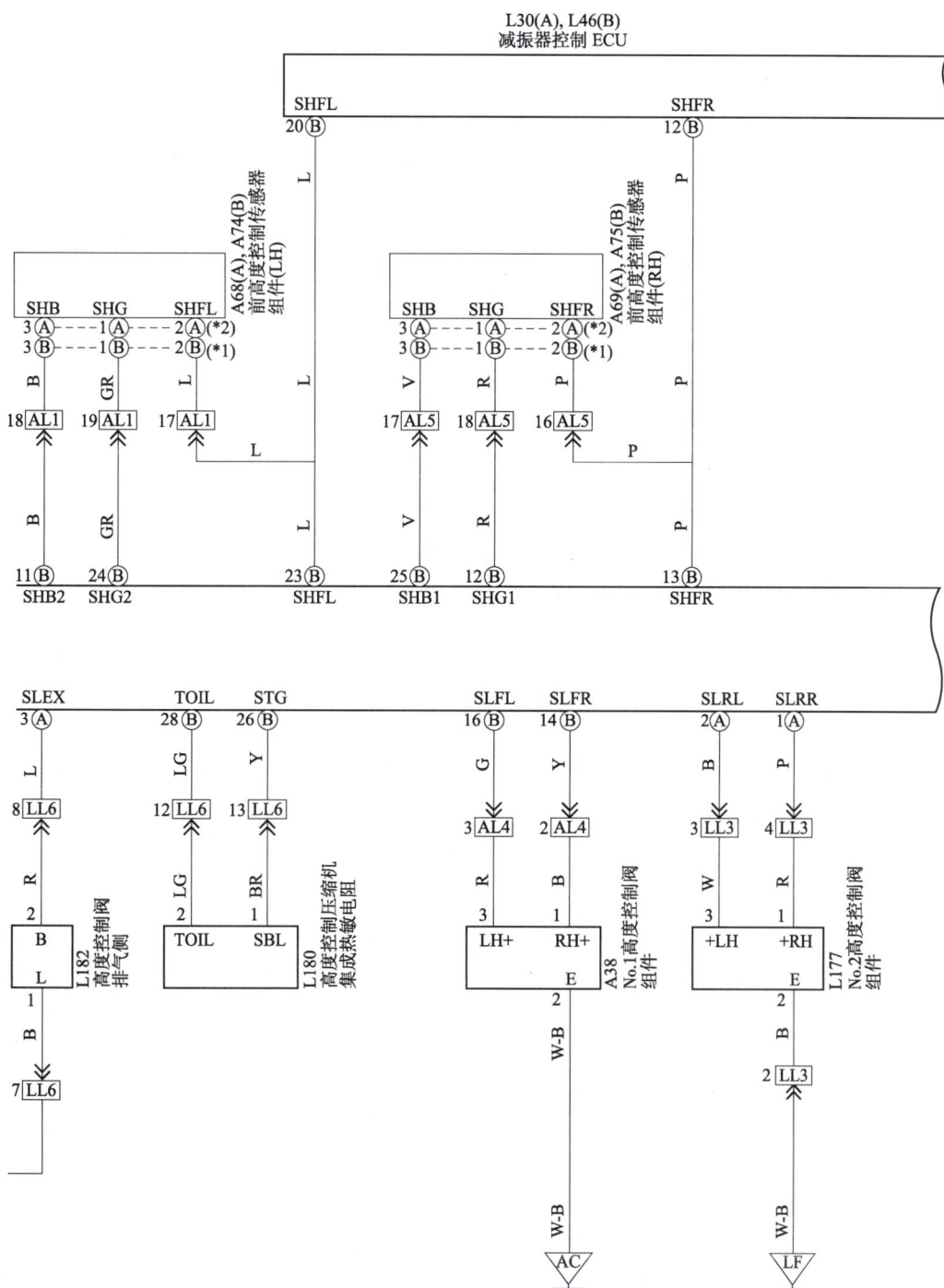

L30(A), L46(B)
减振器控制 ECU

SHFL　　　　　　　　　　　　　　　SHFR
20Ⓑ　　　　　　　　　　　　　　　12Ⓑ

A68(A), A74(B)
前高度控制传感器
组件(LH)

SHB　　SHG　　SHFL
3Ⓐ---1Ⓐ---2Ⓐ(*2)
3Ⓑ---1Ⓑ---2Ⓑ(*1)

B　　GR　　L

18 AL1　19 AL1　17 AL1

B　　GR　　L

11Ⓑ　24Ⓑ　　　　23Ⓑ
SHB2　SHG2　　　SHFL

A69(A), A75(B)
前高度控制传感器
组件(RH)

SHB　　SHG　　SHFR
3Ⓐ---1Ⓐ---2Ⓐ(*2)
3Ⓑ---1Ⓑ---2Ⓑ(*1)

V　　R　　P

17 AL5　18 AL5　16 AL5

L　　　P

V　　R　　P

25Ⓑ　12Ⓑ　　13Ⓑ
SHB1　SHG1　　SHFR

SLEX　　TOIL　　STG　　　SLFL　SLFR　　　SLRL　SLRR
3Ⓐ　　28Ⓑ　　26Ⓑ　　　16Ⓑ　14Ⓑ　　　2Ⓐ　　1Ⓐ

L　　　LG　　　Y　　　　G　　　Y　　　　B　　　P

8 LL6　12 LL6　13 LL6　　3 AL4　2 AL4　　3 LL3　4 LL3

R　　　LG　　　BR　　　R　　　B　　　　W　　　R

2　　　2　　　1　　　3　　　1　　　　3　　　1
B　　TOIL　SBL　　LH+　RH+　　+LH　+RH
L182　L180　　　　A38　　　　　　L177
高度控制阀　高度控制压缩机　No.1高度控制阀　No.2高度控制阀
排气侧　集成热敏电阻　组件　　　　　组件

L　　　　　　　　　　　E　　　　　E
1　　　　　　　　　　2　　　　　2
B　　　　　　　　　　W-B　　　　B

7 LL6　　　　　　　　　　　　2 LL3

W-B　　　W-B

AC　　　　LF

b)

图 6-38

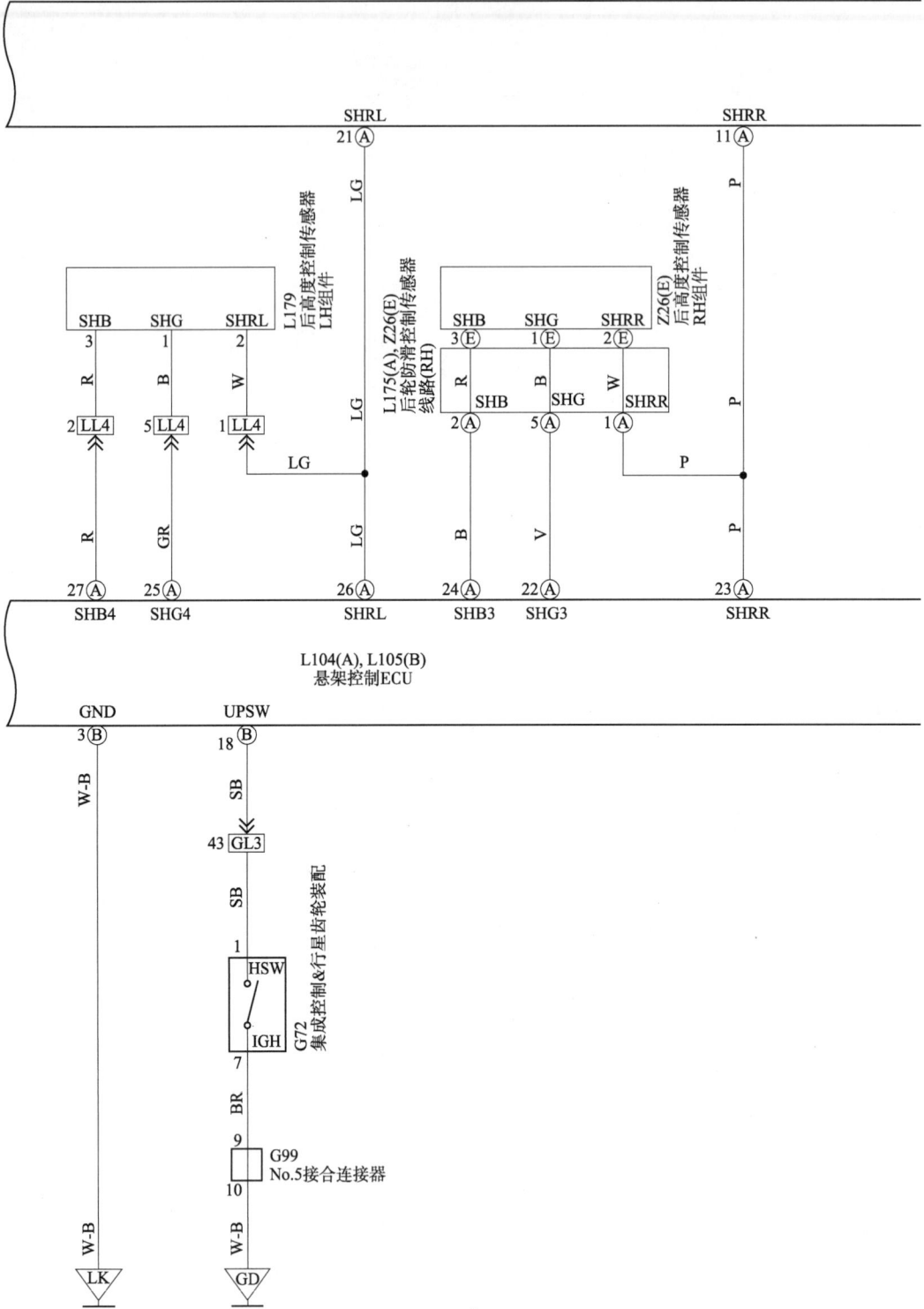

L30(A)，L46(B)
减振器控制

c)

图 6-38

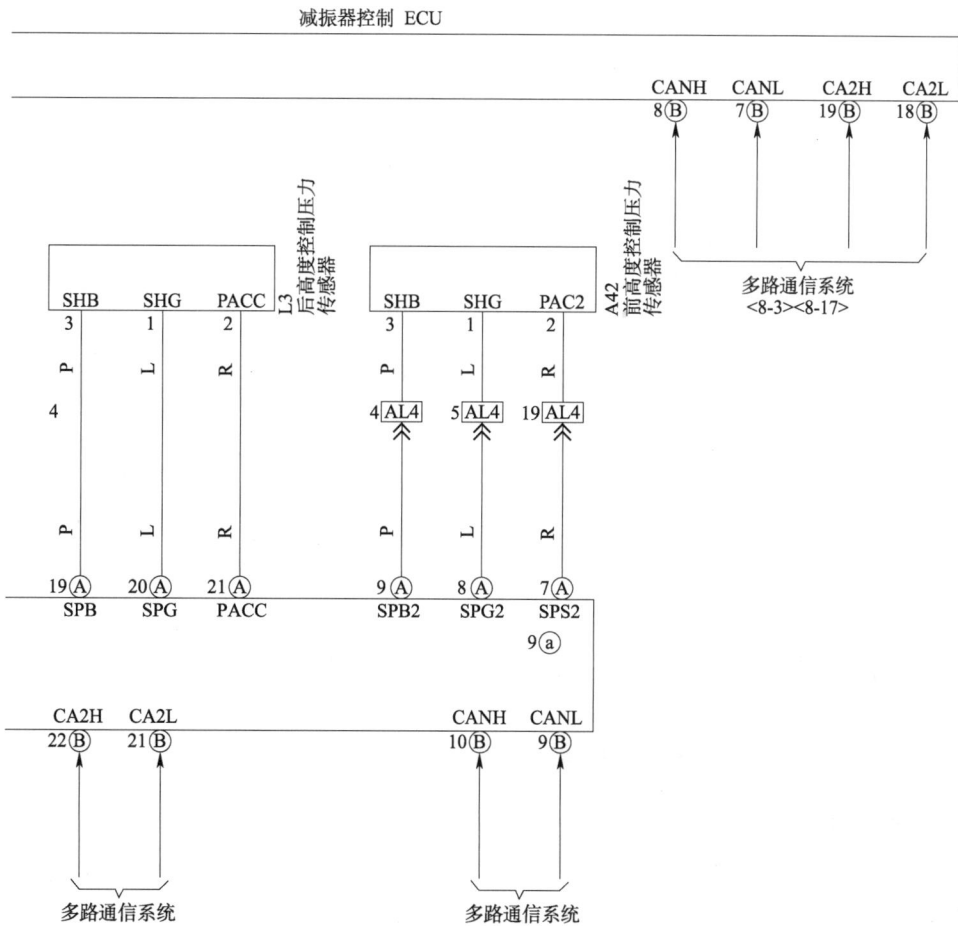

d)

图 6-38

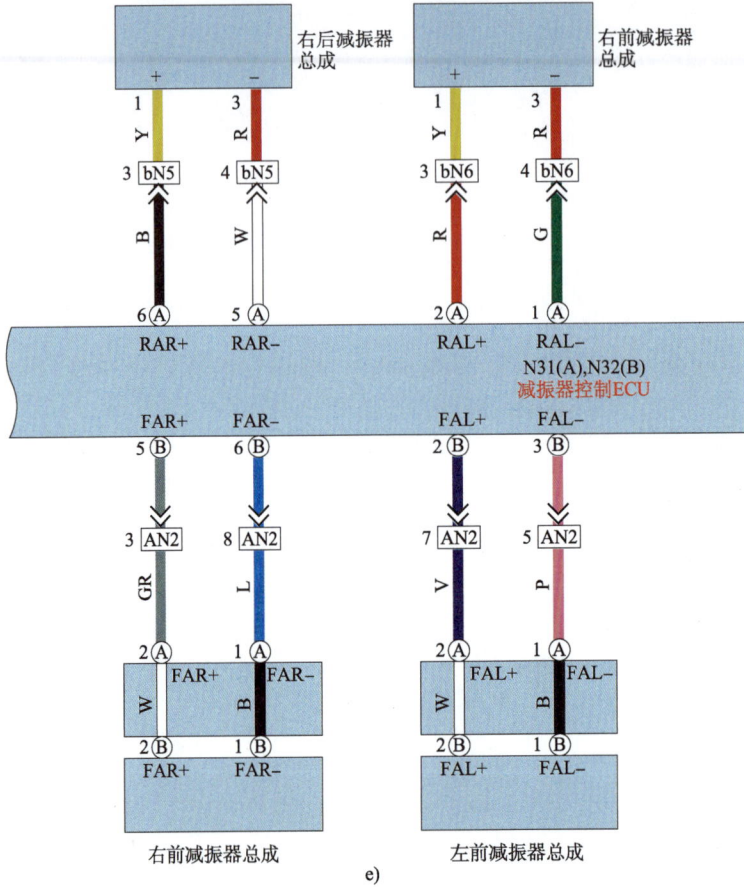

图6-38　雷克萨斯电控空气悬架系统控制电路图

6.1.4　电磁控制悬架系统

6.1.4.1　电磁控制悬架系统基本组成

电磁控制悬架(Magnetic Ride Control,MRC)常称为磁流变减振器悬架,也称为电磁油可变阻尼减振器悬架系统或磁流体变阻尼控制减振器,简称电磁悬架。电磁悬架已经成为目前量产车可变阻尼悬架技术的代表之一,是利用电磁反应来改变减振器阻尼的一种悬架方式,是一种新型独立悬架系统,电磁悬架的控制只需要改变电流就能够达到控制阻尼系数的目的,电磁场的强度只需要改变电流即可控制。

电磁悬架系统主要由车载控制单元系统、车轮位移传感器、电磁减振器(电磁液压杆和直筒减振器)等组成。在每个车轮和车身连接处都有一个车轮位移传感器,传感器与车载控制单元相连,控制单元与电磁液压杆和直筒减振器相连。与传统的汽车减振器相比,其运动部件大为减少,几乎无碰撞,故噪声低。它可以针对路面情况,可以在极短的时间(1ms)内作出反应,来抑制振动,保持车身稳定,特别是在一些相对极端的环境下,如高速行车中突然遇到颠簸,电磁悬架的优势就会非常明显,它的反应速度可以比传统悬架快 5 倍,而不会因阀门的打开和关闭而产生任何延迟。此外需要注意的是:阻尼力的调节速度与流体流速无关,该特性是磁流变减振器所特有的。车速高且突遇障碍时能够最大限度发挥自己的优势,在颠簸路面也能保持车身平稳行驶。

其缺点大多与磁流变液相关:磁流变液因其复杂性而造价非常昂贵;此外由于含有铁微粒,磁流变液具有很强的磨蚀性,这就需要在减振器内部零件上应用昂贵的优质表面涂层;磁流变液还需要相当复杂的密封系统,从而导致额外增加成本。磁流变液的磨蚀性也会对悬架系统产生负面影响,因此与传统的可调减振器相比,电磁悬架减振器的内部摩擦略高,而略高的摩擦会导致车辆在平滑路面上行驶时平顺性稍差。由于流体的磨蚀性,电磁悬架减振器更容易发生基础油泄漏。基础油的缺失会使剩余的磁流变液变得更黏稠,从而导致减振更硬、行驶平顺性更差。

6.1.4.2 电磁控制悬架系统工作原理

1)磁流变效应

磁流变效应是指磁流变液在外部磁场作用下,其流变特性可以在几毫秒内从流体状态迅速转变为类似固体状态的现象。

电磁减振器中目前使用最为广泛、最成熟的是磁流变减振器,这种减振器中的液压油就是一种"磁流变液体",含有很多亚铁化合物颗粒,当这种液体被磁化时,它会从液体变成泥灰状的黏稠物质,这就是电磁液产生磁流变效应,如图 6-39 所示。

2)电磁悬架磁流变工作原理

电磁减振器有别于其他悬架是靠改变阀门大小来实现阻尼控制的。4 个减振器是分开独立工作的,即使有时看上去是同一个状态,但每一个都会根据实时的路面信息进行调整,这样就可以让车辆在任何路面上行驶时都能保持很好的乘坐舒适性。再配上加速度传感器、控制器及配件等,便构成了完整的一套专有的 MRC 系统,一种半/全主动式悬架系统。电磁减振器工作原理如图 6-40 所示。

(1)电控电磁线圈未通电。

在正常普通状态下,当线圈电流关闭或没有电磁场的环境下无磁场作用时,这些金属粒子会杂乱无章的分布在液体中,磁流变液体没有磁化,软铁颗粒随机地分散在液体中,其原始未磁化状态为自由游离态,悬浮相粒子悬浮于母液中呈随机分布,油液中的磁性粒子随机分布,表现为线黏性牛顿流体,黏度较低,此时减振器的阻尼强度是恒定不变的,悬浮液的性能和普通的减振器油液一样,与普通的减振器普通液压悬架没有区别。

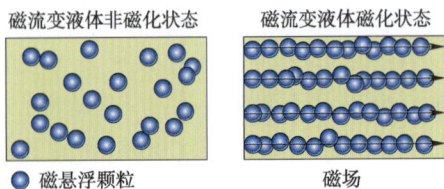

图 6-39　磁流变效应原理　　　　　　图 6-40　电磁减振器工作原理示意图

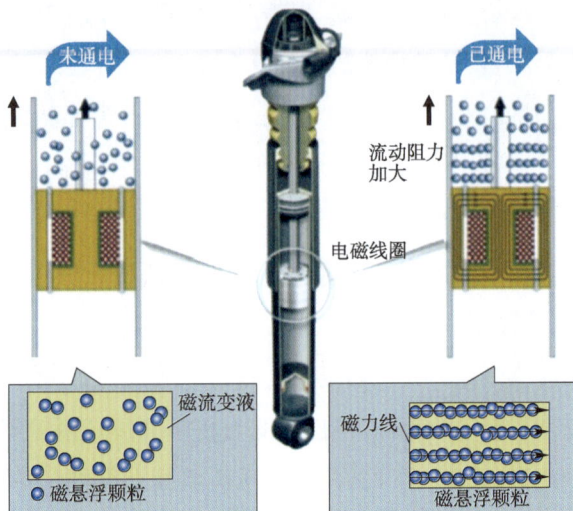

(2) 电控电磁线圈已通电。

一旦控制单元发出脉冲信号,电流接通线圈内便产生电压,随着通电产生磁场及磁通量的改变,从而形成一个磁场,在流体中的铁微粒之间产生磁力,改变金属粒子的排列方向,使铁颗粒沿流体方向形成纤维结构排列,磁流变液内部处于分散状态的粒子便会重新排列成有序矩阵,沿着特定方向排列组合,垂直于压力方向按队形排列成一定结构,按序排列的磁性粒子会使磁流变液黏度变得黏稠起来,将流体变稠成泥灰状,并增加其流动阻力,加大减振器的阻尼强度,让悬架的阻力增大,瞬时调整减振器的阻尼力调整悬架的减振效果。电磁悬架的响应速度是最快的,磁流变减振器反应速度可达每秒钟 1000 次。

6.1.5　电控悬架系统检修

6.1.5.1　电控悬架系统常见故障及诊断

电控空气悬架系统的故障涉及多个方面,包括控制单元故障、传感器故障以及执行器故障等。

(1) 控制单元故障。 由于控制单元内部电路板、芯片等元件损坏或软件故障,导致控制单元无法正常控制悬架系统。例如,如果电控悬架的空气泵经常退出控制,导致汽车无法根据路况和行驶条件的变化调整车身的高度和硬度,这可能是由于控制单元内的内部电路故障导致的。解决这类问题需要更换电控悬架的控制单元和空气泵,并消除故障码。

(2) 传感器故障。 由于传感器老化、损坏或受到恶劣环境影响,导致传感器信号失真或无法正常传输。例如,如果电控悬架始终保持在最低位置,无法进行高度自动调节,这可能是因为垂直高度加速度传感器出现短路或断路。解决这类问题需要更换损坏的传感器,并消除故障码。

(3) 系统自诊功能。系统自诊功能包括检测 ECU 输入信号、检测指示灯以及故障码显示。通过这些功能,可以诊断出悬架控制系统是否存在故障。

(4) 执行器故障。由于执行机构(如电磁阀、气泵等)的机械部件磨损、堵塞等原因,导致执行机构无法正常工作。例如,如果悬架的刚度和阻尼控制不起作用,应检查悬架控制执行器及其电路、气压缸或减振器等。只有防侧倾、防俯仰或防点头控制不起作用时,应检查相应的传感器及其电路。

此外,由于线束老化、松动或连接器接触不良等原因,导致信号传输中断或电源供应不稳,也会导致电控空气悬架故障。因此,电控空气悬架的故障诊断需要综合考虑控制单元、传感器以及执行器的状态,通过系统自诊断功能检测指示灯和故障码,以及检查汽车高度调整功能,来确定具体的故障部位并进行相应的维修。

电控悬架系统故障诊断步骤:

(1) 初步检查。观察车辆外观及悬架系统工作状况,了解故障表现及发生条件。

(2) 读取故障码及数据流。使用诊断仪器读取相关故障码及数据流,分析故障原因。

(3) 确定故障范围。根据故障码及数据流分析结果,结合实际检查情况,确定故障可能存在的范围。

(4) 故障排除与验证。根据确定的故障范围,采取相应的维修措施进行故障排除,并通过观察车辆行驶表现及再次使用诊断仪器,检查确认故障是否已排除。

6.1.5.2 电控悬架系统检修注意事项

(1)维修过程中,当点火开关在打开状态时,不要随意断开蓄电池接线,也不要拆卸或安装控制模块及其电子插头。

(2)吊起、支起或拖动汽车之前,应该将高度控制 ON/OFF 开关置于 OFF 位置或断开蓄电池负极。

(3)在放下千斤顶或将汽车从支架上放下之前,应将汽车下面的所有物体挪走。

(4)在开动汽车之前,必须起动车辆使汽车高度调整到正常状态。

(5)在维修电控悬架前,应先将安全气囊系统电路断开。

(6)在控制系统的检测中,必须使用生产厂家在维修手册中要求的检测工具。

(7)如果汽车生产厂家的维修手册没有指明,不要将系统的任何电路或元件加电压或搭铁。

6.1.5.3　电控悬架系统各元件检修

空气悬架系统故障检修通常需要检查空气悬架系统的各个部件,包括空气弹簧、气泵等。如果发现有部件损坏或性能下降,需要及时更换或维修。同时,还需要检查悬架系统控制阀和高度传感器等部件,确保其正常工作。

电子控制单元故障检修通常需要检查电子控制单元的硬件和软件。硬件方面需要检查电源、线路连接等是否正常;软件方面需要检查程序是否正确,是否有病毒干扰等。如果发现有问题,需要及时修复或更换相关部件。车辆在拆卸和安装空气悬架控制单元、更换减振器以及排除某些有关空气悬架系统的疑难故障时,需要对电控空气悬架系统重新编码,然后匹配车身高度的默认位置。

传感器故障检修通常需要检查传感器的线路连接、工作状态等是否正常。如果发现有线路松动、传感器损坏等问题,需要及时修复或更换相关部件。同时,还需要检查传感器的信号是否正常,如果发现信号异常,需要及时调整或更换传感器。

1)空气压缩机电动机的检查

空气压缩机电动机的检查。对压缩机电动机施加蓄电池电压并检查高度控制压缩机的工作情况,如果结果不符合规定,则更换高度控制压缩机。注意不要操作高度控制压缩机达60s或更长时间。由于高度控制压缩机内短路或锁止会导致电流过大,因此,压缩机电动机不运转时应立刻停止操作。

2)高度传感器的检测

高度传感器信号电压检查。拆下高度传感器,然后将3只1.5V的干电池串联起来,将干电池正极连接到传感器的电源端,负极连接到传感器的搭铁端,即给传感器施加约4.5V的电压,使控制杆缓慢地上、下移动,同时检查传感器的信号端子与搭铁之间的信号电压,标准值为:高位置时,信号电压约为2.3~4.1V;正常位置时,信号电压约为2.3V;低位置时,信号电压约为0.5~2.3V。

3)加速度传感器的检测

检查加速度传感器信号电压。拆下加速度传感器(带高度传感器),然后将3只1.5V的干电池串联起来,将干电池正极连接到传感器的电源端,负极连接到传感器的搭铁端,给传感器施加约4.5V的电压。检查传感器信号端子与搭铁之间的信号电压,标准值应为:传感器静止时,信号电压约为2.3V;传感器垂直振动时,信号电压约在0.5~4V之间变化。

4)高度控制电磁阀、排气电磁阀的检测

(1)拆下电磁阀连接器,测量电磁阀线圈之间的电阻,应为9~15Ω。

(2)将蓄电池电压直接加载在电磁阀的两端,电磁阀应发出"喀嗒"声。

5)漏气检查

检查各管路有无压缩空气泄漏。步骤如下:

(1)将肥皂水涂在所有空气管路接头上。

(2)在压缩机连接器端子之间加12V电压,使压缩机运转,在空气管路中建立空气压力。

(3)检查空气管路接头处是否有气泡出现。

(4)如果有气泡出现,则表明有漏气现象,此时,应进行必要的修理。

▶ 线上学习资源

1. 线上微课

汽车电控悬架系统(上)		电控空气悬架工作动态演示	
汽车电控悬架系统(下)		线控悬架系统认知	
电控悬架系统结构和检修		线控空气悬架系统的结构和原理	

2. 线上作业

模块6 线上作业

3. 线上测试

模块6 线上测试

▶ 素养课堂

国内首批量产!联合电子突破
电控悬架"卡脖子"技术

以电控悬架助力
民族汽车科技腾飞

模块 7

汽车驾驶辅助技术

🧭 模块导学

1. 目标要求

汽车驾驶辅助技术是汽车主动安全系统的重要组成。本模块主要学习汽车胎压监测系统的结构与原理;学习自适应巡航控制系统的结构与原理;学习全车碰撞预警系统的结构与原理;学习汽车先进驾驶辅助系统,车道保持辅助系统、驾驶人疲劳预警系统、自动泊车辅助系统、盲区监测变道辅助系统、夜视辅助系统、汽车自动紧急制动系统、倒车辅助系统等系统的结构、原理;掌握汽车驾驶辅助技术各系统的功能、结构原理,能够根据维修手册,具备对汽车胎压监测系统和自适应巡航控制系统进行基本检修的能力。

2. 任务分解

本模块分为 3 个任务和 2 个子实训项目。

任务 7.1 汽车胎压监测系统检修	子实训项目 7.1 汽车胎压监测系统检修
任务 7.2 汽车自适应巡航控制系统检修	子实训项目 7.2 汽车自适应巡航控制系统的使用与检修
任务 7.3 汽车先进驾驶辅助系统认知	

3. 情境导入

● **车辆概况**:维修记录显示,2024 年 12 月 18 日,陈先生的一辆极氪 001 轿车送至我处维修。该车配备辅助驾驶系统,行驶里程 6 万 km。

• **故障描述**:据陈先生描述,该车存在辅助驾驶系统和动力系统故障、车辆电动门故障,车辆正常维护,正常使用,但是几乎每次车辆在起动时都会提示车道保持功能不可用,前撞预警功能不可用,提车到现在去售后中心维修 2 次,车机系统升级不下 6 次都没有解决,存在行车安全隐患,同时偶发动力系统故障,需要锁车下电 15min 后才能恢复正常,售后查不出故障原因,所以一直都无法解决。车门方面,该款是标配电动门,而左后电动门故障,去售后修过一次,修完一周后再次故障,故障问题持续到现在。

作为一名汽车专业技师,请思考如下问题:

(1)描述汽车胎压监测系统的基本组成与工作原理。

(2)描述汽车自适应巡航控制系统的基本组成与工作原理。

(3)汽车先进驾驶辅助系统包含哪些子系统?

(4)描述车道保持系统的结构组成与工作原理。

(5)描述全车碰撞预警系统的结构组成与工作原理。

(6)描述汽车制动辅助系统的基本组成与工作原理。

任务 7.1　汽车胎压监测系统检修

7.1.1　汽车胎压监测系统基本组成

7.1.1.1　胎压监测系统功能和类型

汽车轮胎气压监测系统,简称胎压监测系统(Tire Pressure Monitoring System,TPMS),该技术通过安装在轮边的轮速传感器或安装在轮胎中的电子传感器,间接或者直接地对轮胎的压力状况自动进行实时监测,可以有效预防因轮胎问题导致的事故,如爆胎等,从而保障驾驶人及乘客的生命安全。

胎压监测系统主要功能:

(1)胎压、胎温显示。主要实时显示每个轮胎的温度的压力。

(2)高压报警。一般大于$(125\% \times P)$kPa,P 为推荐的胎压值,不是法规要求。

(3)低压报警。一般小于$(75\% \times P)$kPa,当压力过低时,避免高速行驶。

(4)高温报警。一般在 80℃时会触发高温的报警,停车使轮胎自然降温。

(5)快速漏气报警。当轮胎气压变化速度达到 20～30kPa/min 时触发。

(6)传感器电量低报警。当传感器的电池电量不够时,会触发该报警,此时需要更换传感器。

(7)传感器丢失报警。当车辆保持一定的速度行驶时,超过 10min 没有收到胎压的数据,会报胎压传感器故障,此时应该去售后更换对应的传感器。

(8)提高燃油经济性。胎压监测系统通过提示驾驶人以保持轮胎在最佳工作状态下运行,助力于降低燃油消耗。轮胎气压不足会增加滚动阻力,导致燃油经济性下降,而胎压监测系统能够确保轮胎始终处于适宜的工作状态,从而减少不必要的燃油消耗,实现节油省钱的目的。

(9)提高安全性。气压合适的轮胎可减少爆胎风险、缩短制动距离、减少湿滑路面的打滑情况、提高车辆的整体可操控性。

(10)提高舒适性。轮胎欠压不仅会导致轮胎升温,也会导致行驶噪声增加。轮胎过压又会降低轮胎的缓冲减振功能,导致车辆过不平路面时,车身跳动幅度增大,降低乘坐体验。

(11)延长轮胎使用寿命。TPMS 可以在轮胎状态出现异常时提供报警,这样就能够让轮胎一直保持在最佳行驶状态,同时在出现可修复异常(如扎胎)时,及时修复或更换备胎,这样也就延长了轮胎寿命。

常见的胎压监测系统有间接式胎压监测系统(Wheel-Speed Based TPMS,WSB)和直接式胎压监测系统(Pressure-Sensor Based TPMS,PSB)两种。间接式胎压监测系统通过采集监测车轮的转速来推断轮胎的气压,系统通过比较各个轮胎的转速来识别气压降低的轮胎。间接式胎压监测系统通常无法提供具体的轮胎气压数值,但可以在轮胎欠压时提醒驾驶人。直接式胎压监测系统在每个轮胎内部都装有一个压力传感器,能够实时采集对轮胎的气压和温度的测量值。传感器收集的数据通过无线信号发送到车辆的接收器,然后显示在车辆的仪表板上。

7.1.1.2 间接式胎压监测系统

间接式胎压监测系统主要由车轮转速传感器、车辆控制单元 ECU 和车辆仪表板等组成。单元通过汽车 ABS 的轮速传感器来比较轮胎之间的转速差别,以达到监测胎压的目的。当某轮胎的气压降低时,车辆的质量会使该轮的滚动半径变小,导致其转速比其他车轮快。

间接式胎压监测系统的优点是成本较低,因为它通常不需要在每个轮胎上安装单独的传感器。它的缺点是无法提供每个轮胎具体气压数值,在识别具体哪个轮胎出现问题时可能不够准确,而且系统校准相对复杂,甚至在某些情况下,如同一车轴的 2 个轮胎气压都偏低时,该系统无法正常工作。

7.1.1.3 直接式胎压监测系统

直接式胎压监测系统有内置式和外置式两种,内置式胎压监测传感器,安装在轮胎内部,替换原来的气嘴。其安装和维护更麻烦,需要拆下轮胎,但其使用寿命更长。外置式胎压监测传感器,直接安装在轮胎气嘴上,安装简单,不过平时为轮胎打气时需要拆下,略显麻烦。直接式胎压监测系统主要由轮胎压力传感器、无线发射器、射频接收器(RTM)、车身控制模块(BCM)和车辆仪表板等组成,如图 7-1 所示,其中,轮胎压力传感器与无线发射器集成一个部件。

内/外置式胎压传感器的区别有以下几点:

(1)内置式胎压传感器在安装上需专业拆卸轮胎安装,外置式胎压传感器可直接旋入。

(2)内置式胎压传感器需要做动平衡,外置式胎压传感器无需做动平衡。

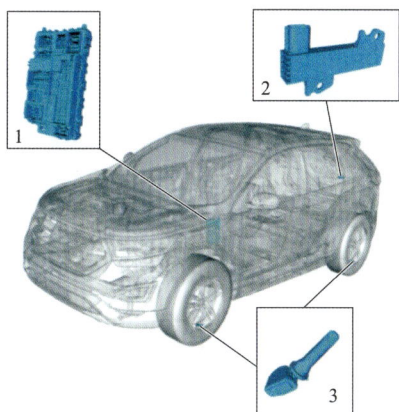

图 7-1　直接式胎压监测系统组成

1-车身控制模块;2-射频接收器;3-胎压传感器(集成无线发射器)

(3)内置式胎压传感器电池的使用寿命在 3 ~ 5 年,外置式胎压传感器电池的使用寿命在 1 ~ 2 年。

(4)在换轮后,内置式胎压传感器需重新配对,外置式胎压传感器只需对应做调整。

(5)对于轮胎充气,内置式胎压传感器可以直接充气,外置式胎压传感器需拆下。

胎压监测传感器是一个独立单元,没有进出传感器的电气连接。传感器由压力传感器、通信电路、加速传感器和电池组成;传感器内部集成的电池提供传感器工作电源,电池的使用寿命预计 5 年。每个胎压传感器都有自己的 ID 码,如图 7-2 所示,接收模块通过传感器发出的信号进行传感器的识别。

胎压监测传感器的发送天线发送以下信息:

(1)单独的身份识别码(ID 码)。

(2)当前的轮胎充气压力(绝对压力)。

(3)当前的轮胎空气温度。

(4)一体式电池状况以及保证数据传输所必需的状态、同步化与控制信息。

如果车辆静止超过 30min,传感器进入"睡眠模式",以节省电池电量。在这种状态下,传感器每 60min 采样监测一次,假如轮胎压力值在没有改变的情况下,传感器不会发送轮胎压力值信息。如果轮胎压力值发生变化,传感器传递信息的频率将加快。当车辆再次行驶超过 32.2km/h 时,会重新"唤醒",以继续发送最新的轮胎压力信息到 RTM。

胎压监测传感器是 TPMS 系统的核心,是整个系统是否正常工作的关键所在。传感器定期测量轮胎内的空气压力和温度以及施加在传感器上的向心加速度。传感器以 315MHz 或者 433MHz 发送射频信号给射频接收器(RTM),如图 7-3 所示。为了保存传感器电池电量,车辆静止或移动时轮胎监测传感器模块将使用不同的发送速率。当车辆行驶速度超过32.2km/h 时,TPMS 传感器将每隔人约 60s 发射一次无线电信号。

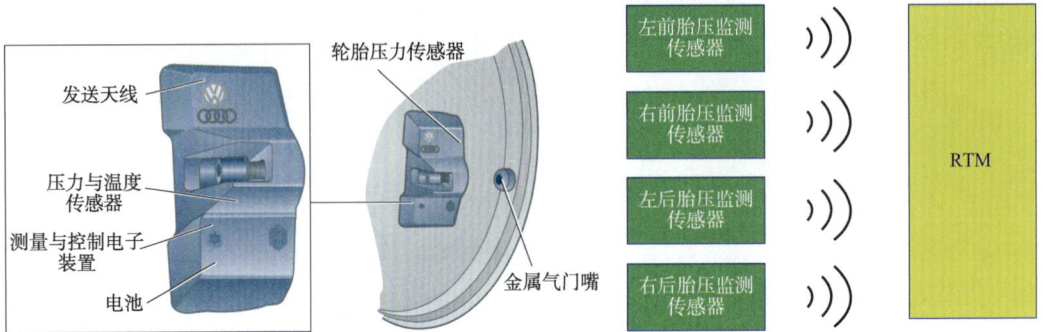

图 7-2　胎压监测传感器　　　　　　　　图 7-3　胎压传感器信息的传递

射频接收器(RTM)即无线电收发器模块,安装在顶篷后面,内含天线。射频接收器用于接收胎压传感器的信息。射频接收器通过一个 5 针脚插头与车辆线束相连,如图 7-4 所示,射频接收器的信号通过专用 LIN 网络(即图中 K 线)传给车身控制模块,通过 CAN 网络两根线把数据传递给通信网络,以及射频接收器工作的电源正极和负极。

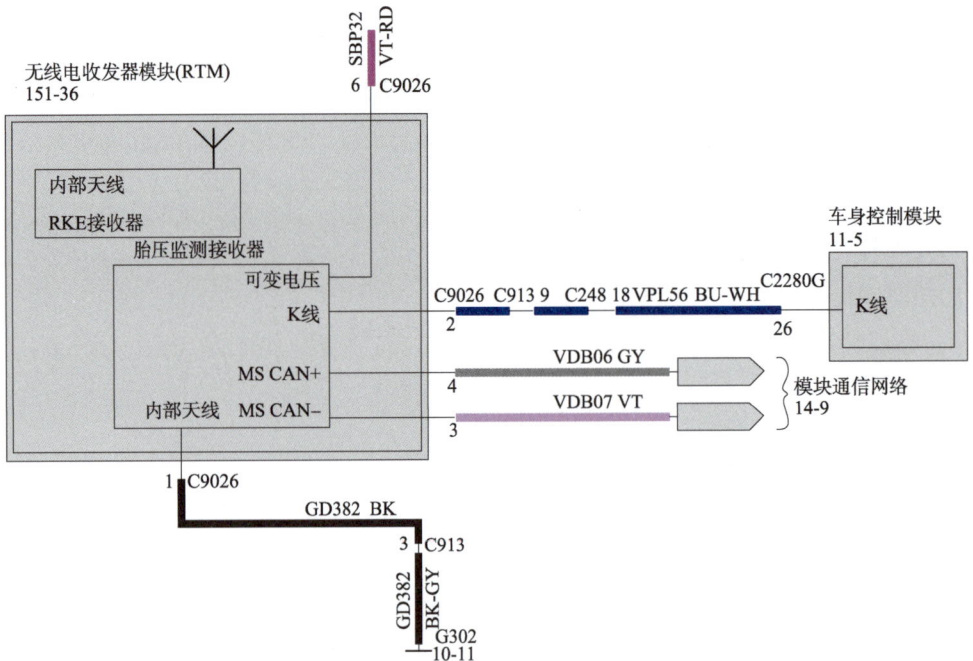

图 7-4　射频接收器电路

胎压监测控制模块一般集成在车身控制模块(BCM)中。因此,BCM 是 TPMS 的控制单元,通过 CAN 网络发送和接收一系列数字信息,接收到的信息用于操作 TPMS。除了接收和发送信息,还能自我诊断和故障检测。和其他系统一样,BCM 对 TPMS 系统能够进行自检,并作出故障汇报。除此之外,BCM 中还有一个车载诊断例行程序不断地监测系统,在系统故障时点亮琥珀色警告指示灯,并且在仪表板的信息中心显示信息,以此向驾驶人报警。

7.1.2 胎压监测系统工作原理

直接式胎压监测系统工作原理,如图 7-5 所示。系统通过安装在轮胎内的胎压传感器直接检测每个轮胎的气压和温度数据,数据通过无线发射器无线传输至射频接收器(RTM),射频接收器的信号通过网络传给车身控制模块(BCM),经过数据分析后在显示器上显示出每个轮胎压力和温度数据,TPMS 通过不断分析连续数据来发现异常状况,并针对不同的异常状况通过显示器向驾驶人发出各类声光警报。

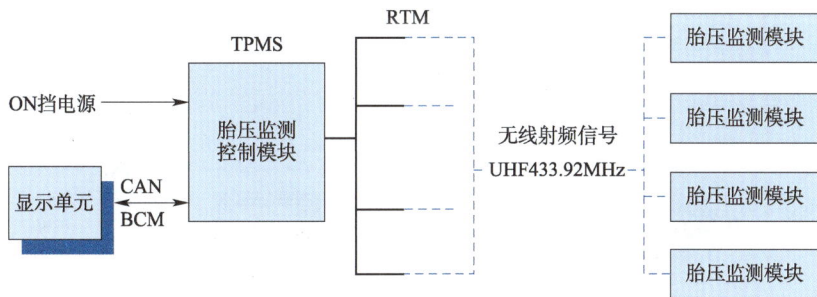

图 7-5　直接式胎压监测系统工作原理

不同车型的胎压监测系统控制电路基本相同,如图 7-6 所示为一款车型的胎压监测系统电路。胎压传感器没有电气连接,通过无线发射器传输信号给胎压监测系统控制器(含射频接收器 RTM)。

7.1.3 胎压监测系统检修

7.1.3.1 常见故障

当 TPMS 出现故障时,主要存在胎压故障和系统故障报警,大致分为 4 种情况。

(1)高低压报警。低压报警 0.18MPa,高压报警 0.3MPa(按轮胎标准气压 0.24MPa ± 25%);当出现此种情况时候,应停车检查轮胎的气压。

(2)轮胎漏气报警(快漏)。当轮胎漏气达到 0.03MPa/60s 时,检查轮胎是否被扎了,如果没有被扎,补气即可。

(3)高温报警。当轮胎温度高于 75℃时,应停车待轮胎降温,否则可能会导致爆胎。

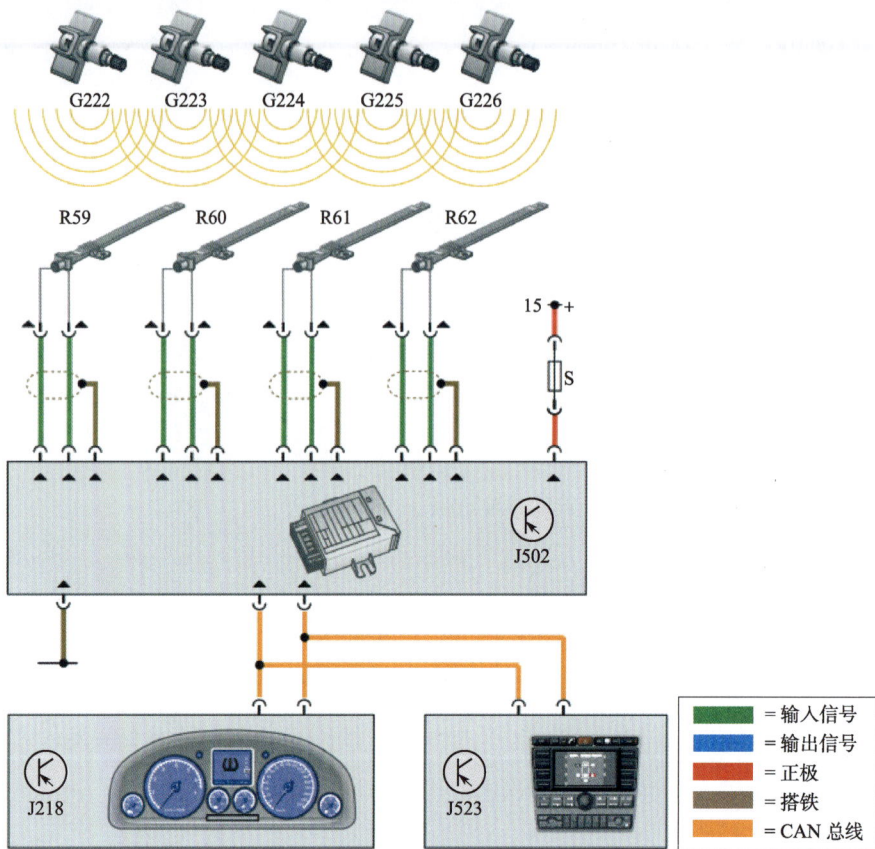

图 7-6　直接式胎压监测系统的典型电路

G222-左前胎压传感器;G223-右前胎压传感器;G224-左后胎压传感器;G225-右后胎压传感器;G226-备用车轮胎压传感器;J218-组合仪表中的组合处理器;J502 -胎压监测系统控制单元;J523-主信息显示与操作单元;R59-胎压监测系统天线,左前;R60-胎压监测系统天线,右前;R61-胎压监测系统天线,左后;R62-胎压监测系统天线,右后

(4)蓄电池电压低报警。当蓄电池电量低于工作电压时,也会触发报警功能。要注意的是,胎压传感器更换电池是专业的工作,要先把轮胎拆卸下来才行,建议到专业维修站处理。

7.1.3.2　常见故障原因

常见故障原因涉及多个方面,包括传感器故障、传感器电路问题、电量耗尽、轮胎被扎、系统异常或故障等方面原因。

(1)电量耗尽。胎压监测系统的传感器内部电量耗尽会导致故障灯亮起。例如,有车主反映胎压监测信号异常,经过检查发现是因为传感器没电了。这种情况下,更换电池即可解决问题。

(2)电磁干扰。胎压传感器信号可能会受到电磁干扰,特别是在车辆周围有强磁场或使用金属贴膜、门禁磁卡等情况时。解决办法是排除电磁干扰,并注意避免这些情况。

（3）轮胎被扎。 轮胎被扎也是导致胎压监测指示灯亮起的常见原因之一。在这种情况下，需要检查轮胎是否有损伤，并及时修补或更换轮胎。

（4）系统异常或故障。 如果检查轮胎和传感器都没有问题，那么可能是胎压监测系统本身出现了异常或故障。这时，可以尝试重新起动车辆或联系专业服务商进行检修。

综上所述，胎压监测的排除故障案例需要根据具体的故障现象来确定解决方案，可能包括更换损坏的传感器、检修电路、更换电池、排除电磁干扰等多种方法。

7.1.3.3 检测方法

TPMS 的维修工作，主要包括胎压传感器的更换和胎压传感器的学习。

1）胎压监测传感器的更换

通过对胎压监测系统的故障诊断，如果出现零件损坏，就要对胎压监测传感器进行更换，在更换中要注意传感器的拆装规范，严格按维修手册执行。在拆卸传感器时要注意拆卸工具的工作区域和对传感器的保护。进行传感器的安装要注意保证安装胎压传感器到位，按压传感器背轮，使传感器与轮毂壳体贴紧，拧紧气门螺母。用手适当地按住传感器，然后通过扭力扳手锁紧螺栓，扭紧力矩为 8N·m。

2）胎压监测传感器的学习

胎压监测传感器都有一个无线发射器，全部都要进行 IP 地址匹配，故在整车下线、出厂前，或者在调换轮胎位置、更换轮胎和轮胎胎压传感器等维修操作后，全部都要进行胎压 ID 学习（又称为轮胎定位）。轮胎定位通过专用工具把胎压传感器的信息传递给 BCM，BCM 接收传感器的 ID 信息之后，会对胎压传感器信息进行排序，按照左前—右前—右后—左后的顺序排列。BCM 根据学习顺序记录每个传感器的位置，并将传感器所发送的胎压数据与预设胎压进行比较。

▶ 线上学习资源

1. 线上微课	2. 线上作业	3. 线上测试
汽车轮胎压力监测 系统结构和原理	任务7.1 线上作业	任务7.1 线上测试

全国交通技术能手张磊：
专注汽修技术 诠释工匠精神

沈忱：深耕智能驾驶
攀登技术高峰

任务7.2　汽车自适应巡航控制系统检修

7.2.1　汽车自适应巡航控制系统功能与类型

自适应巡航控制（Adaptive Cruise Control,ACC）系统是一种先进的驾驶辅助技术,主要利用雷达、摄像头等传感器对车辆前方的路况进行实时监测,并通过自动调整车速来保持与前车的安全距离。这一系统在长途驾驶和拥堵路段中尤为有用,可以有效减轻驾驶人的疲劳感和精神压力。自适应巡航控制系统是一种智能化的自动控制系统,它是在巡航控制技术的基础上发展而来的。虽然 ACC 系统在一定程度上提高了驾驶的便利性,但它与真正的自动驾驶系统相比仍有明显差距,ACC 与自动驾驶的区别见表 7-1 所示。自动驾驶系统指的是能够完全或部分替代驾驶人完成所有驾驶任务的技术,包括车辆控制、道路识别、交通状况监测、决策制定等。

ACC 系统与自动驾驶系统的区别　　　　　　　　　　　　　　　表 7-1

特性	ACC	自动驾驶
控制范围	车速调节与前车距离保持	全车控制,包括转向、制动等
环境感知	前方车辆监测	全方位环境感知与分析
决策制订	操作简单,主要基于前车情况	复杂决策制订,涉及多场景、多因素

巡航控制系统根据功能主要有定速巡航、自适应巡航和全速自适应巡航三种类型。

1)定速巡航控制系统

定速巡航控制系统(Cruise Control System,CCS)是早期的巡航控制系统,是指通过车内控制按钮,根据驾驶人需求可以设置固定行驶速度,该功能不支持自动调整车速。CCS 操作按钮一般集成在多功能转向盘上或转向盘后方。开启定速巡航功能后,手动调整便可改变车辆行驶速度,无需踩加速踏板。需要解除时,轻踩制动即可解除定速巡航。

传统燃油汽车 CCS 组成和工作原理如图 7-7 所示,电控系统 ECU 通过调整节气门开度的增大或减小,改变发动机的动力输出,使车辆始终保持设定速度行驶。

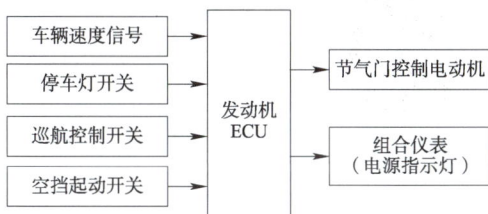

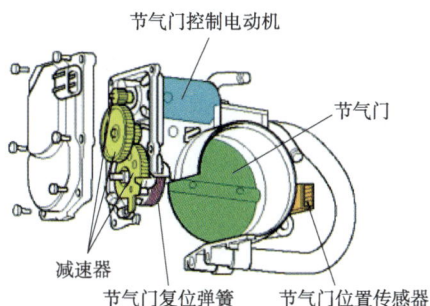

图 7-7 CCS 的组成和工作原理

2)自适应巡航控制系统

自适应巡航控制系统除依照驾驶者设定速度行驶外,该系统还运用雷达探测主车与目的车辆间的相对速度、相对距离、相对方位角等信息,并将其传递给主控 ECU,实现保持跟随,但最高车速不超过设定值。系统操作方式与定速巡航完全一致,操作按钮一般集成在多功能转向盘上或转向盘后方。开启自适应巡航功能后,手动调整便可改变车辆行驶速度,无需踩加速踏板。需要解除时,轻踩制动即可解除自适应巡航。

自适应巡航并非任何情况都能使用,而是要达到一定速度时才能起动。若车速低于起动范围,自适应巡航会自动解除。汽车 ACC 系统的工作模式主要有定速巡航、减速控制、跟随控制、加速控制、停车控制和起动控制等。

3)全速自适应巡航控制系统

全速自适应巡航控制系统是由自适应巡航控制系统发展升级而来,工作原理与自适应巡航基本相同,全速自适应巡航的工作范围更大。其能够在遇到红灯时跟随前方车辆制动停止、绿灯时自动跟随前方车辆起步。目前,博世新一代系统可以在 0～150km/h 之间工作,而自适应巡航系统通常在 40～150km/h。

7.2.2 自适应巡航控制系统基本组成及工作原理

7.2.2.1 ACC 系统基本组成

自适应巡航控制系统由传感器、ACC 控制单元、自适应巡航控制开关等组成,如图 7-8 所示。主要包括:

图7-8　ACC系统主要组成

（1）传感器通常由雷达传感器、红外光束以及视频摄像头等几种组成，持续探测与前车的距离以及车速。还有车速传感器用来监测车辆行驶速度，与其他系统共用。转向角度传感器用来监测车辆行驶方向，与其他系统共用。

（2）ACC控制单元（巡航控制模块）。控制发动机或驱动电机以及制动系统。

（3）操作按键/显示器。通过自适应巡航控制开关，实现人机交互，设定安全距离及行驶速度。

雷达传感器在工作时，通过发送和收集雷达波检测自身车辆与所跟随车辆的距离和相对车速，并将信息储存至巡航控制模块。在需要的时候，巡航控制模块会向动力控制模块发出提高车速或向ABS发出降低车速的请求，以保持与前车的距离始终处于设定范围。

7.2.2.2　ACC系统工作原理

图7-9所示为ACC系统工作电路原理图，各控制单元通过CAN网络互相通信。ACC系统通过发动机和制动干预帮助驾驶人保持车速以及与前车的距离，系统通过雷达传感器持续探测与前车的距离以及车速信号，并发送给自动车距控制系统控制单元J428（即ACC控制单元），自动车距控制系统控制单元J428向发动机控制单元发送调节要求车速和跟车距离所需的车辆加速额定值，发动机控制单元负责加速和制动之间的协调。如果安装了前部摄像头，则在J428中将摄像头的数据与雷达探测数据进行比较，综合判断。

自动车距控制系统传感器G550和自动车距控制系统控制单元J428（即ACC控制单元）集成一体，如图7-10所示，安装在保险杠装饰格栅内，如果传感器/控制单元有故障，必须整体更换这个总成。

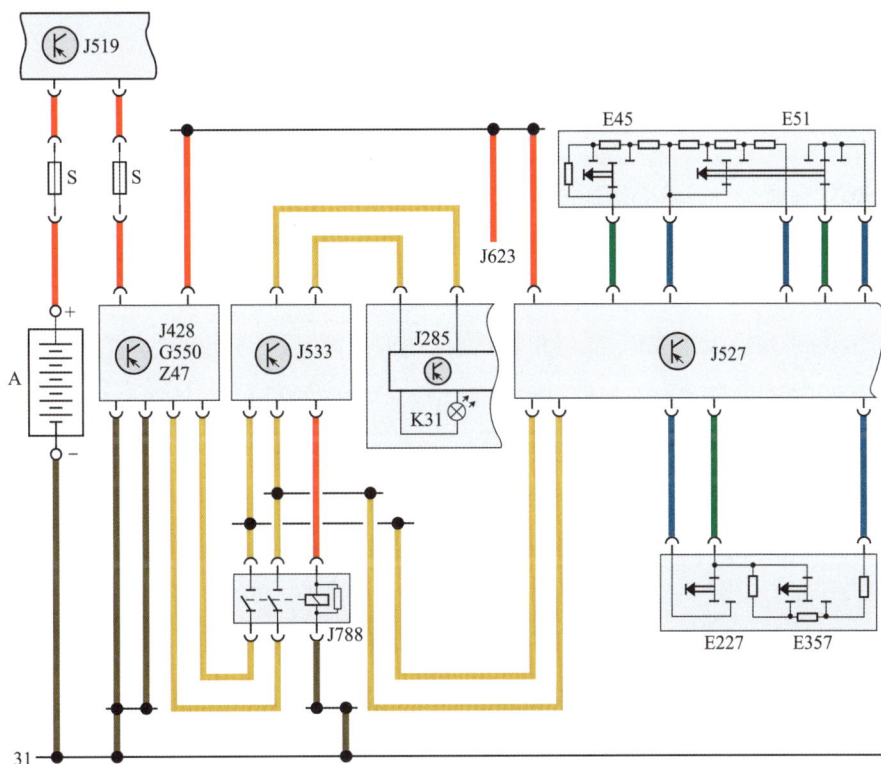

图 7-9　ACC 系统工作电路原理图

J519-车载网络控制单元；J428-自动车距控制系统控制单元(即 ACC 控制单元) ；J285-仪表控制单元；J533-网关；J527-转向柱控制单元；E45-巡航开关；G550-自动车距控制系统传感器(雷达传感器) ；Z47-加热丝；J623-发动机控制单元

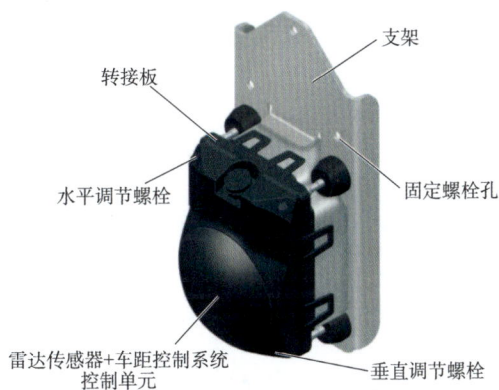

图 7-10　集成雷达传感器的自动车距控制系统控制单元(即 ACC 控制单元)

7.2.3　自适应巡航控制系统检修

　　自适应巡航控制系统作为智能驾驶辅助系统的重要组成部分,能够在多种路况下自动调整车速以保持安全距离。若系统出现故障,会影响驾驶安全。其主要故障原因有:

（1）雷达传感器故障。 雷达传感器是 ACC 系统的核心部件，负责监测前方车辆的速度和距离。在恶劣天气条件下，如雨天或雪天，雷达传感器可能失效。

（2）雷达传感器松动。 车辆在颠簸路面行驶时，前雷达传感器的插头可能松动，导致接触不良或腐蚀。

（3）ACC 控制杆开关故障。 控制杆开关失灵可能导致 ACC 巡航控制功能无法正常使用。

（4）行驶路段问题。 在停车场、隧道或狭窄路段等特殊环境下，雷达反射波段可能受到影响，导致 ACC 系统无法正常工作。

当雷达受到遮挡、发生故障，或与相关系统（如 ESC）的通信出现问题时，仪表板上的巡航状态灯会转变为橙色，并显示对应的故障信息，诸如"雷达受阻"或"自适应巡航系统异常"。

自适应巡航控制系统发生故障，可通过以下步骤进行排查和解决：

（1）重新起动汽车。有时候，简单的重起汽车就可以解决一些软件问题导致的故障。

（2）检查车辆的巡航控制系统的熔断丝是否熔断。如果熔断丝熔断，需要更换新的熔断丝。

（3）查看前置摄像头和雷达孔是否被污垢遮挡，如有，需进行清洁。

（4）检查 ACC 模块单元的螺钉是否稳固，以及模块前方是否有遮挡物，必要时进行紧固和清理。

（5）对雷达传感器进行检测，特别是在恶劣天气后，确认其是否正常运行，如有异常，可考虑更换。同时，检查雷达传感器的插头是否因路面颠簸而松动或腐蚀，可清洗后重新安装。

（6）使用万用表测量 ACC 控制杆开关的数据值，确保其正常工作，否则需更换。还需注意，某些特殊路段可能会影响雷达的反射波段，导致功能失效。

（7）若以上方法均无法解决问题，建议将车辆送至专业维修店进行检测，可能是模块单元因过热而故障，需更换模块单元。也可以使用诊断工具读取 ACC 系统的故障码，并根据需要更新 ACC 系统的软件，即能解决问题。

▶ 线上学习资源

1. 线上微课	2. 线上作业	3. 线上测试
汽车巡航控制系统	任务 7.2　线上作业	任务 7.2　线上测试

▶ 素养课堂

国产 ADAS"再"突围

任务7.3　汽车先进驾驶辅助系统认知

7.3.1　汽车先进驾驶辅助系统概述

汽车先进驾驶辅助系统(Advanced Driving Assistance System,ADAS)也称为汽车高级驾驶辅助系统,市场上应用广泛,如比亚迪、小鹏、极氪、智己、蔚来等汽车品牌都有配置。ADAS是利用安装在车上的各式各样传感器(超声波雷达、毫米波雷达、激光雷达、单/双目摄像头以及卫星导航),在汽车行驶过程中随时感应周围的环境,收集数据,进行静态、动态物体的辨识、侦测与追踪,并结合导航地图数据,进行系统的运算与分析,从而预先让驾驶人察觉到可能发生的危险,有效增加汽车驾驶的舒适性和安全性。

根据《智能网联汽车道路测试与示范应用管理规范(试行)》(工信部联通装〔2021〕97号,自2021年9月1日起施行),智能网联汽车(也被称为智能汽车、自动驾驶汽车等)是指搭载先进的车载传感器、控制器、执行器等装置,并融合现代通信与网络技术,实现车与X(人、车、路、云端等)智能信息交换、共享,具备复杂环境感知、智能决策、协同控制等功能,可实现安全、高效、舒适、节能行驶,并最终可实现替代人来操作的新一代汽车。因此,ADAS并不能等同于自动驾驶,ADAS是辅助驾驶,核心是环境感知,而自动驾驶则是人工智能,体系有很大差别。

汽车自动驾驶发展分为驾驶辅助系统、部分自动化系统、高度自动化系统、完全自动化系统。

(1)驾驶辅助系统。 目的是为驾驶人提供协助,包括提供重要或有益的驾驶相关信息,以及在形势开始变得危急的时候发出明确而简洁的警告,如车道偏离警告系统等。

(2)部分自动化系统。在驾驶人收到警告却未能及时采取相应行动时能够自动进行干预的系统,如自动紧急制动系统、应急车道辅助系统等。

(3)高度自动化系统。能够在或长或短的时间段内代替驾驶人承担操控车辆的职责,但是仍需驾驶人对驾驶活动进行监控的系统。

(4)完全自动化系统。可无人驾驶车辆、允许车内所有乘员从事其他活动且无需进行监控的系统。这种自动化水平允许乘员从事计算机工作、休息和睡眠以及其他娱乐等活动。

汽车 ADAS 并不是一项配置,而是好几项配置结合使用组成的系统。市场上 ADAS 的配置主要有车道保持系统(Lane Change Assistance)、夜视系统(Night Vision System)、自动泊车系统(Automatic Parking System)、制动辅助系统、倒车辅助系统、自适应巡航控制系统(Adaptive Cruise Control)、车道偏离预警系统(Lane Departure Warning System)、车道保持辅助系统(Lane Keeping Assist System)、碰撞避免或预碰撞系统(Collision Avoidance System 或 Precrash System)。除此之外,还包括行人保护系统(Pedestrian Protection System)、交通标志识别(Traffic Sign Recognition)、盲点探测(Blind Spot Detection)、驾驶人疲劳预警系统(Driver Attention System)、下坡控制系统(Hill Descent Control)等。

先进驾驶辅助系统按照功能可以分为感知预警类、自主介入类和视野改善类等。

(1)感知预警类:指自动监测车辆可能发生的碰撞危险并提醒,从而防止发生危险或减轻事故伤害。

(2)自主介入类:指自动监测车辆可能发生的碰撞危险并提醒,必要时系统会主动介入,从而防止发生危险或减轻事故伤害。

(3)视野改善类:指提高在视野较差环境下的行车安全性。

7.3.2 车道保持系统

7.3.2.1 车道保持系统的功能

车道保持系统(Lane Keeping System,LKS)的功能是通过不间断地监测车辆的运行工况和驾驶人的驾驶状态,判断车辆是否仍在原先设定的车道内安全行驶,并对未来一小段时间内车辆的行驶情况进行预判,同时通过驾驶人警告系统对驾驶人进行警告提示,通过车道保持辅助系统对车辆的行驶方向进行自动修正,以确保车辆始终处于安全行驶的状态,进而减少因车道偏离而可能发生的交通事故。

7.3.2.2 车道保持系统组成及原理

车道保持系统属于智能驾驶辅助系统中的一种,它是在车道偏离预警系统的基础上对转向系统进行控制辅助车辆保持在本车道内行驶。车道保持系统通常由多个子系统组成，不同车型有所不同，基本包括车道偏离预警系统、车道保持辅助系统，有的车型还包含驾驶人疲劳预警系统。

1) 车道偏离预警系统

车道偏离预警系统（Lane Departure Warning System，LDWS）是车道保持系统的重要组成，其功用是：不间断监测车辆是否在原始设定的车道内行驶，当检测到车辆意外偏离车道（即非驾驶人意志偏离车道）时，车辆会通过振动转向盘的形式提醒驾驶人车辆已偏离原行驶车道。

（1）基本组成。

车道偏离预警系统和电控助力转向系统配合一起工作，其组成部件有：集成前摄像头的控制单元总成、振动电动机、仪表总成、LDW 开关（车道偏离预警开关）、横向加速度传感器等，如图 7-11 所示。

振动电动机安装在转向盘辐条内，如图 7-12 所示。

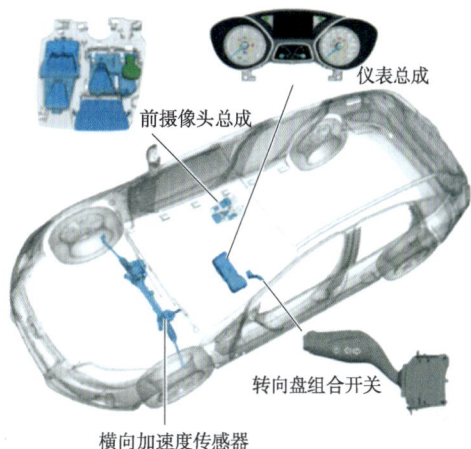

图 7-11　车道偏离预警系统结构图

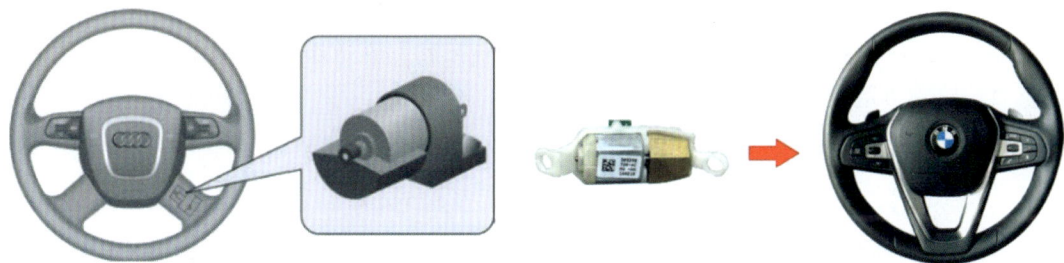

图 7-12　转向盘上的振动电机

集成前摄像头的控制单元总成安装在车内后视镜背面的风窗玻璃上，如图 7-13 所示，它根据摄像头所检测到的信息来确定车道标记，并根据车道标记计算出实际行驶车道，确定车辆在车道中的位置。

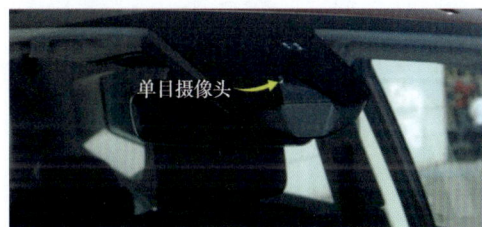

图 7-13　前摄像头总成

（2）工作原理。

每次打开点火开关时，车道偏离预警系统默认为关闭。驾驶人可通过仪表菜单打开，也可以在任何时候关闭。车道偏离预警系统的控制单元通过前摄像头总成探测前方路况及车道标志线,得到数据后结合自身车况对转向盘模块进行操纵,以保持车辆在原定车道内行驶;同时通过车身控制模块将情况告知仪表单元,驾驶人可以从仪表上得知当前车辆是否有偏离车道的情况,并及时注意调整。只有当车速大于64km/h且前摄像头检测到至少1个车道标志线时,系统方可被激活。当该功能运行时,转向盘模块会持续检测转矩传感器的信号以判断驾驶人是否握住转向盘,并将此信号发送给前摄像头模块。当检测到驾驶人连续几秒都未握住转向盘时,则会发出未握住转向盘的警告。

驾驶人未握住转向盘的警告分为两个级别:当系统检测到驾驶人连续3s未握住转向盘时,则仪表上显示警告信息;当系统检测到驾驶人连续4s未握住转向盘时,则在仪表上显示警告信息的同时使转向盘振动以发出警告提示。

2)车道保持辅助系统

车道保持辅助(Lane Keep Assist,LKA)系统是一种先进的驾驶辅助技术,旨在帮助驾驶人维持车辆在当前车道内行驶,减少因车道偏离可能导致的交通事故。当摄像头控制模块检测到车辆偏离车道时,在条件满足的情况下,车道保持辅助系统会控制电动助力转向工作,在不用驾驶人干预的情况下,自行将方向纠正到正常的车道上,其间如果驾驶人强行干预了转向盘的操作,系统功能将取消。

(1)结构组成。

车道保持辅助系统的结构组成与车道偏离预警系统完全统一,和电控助力转向系统配合一起工作,也是由集成前摄像头的控制单元总成、振动电动机、仪表总成、LDW开关、横向加速度传感器等组成。

(2)工作原理。

该系统的工作原理:当前摄像头发现车辆偏离车道时,将信息上传至摄像头控制模块(IPMA),IPMA将信息传输至EPS控制单元,EPS控制单元控制转向电动机提供车辆转向转矩,帮助驾驶人将车辆重新驶回原定车道内,以保证行车安全。

车道保持辅助系统工作的基本流程:

①**车道识别**。系统使用安装在车辆前部的多功能摄像头来监测前方的车道标记。摄像头会捕捉到车道的边界线,并将其转换为数字信号。

②**图像处理**。摄像头捕捉到的图像数据被发送到控制单元,控制单元内的软件使用图像处理算法来识别车道标记,并确定车辆相对于车道的位置。

③**车辆位置监测**。系统会持续跟踪车辆在车道中的位置,评估车辆是否在车道中心线上或者是否有偏离车道的趋势。

④**驾驶人行为监测**。系统可能会监测驾驶人的转向行为,通过转向盘上的传感器来检测驾驶人是否主动控制车辆。

⑤**偏离车道警告**。如果系统检测到车辆即将无意识地偏离车道(即驾驶人没有使用转向灯),它会通过视觉、听觉或触觉信号向驾驶人发出警告。

⑥**自动转向干预**。在警告发出后,如果驾驶人没有采取措施,LKA 系统会自动激活,通过电控助力转向系统进行微小的转向调整,帮助车辆回到车道中心。

LKAS 的工作可能会受到多种因素的限制,如车道标记不清晰、道路条件恶劣、系统故障等。

图 7-14 所示为奥迪 A8 车道保持辅助系统的控制电路。车道保持辅助系统控制单元 J759 与转向柱电子系统控制单元 J527 通过 CAN 网络通信,转向柱电子系统控制单元 J527 与多功能转向盘控制单元 J453 通过 LIN 总线通信,单元 J453 控制振动电动机工作。

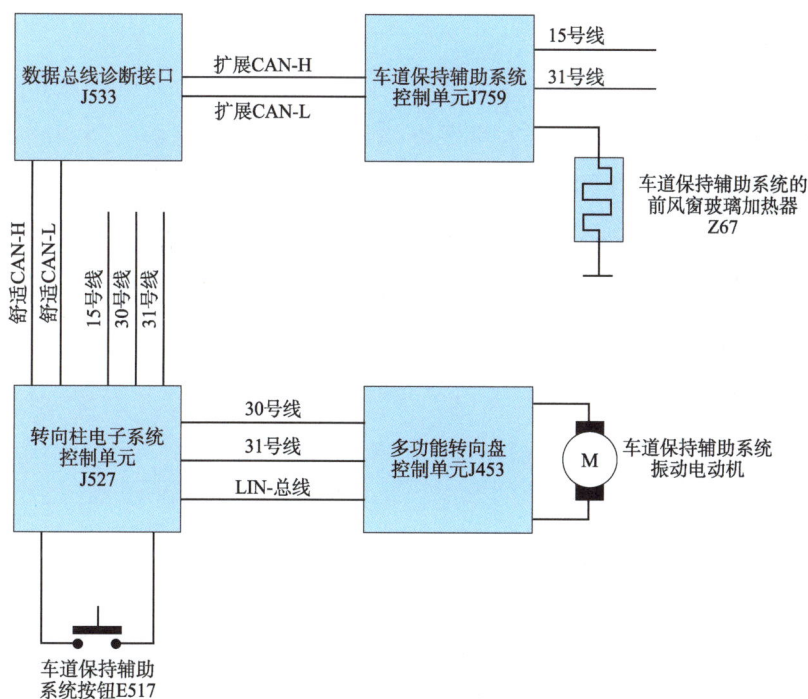

图 7-14　奥迪 A8 车道保持辅助系统控制电路

7.3.3　全车碰撞预警系统

全车碰撞预警系统含有前方碰撞预警系统和后向碰撞预警系统。前方碰撞预警系统(Forward Collision Warning System,FCWS),也称为预防式整体安全预警系统,是一种先进的汽车安全技术,旨在通过各种雷达传感器时刻监测前方车辆,判断本车与前车之间的距离、方位及相对速度,当存在潜在碰撞危险时对驾驶人进行警告,以避免或减轻交通事故的发生。有些车型 ACC 系统由 2 个子系统组成,包括自适应巡航控制系统和碰撞预警系统,相当于前方碰撞预警系统是自适应巡航控制系统的一个子系统。如比亚迪秦 ACC 系统整合了自适应巡航控制系统和前方碰撞预警系统两大功能,大大提升了驾驶的安全性。需要注意的是,当存在潜在碰撞危险时发出报警对驾驶人进行报警,FCWS 本身不会主动采取任何制动措施去避免碰撞或控制车辆。

7.3.3.1 前方碰撞预警系统组成

前方碰撞预警系统由信息采集、电子控制和人机交互三个单元组成,如图 7-15 所示。

(1)信息采集单元。信息采集单元主要利用毫米波雷达采集前向车辆或障碍物的距离、速度和方位角信息,利用视觉传感器采集前向车辆或障碍物的图像信息,利用自车(配有前向碰撞预警系统的车辆)的车速传感器和加速度传感器采集自车速度和加速度等信息。

(2)电子控制单元。电子控制单元主要对前向车辆或障碍物的图像信息和距离、速度等信息进行信息融合,确定障碍物的类型和距离,结合本车行驶状态信息,采用一定的决策算法,评估是否存在潜在的碰撞风险,若存在,则向人机交互单元发出预警指令。

(3)人机交互单元。人机交互单元主要接收由电子控制单元传来的指令,根据预警程度或级别的定义,进行相应预警信息的发布,如在仪表盘或抬头显示区域显示预警信息或闪烁预警图标、发出报警声音和收紧安全带等,提醒驾驶人采取相应措施。驾然人接收预警信息后对本车采取制动行为,若碰撞风险消失,则碰撞报警取消。

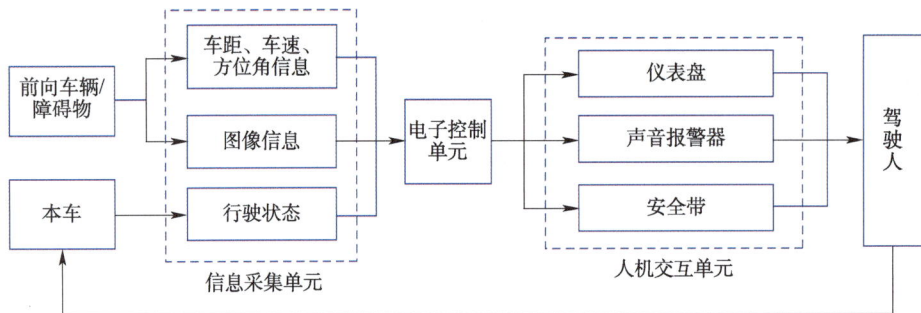

图 7-15　前向碰撞预警系统组成

7.3.3.2 前方碰撞预警系统工作原理

前向碰撞预警系统通过分析传感器获取的前方道路信息对前方车辆进行识别和跟踪,如果有车辆被识别出来,则对前方车距进行测量,同时利用车速估计,根据安全车距预警模型判断是否存在追尾的可能,一旦存在追尾危险,便根据预警规则及时给予驾驶人主动预警。

前方碰撞预警系统在车速大于 8km/h 且小于 20 km/h 被激活,其工作原理的网络拓扑图如图 7-16 所示。巡航雷达及控制模块检测到车辆即将发生碰撞时,命令抬头显示器 HUD 闪烁红色警报灯,同时通过仪表激活蜂鸣警报器工作并使音响系统静音。当碰撞险情解除时,警告灯熄灭且蜂鸣警报器静音。

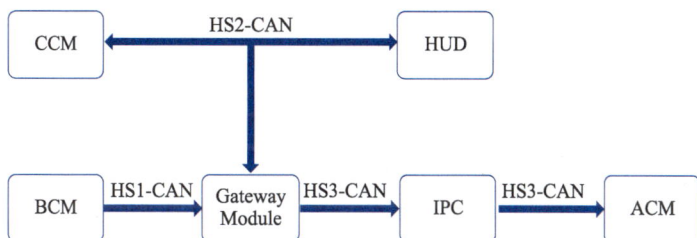

图 7-16　前方碰撞预警系统原理图

CCM-巡航雷达及控制模块;HUD-抬头显示器;BCM-车身控制系统;ACM-音响前控制模块;IPC-仪表板控制模块;Gateway Module-网关模块

7.3.3.3　后方碰撞预警系统

后方碰撞预警系统(Rear Collision Warning System,RCWS)的组成和原理基本与 FCWS 系统一致,目标监测控制单元(毫米波雷达)安装在后保险杠内部的左右两侧。系统使用左右毫米波雷达实时监测车辆正后方目标,当驾驶人驾驶车辆在道路上正常行驶,后方本车道有目标快速接近时,系统发出报警信息,提示驾驶人有碰撞风险,并向后方车辆发出追尾警告信号。后方碰撞预警系统也包含倒车横向预警、后追尾预警和开门预警的功能。

7.3.4　驾驶人疲劳预警系统

驾驶人疲劳预警系统(Driver Attention System,DAS)也称为驾驶人疲劳监测系统(MKE)。它通过摄像头等先进传感器技术,精准捕捉驾驶人的实时状态。一旦发现驾驶人出现疲劳、身体不适等不宜继续驾驶的征兆,该系统便会迅速作出反应,发出警示或采取安全措施,如控制车辆减速直至停车。

系统具备强大的实时监测功能,能够精准捕捉驾驶人的头部、面部等细微表情和动作变化。它能够有效识别驾驶人的疲劳和分心状态,预警情况包括但不限于闭眼、低头、打哈欠、频繁环顾四周、抽烟以及打电话等行为,如图 7-17 所示。此外,部分高级系统还具备驾驶人身份识别的功能,为驾驶安全提供了更多保障。DAS 可能与其他驾驶辅助系统(如车道保持辅助系统 LKA 或自适应巡航控制系统 ACC)集成,提供更全面的安全支持。

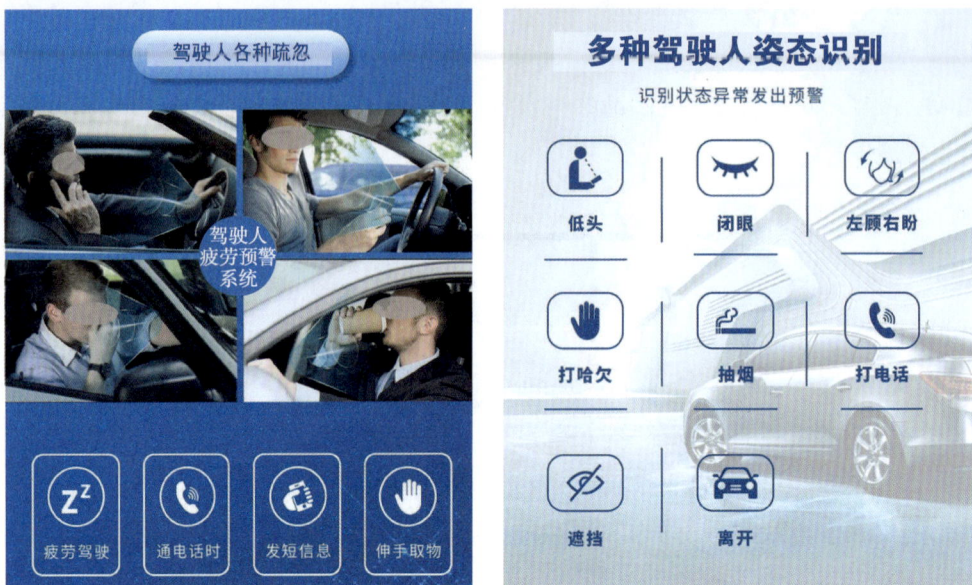

图 7-17　驾驶人的多种姿态行为

1）结构组成

驾驶人疲劳预警系统由控制单元 ECU、摄像头、红外传感器以及电控助力转向系统、仪表总成、组合开关等组成。

2）工作原理

驾驶人疲劳预警系统通过监测驾驶人的驾驶行为姿态（面部特征、眼部信号、头部运动性等）、车辆状态信息等信息来判断驾驶人的疲劳程度，一旦发现驾驶人出现疲劳情况，会在仪表板上显示驾驶人的疲劳等级，发出声音和视觉报警，以提醒驾驶人注意行车安全。

根据使用信号属性不同，驾驶人疲劳预警系统可分为直接监测和间接监测两种。有的车型采用直接监测和间接监测相融合的方法，从车辆运动状态、驾驶行为、周围环境和驾驶人生理信息 4 个维度出发，依靠大而全的数据源使监测算法的准确性得到较大提高，如图 7-18 所示。

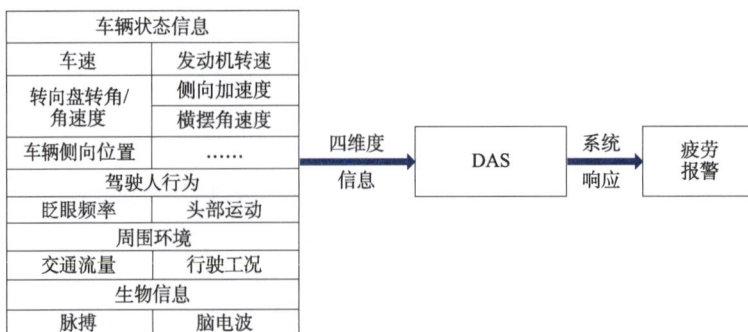

车辆状态信息	
车速	发动机转速
转向盘转角/角速度	侧向加速度
	横摆角速度
车辆侧向位置	……
驾驶人行为	
眨眼频率	头部运动
周围环境	
交通流量	行驶工况
生物信息	
脉搏	脑电波

四维度信息 → DAS → 系统响应 → 疲劳报警

图 7-18　驾驶人警告系统工作原理

直接监测使用驾驶人面部运动、眼部运动、心电、脑电等直接表征驾驶人疲劳状态的信号,与采集心电信号和脑电信号相比,采集驾驶人面部运动和眼部运动信号比较简单方便并且精度较高,所以,目前直接监测系统中基于驾驶人面部运动信号和眼部运动信号的监测系统应用比较广泛。

间接监测则使用驾驶行为信号并结合车辆状态信号,采用统计分析、机器学习等方法分析驾驶人的状态。目前该方法的精度虽然没有直接监测方法精度高,但不需要在车辆上额外增加任何传感器及硬件设备,不会造成车辆制造成本的增加。

7.3.5　自动泊车辅助系统

7.3.5.1　自动泊车辅助系统的组成

自动泊车辅助(Auto Parking Assist,APA)系统也称为自动泊车系统(Automated Parking System,APS),是为了实现自动停车而产生的系统,一般也配有倒车辅助系统。自动泊车辅助系统基本组成和原理如图 7-19 所示,主要由信息检测单元(摄像头、雷达等传感器)、电子控制单元和执行单元(转向盘控制、加速踏板控制、制动控制等)等组成。

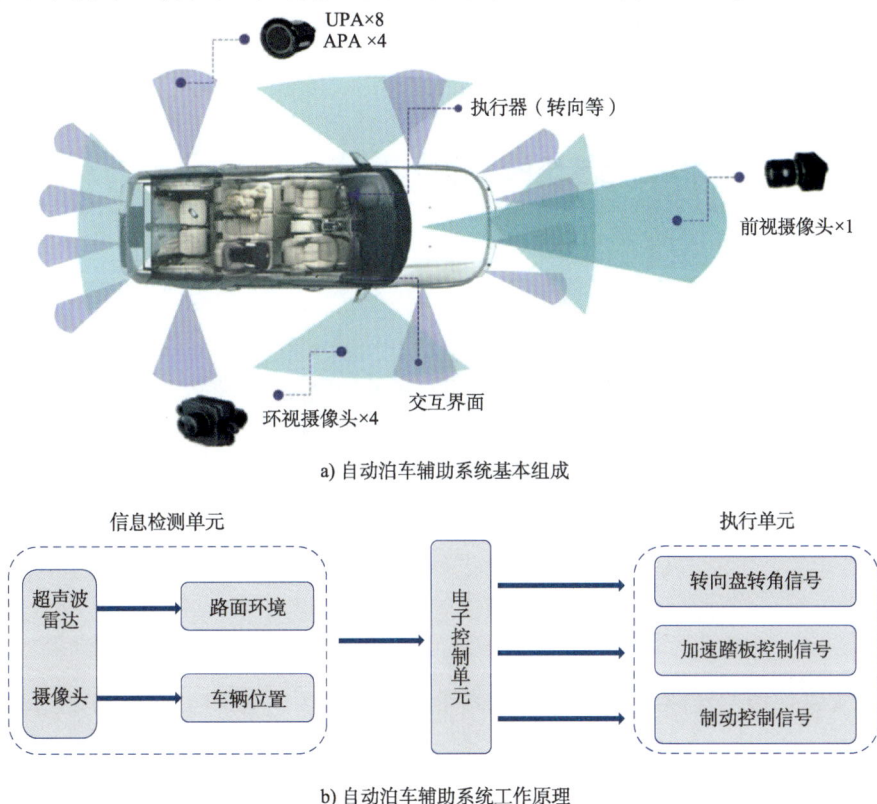

a) 自动泊车辅助系统基本组成

b) 自动泊车辅助系统工作原理

图 7-19　自动泊车辅助系统基本组成和原理

常见的超声波雷达有两种,一种是安装在汽车前后保险杠上的,也就是用于测量汽车前后障碍物的倒车雷达,探测距离通常在 0.15~2.5m,这种雷达业内称为 UPA,即超声波驻车辅助(Ultrasonic Parking Assistant);另一种是安装在汽车侧面的,用于测量侧方障碍物、判断停车库是否存在,业内称为 APA,即自动泊车辅助(Automatic Parking Assistant),APA 超声波雷达的探测距离通常在 0.3~5m 范围内。

信息检测单元包含 APA 系统的雷达传感器和摄像头,是自动泊车的眼睛,通过超声波雷达和摄像头识别周边的路面环境以及其他车辆的位置,将采集到的图像数据以及周围物体离车身的距离传递给电子控制单元。常见的传感器包括超声波雷达、摄像头和毫米波雷达等。这些传感器能够测量车辆与周围物体之间的距离、速度和角度,只要有一个传感器损坏即会导致整个系统的失灵。系统则会通过指示灯、显示或语音来提示驾驶人。

控制单元(ECU)是自动泊车系统的核心,将信息检测单元上传的数据进行处理和分析,得出汽车当前位置、目标位置以及周边的环境,依据这些参数规划好路径,并将指令输出到执行单元。

执行单元接收到控制单元的指令,精准控制转向盘的转动、加速踏板和制动踏板的运动,控制车辆的转向、加速和减速等动作,让汽车能按照规划好的路径运动,以实现精确的泊车,并随时准备接收中断时的紧急停车。

用户界面虽然不是所有 APA 系统都配备,但一些高级系统可能包括一个显示屏或触摸屏,用于显示系统状态和提供操作指引给驾驶人。

7.3.5.2 自动泊车辅助系统的工作原理

自动泊车辅助系统的原理是利用遍布车辆自身和周边环境里的各类车载先进传感器,测量车辆自身与周边物体之间的相对距离、速度和角度,实现对车位、周边环境的感知和识别,然后通过车载处理器/车载计算平台或云计算平台计算出操作流程,控制器根据识别的信息计算泊车合适的路径以及控制执行机构实施车辆的转向和加减速,并自动正确地完成停车入车位动作的系统。驾驶人在任何时刻都可介入转向过程,如果在泊车过程中驾驶人抓住了转向盘,那么自动泊车辅助系统就会关闭,由驾驶人继续手动控制完成泊车过程。

以小鹏汽车为例,通过 12 个超声波雷达、3 个毫米波雷达、5 个视觉传感器来感知外界环境,识别车位。之后通过屏幕按钮或者语音控制就可以启动自动泊车辅助系统,泊车途中,驾驶人无需任何额外操作,也能够在找到车位后下车,让车辆自动进行泊车。目前,自动泊车辅助系统能支持平行泊车、垂直泊车、斜方泊车等多种泊车方式。

自动泊车辅助系统在运行时一般工作过程如图 7-20 所示。

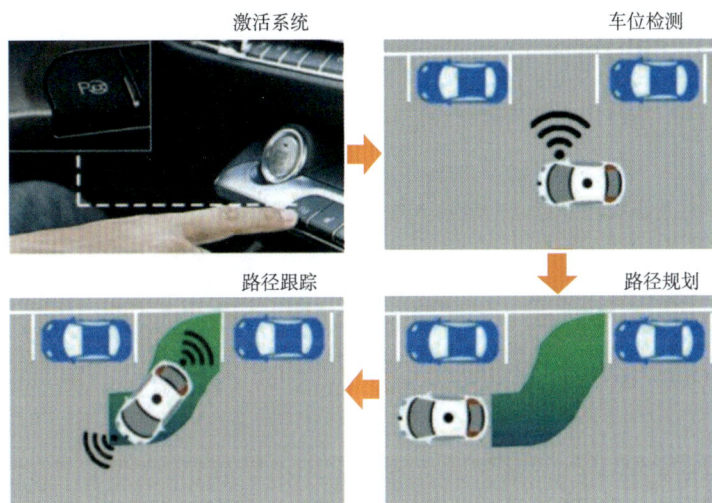

图 7-20　自动泊车辅助系统工作过程

1）激活系统

汽车进入停车区域后缓慢行驶,人工开启自动泊车辅助系统或者根据车速自动开启自动泊车辅助系统。

2）车位检测

车位检测即车位搜索与辨识,通过车载传感器获取环境信息,然后识别出车位,如超声波雷达识别车位空间、摄像头识别车位线等。

3）路径规划

根据所获取的车位信息,APA 控制单元对汽车和环境建模,计算出一条能使车安全泊入车位的路径。

4）路径跟踪

通过转向盘转角、加速踏板和制动踏板的协调控制,使汽车跟踪预先规划的泊车路径,实现泊车入库。

7.3.6　盲区监测变道辅助系统

盲区监测变道辅助(Blind Spot Detection,BSD)系统可以有效避免行驶因盲区变道造成碰撞事故;可以有效避免因雾、雨后视镜模糊看不清造成碰撞事故;可以有效避免下车(副驾与后座人员)造成"开门杀"事故;可以有效避免倒车出库时横穿造成碰撞事故。

1）组成

BSD 系统主要由毫米波雷达、摄像头和控制单元组成。安装在车辆后保险杠两侧或后视镜下方的毫米波雷达能够探测后方数十米范围内的车辆位置、速度和运动轨迹,即使在雨雾等恶劣天气也能稳定工作;高清摄像头则辅助捕捉盲区画面,通过图像识别技术确认目标物体。当有车辆进入本车盲区时,雷达和摄像头收集的数据会实时传输至控制单元。控制单元通过算法分析,判断是否触发预警条件,一旦确认存在危险,便会通过后视镜上的警示灯闪烁、座椅振动或发出警报声等方式,提醒驾驶人注意,避免因未察觉盲区车辆而盲目变道引发事故。

(1)**毫米波雷达**。安装在车辆尾部或后视镜下方,用于监测车辆侧后方和侧面的情况。毫米波雷达具有全天候工作的能力,能够在恶劣天气条件下正常工作。

(2)**摄像头**。高清摄像头辅助捕捉盲区画面,通过图像识别技术确认目标物体。摄像头与毫米波雷达配合使用,提供更全面的监测。

(3)**控制单元**。负责接收、处理雷达和摄像头的数据,通过算法分析判断是否触发预警条件。一旦确认存在危险,控制单元会通过多种方式提醒驾驶人。

所谓的汽车盲区,就是指驾驶人处于正常驾驶位置时,其视线被汽车车身遮挡而不能直接观察到的部分区域。通常情况下,盲区被分为车内盲区和车外盲区,车内盲区主要有四大视觉盲区和一些人为盲区,车外盲区主要是指因为固定或移动物体及光线问题造成的,不同车型遇到的盲区大小不同。车内盲区中的四大视觉盲区如图 7-21 所示。

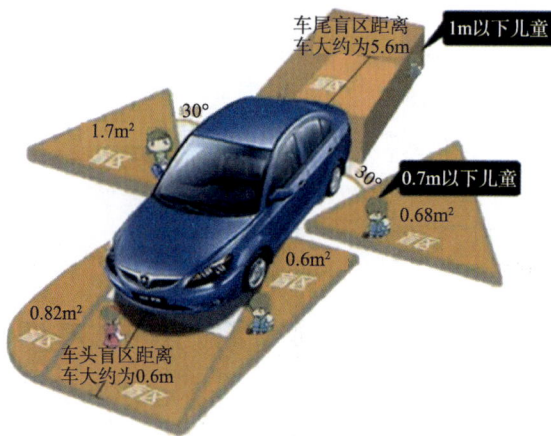

图 7-21　车辆四大盲区

(1)**前盲区**。由于发动机舱的遮挡导致的盲区,主要和车身高度、座椅高度、车头长度、驾驶人身材等有关。

(2)**后盲区**。主要是指从后车门向外侧展开有约 30°的区域在反光镜的视界以外,后车的车头在前车的后车门附近时,前车的反光镜里观察不到后面来车,极易发生剐蹭和追尾事故。

(3)**后视镜盲区**。车辆后视镜只能看到车身两侧,并不能完全收集到车身周围的全部信息。

(4) AB 柱盲区。 车辆的 AB 柱,也会产生盲区。

2) 工作原理

BSD 系统主要是采用毫米波雷达作为探测装置,在汽车行驶过程中,不断对车辆的侧、后方盲区进行探测,可以在一定范围内探测到旁边车道上其他车辆的当前位置、行驶速度和行驶方向等信息。如果有其他车辆或者行人进入盲区内,系统就会通过声音和灯光来提醒驾驶人,避免驾驶人因没有观察到后方车辆进行变道,从而出现危险的可能。由于 BSD 系统主要采用毫米波雷达作为探测装置,因此可以全天候使用,在白天、夜晚、雾雪、大雨等天气正常工作,适应更多的场景和天气,对汽车两侧 0.3 ~ 15m 的多个目标进行全方位监控。

7.3.7　夜视辅助系统

7.3.7.1　夜视辅助系统的基本组成

夜视辅助(Night Vision Device,NVD)系统是一种利用红外成像技术,帮助驾驶人在夜间或光照不足的环境中更好地观察道路、行人和障碍物,从而提高行车安全性和减少事故发生的系统。夜视辅助系统主要由夜视辅助系统摄像头、控制单元和显示仪表几个组成部分构成。

(1) 夜视辅助系统摄像头: 负责收集和聚焦来自目标物体的红外辐射,如图 7-22 所示。夜视辅助系统摄像头配备有自己的运算器。该摄像头除了录下原始图像并把图像传给夜视辅助系统控制单元,还需要储存校准数据。因此,在更换损坏的夜视辅助系统控制单元后,不必重新进行校准。

图 7-22　夜视辅助系统摄像头

为防止石击,摄像头的镜头前有一个保护窗,该窗采用锗制成(不能用玻璃来制作,因为热辐射无法穿过玻璃),强度极佳。有一个单独的喷嘴清洁摄像头保护窗,该喷嘴在操纵前照灯清洗喷嘴时一同工作清除污物。摄像头在 5℃ 以下温度范围内会接通一个加热装置,从而避免其结冰。加热电流可以根据温度进行调节,这个温度由摄像头自己的温度传感器进行侦测。

(2) 控制单元: 这是夜视辅助系统的核心部件,负责对从红外探测器接收到的原始信号进行处理和分析,以便提取有用的信息并形成图像。处理夜视辅助系统摄像头的原始图像识别出热敏图像上的人并将其做上标记,持续不断地对摄像头图像进行分析,并测算车辆与识别出的行人的碰撞可能性,在识别出有碰撞危险时发出警告,将已处理完的热敏图像传送给组合仪表,还具备系统诊断和故障记录的功能。

(3)显示仪表:被处理后的图像需要通过某种显示设备呈现给用户。显示设备将电信号转换回可见光图像,使得用户能够直观地看到目标物体的热分布情况。

7.3.7.2 夜视辅助系统的工作原理

夜视辅助系统可在夜间最佳条件下识别出行人和动物,尤其可在光线阴暗和恶劣路段上(如在与树林毗邻的乡村道路上行驶时)为驾驶人提供支持。识别出危险情况时,系统会在必要时提醒注意道路上的行人和动物,在紧急情况下还会发出声音警告信号(严重警告)。警告限值也取决于行人或动物是移动还是静止。

集成在保险杠格栅内的夜视辅助系统摄像头拍摄车辆前方区域并将数据传输至夜视辅助系统控制单元。由夜视辅助系统控制单元对图像数据进行分析,并将相应图像信息传输至组合仪表控制单元。图 7-23 为夜视辅助系统电路图,夜视辅助系统摄像头 J764 由夜视辅助系统控制单元 J853 供电。夜视辅助系统摄像头 J764 的原始图像通过两条图像传输导线(1 和 2)传给夜视辅助系统控制单元 J853。夜视辅助系统控制单元 J853 将处理后的信息反馈给组合仪表控制单元进行相应的显示,同时将信息传递给 J533 模块。

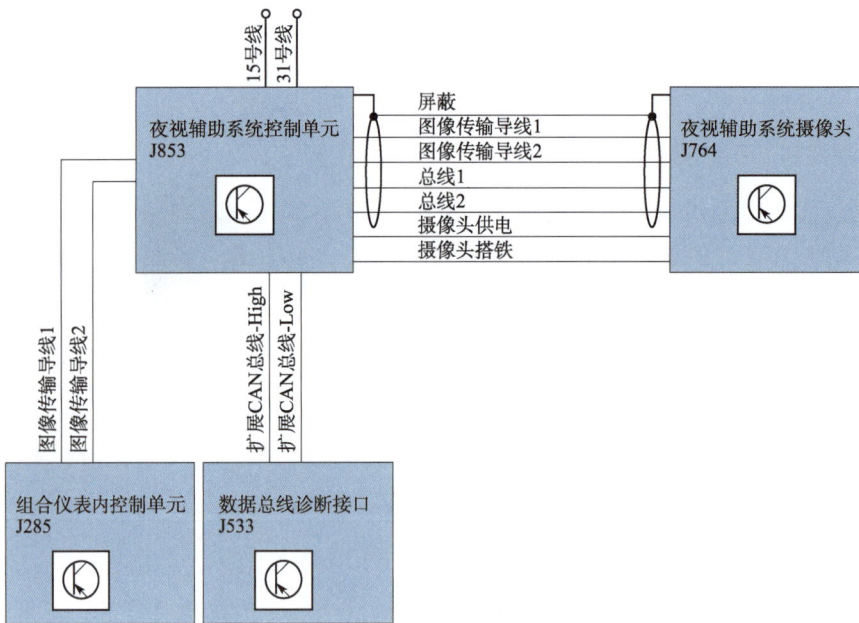

图 7-23 夜视辅助系统电路

7.3.8 汽车电子控制制动辅助系统

汽车制动辅助(Electronic Brake Assist, EBA)系统是汽车紧急制动辅助系统的一种,或称为 Brake Assist System,简称为 BAS,系统能够通过判断驾驶人的制动动作(力量及速度),在紧急制动时增加制动力度,从而将制动距离缩短。对于像老人或女性这种脚踝及腿部力量不是很足的驾驶人来说,该系统的优势则会表现得更加明显。

在正常情况下,大多数驾驶人开始制动时只施加很小的力,然后根据情况增加或调整对制动踏板施加的制动力。如果必须突然施加大得多的制动力,或驾驶人反应过慢,这种方法会阻碍他们及时施加最大的制动力。许多驾驶人也对需要施加比较大的制动力没有准备,或者他们反应得太晚,造成制动距离过长,导致追尾等交通事故。EBA 系统通过驾驶人踩踏制动踏板的速率来理解它的制动行为,如果它察觉到制动踏板的制动压力恐慌性增加,EBA 系统会在几毫秒内启动全部制动力,其速度要比大多数驾驶人移动脚的速度快得多。

7.3.8.1 EBA 系统组成

EBA 系统由传感器、执行器和控制器组成,是在防抱死制动系统的基础上,增设一只制动踏板行程传感器和制动压力传感器,实现制动力支援的电磁阀,并在防抱死制动电控单元(EBA 控制模块)中增设制动力调节软件程序和检测制动执行结束的 EBA 释放开关。核心的执行器是车内的电子真空助力器(Electronic Vacuum Booster,EVB),如图 7-24 所示。

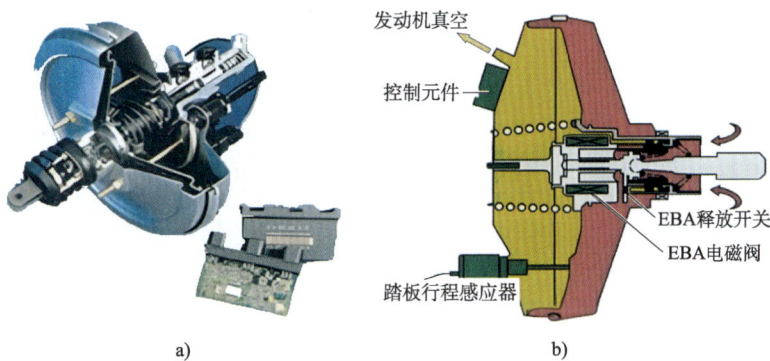

图 7-24 电子真空助力器结构组成

7.3.8.2 EBA 系统的工作原理

EBA 系统工作原理是通过压力传感器感知制动时驾驶人踩制动踏板的踩踏力度和速度,EBA 控制器来判断是否进行紧急制动行为。如果是正常制动,助力器按比例放大驾驶人踩制动踏板的力会启动电子真空助力器内部的电磁机构(助力器里的一个机械控制阀),允许大气进入后腔。由于两个腔的大气压力不同,因此产生与驾驶人踩制动踏板力成比例的放大力;如果是紧急制动,后腔存在全部大气压力时放大的力达到最大,迅速将制动压力提升至助力器的最大伺服点,在双膜片电子助力器的反应时间为 0.4s 内达到助力器的最大伺服压力。

7.3.9　汽车自动紧急制动系统

汽车自动紧急制动(Autonomous Emergency Braking,AEB)系统,也称为主动式紧急制动系统,AEB 系统是协助驾驶人进行紧急制动的主动安全配备装置,是车辆在非自适应巡航的情况下正常行驶,如遇到突发危险情况或与前车及行人距离小于安全距离时主动进行制动(并不一定能够将车辆完全制动停止),避免碰撞或减轻碰撞程度的主动安全功能。

7.3.9.1　AEB 系统的组成

AEB 系统主要由行车环境信息采集单元(环境感知、传感器)、电子控制单元(中央处理器)和执行单元(执行机构)三部分组成。基于环境感知传感器(如毫米波雷达或视觉摄像头)感知前方可能与车辆、行人或其他交通参与者所发生的碰撞风险,并通过系统自动触发执行机构来实施制动。其中,执行机构包含报警与紧急制动两大系统。

7.3.9.2　AEB 系统的工作原理

AEB 系统由感知、决策和执行层组成,如图 7-25 所示。AEB 使用辅助驾驶算法,其基本

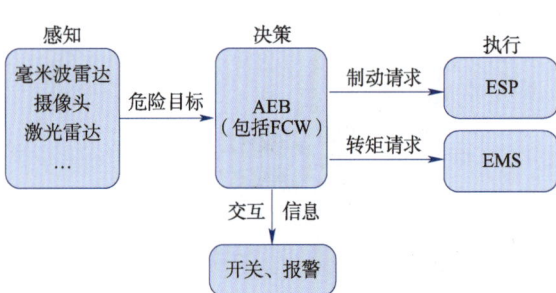

图 7-25　AEB 系统的工作原理图

原理是通过毫米波雷达、摄像头、激光雷达等传感器感知车辆周围信息,并将采集信息传输到控制模块,控制模块根据信息和车辆状态作出决策,来判断自车的危险情况。当判断出车辆存在碰撞风险时,系统会对驾驶人进行警告提示;若驾驶人未及时做出避撞动作,AEB 系统将主动介入制动系统使自车降速或停止。

7.3.10　倒车辅助系统

7.3.10.1　倒车辅助系统组成

倒车辅助系统(Parking Assist System,PAS)通过各种传感器(如超声波雷达、视觉传感器等)检测车辆后方的障碍物,并通过图像或声音的形式向驾驶人提供实时信息,帮助驾驶人更好地了解车辆周围的环境,从而避免碰撞或其他事故。具有以下功能:

1)自动性

安装摄像头后,挂入"R"挡,如果硬件连接没问题,屏幕会自动切入倒车后视画面,实时

动态监控车后环境,使车后的障碍物一览无余。

2)防雾气

在雾天,反光镜容易被雾气遮蔽,但是专用车载摄像头具有高清、防水、防雾、高感光及红外夜视五大优点,即使在雾天也能高清显示车后画面。

3)夜视功能

摄像头都具有红外夜视功能,晚上倒车画面同样也能达到高清画质效果。

目前,越来越多新车型的倒车辅助系统还能实现自动泊车功能。

倒车辅助系统主要由超声波、传感器、清晰摄像头控制单元、执行器、扬声器、交互界面等组成,如图 7-26 所示。

传感器是倒车辅助系统的核心部件,用于检测周围环境中的障碍物。传感器可以是超声波传感器、红外线传感器或视觉传感器等。控制单元根据传感器的数据作出相应的决策,并反馈给执行器。执行器根据控制单元的信号进行调整,包括用于控制车辆转向、加速和制动的执行机构。交互界面用于展示由控制器处理后的信息和用户系统设置、调整操作。

图 7-26　倒车辅助系统组成

7.3.10.2　倒车辅助系统工作原理

当车辆处于倒车状态时,系统利用超声波传感器发射超声波向后方扩散,控制单元接收来自超声波传感器的信号,并根据这些信号计算出障碍物的位置和距离。然后,这些信息会被显示在车辆的显示屏上,以便驾驶人可以直观地看到周围环境中的障碍物。此外,如果检测到障碍物距离过近,控制单元还会触发蜂鸣器或喇叭发出警告声,以提醒驾驶人注意前方可能存在的危险。

前后装备 8 个传感器,通过超声波传感器向后发射超声波,利用超声波遇到障碍物反射原理发现后方的障碍物,发出报警声。对于汽车前部区域,系统能够探测到前部约 1.2m、侧面约 0.6m 内区域的障碍物。对于汽车后部区域,系统能够探测到后部约 1.6m、侧面约 0.6m 内区域的障碍物,如图 7-27 所示。

图 7-28、图 7-29 为典型新能源汽车倒车

图 7-27　倒车辅助系统探测区域图

辅助系统的控制电路,含倒车雷达电路和倒车影像显示系统电路。

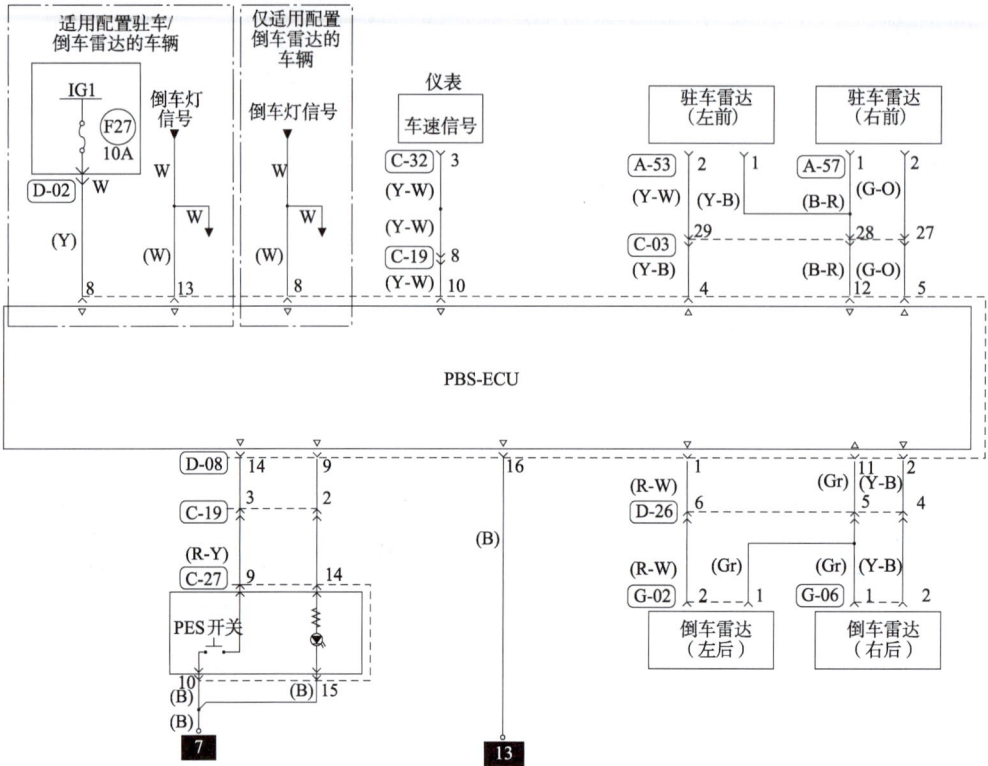

图 7-28　倒车雷达电路原理图

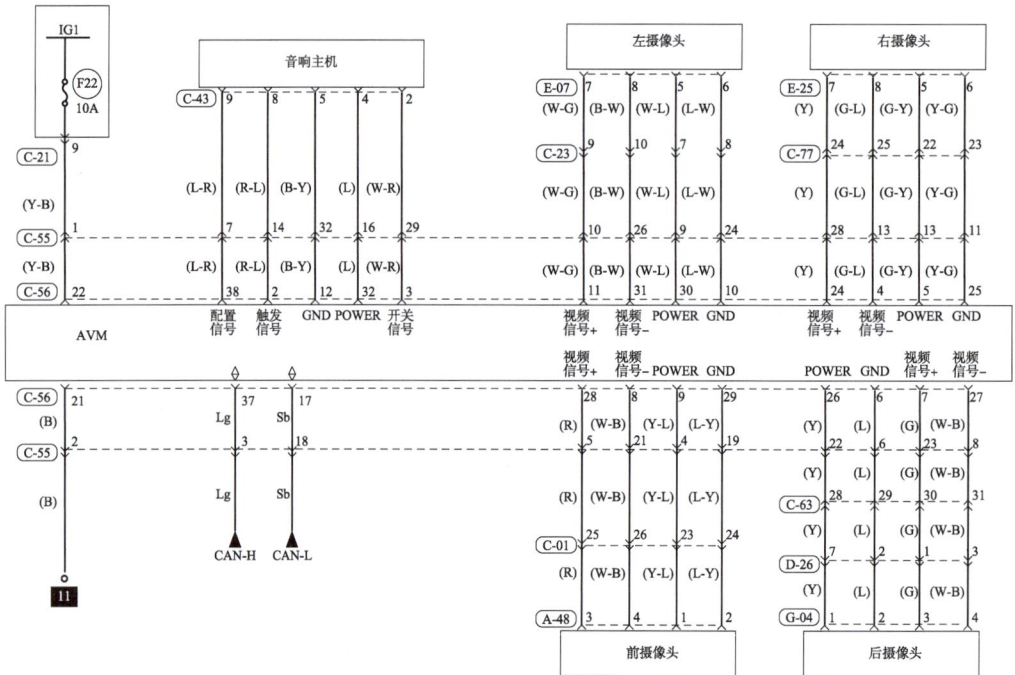

图 7-29　倒车全景影像系统电路图

▶ **线上学习资源**

1. 线上微课

预碰撞保护系统		自动制动控制系统	
预碰撞安全系统		全车影像系统	
驾驶辅助系统控制单元		交叉路口辅助系统	
变道辅助系统		校准换道辅助系统	
开门预警控制系统		全景影像系统	
停车辅助控制系统			

2. 线上作业

任务 7.3　线上作业

3. 线上测试

任务 7.3　线上测试

▶ **素养课堂**

华为领衔发力，中国 L3
自动驾驶突破在望

模块 8

汽车线控底盘技术

🧭 **模块导学**

1. 目标要求

随着车辆的智能化快速发展,汽车线控底盘技术在现代车辆中的应用日趋广泛,主要包含线控驱动、线控转向、线控制动、线控换挡、线控悬架五大系统,本模块主要学习汽车底盘线控驱动系统、转向系统、制动系统、换挡系统的结构组成及工作原理,掌握汽车底盘各系统的功能、结构原理,通过线控制动系统、线控转向系统的调试与控制单元更换的实践,具备掌握线控底盘系统基础检修的职业能力。

2. 任务分解

本模块分为 4 个任务和 2 个子实训项目:

任务 8.1　汽车线控驱动系统认知	子实训项目 8.1　汽车线控底盘制动系统的调试与控制单元更换
任务 8.2　汽车线控制动系统认知	子实训项目 8.2　汽车线控底盘转向系统部件装配与调试
任务 8.3　汽车线控转向系统认知	
任务 8.4　汽车线控换挡系统认识	

3. 情境导入

在某国产智能网联汽车售后维修中心,客户王先生的汽车线控转向系统出现故障,转向沉重。见习维修技师小李在完成对客户王先生的国产智能网联汽车线控转向系统的检查后,准备在维修技师张师傅的指导下对线控转向系统的故障进行诊断和维修。小李需要协助张师傅对线控转向系统故障进行检修。

作为一名汽车专业技师,请思考如下问题:

(1)描述线控转向系统的结构组成。

(2)描述线控制动系统的类型及其结构组成。

(3)描述线控转向系统的工作原理。

(4)描述线控制动系统的工作原理。

任务 8.1 汽车线控驱动系统认知

8.1.1 线控技术

目前,自动驾驶技术是汽车技术中最炙手可热的一个领域,而实现自动驾驶,线控技术则是关键的一环。所谓线控技术(X-By-Wire),就是通过电子信号和电控机构来替代传统机械设备中的直接机械连接。这种技术使得操作端和设备端在物理上相互独立,但功能上却能够紧密相连。设备端不仅可以根据从操作端接收到的电信号自主执行操作,还可以响应来自其他电子系统的信号。线控技术最早应用于飞机,被称为电传操纵技术(Fly-By-Wire),其基本原理是将飞机的各类信号通过传感器转换为电信号,将电信号输入到 ECU,ECU 输出控制指令控制各执行器(副翼、升降舵等)动作,从而控制飞机的航向和高度等。

随着汽车电子节气门、ADAS(高级驾驶辅助系统)等新功能的出现,线控底盘技术成为了实现高阶自动驾驶的基础。通过制动、加速、转向、挡位等关键部分的线控设计,车辆能够完全依靠电信号来控制其所有横向和纵向动作,从而实现更加智能、安全的驾驶体验。

汽车线控底盘技术主要包括线控转向、线控制动、线控驱动、线控换挡和线控悬架等。线控底盘技术就是把驱动、制动、加速、转向、悬架等关键部分,从传统的整体机械硬连接,变成了通过电线连接的线控设计,通过电信号的传递来完成车辆的横向和纵向控制。相比于传统底盘,线控底盘具有响应快、控制精度高、能量回收强等特点。智能电动汽车时代,线控底盘扮演着汽车自动辅助驾驶中最重要的角色。

相对于传统底盘,由于线控系统取消了传统的机械连接,取而代之的是传感器、控制单元及执行机构,所以具有以下优点:

（1）线控底盘系统结构简单,零件数量少,长期看可节约制造成本,同时优化驾乘空间,增加车辆的舒适性。

（2）线控底盘系统控制灵活,灵敏度及精确度较高,用电信号替代机械传输,优化控制结果,能够实现汽车的柔性连接,车身与底盘可以独立分开。

（3）线控底盘系统节约能源,减少损耗,部分车辆具备能量回收装置,可以提升能源的利用率。

（4）便于智能化升级。随着汽车正逐渐向着电动化、智能化方向发展,"软件定义汽车"理念以及集中式电子电气架构的提出和应用,势必将加快线控底盘技术的发展。

虽然线控底盘系统拥有技术优势,但从目前发展来看,也遇到一些挑战:

（1）制造及维修成本较高。线控底盘实际上就是一个高度集成的电子系统,包含硬件以及软件系统,制造及维修成本较高。

（2）对电气系统依赖大,存在故障隐患。线控底盘作为一种比较复杂的高级电子系统,虽然由于安全冗余的存在会令故障率降低,但不代表没有故障隐患。由于线控底盘对于电气系统依赖过大,因此一旦出现问题,很难快速解决,尤其是在软件方面的问题。所以,线控底盘想要在未来实现全盘应用,整体系统就必须具备出色的容错能力。

（3）在信息安全方面,存在被黑客攻击的风险。线控技术的全面应用意味着汽车将由机械系统转为电子系统,这是实现完全自动驾驶的重要前提。一般来说,线控技术有"闭环"和"开源"两个特点,基于驾驶人的操作指令进行信息传递,这就是闭环。若想实现完全自动驾驶,那么就需要将车辆的控制权限交出去,此时驾驶人不再直接控制车辆,而是交由大数据通过网络传输为车辆下达操控指令。这个环节就是所谓的"开源",要求用于传输的网络足够安全且可靠。然而在信息安全方面,只要是进行互联网交互,就可能存在被黑客攻击的风险,这也正是线控技术在发展过程中需要面临的严峻问题。

8.1.2 线控底盘系统工作原理

汽车线控技术同样由传感器、控制器和执行机构等组成,用线束和电子元件取代传统的机械和液压传动装置,将驾驶人的操作动作经过传感器转变成电信号来实现传递控制,替代传统机械系统或者液压系统,并由电信号直接控制执行机构以实现控制目的,基本原理如图 8-1 所示。

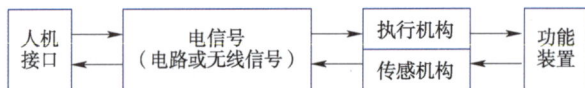

图 8-1 线控技术基本原理

汽车线控技术在智能网联汽车发展及新能源汽车中的应用显得尤为突出,为完全自动驾驶奠定了基础。在自动驾驶模式,线控底盘系统的工作原理如图 8-2 所示。智能网联汽车计算平台接收各环境感知传感器发送的数据,并对数据进行分析计算后,通过 CAN 总线发送给整车控制器(VCU),VCU 对计算平台发送的数据再次分析处理,通过 CAN 总线发送给线控底盘系统,进而实现汽车的驱动行驶、转向、制动等功能。

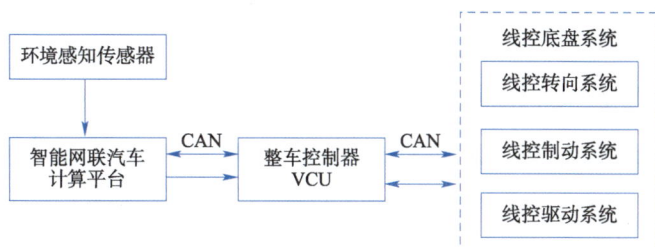

图 8-2　智能网联汽车线控底盘系统控制框图

线控底盘系统上主要的控制单元包括转向系统 ECU、制动系统 ECU、蓄电池管理系统BMS、电机控制器 EMC、充电单元 OBC 及仪表单元等,如图 8-3 所示。这些控制单元通过CAN 总线与整车控制器 VCU 进行通信,实现智能网联汽车的转向、制动、行驶等底盘控制。

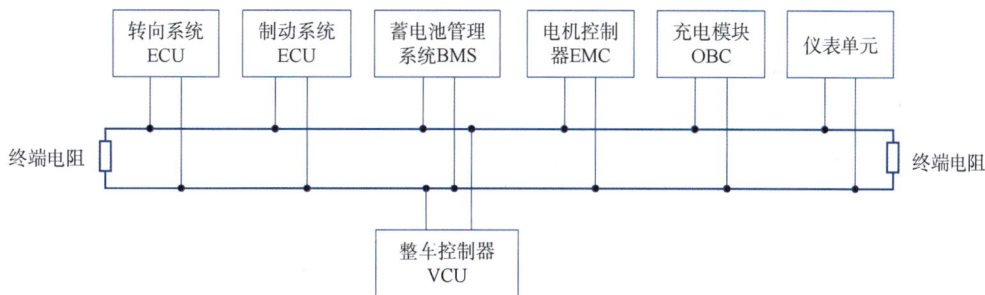

图 8-3　线控底盘网络拓扑结构

8.1.3　线控底盘系统主要技术

底盘线控技术主要包括线控驱动系统、线控制动系统、线控转向系统、线控换挡系统和线控悬架系统等。从执行端来看,线控驱动、线控换挡、线控悬架技术都很成熟了。目前,线控底盘系统中最为核心的是线控驱动、线控转向、线控制动三大系统。

主动电控悬架系统即为线控悬架系统,可以根据实际路面情况自动调节悬架的高度、刚度、阻尼,进而实现车身姿态控制。目前,宝马汽车安装的"魔毯"悬架系统、凯迪拉克汽车安装的 MRC 主动电磁悬架系统以及奥迪自适应空气悬架系统,均属于线控悬架系统的不同形式。线控悬架系统基本工作原理如图 8-4 所示,系统传感器负责采集汽车的行驶路况(主要是颠簸情况)、车速以及起动、加速、转向、制动等工况转变为电信号,经简单处理后传输给线控悬架控制单元 ECU。悬架系统根据 ECU 的控制信号,准确、快速、及时地作出反应动作,包括气缸气体压力及电磁阀等关键参量的改变,实现对车身弹簧刚度、减振器阻尼以及车身高度的调节。线控悬架

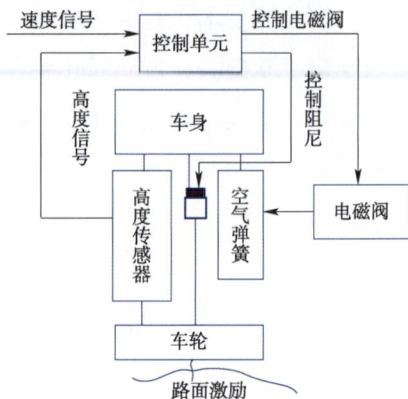

图 8-4　线控悬架系统工作原理示意图

系统执行机构主要由阻尼器、电磁阀、步进电机、电动气泵等组成,系统结构和工作原理详见模块 6 的内容,不再赘述。主动电控悬架系统能够带来更好的行驶安全性和舒适性,在智能化时代,已经成为新的发展趋势。

8.1.4　燃油汽车线控驱动系统

线控驱动系统(Drive By Wire,DBW)是智能网联汽车实现自主加减速行驶的硬件基础。而且,线控驱动系统可以使汽车更为便捷的实现定速巡航、自适应巡航等功能。目前,线控驱动系统分为传统燃油汽车线控驱动和电动汽车线控驱动两种类型。

传统燃油汽车线控驱动系统一般指的是线控油门系统,是一个高度集成的电子控制系统,本质为电子节气门系统,其核心组成部分包括加速踏板、踏板位置传感器和 ECU、节气门执行机构等,如图 8-5 所示。系统取消了加速踏板和节气门之间的机械结构,通过加速踏板位置传感器检测加速踏板的绝对位移。ECU 计算得到最佳的节气门开度后,输出指令驱动电机控制节气门保持最佳开度,实现电子节气门开度的自动调整,调节进气量大小,从而实现控制车速的目的。

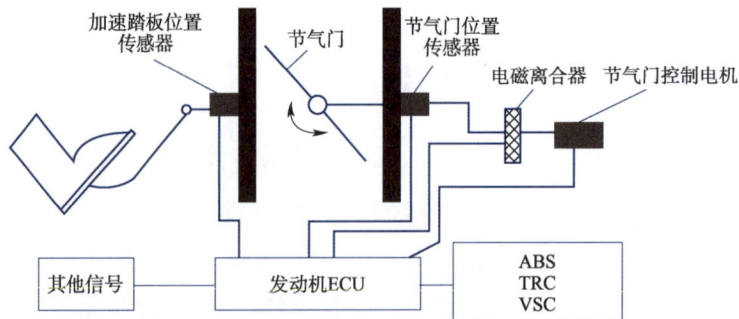

图 8-5　传统燃油汽车线控驱动系统原理图

8.1.5　电动汽车线控驱动系统

对于电驱动的车辆,其线控驱动更易实现。电动汽车的线控驱动系统与传统燃油汽车驱动系统架构基本一样,纯电动驱动系统将传统驱动系统的油箱变成了蓄电池,发动机控制单元变成了电机控制器、发动机变成了电机,如图 8-6 所示。

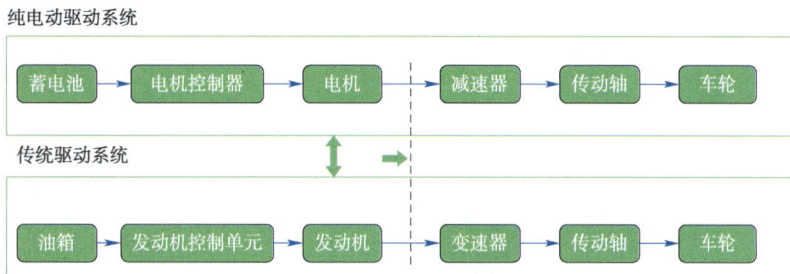

图 8-6　传统燃油汽车和电动汽车驱动系统的动力驱动路线

电动汽车线控驱动系统主要由加速踏板位置传感器、VCU、MCU、驱动电机等组成,如图 8-7 所示。新能源汽车线控驱动系统主要指的是对驱动电机的控制系统,目前主流的驱动方案有集中电机驱动和分布电机驱动,目前集中电机驱动方案得到了大量的应用。

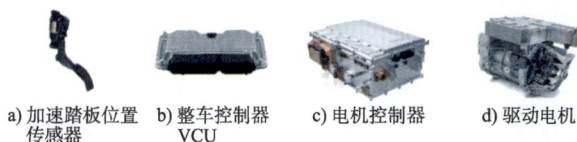

a) 加速踏板位置　b) 整车控制器　c) 电机控制器　d) 驱动电机
传感器　　　　VCU

图 8-7　电动汽车驱动系统组成

纯电动驱动系统中核心部件之一的整车控制单元 VCU 主要功能是实现转矩需求的计算以及实现转矩分配。VCU 接收车速信号、加速踏板信号以及蓄电池、动力蓄电池及其 SOC 等信息,还包括驱动电机的状态信息,然后在 VCU 内部进行计算,发送转矩指令给电机控制单元,电机控制单元接收到 VCU 的转矩需求后进行电机转矩的控制,从而能够实现实时地响应 VCU 的转矩需求,如图 8-8 所示。

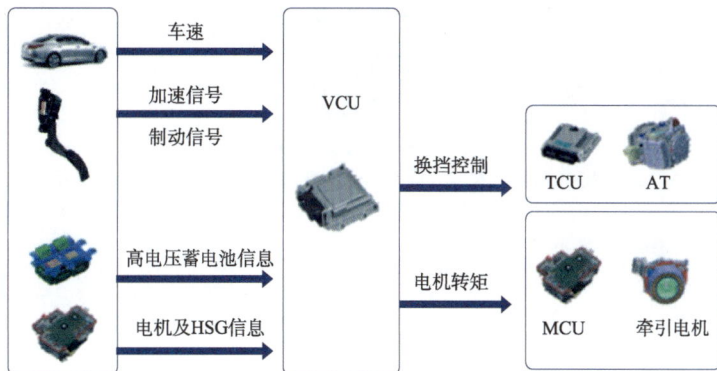

图 8-8　电动汽车线控驱动系统控制原理图

电动汽车线控驱动系统具有无污染、噪声低、能源效率高的优点,同时结构简单,使用维修方便。纯电动汽车的动力驱动系统、电子控制系统的故障检修比发动机及其电子控制系统要简单得多,纯电动汽车的驾驶操作也更为简单。在蓄电池成本下降、产品技术提升等因素推动下,全球电动汽车产销量快速增长,新能源已成为全球汽车发展方向。从发展阶段来看,目前线控驱动渗透率接近100%,处于成熟阶段。

▶ 线上学习资源

1. 线上微课

智能网联汽车线控底盘系统认知		线控驱动系统结构和工作原理	
线控底盘系统控制			

2. 线上作业

任务 8.1　线上作业

3. 线上测试

任务 8.1　线上测试

▶ 素养课堂

同驭创始人舒强:勇立潮头
做线控底盘核心技术领跑者

任务 8.2 汽车线控制动系统认知

8.2.1 线控制动系统概述

汽车线控制动系统在线控底盘技术中是难度最高的,但也是最关键的技术。线控制动系统通过制动踏板位置传感器监测制动踏板行程,将踏板的机械信号转变为电控信号,然后传递给控制系统和执行机构,依靠电控模块来实现制动力释放。对于燃油动力的汽车,线控制动系统是用集成制动控制装置取代真空助力器,通过 CAN 总线接收主控单元发出的控制指令,驱动电机推动制动主缸,执行制动指令。对于新能源汽车,线控制动系统还具有能量回收的功能,增加纯电动汽车(或混合动力电动汽车)的续驶里程,既节能又环保。

在传统的液压制动系统中,当驾驶人踩下制动踏板时,真空助力器会将这一踩踏力进行放大,并施加到制动主缸上。制动主缸通过液压管路的连接将制动力传递到各个车轮的制动轮缸上,从而使车辆减速。线控制动系统(Brake-by-Wire,BBW)是一种先进的汽车制动技术,它通过电子信号而非传统的机械或液压连接来传递制动指令,实现制动,而不需要真空源和真空助力器实现制动助力。

传统制动系统与线控制动系统的区别如图 8-9 所示。

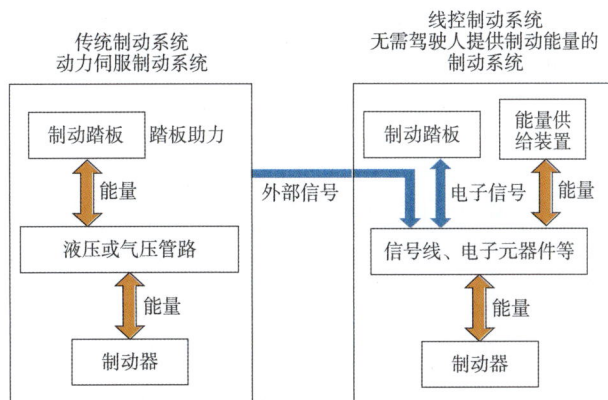

图 8-9 传统制动系统与线控制动系统的区别

线控制动系统与传统制动系统相比,最大的区别在于:用电机替代掉了真空助力器和电动真空泵,解决了传统的真空助力器制动系统的真空依赖问题;它引入了电控单元和多种传感器,用电子元件替代传统制动系统中的部分机械元件,使得制动系统实现电控化,可作为智能驾驶的关键执行器。同时,线控制动系统保留了成熟的液压部分,可以在电子助力失效时提供备用制动,确保车辆安全。传统汽车用 12V 电源即可驱动 EHB 系统,无需设计新的供能系统。

目前,线控制动系统按照结构的不同,可分为电子液压制动(Electric Hydraulic Brake, EHB)系统和电子机械制动(Electric Mechanical Brake, EMB)系统两类,如图 8-10 所示。电子液压制动系统使用电子方式控制液压制动系统,通过电机驱动液压泵来产生制动力。电子机械制动系统直接使用电机作为执行器,通过机械方式来施加制动力。

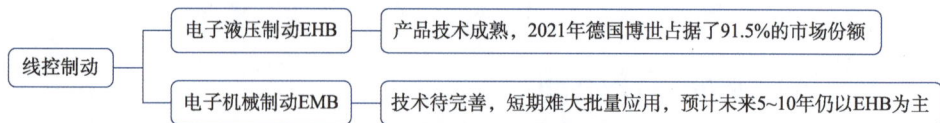

```
线控制动 ─┬─ 电子液压制动EHB ── 产品技术成熟,2021年德国博世占据了91.5%的市场份额
          └─ 电子机械制动EMB ── 技术待完善,短期难大批量应用,预计未来5~10年仍以EHB为主
```

图 8-10　汽车线控制动系统的分类

8.2.2　电子液压制动系统

电子液压制动(Electric Hydraulic Brake, EHB)系统是一种线控制动技术,它结合了传统的液压制动系统和现代电子控制技术,制动踏板不再与制动轮缸有任何机械连接,采用的是电传制动踏板,即制动踏板与制动系统并无刚性连接,也无液压连接(如果有也只是作为备用系统),而是仅仅连接着一个制动踏板传感器,用于给计算机(EHB ECU)输入一个踏板位置信号。

1)EHB 系统的优点

EHB 没有了真空助力器,结构更简单紧凑;电动驱动,响应也更加迅速;方便实现四轮制动分别控制;容易集成 ABS、TCS 以及 ESC 等辅助功能,兼容性强;踏板解耦,能够主动制动以及能量回收。

例如,博世的 iBooster 系统是 EHB 系统,取消了真空助力器,制动助力的工作交由总成内部的电机来完成,制动踏板与 iBooster 总成的推杆连接只用来收集信号;目前,特斯拉、"蔚小理"、大众等新能源车企,使用博世 iBooster 制动系统;比亚迪汉车型也是一款搭载 EHB 系统的电动汽车,该系统称为"IPB 制动系统",采用的是一套电控的制动系统,用电机助力取代传统的真空助力,IPB 系统还接收车辆偏航率等传感信号,将车身稳定 ESP 装置也集成进系统中。

2)EHB 系统的缺点

(1)EHB 系统虽然在动力输入端进行了改造,但后续的液压部分并未更改,这意味着整个系统仍然需要依靠液压部件和制动液,限制了电控化的继续改造。

(2)由于后续的液压部分并未更改,其对于环境的污染风险仍然存在。

(3)由于后续的液压部分并未更改,对于整车的轻量化存在不利影响。

EHB 系统是当前市场的主流线控制动方案,在市场上占据主导地位,其技术和市场规模都在稳步增长。

8.2.2.1　EHB 系统结构组成

EHB 系统的主要组成如图 8-11 所示,共分成四大部分:制动踏板单元、液压调节(驱动)

单元、制动执行单元、电子控制单元(控制系统)。

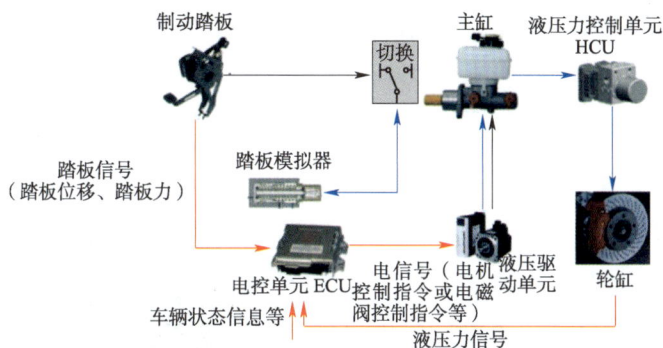

图 8-11　EHB 系统结构组成

(1)制动踏板单元包括制动踏板、制动液罐、制动主缸、踏板行程传感器、制动踏板模拟器等,负责为驾驶人提供合适的制动踏板反馈,同时获取驾驶人意图。在普通制动情况下,制动踏板单元不再向车轮制动器提供制动能量,其主要用来利用踏板行程传感器采集驾驶人制动意图以及利用制动踏板感觉模拟器模拟驾驶人的制动感觉。

(2)液压驱动单元采用电机 + 减速机构、液压泵 + 高压蓄能器等形式。液压驱动单元包括电机、电机泵、液压调节器(即制动压力调节器)、制动管路、车轮制动器以及蓄能器和每个车轮制动器处的压力传感器。

相比于 ESP 的液压调节单元,EHB 在制动主缸与液压调节器连接处增加有隔离阀,用于隔断制动踏板单元与液压调节单元之间的物理连接;同时使用高压蓄能器储存来自电机泵的高压制动液并向车轮制动器提供制动能量,以实现在普通制动下的主动制动功能。电机泵只在蓄能器压力降低到规定极限时,才驱动电机使液压泵工作。由于电动汽车制动主缸最高建压需求往往超过 15MPa,因此在采用电机作为液压压力动力源的电子液压制动系统中,均需要加装减速传动机构,以增大电机的最大输出转矩,减小电机体积,节约成本。

(3)制动执行单元包括主缸、液压管路、轮缸等。这些机构跟传统制动系统的结构保持一致,将推动主缸的推力转化成制动器的液压力,最后通过摩擦力作用在制动盘上产生相应的制动力矩。

(4)控制系统包括电控单元 ECU、液压力控制单元(Hydraulic Control Unit,HCU)、液压力传感器、踏板力传感器以及踏板位移传感器等;液压力控制单元(HCU)是液压力控制的核心单元,其控制单元与液压调节器集成在一起,主要通过 CAN 总线接收来自传感器信号并向液压调节器发出控制指令。

①HCU 用以精确调节轮缸液压力;HCU 的主要元件是电磁阀,轮缸液压力控制的底层控制就是电磁阀控制。

②液压力传感器作为反馈单元将液压力实时反馈到整车控制器里,用作控制算法的输入量;液压力传感器由压力敏感元件和信号处理单元组成,与制动压力传感器结构原理一

致,不再赘述。

③踏板模拟器包括踏板力传感器和踏板位移(行程)传感器,用来检测行车踏板的动作,以便将踏板运动转化为电信号传递给控制电路,通过感知踏板上的压力大小和位移来反映踏板的运动状态。

有些 EHB 系统将制动踏板传感器、ESC、ABS、ECU、电机、阀体等部件高度集成为一体,如图 8-12 所示,这种形式的集成化程度很高,能够满足 L3 级以上自动驾驶性能的需求。这种高度集成的设计不仅提高了系统的效率和可靠性,还为实现更高级别的自动驾驶功能提供了可能。

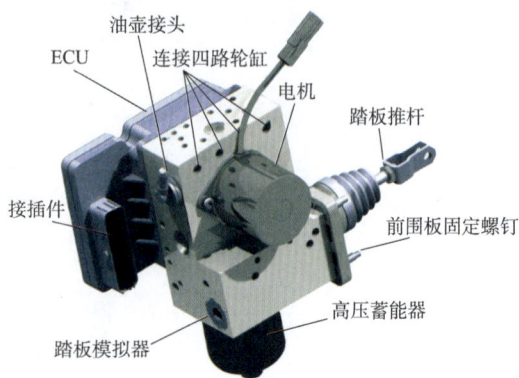

图 8-12　EHB 系统集成部件组成

8.2.2.2　EHB 系统工作原理

当驾驶人踩下制动踏板时,制动行程传感器、踏板力传感器的信息汇同车辆的行驶状态(转向盘转角、轮速、车速、横摆角速度等)等信息信号传递给电子控制单元(ECU),并转换为控制指令,ECU 根据指令控制电机、液压泵、电磁阀等元件,利用传动装置将转矩转化为伺服制动力,再配合车主踩下制动踏板产生的推杆力一起作用,最终在制动主缸内,共同转化为制动轮缸液压力来实现制动。其工作流程可以概括为:脚踩踏板→提供位移信号→电机转动提供助力→最终实现制动,其他品牌的原理亦是如此。

以比亚迪汉车型为例,采用的 EHB 系统称为"IPB 智能集成制动系统",系统组成及原理如图 8-13 所示。制动装置的内部结构如图 8-14 所示,主要分为主缸和推杆行程传感器、电机助力升压装置、液压调节装置 3 个组件,系统包括伺服助力电机、控制计算机、阀体、制动主缸和储液罐等,构成"电液一体化"装置。其中,电机就是受计算机控制的动力源,阀体为分配源,执行机构即为制动主缸,能量载体仍为储液罐的制动液。其工作过程如下:

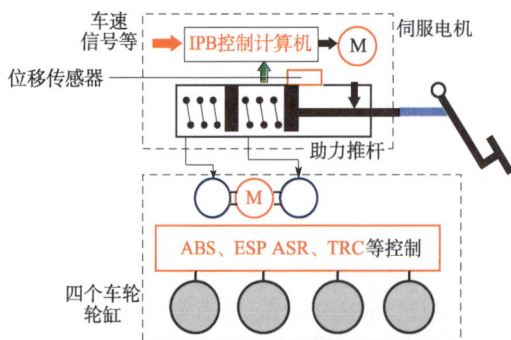

图 8-13　IPB 智能集成制动系统组成与原理

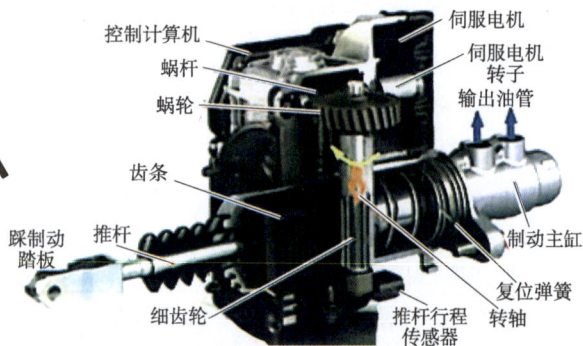

图 8-14　制动装置的内部结构

（1）当需要制动时，驾驶人踩下制动踏板，推杆由踏板推动，主缸中部下方的踏板行程传感器感知踏板的位移量大小，以及踏板移动的速率即移动的快慢程度。

（2）踏板行程传感器将位移及快慢信号，传送给上方的控制计算机，并经计算机分析和计算后，继而向伺服助力电机发送运转的命令。

（3）电机的转子旋转，带动同轴的蜗杆运转，再驱动蜗轮减速旋转，较大地增大旋转力矩，再经同一直轴下方的细齿轮，推动齿条移动。

（4）齿条移动驱动制动主缸活塞产生液压，从而实现电机智能制动的助力效果。

（5）若系统一旦断电，或伺服电机助力失效时，则系统进入传统机械制动模式，驾驶人踩制动踏板推动主缸，产生液压送往车轮轮缸，使车辆减速。

8.2.2.3　EHB 系统的控制电路

如图 8-15 所示为线控制动系统电路原理图，线控制动系统通过底盘 CAN 总线与整车控制器（VCU）进行通信，当收到减速控制指令后，线控制动系统控制制动泵的启动来调节车速，并结合行程传感器和压力传感器反馈的数据对制动泵驱动电机进行调节控制。制动管路压力传感器将管路中的油压通过电压信号反馈给线控制动系统，线控制动系统根据车速需求、行程传感器和压力传感器信号数据对制动主缸的工作情况进行控制。当车辆减速制动时，VCU 点亮制动灯；当车辆不进行减速制动时，VCU 不输出制动灯控制信号，此时制动灯熄灭。

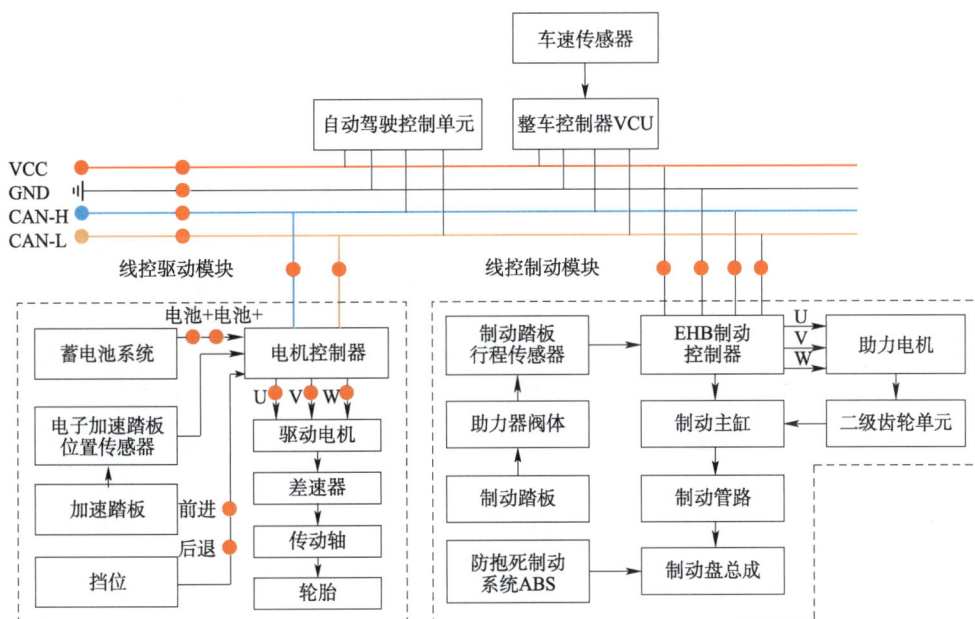

图 8-15　线控制动系统线路图

比亚迪 EHB 制动系统电路图如图 8-16 所示。该系统还扩展出更多功能，融合了 ABS、ESP、ASR、TRC 和 AEB 主动制动系统等多项技术，全面提升其在制动避险、转弯防侧滑、制动舒适等多方面的功能。

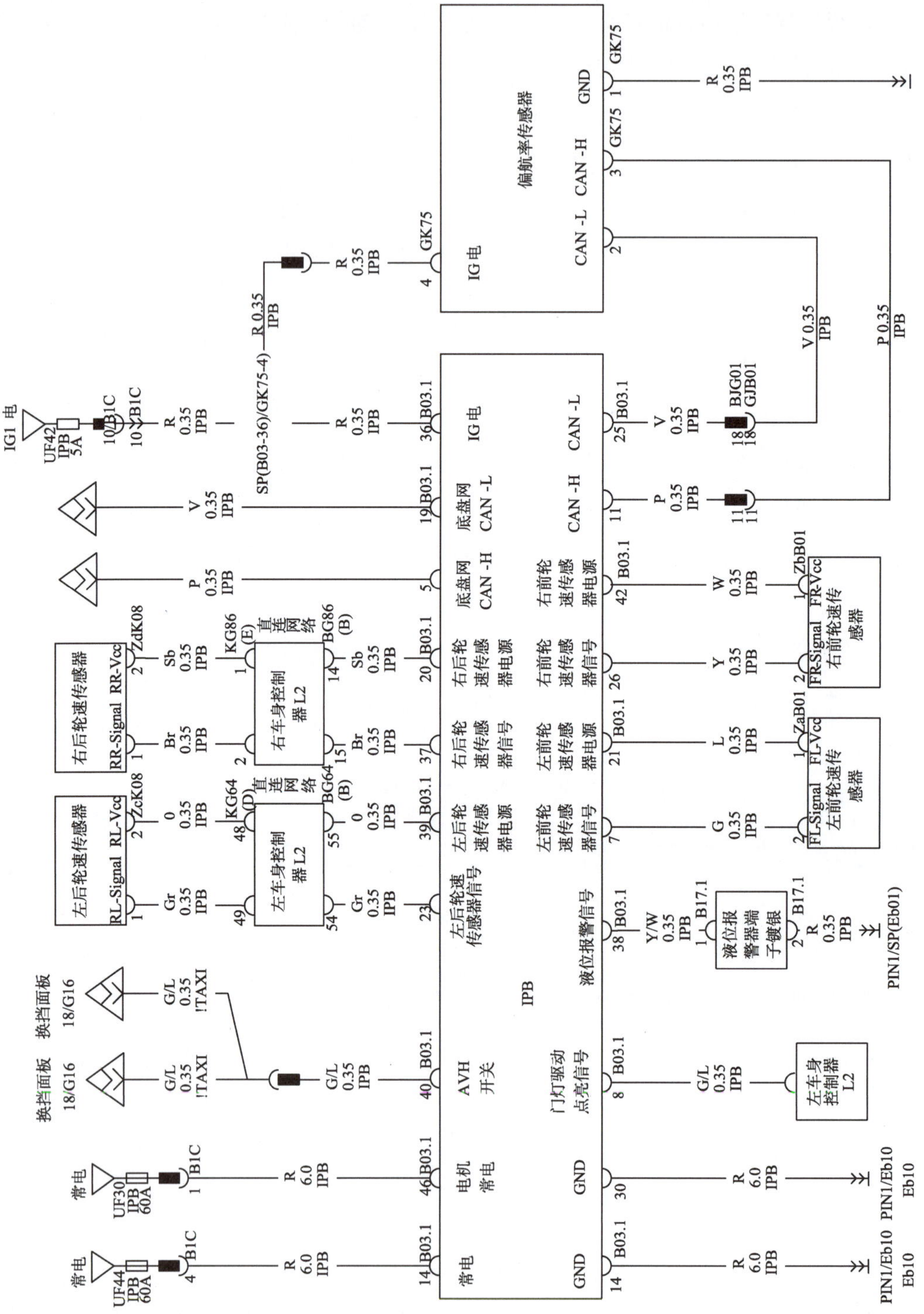

图8-16 比亚迪EHB制动系统电路原理图

8.2.3　电子机械制动系统

电子机械制动(Electric Mechanical Brake,EMB)系统实际是在 EHB 的基础上进一步简化传统制动结构,取消了制动主缸与液压管路,将电机直接集成在制动器之上(以盘式制动器为基体),且经过传动装置使电机直接驱动制动钳实现制动。其与 EHB 系统的区别主要是液压系统完全由电子机械结构取代;盘式制动器的活塞由液压驱动变为机械驱动;无制动液经过 ABS,由 ECU 信号直接驱动制动。与 EHB 系统相比,EMB 系统代表了一种更为彻底的电子化制动解决方案。

由于 EMB 特殊的物理结构,理论上将在传动过程中实现零阻力,具有更高能量回收效率、更低产品质量、更高响应速度等优势。不过,受限于高昂的开发成本与技术难度,EMB 仍存在众多问题难以攻克,短期内无法实现规模化量产。例如,由于当前电制动系统的抗干扰能力较差,当车辆制动时制动模块温度大幅提升,电机的磁性将在高温下明显下降,因此工作环境明显受限;由于 EMB 系统必须集成在轮毂之上,而轮毂有限的体积决定了电机的体积只能相对较小,也即功率无法提供充沛的制动功率,并且对输入电压也存在更高的要求。此外,面向 L3 级以上的高阶自动驾驶领域时,EMB 失效后无法有类似 EHB 的冗余结构顶替,因此,其发展还必须解决系统的容错性和安全冗余等问题。

8.2.3.1　EMB 系统结构组成

EMB 系统的组成主要包括以下几个关键部分,如图 8-17 所示。

(1)制动踏板传感器。是 EMB 系统的输入部分,当驾驶人踩下制动踏板时,传感器检测踏板的位移或踏板力,并将这些信息转换为电子信号,传递给电子控制单元 ECU。

(2)电子控制单元 ECU。作为系统的大脑,ECU 接收来自制动踏板传感器的信号,并根据车辆的当前状态(如车速、负载、路面条件等)计算出所需的制动力。ECU 还负责协调车辆的其他安全系统,如 ABS、ESP 等,并发送控制指令到电机执行器。

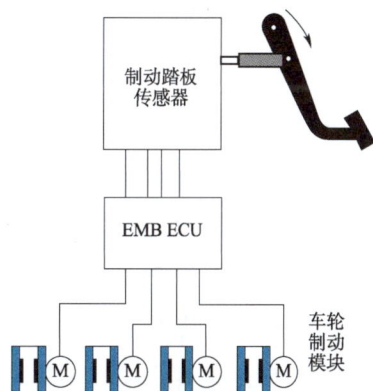

图 8-17　EMB 系统的组成

(3)电机执行器。根据 ECU 的指令,电机执行器产生相应的力来驱动制动器。电机通常通过一组传动机构(如齿轮、皮带或螺杆)直接作用于制动器,如制动盘或制动鼓。

(4)制动器。制动器是 EMB 系统的输出部分,它可以是制动盘、制动鼓或其他类型的机械制动装置。制动器直接受到电机执行器的作用,产生摩擦力来减缓或停止车轮的旋转。

8.2.3.2　EMB 系统工作原理

图 8-18 为 EMB 系统工作原理图,EMB 系统踏板信号以及车辆信号首先传导到 ECU 模块,通过信号处理、算法分析、进行决策后再向 4 个车轮制动模块发出制动指令。车轮制动模块上的电机,通过减速机械传动结构,驱动制动摩擦材料块,然后实现车轮制动。每一个车轮都有一个制动模块,可以单独分别控制,每个模块的驱动电机也都有单独的电机控制器。在 4 个模块作用下,EMB 系统实现制动力分配、制动稳定性控制等功能。

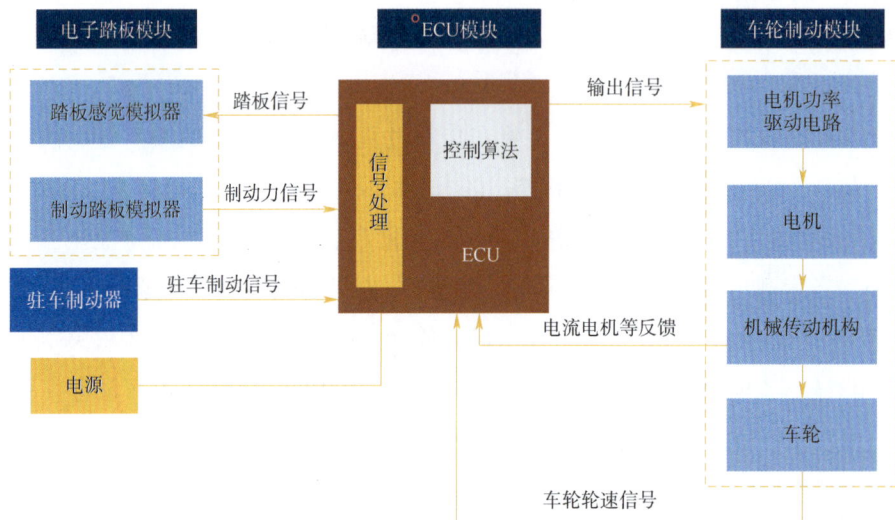

图 8-18　EMB 系统工作原理

EMB 系统的工作流程如下:

(1)制动请求。当驾驶人需要减速或停车时,他会踩下制动踏板。这一动作被制动踏板传感器检测到,并将其转换为电子信号。

(2)信号传输。电子信号通过车辆的电气系统传输到电子控制单元(ECU)。这个信号包含了驾驶人对制动力度的需求。

(3)计算制动力。ECU 接收到信号后,会根据车辆的当前状态(如车速、车辆负载、路面条件等)计算出所需的制动力。同时,ECU 还会考虑其他安全系统的需求,如防抱死制动系统(ABS)或电子稳定程序(ESP)。

(4)激活电机。ECU 随后发送指令到电机执行器,指示其产生相应的力来驱动制动器。电机根据 ECU 的指令启动,并产生所需的力。

(5)制动。制动器与车轮相连,当制动器被激活时,它会通过摩擦力作用于车轮,产生制动力,使车辆减速或停止。

(6)安全监控。在整个过程中,ECU 会持续监控系统的状态和车辆的动态,确保制动过程的安全性。如果检测到任何异常,ECU 会启动备用软件系统或采取必要的安全措施。

8.2.3.3　EMB 系统的优缺点

EMB 系统的优点：

(1) 更高的制动效率。 EMB 系统通过直接的电子控制和电机执行器可以实现更快的响应时间和更精确的制动力控制。

(2) 更好的模块化和集成。 EMB 系统的模块化设计使得它更容易与其他车辆系统集成，如车辆稳定性控制系统，提升整体车辆性能。

(3) 提升车辆性能。 精确的制动力控制有助于提升车辆的操控性和整体性能，尤其是在紧急制动情况下。

(4) 能量回收潜力。 在电动汽车中，EMB 系统可以更容易地与能量回收系统集成，提高制动能量回收的效率，延长蓄电池续驶里程。

(5) 减少维护需求。 由于省去了液压部件，EMB 系统减少了液压泄漏的风险，同时也降低了维护需求和成本。

虽然 EMB 系统在原理和功能上有着非常突出的优势，但在投入应用之前还有很多棘手的问题需要解决。

(1) 技术复杂性。 EMB 系统需要高度精确的电子控制和强大的电机来提供足够的制动力，这增加了系统的复杂性和设计难度。EMB 系统需要用非常精密的电子电路才能运行，但又要面对外部的各种电磁场，这就需要电子电路有很强的抗干扰能力。

(2) 成本和可靠性挑战。 当前，EMB 系统可能比传统的液压制动系统成本更高，且需要确保长期的可靠性和耐用性，如制动踏板模拟器不能正常工作状态下的处置方法。

(3) 市场接受度。 作为一种新兴技术，EMB 系统需要获得市场的认可和接受，这可能需要时间来克服传统技术和观念的障碍。

(4) 散热问题。 电机在工作时会产生热量，EMB 系统需要有效的散热解决方案来保持系统的稳定运行。

(5) 备份和冗余系统。 在完全电子化的系统中，设计可靠的备份和冗余系统是一个挑战，以确保在主系统故障时仍能保持基本的制动功能。

(6) 执行制动动作的电机会消耗不少的电能。 目前的 12V 车载电源可能无法胜任，未来需要成熟可靠的 42V 车载电源来保证系统的能源供应。

总的来说，EMB 系统提供了一种全新的制动解决方案，具有显著的性能优势和潜在的环保效益，但同时也面临着技术、成本和市场接受度方面的挑战。随着技术的进步和成本的降低，EMB 系统有望在未来的车辆制动解决方案中发挥更重要的作用。

8.2.4 EHB 系统的通信原理

线控制动系统的通信主要存在于 VCU 与 EHB 控制模块之间,如图 8-19 所示,主要包括 VCU 向 EHB 控制模块发送的主动制动报文,以及 EHB 控制模块向 VCU 发送的制动行程、制动压力、轮速、EHB 工作状态、制动断电、故障等相关信息的状态反馈报文。以某型号线控底盘制动系统为例,其通信主要存在于整车控制器 VCU 与 EHB 控制模块 ECU(电子制动控制系统)之间,通过 CAN 通信,速率为 500kbit/s。

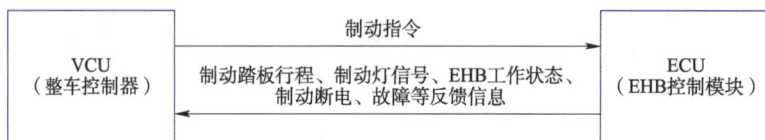

图 8-19 VCU 与 EHB 控制模块之间通信图

利用 CAN 分析仪和匹配的上位机软件,可以读取到相应的报文数据,并且通过报文数据,再结合相关的协议,获取制动系统响应的状态信息,见表 8-1,即制动系统 ECU 向 VCU 发送 CAN 报文协议。

线控制动系统相关协议　　　　　表 8-1

OUT	IN	ID	周期	字节		定义	格式
EBS	VCU/MCU	0X289	10ms	Byte0		制动踏板开合度(预留)	制动踏板制动行程有效值范围:0~100(表示0%~100%)
				Byte1	bit0-1	保留	—
					bit2	制动灯信号	0:无效,1:有效
					bit3	保留	—
					bit4-6	工作状态	1:初始化,2:备用,3:就绪,6:Run,7:失效,8:关闭
					bit7	EBS 工作状态	0:制动未触发,1:制动触发(控制器制动断电)
				Byte2		制动压力	EBS 建立的主缸压力 0x000xff,精度 0.1MPa,物理值范围 0~25.5MPa
				Byte3	bit0-1	保留	—
					bit2	外部制动请求响应状态	0:踏板,1:can
					bit3	保留	—
					bit4	驾驶人干预信号	0:闲置,1:有效
					bit5	仪表报警灯	0:闲置,1:有效

OUT	IN	ID	周期	字节		定义	格式
EBS	VCU/MCU	0X289	10ms	Byte3	bit6	制动踏板是否被踩下	0:闲置,1:有效
					bit7	制动踏板是否被踩下有效	0:闲置,1:有效
				Byte4	bit0-1	故障等级	00:无故障,01:一级故障(报警措施),10:二级故障(限制车速20km/h,回去返修)
					bit2-7	保留	—
				Byte5		保留	—
				Byte6		保留	0x00:无故障,0x01:未接收到制动请求,0x02:制动主缸电机过流,0x03:压力传感器错误,0x20:制动主缸电机故障,0x40:电机驱动器故障;0x50:角度传感器故障,0x60:控制器硬件故障;0x07:控制器欠压故障
				Byte7	bit0-3	生命信号	—
					bit4-7	保留	—

8.2.5 EHB 系统控制模块端子定义

ECU 是 EHB 控制系统的核心部分,其主要功能是完成对传感器信号的采集、处理,对各种数据进行逻辑分析,识别驾驶人制动意图,计算出车轮的参考速度、参考滑移率和车轮的加减速度,并通过相应的控制算法得出结论,作出正确的判断,最后发出控制信号给执行机构,实现 EHB 系统的制动功能。所以,针对 ECU 的端子定义必须予以了解,表 8-2 为 EHB 系统 ECU 控制模块的端子布置。

EHB 模块端子定义 表 8-2

针脚	针脚定义	线径线长	针脚	针脚定义	线径线长
1	DC +/电源正极	1.5m² 线	2	—	—

针脚	针脚定义	线径线长	针脚	针脚定义	线径线长
3	VCU_ING	$0.3m^2$ 信号线,黄色线	14	DC-(信号负极)	—
4	5V_SENSOR(+5v)	$0.3m^2$ 信号线,红色线	15	—	—
5	CAN-H	$0.3m^2$ 信号线,白色线	16	DC-/电源负极	$1.5m^2$ 线
6	CAN-L	$0.3m^2$ 信号线,棕色线	17	DC+/电源正极	$1.5m^2$ 线
7	—	—	18		
8	DC-/电源负极	$1.5m^2$ 线	19	ACC1	$0.3m^2$ 信号线,蓝色线
9	DC+/电源正极	$1.5m^2$ 线	20	ACC2	$0.3m^2$ 信号线,绿色线
10	—	—	21	ACC3	
11	DC-(信号负极)	$0.3m^2$ 信号线,黑色线	22	ACC4	
12	DC-(信号负极)	—	23	—	—
13	DC-(信号负极)	—	24	DC-/电源负极	$1.5m^2$ 线,1米长度

▶ **线上学习资源**

1.线上微课

| 线控制动系统的结构原理 | | 线控制动控制模块的故障诊断2—CAN-H对地短路 | |
| 线控制动控制模块的故障诊断1—电源断路 | | 线控制动控制模块的故障诊断3—信号线互相短路 | |

2.线上作业

任务 8.2 线上作业

3.线上测试

任务 8.2 线上测试

▶ **素养课堂**

智能网联新能源汽车为线控
底盘技术快速发展创造新契机

任务 8.3　汽车线控转向系统认知

8.3.1　线控转向系统的组成

汽车的转向系统经历了机械转向系统、液压助力转向系统、电控液压助力转向系统、电动助力转向系统的发展过程,随着线控技术的发展,线控转向技术也逐渐出现在汽车的转向系统中。

线控转向系统(Steer-By-Wire,SBW)是一种先进的汽车转向技术,它通过电子信号传输驾驶人的转向意图,并作出路面信息反馈,从而实现对车辆转向的精确控制。线控转向系统取消了转向盘与车轮之间的机械连接,通过控制算法实现智能化车辆转向,而且比传统转向系统更加节省安装空间,质量更轻。部分车型线控转向系统还保留机械装置,保证即使电子系统全部失效,依然可以正常转向。

汽车线控转向系统由转向盘模块、转向执行模块和控制单元三个主要部分以及自动防电源系统、故障系统等辅助系统组成,如图 8-20 所示。

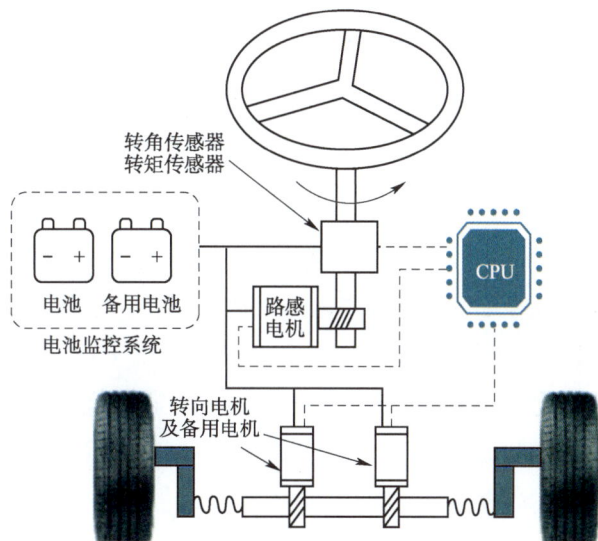

图 8-20　线控转向系统结构组成

1)转向盘模块

转向盘模块主要由转向盘、转角/转矩传感器、减速机构、路感电机、路感电机电流传感器等组成。转矩/转角传感器与 EPS 系统的传感器结构原理一样。路感电机(也称为回正力矩电机)将主控制器传来的回正信号转化为回正力矩,向驾驶人提供路感。路感电机电流传感器的主要作用是测量电路电流的变化情况,电流的人小将能非常直接地反映出电机的运转状况,避免不良工作状态的产生。此外,电流的测量还能用于计算电机的输出功率,以便更好调节管理电机的工作状态。电机堵塞是非常严重的机械事故,很有可能会因此而造成电路电流骤升,使得电机中的线圈迅速发热而烧毁。电流传感器能够通过对电流的测量,及时在电机发生堵塞时切断供电电源,有效保护电机安全。

转向盘模块有两个基本功能,一是将驾驶人转向意图(通过转向盘转角传感器测量转向盘转角)转化为数字信号传递给 ECU,ECU 根据转向控制策略和算法得到转向轮目标转角,控制转向电机驱动转向执行机构实现转向;二是 ECU 根据相应的路感算法向路感电机发送控制信号产生路感,以提供给驾驶人相应的路感信息。

2)转向执行模块

转向执行模块由转向电机及减速机构、转角传感器、电机电流传感器、齿轮齿条转向器等组成,其主要功能是接收 ECU 的指令,将测得的转向轮转角信号反馈给 ECU,并依据驾驶人意图及车辆运行状态,由转向电机产生合适的转矩和转角,控制车轮转向,完成转向轮的角度伺服控制;转向执行模块同时将转向轮转角及转向电机电流信号反馈到控制器,作为路感模拟的输入信号。

转向电机根据 ECU 的指令输出合适的转矩,控制转向器左右移动实现转向。转向电机分为直流有刷永磁式和直流无刷永磁式两种。前者可靠性差,控制程序简单;后者可靠性高,但控制程序较复杂。目前常采用直流无刷永磁电机。

3)控制单元 ECU

ECU 是线控转向系统的控制中心和决策中心,相当于系统的"大脑"。它通过对采集的信号进行分析处理,对驾驶人转向意图和当前汽车状态进行判断,根据控制策略作出合理控制决策。ECU 向转向执行电机和路感电机发送指令,控制两个电机协调工作。一方面控制转向执行机构,保证汽车能够准确实现驾驶人的转向意图;另一方面控制路感电机,保证其能够给驾驶人提供舒适良好的路感。此外,根据控制策略的差异性,控制器还可以对驾驶人的操作指令进行识别,判定在当前状态下该转向操作是否合理,当汽车处于非稳定状态或驾驶人发出错误指令时,线控转向系统将屏蔽驾驶人错误的转向操作或自动进行稳定控制,以合理的方式自动驾驶车辆,将安全风险降到最低。

4)电源系统

电源系统承担控制单元、执行电机以及其他车用电机的供电任务,用以保证电网在大负荷下稳定工作。

5)自动防故障系统

自动防故障系统是保证在线控转向系统出现故障时,提供冗余式安全保障。它包括一系列监控和实施算法,针对不同的故障形式和等级作出相应处理,以求最大限度地保持汽车的正常行驶。当检测到 ECU、转向执行电机等关键零部件产生故障时,故障处理 ECU 自动工作,首先发出指令使 ECU 和转向执行电机完全失效,其次紧急启动故障执行电机以保障车辆航向的安全控制。

8.3.2　线控转向系统的工作原理

汽车线控转向系统工作原理如图 8-21 所示,驾驶人根据当前行驶环境和驾驶经验,转动转向盘输入转向指令,转角/转矩传感器将采集到的转角/转矩信号传递给控制单元 ECU,控制单元 ECU 结合其他传感器传回的车速、横摆角速度、侧向加速度等车辆动态信号,判断汽车行驶状态和路面条件,并根据控制算法,输出信号到转向执行总成,控制转向执行电机输出合适的转矩和转角,完成汽车转向操作,使汽车按照驾驶人的意图和指令行驶。当汽车受到外界干扰时,ECU 根据车辆反馈的信息,主动对前轮转角进行调整,保证汽车稳定行驶。同时,ECU 根据转向执行总成反馈回来的信号,对路感电机进行控制,产生良好的路感,使得驾驶人能够准确感知路面信息。

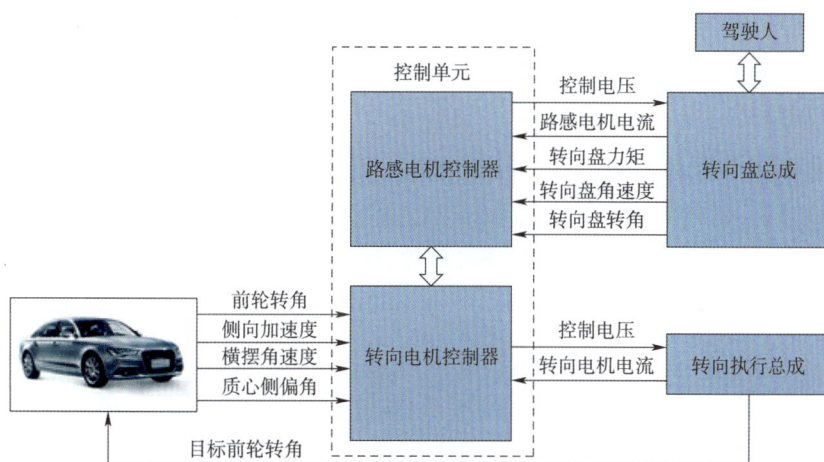

图 8-21　线控转向系统工作原理

图 8-22 所示为某典型智能网联汽车系统控制原理图。智能网联汽车利用外部环境感知系统传感器[单线激光雷达(前、后)、激光雷达、超声波雷达、毫米波雷达、深度相机],经智能网联汽车计算平台运算,通过整车控制器(VCU),向线控转向系统发出控制指令,来完成车辆的方向(左转、右转、直行)控制功能。

VCU 在线控转向系统中扮演着至关重要的角色。VCU 是电动汽车的大脑,相当于计算机的 Windows 或手机的 Android 系统,负责管理和协调车辆生态系统中的各个子系统。它通过接收和处理来自不同传感器和执行器的信号,实现对车辆的高效安全运行。

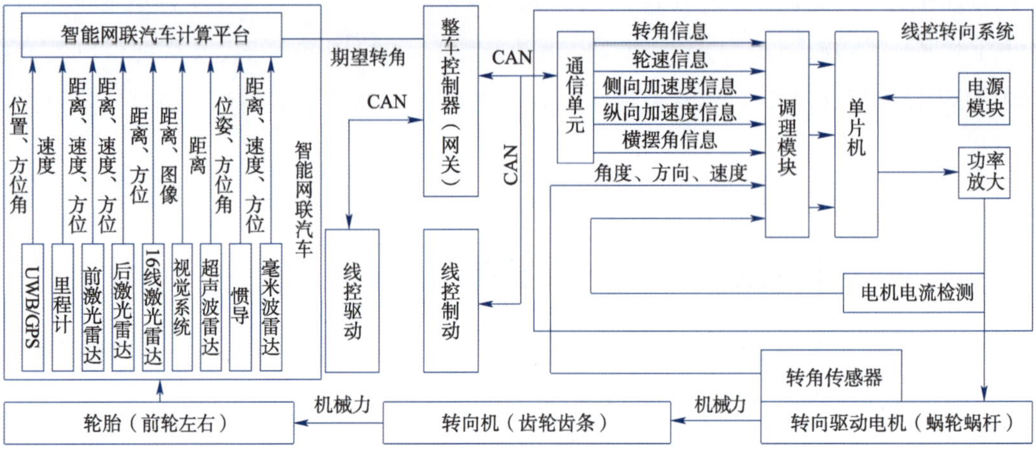

图 8-22　线控转向系统控制原理

对于线控转向系统来说，要求能够实现转向功能的线控控制，并提供相应的线控 CAN 接口，要求能够在一定速度范围内实现转向控制、转角控制精度。在线控转向系统中，VCU 的作用可以进一步细化为以下几个方面：

(1) 解析驾驶人需求。 VCU 能够解析驾驶人的操作指令，如转向角度、速度等，这些信息通常通过转向盘模块中的转角传感器和转矩传感器获取。

(2) 监控汽车行驶状态。 VCU 还负责监控汽车的行驶状态，包括车速、位置等信息，这对于实现精确的转向控制至关重要。

(3) 协调控制单元的工作。 VCU 与不同的电子控制单元（ECU）相互作用，以确保车辆的高效安全运行。在线控转向系统中，涉及与转向执行模块（如电机）的协调工作，以实现准确的转向动作。

VCU 在线控转向系统中起着核心作用，不仅负责解析驾驶人的需求和监控汽车的行驶状态，还协调其他控制单元的工作，并具备故障处理能力，确保了线控转向系统的安全性和可靠性。

8.3.3　线控转向系统通信原理

线控转向系统单元之间通信需要一个高速、容错和时间触发的通信协议。目前多采用 TTCAN（Time-Trigger Controller Area Network）标准，是一种基于 ISO11898-1 所描述的标准 CAN 物理层来进行通信的。TTCAN 提供了一套时间触发消息机制，允许使用基于 CAN 网络形成控制环路，同时也提高了基于 CAN 的汽车网络的实时通信性能。

线控转向系统的通信主要存在于 VCU 与线控转向系统 ECU 之间，如图 8-23 所示，包括 VCU 向转向系统 ECU 发送的转向指令以及转向系统 ECU 向 VCU 发送的转向角度、电机电流及 ECU 温度等反馈信息。

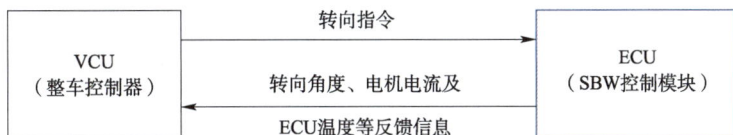

图 8-23　VCU 与线控转向系统 ECU 之间通信图

以某转向系统 ECU 为例,其通信主要存在于 VCU 与转向系统 ECU 之间,通信速率为 500kbps。报文采用 Motorola 格式,帧格式为标准帧。

VCU 向转向系统 ECU 发送 CAN 报文协议见表 8-3,报文 ID 为 0x314,报文周期为 50ms,报文长度为 8 字节。

(1)bit0 =1→ECU 进入工作模式;bit0 =0→ECU 进入停止模式。

(2)bit1 =0(默认)。

(3)bit2 =1→ECU 标定当前位置为角度中点,即 0 角度(bit2 生效的时候 bit0 =0,即 Byte0 =0X04)。

线控转向系统相关协议　　　　表 8-3

发送	接收	ID	周期	数据位	含义
VCU	ECU	0x314	50ms	1	1 工作,0 停止(1)
				1	预留(2)
				1	1 设置当前位置为中位,0 该命令失效(3)
				1	预留(4)
				4	预留(5)
				16	角度旋转到当前数值对应角度(-720°~+720°),0°为中点位置(6)
				16	预留(7)
				24	预留(8)

(4)bit3 =0(默认)。

(5)bit4 ~ bit7 =0(默认)。

(6)Byte1 ~ Byte2 =0X"XXXX"。

例如:CCW =80°(逆时针转角 80°)→Byte1 ~ Byte2 =0X0050;

例如:CW =80°(顺时针转角 80°)→Byte1 ~ Byte2 =0XFFB0(65536-80)。

(7)Byte3 ~ Byte4 =0X0000(默认)。

(8)Byte5 ~ Byte7 =0X000000(默认)。

示例:

(1)如果需要转向系统作出相应动作,只需要按照协议中规定的格式,使用 CAN 分析仪向 CAN 总线上发送相应数据即可。

（2）如要让系统逆向转动80°，可以将发送数据ID设定为0x314，发送周期设定为50ms，发送相应的数据，ECU接收到这一报文数据后，会发出相应指令，驱动转向轴转动80°。

（3）数据内容中Byte1～Byte2相应位置按照十六进制调整为0x0050，结合Byte0的定义，假定从中位开始计算，此时ECU肯定是需要激活才能让其驱动电机工作。所以，Byte0设定为0x05；Byte3-7因为预留所以设置为0。综合以上，完整的8字节的数据为：0x 05 00 50 00 00 00 00 00。

手动模式操作如下：

（1）临时进入手动模式：只需将转向盘施加的力≥2N·m（转矩可设置），即可进入，进入后过段时间会重新回到转角控制模式（时间可设置）。

（2）一直工作于手动模式：发送0000000000000000报文即可。

8.3.4　SBW系统控制模块的端子定义

线控转向系统的电子控制单元(ECU)的端子定义会根据具体的系统设计和制造商而有所不同。这些端子通常在技术文档或维修手册中详细说明，表8-4中为某款车的ECU的端子定义。

ECU的端子定义　　　表8-4

线控转向控制单元端口接头	针脚编号	针脚定义	功能
	1	M1	电机端子
	2	M2	电机端子
	3	BAT +	电源正极
	4	BAT –	电源负极
	5	空	空
	6	PSS	车辆信号（包含CAN信息）
	7	DNL_LAMP	
	8	CAN-H	
	9	ES_IGP	
	10	VS_SPD	
	11	CAN-L	
	12	IG	
	13	VCC	海拉传感器
	14	GND	
	15	PWM	
	16	PWM	
	17	VCC	
	18	GND	
	19	PWM	
	20	PWM	

▶ 线上学习资源

1. 线上微课

线控转向系统的分类		线控转向控制模块的故障诊断—电源故障	
线控转向系统的结构		线控转向控制模块的故障诊断—CAN-L 对 B + 短路	
线控转向系统的工作原理		线控转向控制模块的故障诊断—通信故障	
线控转向系统的通信原理			

2. 线上作业

任务 8.3　线上作业

3. 线上测试

任务 8.3　线上测试

▶ 素养课堂

在"最惨"的时候仍然"敢想"

汽车线控换挡系统认知

8.4.1 线控换挡系统概述

线控换挡系统(Shift-By-Wire,SBW)是指使用电子控制装置在汽车中接合或改变变速器模式,是通过操纵杆的传感器将换挡信号传递给电控单元,电控单元处理信号后将指令发给换挡机构或换挡电机,实现前进挡、倒挡和空挡的切换。线控换挡系统取消了传统的换挡操纵机构与变速器之间连接的拉索或推杆等机械连接结构,电子控制车辆换挡,为智能网联汽车实现速度控制提供良好的硬件基础。

线控换挡系统的优势明显,首先,它打破了传统机械部件与变速器的硬性连接,为设计提供了更大的自由度;其次,电机的驱动使得换挡齿轮的切换更为轻松,降低了操作力度;再次,其结构更为简洁,换挡反应迅速且操作灵活。在停车时,驾驶人仅需轻触停车开关便能轻松完成停车换挡操作。此外,该系统还能提升燃油经济性,实现节油约5%,并有效降低维护成本。

8.4.2 燃油汽车线控换挡系统基本组成和原理

如图 8-24 所示燃油汽车线控换挡自动变速器组成和原理。线控换挡系统由换挡输入信号(传感器)、变速器控制单元(TCU)、换挡执行组件(电磁阀、电机等)以及挡位显示灯等核心部件构成。

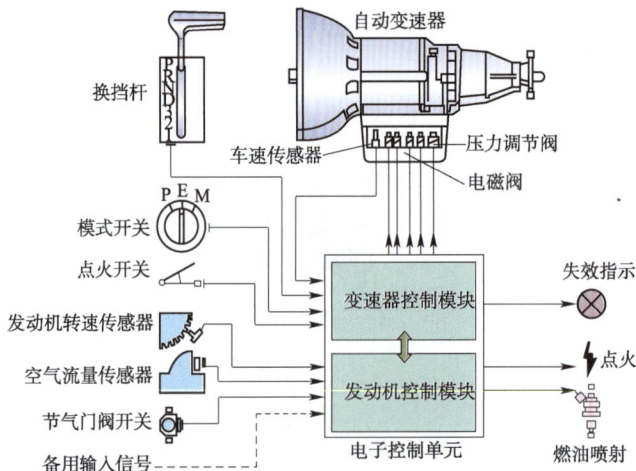

图 8-24 燃油汽车线控换挡自动变速器组成和原理

当驾驶人挂入某一个挡位时,传感器就会将挡位请求信号传送到变速器控制单元(TCU),同时,TCU 会根据汽车上其他的各种信号(如发动机转速、车速、空气流量、节气门开度、车门开关信号等输入信号)进行分析,根据通信协议进行判断是否执行换挡请求。如果确认没有任何问题,TCU 会发出指令,给变速器中相应的电磁阀通电或断电,来控制各种液压控制阀的通断,从而实现挡位的切换,并将策略挡位发送给仪表显示当前挡位。

8.4.3 混合动力电动汽车线控换挡系统组成和原理

图 8-25 为丰田混合动力电动汽车线控换挡系统结构图,由换挡杆、驻车开关、混合动力系统 HV ECU、驻车控制 ECU、驻车执行器和挡位指示器组成。

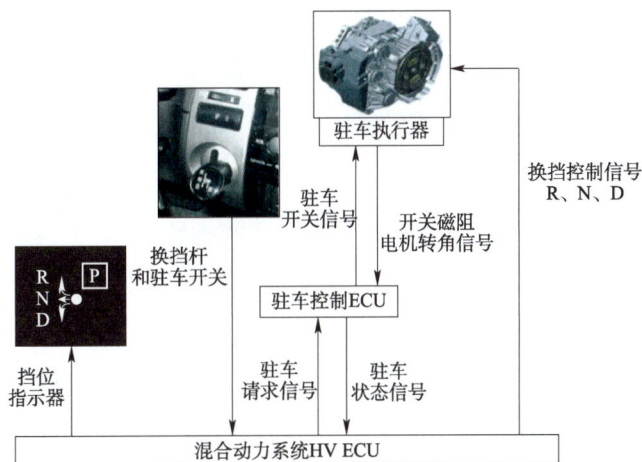

图 8-25　混合动力电动汽车的线控换挡系统的结构图

车辆在行驶过程中,驾驶人作用于换挡杆的动作转换为执行电信号传递给混合动力系统 HV ECU,经过 HV ECU 计算后向变速器输出对应的挡位信号,完成车辆行驶挡位的变换,同时,仪表板上的挡位指示器对应挡位信号灯亮起。

当驾驶人操控驻车开关时,驻车控制 ECU 通过磁阻式传感器时刻采集驻车执行器电机转角信号以判定车辆是否处于静止状态。若驻车执行器电机转角为 0,则执行驻车动作,仪表板驻车指示灯亮起;反之,驻车控制 ECU 检测到电机转角信号不为 0,驻车指令会被驳回且无法完成车辆驻车动作。

8.4.4 纯电动汽车线控换挡系统组成和原理

纯电动汽车的驱动系统不再需要更多挡位的变速器,主要使用单速(挡)变速器(减速器),如图 8-26 所示。减速器介于驱动电机和驱动半轴之间,驱动电机的动力输出轴通过花键直接与减速器输入轴齿轮连接。一方面减速器将驱动电机的动力传给驱动半轴,起到降低转速、增大转矩的作用;另 方面满足汽车转弯及在不平路面上行驶时,左右驱动轮以不同的转速旋转,保证车辆的平稳运行。单速减速器只有一个前进挡、一个空挡和一个驻车挡,无倒挡(倒挡靠驱动电机反转实现)。当车辆处在驻车挡时减速器会通过一套锁止装置锁止减速器。

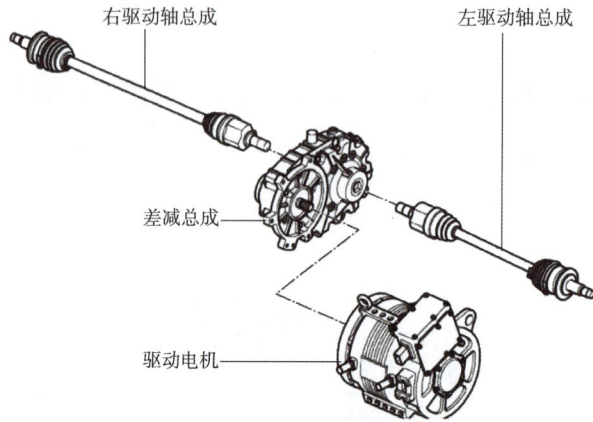

图 8-26　纯电动汽车驱动系统组成

对于搭载电机动力系统的纯电动汽车,线控换挡系统组成和控制原理如图 8-27 所示。其线控换挡系统主要有挡位传感器、电控单元(TCU)、驻车控制 ECU、换挡电机等。TCU 通过汽车 CAN 总线接收来自其他车辆系统的信息(驱动电机转速、车速、停车请求等)以及挡位传感器的信号,TCU 控制减速器上的换挡电机,实现挡位切换。驻车电机有一个编码器,输出一个代码用来确定驻车电机位置。TCU 接收相关的换挡条件和换挡请求,直接控制驻车电机驱动棘爪扣入或松开减速器,达到驻车或解除驻车的目的。

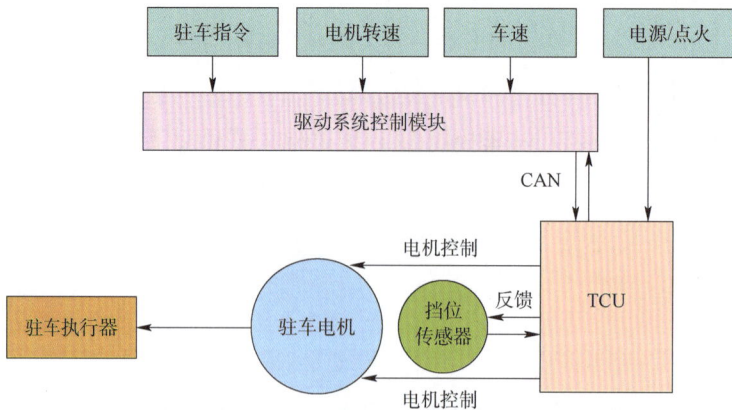

图 8-27　纯电动汽车线控换挡系统组成和控制原理示意图

▶ 线上学习资源

1.线上微课	2.线上作业	3.线上测试
汽车线控换挡系统 组成与原理	任务 8.4　线上作业	任务 8.4　线上测试

▶ 素养课堂

陈炯:专注汽修技艺
诠释工匠精神

参 考 文 献

[1] 张立新,屈亚锋.汽车底盘电控系统检修[M].2 版.北京:人民交通出版社股份有限公司,2017.

[2] 蔺宏良,张光磊.汽车底盘电控系统检修[M].北京:人民交通出版社股份有限公司,2016.

[3] 李春明.现代汽车底盘技术[M].3 版.北京:北京理工大学出版社,2020.

[4] 张彦会,曾清德.汽车车身底盘电控技术与检修[M].北京:人民交通出版社股份有限公司,2017.

[5] 崔选盟,胡正云.汽车故障诊断技术[M].4 版.北京:人民交通出版社股份有限公司,2020.

[6] 李勇.汽车综合故障诊断[M].北京:北京理工大学出版社,2019.

[7] 杨智勇.新迈腾汽车维修与保养速查手册[M].北京:化学工业出版社,2019.

[8] 张蕾.新能源汽车底盘电控系统检修[M].武汉:华中科技大学出版社,2023.

[9] 高云,吉武俊.新能源汽车底盘系统检修[M].北京:机械工业出版社,2024.

[10] 王军,崔爽.新能源汽车底盘技术[M].北京:北京理工大学出版社,2023.

[11] 刘文.智能汽车辅助驾驶技术分析[J].汽车实用技术,2021,46(2):35-37.

[12] 崔胜民.智能网联汽车概论[M].北京:人民邮电出版社,2019.

[13] 王希珂,詹海庭.智能网联汽车线控执行系统安装与调试[M].北京:机械工业出版社,2022.

[14] 李东兵,杨连福.智能网联汽车底盘线控系统装调与检修[M].北京:机械工业出版社,2023.

[15] 朱剑宝.混合动力汽车无法 READY 的故障诊断[J].机电工程技术,2024,53(05):203-206.

[16] 朱剑宝.汽车自动变速器的工作原理分析及故障排除[J].机电技术,2014(03):84-86.

[17] 朱剑宝.轮毂电机驱动系统在电动汽车上的应用探讨[J].邯郸职业技术学院学报,2013,26(03):49-52.

[18] 方晓汾,朱剑宝.汽车电汽与智能系统[M].北京:北京理工大学出版社,2020.

[19] 许炳照,张荣贵.汽车底盘电控系统检修[M].北京:人民交通出版社股份有限公司,2017.

[20] 屈亚锋.汽车底盘电控系统检修[M].2 版.北京:人民交通出版社,2025.

职业教育汽车类专业教材

汽车底盘电控技术

实训工单

朱剑宝　毛行静　主　编
黄知秋　杨坤全　副主编
林可春　主　审

人民交通出版社

北　京

目　　录

实训项目 1　汽车底盘电控系统认知

[**实训目标**]

1.能够描述车辆常用的汽车底盘各电控系统的功能。

2.能够在实车认识并找到汽车底盘各电控系统及关键部件的位置。

3.会分析汽车底盘电控技术的网络拓扑。

4.会使用故障诊断仪读取汽车底盘电控系统的故障码、数据流等相关数据。

[**实施条件**]

1.场地要求

汽车底盘电控技术实训室,每工位使用面积不小于 $20m^2$,通风、采光良好,配备废气吸排装置。

2.工具、设备、器材

(1)传统燃油汽车和新能源汽车整车、底盘电控各系统实训台架、汽车举升机,要求车辆可正常运转。

(2)汽车常用拆装工具一套。

(3)数字万用表、示波器、汽车故障诊断仪、三通连接线等。

(4)实训媒介:技术挂图、实训工单等。

(5)实训辅料:白板笔、海报纸、卡片纸、插针、胶带等。

3.技术资料

与实训车辆或台架配套的维修手册及电路图(纸质或电子版及计算机终端)。

[**实训工单　汽车底盘电控系统认识**]

1.观察实训车辆,本次实训所用的车辆型号是_____。

2.查阅维修手册或相关技术资料,查找实训车辆的有关信息,使用了哪些底盘电控系统?(　　)

(1)电控悬架系统	(2)防抱死制动系统	(3)防滑驱动控制系统
(4)双离合器变速器	(5)无级变速器	(6)电控助力转向系统
(7)电控四轮转向系统	(8)电控四轮驱动系统	(9)汽车胎压监测系统
(10)巡航控制系统	(11)自适应巡航控制系统	(12)倒车辅助系统
(13)车道保持系统	(14)电子驻车制动系统	(15)上坡辅助控制系统
(16)车身电子稳定控制系统	(17)汽车驾驶辅助系统	(18)线控底盘驱动系统
(19)线控底盘制动系统	(20)线控底盘转向系统	

3.认识以下各个底盘电控系统或部件,并填写名称。

(1)系统名称:_____

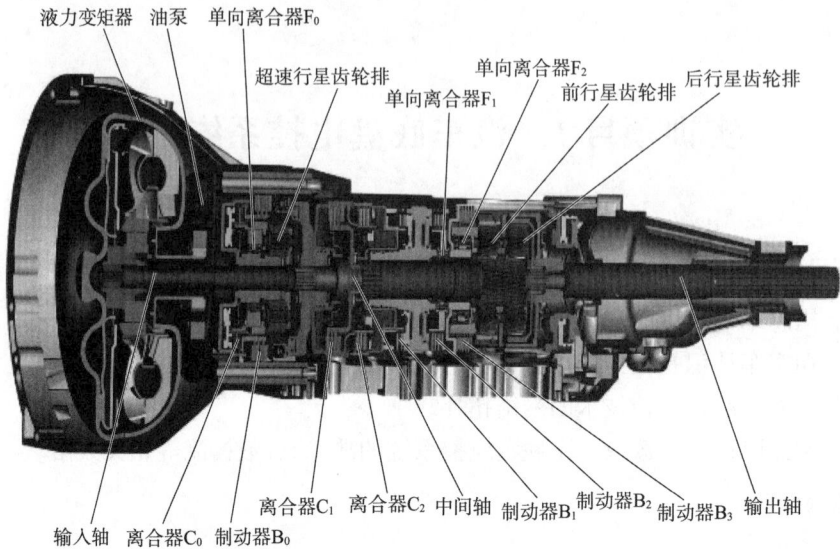

液力变矩器　油泵　单向离合器F_0

超速行星齿轮排　单向离合器F_1　单向离合器F_2　前行星齿轮排　后行星齿轮排

输入轴　离合器C_0　制动器B_0　离合器C_1　离合器C_2　中间轴　制动器B_1　制动器B_2　制动器B_3　输出轴

(2)系统名称:_____

(3)系统名称:_____

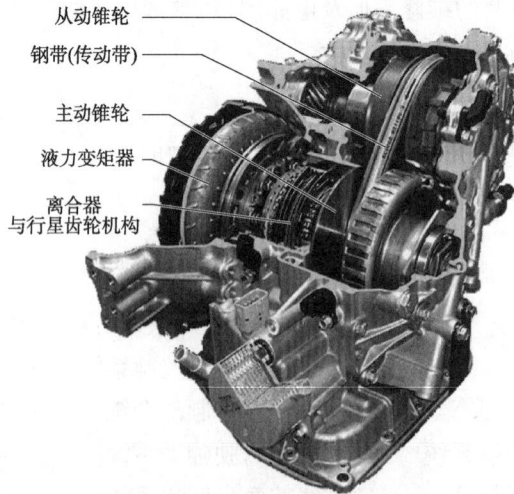

从动锥轮

钢带(传动带)

主动锥轮

液力变矩器

离合器
与行星齿轮机构

（4）系统名称：_____

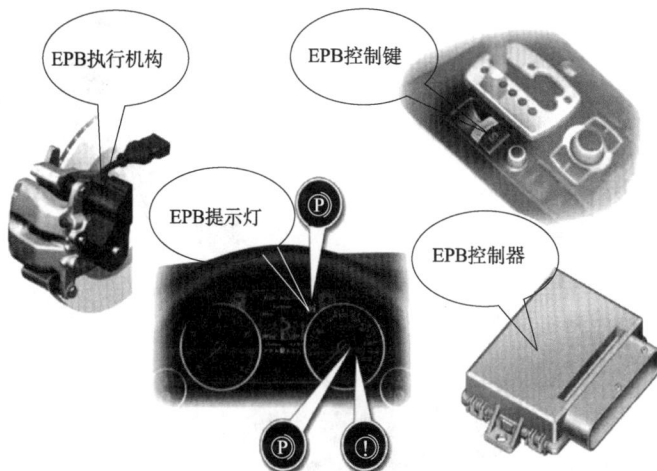

（5）部件名称：_____

（6）系统名称：_____

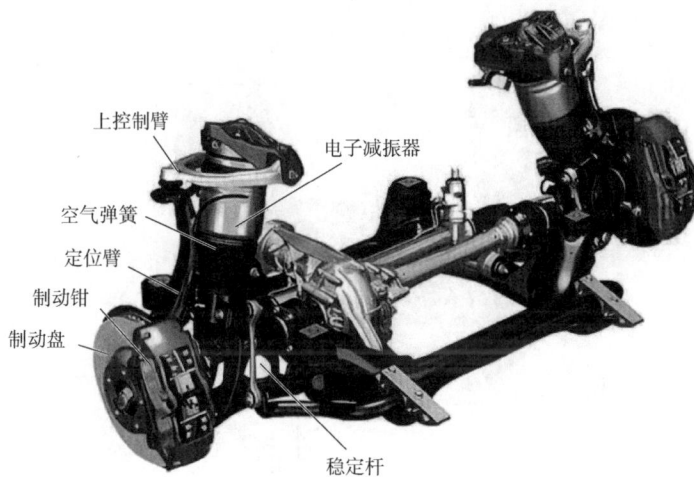

(7) 系统名称：_____

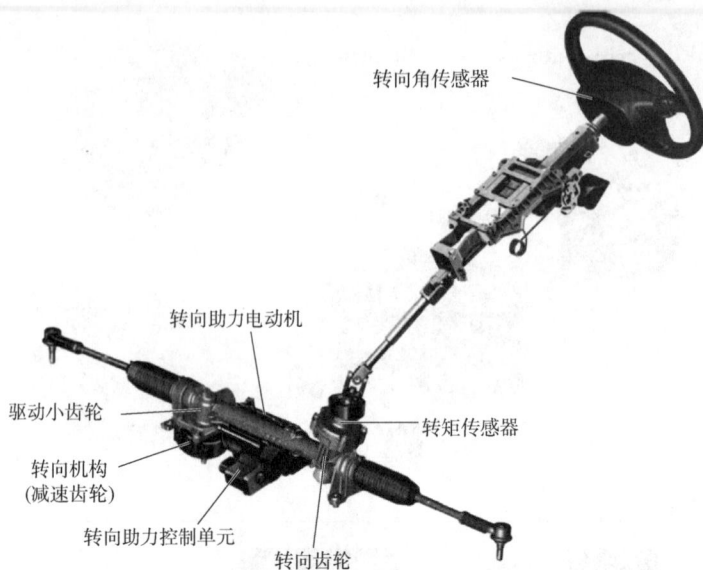

转向角传感器

转向助力电动机

驱动小齿轮

转向机构
(减速齿轮)

转向助力控制单元

转矩传感器

转向齿轮

(8) 系统名称：_____

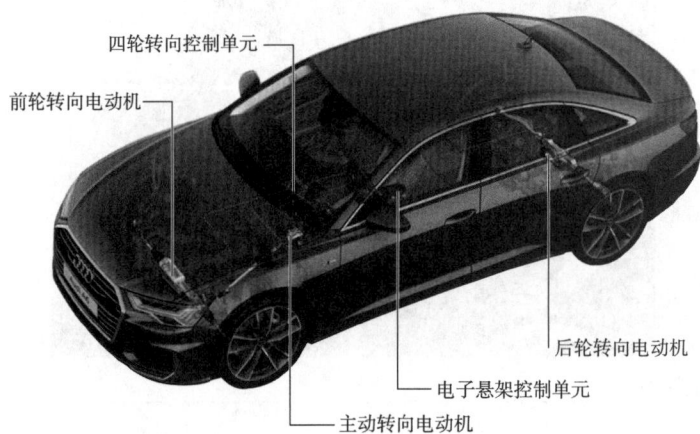

四轮转向控制单元

前轮转向电动机

后轮转向电动机

电子悬架控制单元

主动转向电动机

(9) 系统名称：_____

1-车身控制模块;2-射频接收器;3-胎压传感器(集成无线发射器)

（10）系统名称：_____

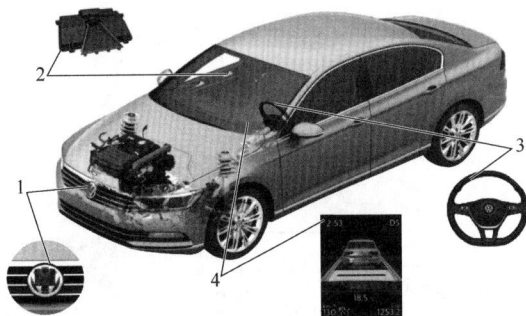

1-集成雷达传感器的控制单元;2-前部摄像头;3-转向盘及控制杆;4-仪表控制单元(显示单元)

4.在指导教师设置底盘电控系统故障后,学生使用汽车故障诊断仪,读取实训车辆底盘电控系统的相关故障码和数据流,并填写下表。

序号	故障码	故障码说明	故障对应的系统

序号	数据流参数的名称	参考值	不同工况下控制参数的数值		
			ON挡	ST挡	上电(纯电动汽车)

5.识别以下汽车底盘线控技术,并记录其系统名称。

（1）系统名称：_____

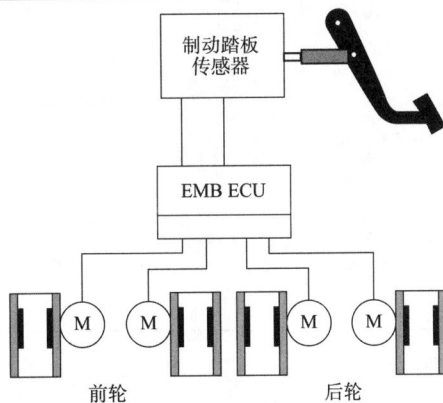

（2）系统名称：_____

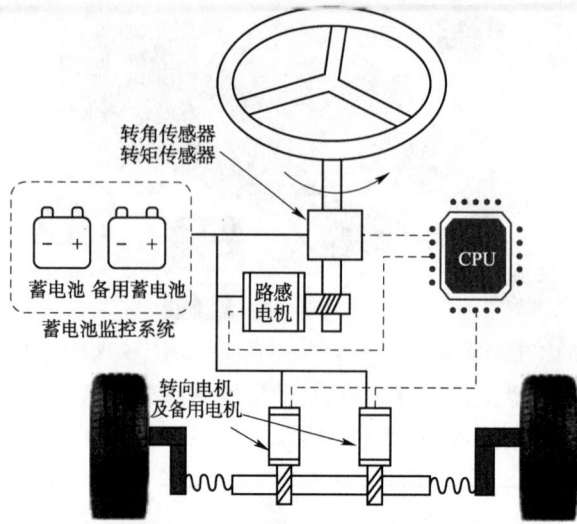

6. 绘制实训车辆（或台架）底盘电控系统的网络拓扑图。

7. 使用示波器，选择其中一个控制单元，检测并画出该单元 CAN 网络的信号波形。

实训项目 2　电控液力自动变速器检修

[**实训目标**]

1. 会描述实训所用电控液力自动变速器的基本组成和工作原理;

2. 能够分解和安装电控液力自动变速器总成,会识别各零部件;

3. 能够对电控液力自动变速器机械系统进行检测与维修;

4. 能够识别电控液力自动变速器电控系统的各个传感器、执行器、控制单元;

5. 会分析所检修车辆电控液力自动变速器的控制电路图,应用诊断结果分析故障原因;

6. 能够对电控液力自动变速器系统进行检测与维修,初步具备电控液力自动变速器的故障诊断能力。

[**实施条件**]

1. 场地要求

汽车底盘电控技术实训室,每工位使用面积不小于 $20m^2$,通风、采光良好,配备废气吸排装置。

2. 工具、设备、器材

(1)电控液力自动变速器实训台架或配有电控液力自动变速器的轿车整车及汽车举升机,车辆可正常运转。

(2)汽车常用拆装工具一套、部分拆卸自动变速器的专用工具。

(3)数字万用表、示波器、汽车故障诊断仪、三通连接线等。

(4)实训媒介:技术挂图、实训工单等。

(5)实训辅料:白板笔、海报纸、卡片纸、插针、胶带。

3. 技术资料

与实训车辆或台架配套的维修手册及电路图(纸质或电子版及计算机终端)。

[**实训工单1　电控液力自动变速器认识和拆装**]

1. 观察实训车辆或台架,本次实训所用的自动变速器型号是＿＿＿＿＿＿＿＿＿＿＿＿＿＿。

2. 查阅维修手册,查找实训台架自动变速器检修的有关信息。

记录下列内容在维修资料中的哪一页:

自动变速器结构拆装图解＿＿＿＿＿＿＿＿＿＿＿＿＿＿＿＿＿＿＿＿＿＿＿＿＿＿＿。

3. 观察自动变速器机械系统,根据观察,填写自动变速器各部件安装位置的方框图。

4. 观察自动变速器机械系统,根据观察,填写自动变速器机械系统的组成方框图。

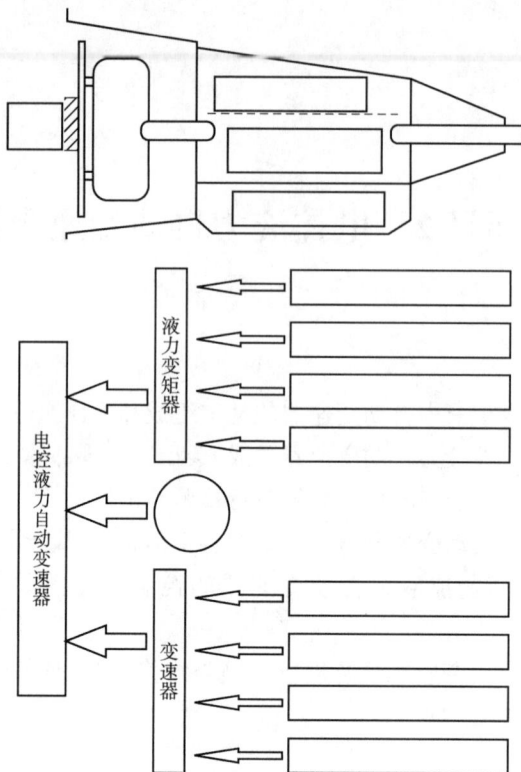

电控液力自动变速器 ← 液力变矩器 ← [空白框] ← [空白框] ← [空白框] ← [空白框] ← [空白框]

电控液力自动变速器 ← ○

电控液力自动变速器 ← 变速器 ← [空白框] ← [空白框] ← [空白框] ← [空白框] ← [空白框]

5. 查阅维修手册,在实训车辆或台架上检查液面及 ATF 油品状况,填写下表。

液位检查	本次实训检查情况	ATF 油品状态	本次实训检查情况	ATF 油品变质原因描述
ATF 温度＜60℃	是/否	ATF 透明、呈粉红色	是/否	
ATF 温度≈60℃	是/否	ATF 颜色发白、浑浊	是/否	
ATF 温度＞60℃	是/否	ATF 黑色、发稠,油尺上粘有胶质油	是/否	
液位温度太高	是/否	ATF 变成深褐色、棕色	是/否	
液位温度正常	是/否	ATF 中有金属屑或颗粒	是/否	
液位温度太低	是/否	ATF 有烧焦气味	是/否	
ATF 规格	是/否	ATF 从加油管溢出	是/否	

6. 查阅维修手册,在实训车辆或台架上更换 ATF,填写下表(任务选做)。

添加新 ATF 规格	添加新 ATF(L)	排放螺塞扭紧力矩(N·m)

7. 查阅维修手册,在分解后查找、认识自动变速器上的主要机械零部件,填写下表。

零部件名称	本次实训用 AT 是否配备	作用
液力变矩器	是/否	
液压油泵	是/否	
离合器	是/否	
制动器	是/否	
单向离合器	是/否	
行星齿轮机构	是/否	
蓄压器	是/否	

8. 查阅维修资料,在分解自动变速器后查找并检查、检测机械变速机构的主要零部件,填写下表。

检查零部件名称	检查、检测情况记录	技术要求摘录	判断是否存在故障或缺陷
油泵	齿轮顶隙:　　　齿轮侧隙:		是□否□
离合器	摩擦片磨损:　　弹簧:　　油封:		是□否□
制动器	摩擦片磨损:　　弹簧:　　油封:		是□否□
带式制动器(如有)	摩擦片磨损:　　推杆:　　伺服机构:		是□否□
单向离合器			是□否□
行星齿轮机构			是□否□
蓄压器			是□否□
液压控制阀板			是□否□
散热器			是□否□

[实训工单 2　电控液力自动变速器电控系统检修]

1. 观察实训车辆或台架,本次实训所用的自动变速器台架或轿车是＿＿＿＿＿＿＿＿＿。
2. 查阅维修手册,查找该自动变速器电控系统及其电路的有关信息。
记录下列内容在维修资料中的哪一页:
(1)自动变速器电控系统总电路图＿＿＿＿＿＿＿＿＿＿＿＿＿＿＿＿＿＿＿。
(2)自动变速器电控系统各元件检修方法＿＿＿＿＿＿＿＿＿＿＿＿＿＿＿。
3. 查阅维修手册,在实训车辆或台架上查找主要传感器,检查传感器线束插头是否连接正常,填写下表。

传感器名称	本次实训车辆或台架是否配备	安装位置	功能	插接器连接情况
车速传感器	是□否□			
转速传感器	是□否□			
节气门位置传感器	是□否□			

传感器名称	本次实训车辆或台架是否配备	安装位置	功能	插接器连接情况
ATF 温度传感器	是□否□			
ATF 压力传感器	是□否□			
输出转速传感器	是□否□			
输入转速传感器	是□否□			
空挡起动开关	是□否□			
换挡杆传感器控制单元	是□否□			
换挡规律(模式)选择开关	是□否□			
超速挡开关	是□否□			
制动灯开关	是□否□			

4.查阅维修手册,在实训车辆或台架上查找主要执行器和其他部件,填写下表。

传感器名称	本次实训车辆或台架是否配备	安装位置	功能	插接器连接情况(如果有)
换挡电磁阀1	是□否□			
换挡电磁阀2	是□否□			
换挡电磁阀3	是□否□			
锁止离合器控制阀(液力变矩器控制阀)	是□否□			
主油压调节电磁阀(主油路控制阀)	是□否□			
故障指示灯	是□否□			

5.将汽车故障诊断仪与车辆连接,读取故障码,然后进入数据流页面。对照维修手册中的说明,查找与自动变速器控制系统有关的参数。运转发动机,在发动机由冷车到热车的运转过程中,从低速到高速观察自动变速器各参数的变化情况,填写下表。

序号	故障码	故障码说明
1		
2		
3		
4		
5		

序号	数据流参数的名称	参考值	不同工况下控制参数的数值			
			ON 挡	怠速	中速 2000r/m	高速 4000r/m
1						
2						
3						
4						
5						

6. 查阅迈腾汽车维修手册,查找实训车辆或台架换挡杆传感器控制单元 J587 及其电路的有关信息,填写下表。

记录下列内容在维修资料中的哪一页:

(1)换挡杆传感器控制单元的电路原理图_____。

(2)换挡杆传感器控制单元插头端子分布图_____。

(3)换挡杆传感器控制单元的位置_____。

元件	端子编号	线色	端子的名称及其作用	与对应控制单元 ECU 连接(如果有)		
				插接器编号	端子编号	线色
车辆换挡杆传感器控制单元 J587						

7. 在不同的挡位条件下,检测车辆换挡杆传感器控制单元 J587 插接器各端子电压,填写下表。

插接器编号	端子编号	端子名称	ON 挡时	D 挡时	P 挡时	R 挡时

8. 查阅丰田汽车维修手册,查找实训车辆或台架空挡起动开关及其电路的有关信息,填写下表。(任务选做)

记录下列内容在维修资料中的哪一页:

（1）空挡起动开关的电路原理图＿＿＿＿＿＿＿＿＿＿＿＿＿＿＿＿＿＿＿＿＿。

（2）空挡起动开关插头端子分布图＿＿＿＿＿＿＿＿＿＿＿＿＿＿＿＿＿＿。

插接器编号	端子编号	线色	端子的名称及其作用	与对应控制单元 ECU 连接（如果有）		
				插接器编号	端子编号	线色

9.在不同的挡位条件下,检测实训台架或车辆空挡起动开关插接器各端子电压,填写下表。（任务选做）

插接器编号	端子编号	线色	端子名称及作用	ON 挡时	D 挡时	P 挡时	R 挡时

10.查阅维修手册,查找实训所用节气门位置传感器及其电路的有关信息。（任务选做）

记录下列内容在维修资料中的哪一页:

（1）节气门位置传感器的电路原理图＿＿＿＿＿＿＿＿＿＿＿＿＿＿＿＿。

（2）节气门位置传感器插头端子分布图＿＿＿＿＿＿＿＿＿＿＿＿＿＿＿。

（3）节气门位置传感器的检测步骤和标准参数＿＿＿＿＿＿＿＿＿＿＿＿。

列出实训所用节气门位置传感器上的所有接线端子,说明各端子的作用,填写下表。

插接器编号	端子编号	线色	端子的名称及其作用	与对应控制单元 ECU 连接（如果有）		
				插接器编号	端子编号	线色

11.打开点火开关,测量节气门位置传感器各个端子的电压,填写下表。（任务选做）

插接器编号	端子编号	线色	打开点火开关后的端子电压	关闭点火开关后的端子电压

12. 查阅维修手册,查找实训车辆或台架换挡电磁阀其电路、锁止离合器控制阀及电路的有关信息,并在台架上进行检测相关端子电压或信号波形,填写下表。

记录下列内容在维修资料中的哪一页:

(1)换挡电磁阀的电路原理图＿＿＿＿＿＿＿＿＿＿＿＿＿＿＿＿＿＿＿＿＿＿＿＿＿＿＿。

(2)换挡电磁阀插头端子分布图＿＿＿＿＿＿＿＿＿＿＿＿＿＿＿＿＿＿＿＿＿＿＿＿＿。

(3)锁止离合器控制阀的电路原理图＿＿＿＿＿＿＿＿＿＿＿＿＿＿＿＿＿＿＿＿＿＿＿。

(4)锁止离合器控制阀及其电路插头端子分布图＿＿＿＿＿＿＿＿＿＿＿＿＿＿＿＿＿＿。

元件	端子名称	ON 挡时端子电压或波形	D 挡并踩加速踏板时的端子电压或波形	电阻
1-2 挡电磁阀 (或 3-4 挡电磁阀)				
锁止离合器控制阀				

13. 在指导教师设置了实训车辆或台架电路故障后,观察故障现象,分析故障的可能原因。

(1)故障现象。

＿＿＿

＿＿＿

＿＿＿

(2)读取故障码或数据流,记录与故障有关的信息。

＿＿＿

＿＿＿

＿＿＿

(3)画出系统控制单元的电路,并分析原理。

（4）可能的故障原因。

_____

_____

_____

14. 与小组成员讨论故障的检测诊断方法，写出故障的诊断步骤。

15. 按照诊断步骤，查找故障原因，记录结果。

故障点是：_____

_____

_____

实训项目 3　汽车双离合变速器和无级变速器检修

子实训项目 3.1　双离合变速器检修

[实训目标]

1. 会描述实训所用无级变速器系统的基本组成和工作原理。

2. 能够分解和安装双离合器变速器总成,会识别各零部件。

3. 能够识别双离合器变速器电控系统的各个传感器、执行器、控制单元。

4. 会分析所检修车辆双离合器变速器的控制电路图,应用诊断结果分析故障原因。

5. 能够对双离合器变速器系统进行检测与维修,初步具备双离合器变速器的故障诊断能力。

[实施条件]

1. 场地要求

汽车底盘电控技术实训室,每工位使用面积不小于 20m²,通风、采光良好,配备废气吸排装置。

2. 工具、设备、器材

(1)双离合器变速器实训台架或配有双离合器变速器的整车、汽车举升机,车辆可正常运转。

(2)汽车常用拆装工具一套、双离合器变速器拆装专用工具。

(3)数字万用表、示波器、汽车故障诊断仪、三通连接线等。

(4)实训媒介:技术挂图、实训工单等。

(5)实训辅料:白板笔、海报纸、卡片纸、插针、胶带。

3. 技术资料

与实训车辆或台架配套的维修手册及电路图(纸质或电子版及计算机终端)。

[实训工单　双离合器变速器认知及检修]

1. 观察实训车辆或台架,本次实训所用双离合器变速器是＿＿＿＿＿＿＿＿＿＿型号。

2. 查阅维修手册,查找该双离合器变速器的有关信息。

记录下列内容在维修资料中的哪一页:

(1)双离合器变速器结构拆装图解＿＿＿＿＿＿＿＿＿＿＿＿＿＿＿＿＿＿＿＿＿＿。

(2)双离合器变速器电控系统电路图＿＿＿＿＿＿＿＿＿＿＿＿＿＿＿＿＿＿＿＿＿。

(3)双离合器变速器电控系统各元件检修方法＿＿＿＿＿＿＿＿＿＿＿＿＿＿＿＿＿。

3.根据变速器实际结构,记录填写下图(双离合器变速器基本结构示意图)划线序号对应的零部件名称。

(1) _____　　(2) _____　　(3) _____

(4) _____　　(5) _____　　(6) _____

(7) _____　　(8) _____　　(9) _____

(10) _____　　(11) _____

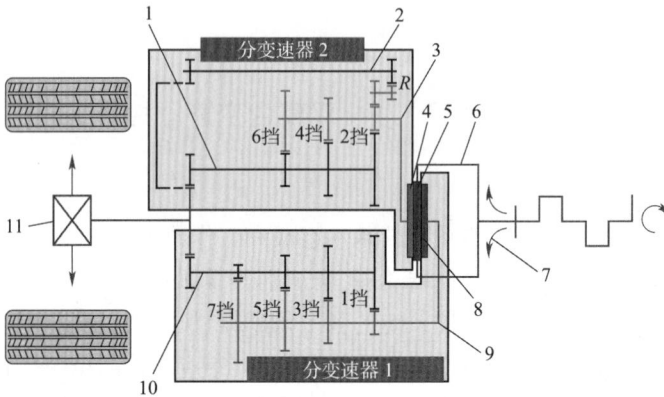

4.根据上图,画出1挡和2挡的动力传递路线。

5.根据变速器实际结构,记录下图(机电和液压控制模块)划线序号对应的零部件名称。

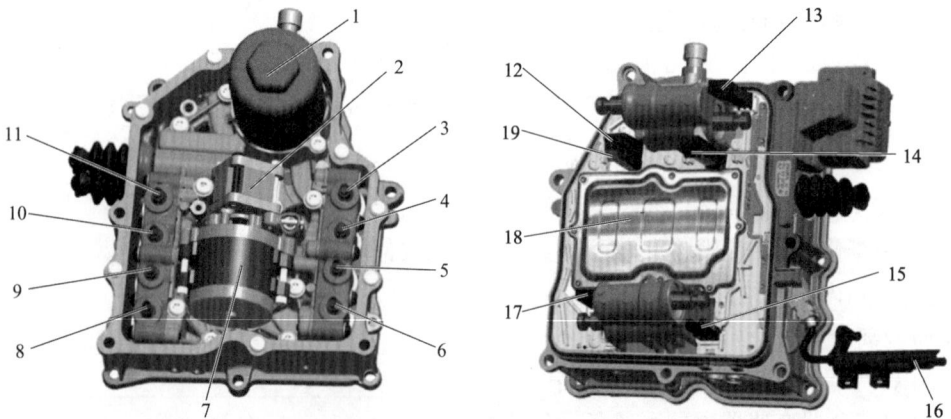

（1）_____　（2）_____　（3）_____

（4）_____　（5）_____　（6）_____

（7）_____　（8）_____　（9）_____

（10）_____　（11）_____　（12）_____

（13）_____　（14）_____　（15）_____

（16）_____　（17）_____　（18）_____

（19）_____

6. 查阅维修手册,在实训车辆或台架上查找主要传感器,检查线束插头是否连接正常,填写下表。

传感器名称	本次实训车辆或台架是否配备	作用	位置	连接器连接情况(如果有)
液压压力传感器	是□否□			
变速器输出转速传感器	是□否□			
变速器输入轴转速传感器	是□否□			
多片离合器油温度传感器	是□否□			
控制单元温度传感器	是□否□			
换挡执行机构行程传感器	是□否□			
换挡杆传感器控制单元	是□否□			

7. 查阅维修资料,在实训车辆或台架上查找主要执行器和其他部件,检查线束插头是否连接正常,填写下表。

执行器名称	本次实训车辆或台架是否配备	作用	位置	连接器连接情况(如果有)
离合器阀	是□否□			
换挡执行机构阀	是□否□			
主压力阀	是□否□			
调压阀	是□否□			
多路转换器阀	是□否□			
安全阀	是□否□			

8. 将汽车故障诊断仪与车辆连接,读取故障码,并做好记录,然后进入数据流页面,对照维修手册中的说明,查找与双离合器变速器控制系统有关的参数。运转发动机,在车辆从低速到高速观察双离合变速器各参数的变化情况,并填写下表。

序号	故障码	故障码说明
1		
2		
3		
4		
5		

数据流参数的名称	参考值	不同工况下控制参数的数值			
		ON 挡	怠速	中速2000r/m	高速4000r/m

9. 检查实训车辆或台架液压系统的各执行器电磁阀,使用万用表检测电磁阀的阻值,并判断是否正常。

执行器(各电磁阀)	作用	电阻值(Ω)	是否正常

10. 在指导教师设置了换挡杆传感器控制单元电路故障后,观察故障现象,分析故障的可能原因。

(1)故障现象。

_____

_____

_____

(2)读取故障码或数据流,记录与故障有关的信息。

_____

_____

_____

(3)画出换挡杆传感器控制单元的电路,并分析原理。

（4）可能的故障原因。

_____

_____

_____

11. 与小组成员讨论故障的检测诊断方法，写出故障的诊断步骤。

12. 按照诊断步骤，查找故障原因，记录结果。

故障点是：_____

_____

_____

子实训项目3.2　无级变速器检修

［**实训目标**］

1. 会描述实训所用无级变速器系统的基本组成和工作原理。

2. 能够分解和安装无级变速器总成，会识别各零部件。

3. 能够识别无级变速器电控系统的各个传感器、执行器、控制单元。

4. 会分析所检修车辆无级变速器的控制电路图，应用诊断结果分析故障原因。

5. 能够对无级变速器系统进行检测与维修，初步具备无级变速器的故障诊断能力。

［**实施条件**］

1. 场地要求

汽车底盘电控技术实训室，每工位使用面积不小于$20m^2$，通风、采光良好，配备废气吸排装置。

2. 工具、设备、器材

（1）无级变速器实训台架或配置无级变速器的整车，车辆可正常运转。

（2）汽车常用拆装工具一套、无级变速器拆装专用工具。

（3）数字万用表、示波器、汽车故障诊断仪、三通连接线等。

（4）实训媒介:技术挂图、实训工单等。

（5）实训辅料:白板笔、海报纸、卡片纸、插针、胶带等。

3.技术资料

与实训车辆或台架配套的维修手册及电路图(纸质或电子版及计算机终端)。

[实训工单　无级变速器认知及检修]

1.观察实训车辆或台架,本次实训所用的无级变速器台架或轿车是＿＿＿＿＿＿＿＿＿＿。

2.查阅实训车辆或台架的维修手册,查找该变速器及其电路检修的有关信息。

记录下列内容在维修资料中的哪一页:

（1）无级变速器结构拆装图解＿＿＿＿＿＿＿＿＿＿＿＿＿＿＿＿＿＿＿＿＿＿＿＿＿＿。

（2）无级变速器电控系统检修＿＿＿＿＿＿＿＿＿＿＿＿＿＿＿＿＿＿＿＿＿＿＿＿＿＿。

3.记录无级变速器的拆卸流程及注意事项。

_____

_____

_____

4.查阅技术资料,描述无级变速器基本检查内容。

_____

_____

_____

5.画出 R 挡动力传递路线。

6.查阅维修资料,在实训车辆或台架上查找主要传感器,检查传感器线束插头是否连接正常,填写下表。

传感器名称	本次实训车辆或台架是否配备	作用	位置	插接器连接情况（如果有）
多功能开关(F125 挡位传感器)	是□否□			
挡位开关(F189)	是□否□			
离合器油压传感器(G193)	是□否□			
接触压力传感器(G194)	是□否□			
变速器油温度传感器(G93)	是□否□			
变速器输入转速传感器(G182)	是□否□			
变速器输出转速传感器(G195 和 G196)	是□否□			

7.查阅维修资料,在实训车辆或台架上查找主要执行器和其他部件,填写下表。

执行器名称	本次实训车辆或台架是否配备	作用	安装位置	插接器连接情况（如有）
电磁控制阀1(N88)	是□否□			
电磁控制阀2(N215)	是□否□			
电磁控制阀3(N216)	是□否□			
换挡杆锁止电磁阀(N110)	是□否□			

8.将汽车故障诊断仪与车辆连接,读取故障码,然后进入数据流页面。对照维修手册中的说明,查找与无级变速器控制系统有关的参数。运转发动机,在车辆从低速到高速观察无级变速器各参数的变化情况。填写下表。

序号	故障码	故障码说明
1		
2		
3		
4		
5		

数据流参数的名称	参数值	不同工况下控制参数的数值			
		ON 挡	怠速	中速 2000r/m	高速 4000r/m

9. 查阅维修资料,查找实训车辆或台架多功能开关(F125 挡位传感器)电路的有关信息,填写下表。

记录下列内容在维修资料中的哪一页:

(1)多功能开关(F125 挡位传感器)的电路原理图＿＿＿＿＿＿＿＿＿＿＿＿＿＿＿＿＿＿＿。

(2)多功能开关(F125 挡位传感器)插头端子分布图＿＿＿＿＿＿＿＿＿＿＿＿＿＿＿＿＿＿＿。

插接器编号	端子编号	线色	端子的名称及其作用	连接到对应控制单元 ECU 的端子号(如果有)		
				插接器编号	端子编号	线色

10. 在不同的挡位条件下,检测实训车辆或台架多功能开关(F125 挡位传感器)插接器各端子电压,填写下表。

插接器编号	端子编号	端子名称	ON 挡时	P 挡时	N 挡时	D 挡时

11. 查阅维修资料,查找实训车辆或台架变速器输入转速传感器(G182)及其电路的有关信息。

记录下列内容在维修资料中的哪一页:

(1)变速器输入转速传感器(G182)的电路原理图＿＿＿＿＿＿＿＿＿＿＿＿＿＿＿＿＿。

(2)变速器输入转速传感器(G182)插头端子分布图＿＿＿＿＿＿＿＿＿＿＿＿＿＿＿＿＿。

12. 查阅维修手册或电路图,列出实训所用变速器输入转速传感器(G182)上的所有接线端子,说明各端子的作用,填写下表。

插接器编号	端子编号	线色	端子的名称及其作用	连接到对应控制单元 ECU 的端子号（如果有）		
				插接器编号	端子编号	线色

13. 查阅维修资料,查找实训车辆或台架的换挡杆锁止电磁阀的电路及其他电磁控制阀电路的有关信息。

记录下列内容在维修资料中的哪一页,并测量各端子的电压或电阻。

(1)换挡杆锁止电磁阀的电路原理图_____。

(2)换挡杆锁止电磁阀插头端子分布图_____。

(3)电磁控制阀的电路原理图_____。

(4)电磁控制阀及其电路插头端子分布图_____。

执行器	端子名称	ON 挡时电压	D 挡,踩加速踏板时电压	OFF 挡时电磁阀的电阻
电磁控制阀1（N215）				
换挡杆锁止电磁阀(N110)				

14. 在指导教师设置了无级变速器故障后,观察故障现象,分析故障的可能原因。

(1)故障现象。

_____

_____

_____

(2)读取故障码或数据流,记录与故障有关的信息。

_____

_____

_____

(3)画出无级变速器控制单元的电路,并分析原理。

（4）可能的故障原因。

_____

_____

_____

15. 与小组成员讨论故障的检测诊断方法，写出故障的诊断步骤。

16. 按照诊断步骤，查找故障原因，记录结果。

故障点是：_____

_____

_____

实训项目4 汽车车辆稳定控制系统检修

子实训项目4.1 ABS/ASR(或 ESP)控制系统检修

[**实训目标**]

1. 会描述实训所用车辆 ABS/ASR(或 ESP)系统的基本组成和工作原理。

2. 会辨认并表述实训所用车辆 ABS/ASR(或 ESP)系统的传感器、执行器的位置、名称、作用。

3. 会正确使用故障诊断仪,读取 ABS/ASR(或 ESP)电控系统故障码并予以检修。

4. 会分析所检修车型 ABS/ASR(或 ESP)的控制电路图,应用诊断结果分析故障原因。

5. 能够对 ABS/ASR(或 ESP)系统进行检测与维修,初步具备 ABS/ASR(或 ESP)系统故障诊断能力。

[**实施条件**]

1. 场地要求

汽车底盘电控技术实训室,每工位使用面积不小于 $20m^2$,通风、采光良好,配备废气吸排装置。

2. 工具、设备、器材

(1)ABS/ASR(或 ESP)实训台架或配置有 ABS/ASR(或 ESP)的实训车辆,制动系统工作正常,车辆可正常运转。

(2)汽车常用基本拆装工具、部分拆卸制动系统的专用工具。

(3)数字万用表、示波器、汽车故障诊断仪、三通连接线等。

(4)实训媒介:技术挂图、实训工单等。

(5)实训辅料:白板笔、海报纸、卡片纸、插针、胶带等。

3. 技术资料

与实训车辆或台架配套的维修手册及电路图(纸质或电子版、实训室计算机终端等)。

[**实训工单 ABS/ASR(或 ESP)控制系统检修**]

1. 查阅维修资料,查找有关实训所用车辆的相关信息:

观察实训用 ABS/ASR(或 ESP)台架或轿车,本次实训所用的台架或轿车是_____。

2. 查阅相关技术资料或维修手册,查找该 ABS/ASR(或 ESP)控制系统及其电路的有关信息。记录下列内容在维修资料中的哪一页:

ABS/ASR(或 ESP)电控系统总电路图_____。

3. 查阅相关技术资料或维修手册资料,在实训车辆或台架上查找主要传感器,并检查传感器线束插头是否连接正常,填写下表。

传感器名称	本次实训车辆或台架是否配备	安装位置	功能	插接器连接情况
左前轮速度传感器	是□否□			
右前轮速度传感器	是□否□			
左后轮速度传感器	是□否□			
右后轮速度传感器	是□否□			
转向盘转角传感器	是□否□			
横摆率传感器	是□否□			
加速度传感器	是□否□			
车速传感器	是□否□			
制动开关	是□否□			
真空压力传感器(新能源汽车)	是□否□			
ESP 开关	是□否□			

4. 查阅维修资料,在实训车辆或台架上查找主要执行器及其他部件,并检查执行器线束插头是否连接正常,填写下表(以纯电动汽车比亚迪秦为例)。

执行器及其他部件	本次实训车辆或台架是否配备	安装位置	功能	插接器连接情况
各电磁阀	是□否□			
制动液压泵电动机	是□否□			
制动压力调节器	是□否□			
真空助力器	是□否□			
ABS ECU	是□否□			
ESP 指示灯	是□否□			
制动主缸	是□否□			
制动轮缸	是□否□			
电动真空泵	是□否□			
真空泵电动机	是□否□			

5. 在设置了 ABS/ASR(或 ESP)故障后,观察车辆运转情况,使用故障诊断仪读取故障码,根据观察和检测结果,填写下表。

序号	故障码	故障码说明

6. 将汽车故障诊断仪与诊断座连接,进入数据流页面。对照维修手册中的说明,查找与 ABS/ASR(或 ESP)控制有关的参数,填写下表。

序号	数据流参数的名称	参考值	不同状态控制参数的数值	
			ON 挡	踩下制动踏板
1				
2				
3				
4				
5				

7. 查阅维修手册或电路图,列出实训所用轮速传感器上的所有接线端子,说明各端子的作用,填写下表。

插接器编号	端子编号	线色	端子的名称及其作用	与对应控制单元 ECU 的连接		
				插接器编号	端子编号	线色

8. 测量轮速传感器的电阻和电压。点火开关置于 OFF 挡,拔掉电磁式轮速传感器插头,测量电阻;旋转轮速传感器,测量电压,填写下表。

插接器编号	端子编号	端子名称	电阻	信号电压(车轮旋转)

9. 查阅维修手册或电路图,列出实训车辆或台架所用真空压力传感器(新能源汽车)上的所有接线端子,说明各端子的作用,填写下表。

插接器编号	端子编号	线色	端子的名称	与对应控制单元 ECU 的连接		
				插接器编号	端子编号	线色

10.查阅维修手册或电路图,检测实训车辆或台架真空压力传感器(新能源汽车)电路,填写下表。

元件	插接器编号	端子名称	线色	OFF 挡	ON 挡(上电)
真空压力传感器					

11.查阅维修资料,查找实训车辆或台架各电磁阀电路的有关信息(选择其中一个电磁阀),分析各电磁阀的控制功能。

记录下列内容在维修资料中的哪一页:

(1)电磁阀的电路原理图＿＿＿＿＿＿＿＿＿＿＿＿＿＿＿＿＿＿＿＿＿。

(2)电磁阀插头端子分布图＿＿＿＿＿＿＿＿＿＿＿＿＿＿＿＿＿＿＿。

序号	电磁阀元件	功能
1	左前电磁阀	
2	右前电磁阀	
3	左后电磁阀	
4	右后电磁阀	

12.查阅维修资料,查找实训车辆或台架制动液压泵电动机电路的有关信息(以纯电动汽车比亚迪秦为例)。

记录下列内容在维修资料中的哪一页:

(1)制动液压泵电动机的电路原理图＿＿＿＿＿＿＿＿＿＿＿＿＿＿＿。

(2)制动液压泵电动机插头端子分布图＿＿＿＿＿＿＿＿＿＿＿＿＿＿。

元件	插接器编号	端子名称	线色	与对应控制单元ECU连接的插接器编号(如果有)	与对应控制单元ECU连接的插接器端子
制动液压泵电动机					

13.查阅维修资料,查找实训车辆或台架电动真空泵电动机电路的有关信息(以纯电动汽车比亚迪秦为例)。

记录下列内容在维修资料中的哪一页:

(1)电动真空泵电动机的电路原理图＿＿＿＿＿＿＿＿＿＿＿＿＿＿＿。

(2)电动真空泵电动机插头端子分布图＿＿＿＿＿＿＿＿＿＿＿＿＿＿。

元件	插接器编号	端子名称	线色	与对应控制单元 ECU 连接的插接器编号	与对应控制单元 ECU 连接的插接器端子
电动真空泵电动机					

14. 使用示波器或万用表,检测 ABS/ASR(或 ESP)系统控制单元控制电路,填写下表(以纯电动汽车比亚迪秦为例)。

各端子名称	插接器编号	插接器端子	OFF 挡的电压或电阻(如可行)	ON 挡或上电时的电压或波形(如可行)	测试条件
电动机电源端子					
电动机电源搭铁					
ECU 电源端子					
ECU 搭铁端子					
制动开关信号端子					
AVH 开关信号端子					
ESC 开关信号端子					
轮速传感器端子 1					
轮速传感器端子 2					
CAN-H 信号端子					
CAN-L 信号端子					

15. 在指导教师设置了 ABS/ASR(或 ESP)系统故障后,观察故障现象,分析故障的可能原因。

(1)故障现象。

_____

_____

_____

(2)读取故障码或数据流,记录与故障有关的信息。

_____

_____

_____

(3)画出 ABS/ASR(或 ESP)控制单元的电路,并分析原理。

(4)可能的故障原因。

_____

_____

_____

16. 与小组成员讨论故障的检测诊断方法,写出故障的诊断步骤。

17. 按照诊断步骤,查找故障原因,记录结果。

故障点是:_____

_____

_____

子实训项目 4.2　电子驻车制动系统检修

[实训目标]

1. 会描述实训所用车辆电子驻车制动系统的基本组成和工作原理。

2. 会辨认并表述实训所用车辆电子驻车制动系统的传感器、执行器的位置、名称、作用。

3. 会正确使用故障诊断仪,读取电子驻车制动系统故障码并予以检修。

4. 会分析所检修车辆电子驻车制动系统的控制电路图,应用诊断结果分析故障原因。

5. 能够对电子驻车制动系统进行检测与维修,初步具备电子驻车制动系统的故障诊断能力。

[实施条件]

1. 场地要求

汽车底盘电控技术实训室,每工位使用面积不小于 $20m^2$,通风、采光良好,配备废气吸排装置。

2. 工具、设备、器材

(1)电子驻车制动系统实训台架或配置电子驻车制动系统实训车辆,驻车系统工作正常,车辆可正常运转。

(2)常用基本拆装工具、部分拆卸电子驻车制动系统专用工具。

(3)数字万用表、示波器、汽车故障诊断仪、三通连接线等。

(4)实训媒介:技术挂图、实训工单等。

(5)实训辅料:白板笔、海报纸、卡片纸、插针、胶带等。

3. 技术资料

与实训车辆或台架配套的维修手册及电路图(纸质或电子版、实训室计算机终端等)。

[实训工单　电子驻车制动系统检修]

1. 查阅实训用车辆或台架的维修手册或相关技术资料,查找该电子驻车制动系统及其电路的有关信息。

记录下列内容在维修资料中的哪一页:

(1)电子驻车制动系统结构拆装图解＿＿＿＿＿＿＿＿＿＿＿＿＿＿＿＿＿＿＿＿＿＿＿。

(2)电子驻车制动系统总电路图＿＿＿＿＿＿＿＿＿＿＿＿＿＿＿＿＿＿＿＿＿＿＿＿＿。

2. 画出电子驻车制动系统基本组成和控制原理图。

3.查阅维修手册或相关技术资料,描述电子驻车制动系统的拆卸流程及注意事项。拆装实车上的电子驻车制动系统总成,并认识其结构部件。

4.查阅维修手册或相关技术资料,在实训车辆(或台架)上查找主要部件,检查传感器线束插头是否连接正常,填写下表。

元件名称	本次实训车辆或台架是否配备	安装位置	功能	插接器连接情况
EPB ECU	是□否□			
EPB 开关(P 开关)	是□否□			
左 EPB 电动机	是□否□			
右 EPB 电动机	是□否□			

5.将汽车故障诊断仪与故障诊断座连接,读取故障码,然后进入数据流页面。查阅维修手册或相关技术资料,查找与电子驻车制动系统控制有关的参数,填写下表。

序号	故障码	故障码说明

序号	数据流参数的名称	参考值	不同状态下控制参数的数值		
			ON 挡	驻车状态	解除驻车

6.查阅维修手册或相关技术资料,查找实训车辆或台架电子驻车开关电路的有关信息,

并检测各端子工作时的电压或波形(以纯电动汽车比亚迪秦为例)。

记录下列内容在维修资料中的哪一页:

(1)电子驻车开关的电路原理图_____。

(2)电子驻车开关插头端子分布图_____。

元件	插接器编号	端子号	ON 挡或上电时的电压或波形(开启电子驻车)	ON 挡或上电时的电压或波形(解除电子驻车)
控制单元 EPB ECU		SWICH1		
		SWICH2		
		SWICH3		
		SWICH4		
		GND		
		背景灯电源端子		
		背景灯搭铁端子		
		AUTO HOLD 信号端子		

7. 查阅维修手册或相关技术资料,找出 EPB ECU 的位置,分析并检测其电路各端子作用及电压或波形信号。

各端子名称	插接器编号	插接器端子	OFF 挡的电压或电阻	ON 挡或上电时的电压或波形	测试条件
+ BR					
+ BL					
IG1					
GND-R					
GND-L					
CAN-H 端子(ESC 网)					
CAN-L 端子(ESC 网)					
……					
……					

8. 查阅维修手册或相关技术资料,查找实训台架驻车电动机电路的有关信息。

记录下列内容在维修资料中的哪一页:

(1)驻车电动机的电路原理图_____。

(2)驻车电动机插头端子分布图_____。

元件	插接器编号	端子名称	ON 挡	驻车状态	解除驻车
驻车电动机					

9. 在指导教师设置了 EPB 电源端故障后，观察故障现象，分析故障的可能原因。

（1）故障现象。

_____

_____

_____

（2）读取故障码或数据流，记录与故障有关的信息。

_____

_____

_____

（3）画出 EPB 控制系统的电路，并分析原理。

（4）可能的故障原因。

_____

_____

_____

10. 与小组成员讨论故障的检测诊断方法，写出故障的诊断步骤。

11. 按照诊断步骤，查找故障原因，记录结果。

故障原因是：_____

_____

_____

实训项目5　汽车电控助力转向系统检修

[**实训目标**]

1. 会描述实训所用汽车电控助力转向系统(EPS系统)的基本组成和工作原理。
2. 会辨认并表述实训所用EPS系统主要传感器、执行器的位置、名称和作用。
3. 会正确使用故障诊断仪,读取EPS系统故障码,找到故障部位。
4. 会分析EPS系统的控制电路图,应用诊断结果分析故障原因。
5. 能够对EPS系统进行检测与维修,初步具备EPS系统故障诊断能力。

[**实施条件**]

1. 场地要求

汽车底盘电控技术实训室,每工位使用面积不小于20m²,通风、采光良好,配备废气吸排装置。

2. 工具、设备、仪器

(1)配置有EPS系统的车辆或EPS系统实训台架,设备完好。

(2)常用基本拆装工具、部分拆卸EPS系统专用工具。

(3)数字万用表、示波器、汽车故障诊断仪、三通连接线等。

(4)实训媒介:技术挂图、实训工单等。

(5)实训辅料:白板笔、海报纸、卡片纸、插针、胶带等。

3. 技术资料

与实训车辆或台架配套的维修手册及电路图(纸质或电子版、实训室计算机终端等)。

[**实训工单　汽车电控助力转向系统检修**]

1. 查阅维修手册或相关技术资料,查找有关实训车辆的相关信息。观察实训用EPS系统车辆(或台架),本次实训所用的EPS系统车辆或台架是＿＿＿＿＿＿＿＿＿＿＿＿＿＿＿＿。

2. 查阅实训车辆或台架的维修手册,查找该EPS系统及其电路的有关信息。

记录下列内容在维修资料中的哪一页:

(1)EPS系统结构拆装图解＿＿＿＿＿＿＿＿＿＿＿＿＿＿＿＿＿＿＿＿＿＿＿＿＿。

(2)EPS系统电路图＿＿＿＿＿＿＿＿＿＿＿＿＿＿＿＿＿＿＿＿＿＿＿＿＿＿＿＿。

3. 查阅维修手册或相关技术资料,在配置有EPS系统车辆(或台架)上查找主要传感器,检查传感器线束插头是否连接正常,填写下表。

传感器名称	本次实训车辆或台架是否配备	安装位置	功能	插接器连接情况
车速传感器	是□否□			
转角传感器	是□否□			
转矩传感器	是□否□			

4.查询维修手册或相关技术资料,在配置有 EPS 车辆(或台架)上查找主要执行器和控制单元,填写下表。

元件名称	本次实训车辆或台架是否配备	安装位置	功能	插接器连接情况
电磁离合器	是□否□			
EPS 故障指示灯	是□否□			
转向助力电动机	是□否□			
转向助力 ECU	是□否□			

5.将汽车故障诊断仪与车辆连接,读取故障码,然后进入数据流页面。对照维修手册中的说明,查找与 EPS 系统控制系统有关的参数,填写下表。

序号	故障码	故障码说明

序号	数据流参数	参考值	不同工况下控制参数的数值		
			ON 挡(直线方向)	左转向	右转向

6.查阅维修手册或相关技术资料,列出转矩传感器上的所有端子编号及名称,说明其作用,填写下表。

记录下列内容在维修资料中的哪一页:

(1)转矩传感器的电路原理图 _____。

(2)转矩传感器插头端子分布图 _____。

插接器编号	端子编号	线色	端子的名称及其作用	连接到对应控制单元 ECU 的端子号		
				插接器编号	端子编号	线色

7. 利用万用表,测量转矩传感器各个端子不同测试条件下的电压,填写下表。

插接器编号	端子名称	OFF 挡时电压	ON 挡时电压	左转向（转矩大）	左转向（转矩小）	右转向（转矩大）	右转向（转矩小）

8. 查阅维修手册或相关技术资料,找出 EPS ECU 的位置,分析并检测其电路。

元件	插接器编号	各端子名称	OFF 挡的电压	ON 挡或上电时的电压或波形
EPS ECU				

9. 查阅维修手册或相关技术资料,在电控四轮转向系统实训车辆或台架上查找主要传感器、执行器和其他部件,填写下表。

执行器名称	本次实训用转向系统台架是否配备	安装位置	功能	插接器连接情况
EPS 指示灯	是□否□			
电磁离合器	是□否□			
车速传感器	是□否□			
转矩传感器	是□否□			

执行器名称	本次实训用转向系统台架是否配备	安装位置	功能	插接器连接情况
前转角传感器	是□否□			
后转角传感器	是□否□			
前助力电动机	是□否□			
后助力电动机	是□否□			

10. 在指导教师设置了 EPS 系统故障后,观察故障现象,分析故障的可能原因。

(1)故障现象。

①动力转向系统:正常运转/无助力。

②接通点火开关后 EPS 故障警告灯:正常点亮/不亮。

(2)读取故障码或数据流,记录与故障有关的信息。

_____

_____

(3)画出 EPS 系统控制电路,并分析原理。

(4)可能的故障原因。

_____

_____

11. 与小组成员讨论故障的检测诊断方法,写出故障的诊断步骤。

12. 按照诊断步骤,查找故障原因,记录结果。

故障点是:＿＿＿＿＿＿＿＿＿＿＿＿＿＿＿＿＿＿＿＿＿＿＿＿＿

＿＿＿＿＿＿＿＿＿＿＿＿＿＿＿＿＿＿＿＿＿＿＿＿＿＿＿＿＿＿＿＿＿＿

＿＿＿＿＿＿＿＿＿＿＿＿＿＿＿＿＿＿＿＿＿＿＿＿＿＿＿＿＿＿＿＿＿＿

实训项目6　汽车电控空气悬架系统检修

[**实训目标**]

1. 会描述实训所用电控空气悬架系统的基本组成和工作原理。

2. 能够辨认并表述实训所用电控空气悬架系统主要传感器、执行器的位置、名称和作用。

3. 能够正确使用故障诊断仪,读取电控空气悬架系统故障码,找到故障部位。

4. 会分析所检修车辆电控空气悬架系统的控制电路图,应用诊断结果分析故障原因。

5. 能够对电控空气悬架系统进行检测与维修,初步具备电控空气悬架系统的故障诊断能力。

[**实施条件**]

1. 场地要求

汽车底盘电控技术实训室,每工位使用面积不小于 $20m^2$,通风、采光良好,配备废气吸排装置。

2. 工具、设备、仪器

(1)电控空气悬架系统实训台架或配备电控空气悬架系统的实训车辆,设备完好。

(2)常用基本拆装工具、部分拆卸电控空气悬架系统专用工具。

(3)数字万用表、示波器、汽车故障诊断仪、三通连接线等。

(4)实训媒介:技术挂图、实训工单等。

(5)实训辅料:白板笔、海报纸、卡片纸、插针、胶带等。

3. 技术资料

与实训车辆或台架配套的维修手册及电路图(纸质或电子版、实训室计算机终端等)。

[**实训工单　电控空气悬架系统检修**]

1. 观察实训用电控空气悬架车辆或台架,本次实训所用的车辆或台架是＿＿＿＿＿＿。

2. 查阅维修手册或相关技术资料,查找有关实训用电控空气悬架系统各部件安装位置的信息。

记录下列内容在维修资料中的哪一页:

(1)电控空气悬架系统结构拆装图＿＿＿＿＿＿＿＿＿＿＿＿＿＿＿＿＿＿＿＿＿＿＿。

(2)电控空气悬架系统电路图＿＿＿＿＿＿＿＿＿＿＿＿＿＿＿＿＿＿＿＿＿＿＿＿＿。

3. 查阅相关技术资料,填写现代轿车电控空气悬架系统的控制项目内容及其功用。

序号	控制项目内容	功用说明

4. 查阅维修手册或相关技术资料,在实训车辆或台架上查找传感器、执行器和电控空气悬架系统工作部件,检查电路线束插头是否连接正常,填写下表。

传感器名称	实训车辆或台架是否配备	安装位置	功能	插接器连接情况
车身高度传感器	是□否□			
车速传感器	是□否□			
加速度传感器	是□否□			
压缩机温度传感器	是□否□			
空气压力传感器	是□否□			
转向盘转角传感器	是□否□			
车门开关	是□否□			
制动灯开关	是□否□			
高度控制开关	是□否□			
模式选择开关	是□否□			

5. 查阅维修手册或相关技术资料,在实训车辆或台架上查找电控空气悬架系统执行器和主要工作部件,检查电路线束插头是否连接正常,填写下表(以奥迪车型为例)。(任务选做)

传感器名称	实训车辆或台架是否配备	安装位置	功能	插接器连接情况
悬架控制单元 ECU	是□否□			
高度控制阀	是□否□			
空气压缩机	是□否□			
气动排放阀	是□否□			
悬架刚度调节执行器	是□否□			
减振支柱阀	是□否□			
减振器阻尼力调节控制阀(减振器调节阀)	是□否□			

6.查阅维修手册或相关技术资料,对照实训车辆或台架,填写电控空气悬架系统高度自动控制装置各部件序号的名称(以丰田雷克萨斯 LS400 电控空气悬架系统为例)。(任务选做)

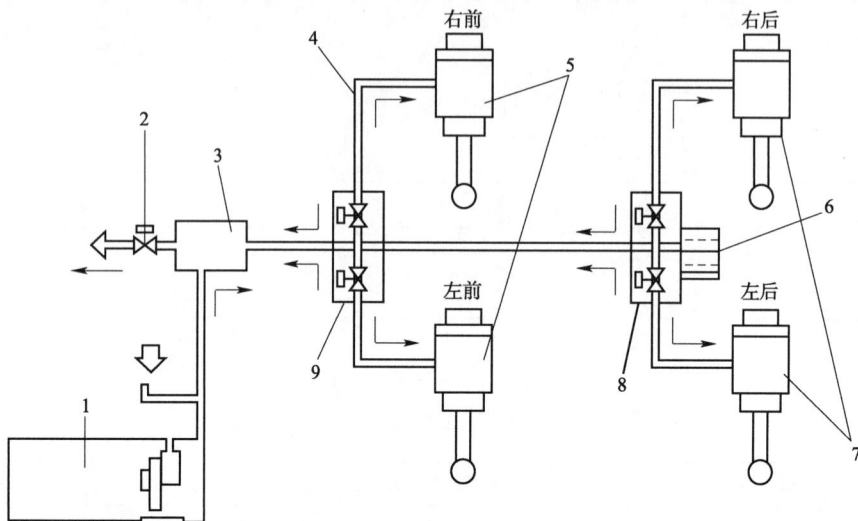

7.将汽车故障诊断仪与车辆连接,读取故障码,然后进入数据流页面。对照维修手册中的说明,查找与电控空气悬架系统控制有关的参数,填写下表。

序号	故障码	故障码说明

序号	数据流参数的名称	参考值	不同车身高度的控制参数值			
			HIGH	Normal	LOW	ON 挡

8.查阅维修手册或相关技术资料,查找实训台架车身高度传感器及其电路的有关信息。记录下列内容在维修资料中的哪一页:

(1)车身高度传感器的电路原理图_____。

（2）车身高度传感器插头端子分布图＿＿＿＿＿＿＿＿＿＿＿＿＿＿＿＿＿＿＿＿＿＿＿＿＿＿＿＿。

查阅电路图,列出实训所用车身高度传感器上的所有接线端子,说明各端子的作用,填写下表。

插接器编号	端子编号	线色	端子的名称及其作用	与对应控制单元 ECU 的连接		
				插接器编号	端子编号	线色

检测车身高度传感器电路,填写下表。

元件	插接器编号	端子名称	ON 挡	驻车状态	解除驻车
车身高度传感器					

9. 查阅维修手册或相关技术资料,查找实训压缩机温度传感器及其电路的有关信息。

记录下列内容在维修资料中的哪一页:

（1）压缩机温度传感器的电路原理图＿＿＿＿＿＿＿＿＿＿＿＿＿＿＿＿＿＿＿＿＿＿＿＿＿＿。

（2）压缩机温度传感器插头端子分布图＿＿＿＿＿＿＿＿＿＿＿＿＿＿＿＿＿＿＿＿＿＿＿＿。

查阅电路图,列出实训所用压缩机温度传感器上的所有接线端子,说明各端子的作用,填写下表。

插接器编号	端子编号	线色	端子的名称及其作用	与对应控制单元 ECU 的连接（如果有）		
				插接器编号	端子编号	线色

检测压缩机温度传感器电路,填写下表。

元件	插接器编号	端子名称	ON 挡时端子电压	OFF 挡时电阻
温度传感器				

10. 查阅维修手册或相关技术资料,查找实训空气压力传感器及其电路的有关信息。

记录下列内容在维修资料中的哪一页:

(1)空气压力传感器的电路原理图 _____。

(2)空气压力传感器插头端子分布图 _____。

查阅电路图,列出实训所用空气压力传感器上的所有接线端子,说明各端子的作用,填写下表。

插接器编号	端子编号	线色	端子的名称及其作用	与对应控制单元(ECU)的连接		
				插接器编号	端子编号	线色

检测空气压力传感器电路,填写下表。

元件	插接器编号	端子名称	ON 挡时端子电压
空气压力传感器			

11. 查阅维修手册或相关技术资料,查找实训台架空气压缩机及其电路的有关信息。

记录下列内容在维修资料中的哪一页。

(1)空气压缩机的电路原理图 _____。

(2)空气压缩机插头端子分布图 _____。

查阅电路图,列出实训所用空气压缩机上的所有接线端子,说明各端子的作用,填写下表。

插接器编号	端子编号	线色	端子的名称及其作用	与对应控制单元 ECU 的连接		
				插接器编号	端子编号	线色

检测空气压缩机电路,填写下表。

元件	插接器编号	端子名称	ON 挡时端子电压	ST 时(上电时)的端子电压
空气压缩机				

12. 查阅维修手册或相关技术资料,查找实训车辆或台架排气电磁阀及其电路的有关信息。

记录下列内容在维修资料中的哪一页:

(1)排气电磁阀的电路原理图_____。

(2)排气电磁阀插头端子分布图_____。

查阅电路图,列出实训所用排气电磁阀上的所有接线端子,说明各端子的作用,填写下表。

插接器编号	端子编号	线色	端子的名称及其作用	与对应控制单元(ECU)的连接		
				插接器编号	端子编号	线色

检测排气电磁阀电路,填写下表。

元件	插接器编号	端子名称	ON 挡时端子电压波形	ST 时的端子电压波形	电阻
排气电磁阀					

13. 查阅维修手册或相关技术资料,查找实训车辆或台架减振器调节电磁阀及其电路的有关信息。

记录下列内容在维修资料中的哪一页:

(1)减振器调节电磁阀的电路原理图_____。

(2)减振器调节电磁阀插头端子分布图_____。

查阅电路图,列出实训所用减振器调节电磁阀上的所有接线端子,说明各端子的作用,填写下表。

插接器编号	端子编号	线色	端子的名称及其作用	与对应控制单元(ECU)的连接		
				插接器编号	端子编号	线色
减振器调节电磁阀						

检测减振器调节电磁阀电路,填写下表。

元件	插接器编号	端子名称	ON 挡时端子电压波形	ST 时的端子电压波形	电阻
减振器调节电磁阀					

14. 使用示波器或万用表,检测电控空气悬架控制单元电路,填写下表。

元件	各端子名称	ON 挡时电压或波形
电控空气悬架控制单元	电源端子	
	搭铁端子	
	CAN-H 端子	
	CAN-L 端子	
	……	
	……	

15. 在指导教师设置了电控空气悬架系统传感器或执行器故障后,观察故障现象,分析故障的可能原因。

(1)故障现象。

_____

_____

_____

(2)读取故障码或数据流,记录与故障有关的信息。

_____

_____

_____

(3)分析控制电路原理。

（4）可能的故障原因。

_____

_____

_____

16. 与小组成员讨论故障的检测诊断方法,写出故障的诊断步骤。

17. 按照诊断步骤,查找故障原因,记录结果。

故障点是:_____

_____

_____

实训项目7　汽车驾驶辅助技术

子实训项目7.1　汽车胎压监测系统检修

[实训目标]

1. 能够描述实训所用汽车胎压监测系统的基本组成和工作原理。

2. 辨认并表述实训所用汽车胎压监测系统主要传感器、执行器的位置、名称和作用。

3. 正确使用故障诊断仪,读取汽车胎压监测系统故障码,找到故障部位。

4. 分析汽车胎压监测系统的控制电路图,应用诊断结果分析故障原因。

5. 查阅相关技术资料,能够根据规范流程进行胎压传感器的更换。

[实施条件]

1. 场地要求

汽车底盘电控技术实训室,每工位使用面积不小于 20m²,通风、采光良好,配备废气吸排装置。

2. 工具、设备、器材

(1)含汽车胎压监测系统的整车及汽车举升机,车辆可正常运转。

(2)常用基本拆装工具、部分拆卸汽车胎压监测系统专用工具。

(3)数字万用表、示波器、胎压监测表、汽车故障诊断仪、三通连接线等。

(4)实训媒介:技术挂图、实训工单等。

(5)实训辅料:白板笔、海报纸、卡片纸、插针、胶带等。

3. 技术资料

与实训用车辆配套的维修手册或实训台架使用说明书(纸质或电子版及计算机终端)。

[实训工单　汽车胎压监测系统检修]

1. 查阅维修手册或相关技术资料,查询汽车胎压监测系统控制模块,找到其在车上的具体位置。

位置:＿＿＿＿＿＿＿＿＿＿＿＿＿＿＿＿＿＿＿＿＿＿＿＿＿＿＿＿＿＿＿＿＿

2. 在实训车辆或台架上准确地找到各传感器的位置,并记录功能,填写下表。

序号	传感器	位置	功能
1			
2			

序号	传感器	位置	功能
3			
4			
5			

3.在实训车辆或台架上准确地找到各执行器的位置,并记录功能,填写下表。

序号	执行器	位置	功能
1			
2			
3			
4			
5			

4.将汽车故障诊断仪连接至汽车 OBD 诊断接口,读取车辆故障码,填写下表。

序号	故障码	故障码说明
1		
2		
3		
4		
5		

5.自学习操作:退出故障码读取界面,进入车身控制模块,找到胎压监测模块,点击选择自学习,诊断仪会让该模块进行自学习模式,学习完成后诊断仪界面会提示任务完成。

6.思考题。

(1)简述直接式胎压监测系统的工作原理。

(2)分析在对车轮进行换位后胎压监测系统警报灯点亮是什么原因?

7. 查阅维修手册或相关技术资料,描述胎压传感器的更换流程及注意事项。

_____

_____

_____

8. 根据维修手册更换胎压传感器并描述其流程。

_____

_____

_____

9. 查阅相关技术资料,描述奥迪 A6L 复位胎压监测系统的流程。

_____

_____

_____

子实训项目7.2 汽车自适应巡航控制系统的使用与检修

[实训目标]

1. 会描述实训所用汽车自适应巡航控制系统的基本组成和工作原理。

2. 辨认并表述实训所用汽车自适应巡航控制系统主要传感器、执行器的位置、名称和作用。

3. 利用汽车使用说明书,在整车上操作汽车自适应巡航控制系统。

4. 正确使用故障诊断仪,读取自适应巡航控制系统故障码和相关数据流。

5. 在维修手册或电路图上,查找实训所用汽车自适应巡航控制系统的电路图,分析其工作原理。

6. 能够按规范流程,更换奥迪 A6L 自适应巡航控制系统的控制单元。

[实施条件]

1. 场地要求

汽车底盘电控技术实训室,每工位使用面积不小于 $20m^2$,通风、采光良好,配备废气吸排装置。

2. 工具、设备、器材

(1)轿车整车及汽车举升器(可正常运转,汽油、蓄电池电量应充足)。

(2)常用基本拆装工具、部分拆卸汽车自适应巡航控制系统专用工具。

(3)数字万用表、示波器、汽车故障诊断仪、三通连接线等。

(4)实训媒介:技术挂图、训练单。

(5)实训辅料:白板笔、海报纸、卡片纸、插针、胶带。

3. 技术资料

与实训车辆或台架配套的维修手册及电路图(纸质或电子版、实训室计算机终端等)。

[**实训工单　汽车自适性巡航控制系统的使用与检修**]

1.查阅维修手册或相关技术资料,查找有关实训用自适性巡航控制系统各部件安装位置的信息。

记录下列内容在维修资料(或教材)中的哪一页:

(1)自适性巡航控制系统结构拆装图_____。

(2)自适性巡航控制系统电路图_____。

2.熟悉自适应巡航控制系统结构原理,说出下列部件的名称和作用,并做好记录。

(1)Z47:_____。

(2)J428:_____。

(3)J104:_____。

(4)J220:_____。

(5)J533:_____。

(6)J527:_____。

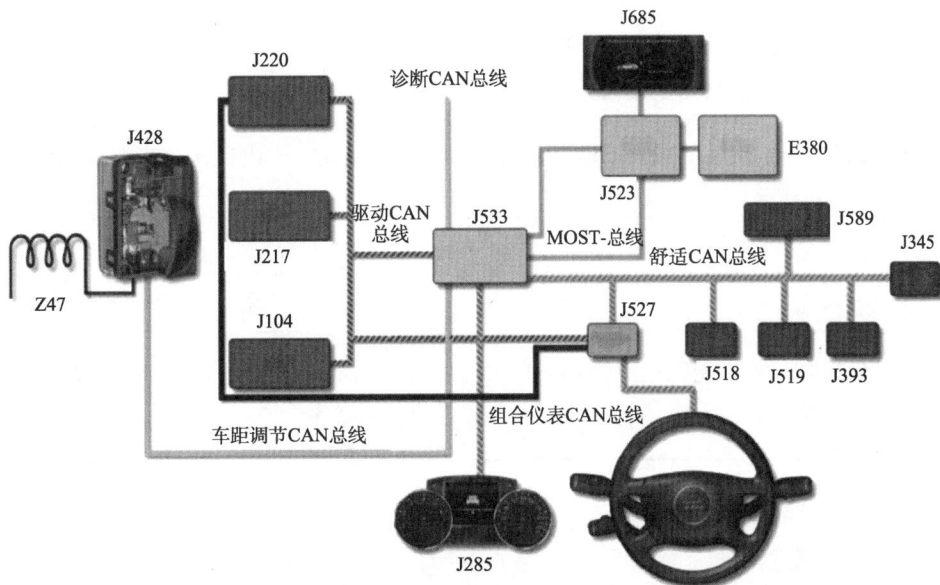

3.查阅维修手册或相关技术资料,在奥迪 A6L 车上操作自适应巡航控制系统,如何用两种方式设定巡航车速 80km/h?

_____

_____

_____

4.通过自适应巡航控制系统操作杆确定巡航的最高和最低车速。

(1)最高巡航车速为_____km/h。

(2)最低巡航车速为_____km/h。

5.通过 Elsa 查询奥迪 A6L 自适应巡航控制系统各传感器的位置,并记录其功能,填写下表。

序号	传感器	位置	功能
1			
2			
3			
4			
5			

6.通过 Elsa 查询奥迪 A6L 自适应巡航控制系统各执行器的位置,并记录其功能,填写下表。

序号	执行器	位置	功能
1			
2			
3			
4			
5			

7.通过 Elsa 查询奥迪 A6L 自适应巡航控制系统的控制单元,找到其在车上的具体位置。

_____

_____

8.将汽车故障诊断仪连接至汽车 OBD 诊断接口,读取车辆故障码和相关数据流,填写下表。

序号	故障码	故障码说明
1		
2		
3		
4		
5		

序号	数据流参数的名称	控制参数的作用

9. 查阅汽车维修手册,描述奥迪 A6L 自适应巡航控制系统车距传感器的校准方法。

_____

_____

_____

10. 查阅汽车维修手册,按规范流程,更换奥迪 A6L 自适应巡航控制系统的控制单元。

_____

_____

_____

实训项目 8　汽车线控底盘技术

子实训项目 8.1　汽车线控底盘制动系统的调试与控制单元更换

[实训目标]

1. 描述实训所用线控底盘制动系统的基本组成和工作原理。

2. 辨认并表述实训所用线控制动系统主要传感器、执行器的位置、名称和作用。

3. 能够根据标准规范对线控底盘制动系统控制单元进行更换。

4. 能够按规范对线控底盘制动系统进行调试。

[实施条件]

1. 场地要求

汽车底盘电控技术实训室,每工位使用面积不小于 $20m^2$,通风、采光良好,配备废气吸排装置。

2. 工具、设备、器材

(1)配置有线控制动系统的轿车整车或实训台架及汽车举升器(可正常运转,汽油、蓄电池电量应充足)。

(2)常用基本拆装工具、部分拆卸线控制动系统的专用工具。

(3)数字万用表、示波器、汽车故障诊断仪、三通连接线、底盘线控调试软件平台等。

(4)实训媒介:技术挂图、实训工单等。

(5)实训辅料:白板笔、海报纸、卡片纸、插针、胶带等。

3. 维修资料

线控制动系统车辆底盘维修资料或实训台架使用说明书(纸质或电子版及实训室计算机终端等)。

[实训工单 1　线控制动控制单元的拆装与更换]

1. 查阅相关技术资料,在实训台架上准确地找到线控制动控制单元的位置。

2.查阅相关技术资料,在实训台架上准确地找到各传感器的位置,填写下表。

序号	传感器	位置	功能
1			
2			
3			
4			
5			

3.查阅相关技术资料,在实训台架上准确找到各执行器的位置,填写下表。

序号	执行器	位置	功能
1			
2			
3			
4			
5			

4.查阅相关技术资料,拆卸线控制动控制单元。

(1)拆卸之前先进行下电。

(2)拔下线控制动控制单元上全部插头。轻轻按压卡扣,拔下线控制动控制单元与制动电机控制插头,检查插头的插孔与针脚,针脚应该与底座保持垂直,无弯曲折断,插孔应整齐清洁,无堵塞破损情况。

(3)轻轻按压卡扣,拔下线控制动控制单元与制动电机电源插头,检查插头的插孔与针脚,针脚应该与底座保持垂直,无弯曲折断,插孔应整齐清洁,无堵塞破损情况。

（4）拉开黄色锁销，轻轻按压卡扣，拔下线控制动控制单元供电插头，检查插头的插孔与针脚，针脚应该与底座保持垂直，无弯曲折断，插孔应整齐清洁，无堵塞破损情况。

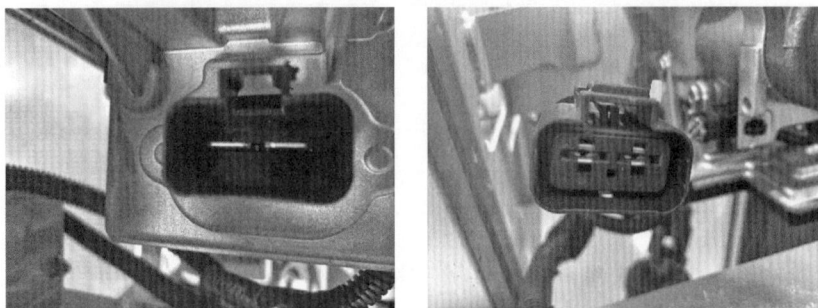

（5）拆卸线控制动控制单元，使用内六方扳手拆卸线控制动控制单元的固定螺栓。

5.查阅相关技术资料，对线控制动控制单元进行安装。

（1）安装线控制动控制单元与台架，使用内六方扳手安装2个固定螺栓，拧紧力矩8N·m。

（2）安装线控制动控制单元与制动电机控制插头，听到卡扣轻响，说明安装到位。

（3）安装线控制动控制单元与制动电机电源插头，听到卡扣轻响，说明安装到位。

（4）安装线控制动控制单元电源供电插头，听到卡扣轻响，说明安装到位，推动黄色锁销，锁止插头。

[**实训工单2 线控制动系统的调试**]

1.前期准备。

（1）将底盘线控系统装配调试台架与小底盘固定。注意检车台架与小底盘固定良好。

（2）检查连接线针脚并连接线控底盘系统转配调试台架与小底盘。注意：针脚与底座成90°，无弯折变形，插头线束无破损、开裂老化等情况。检查针脚无问题后，连接台架与小底盘。

（3）点击点火开关，开启台架及一体机计算机。

2. 线控制动系统调试。

（1）在计算机桌面找到并打开线控底盘调试软件。

（2）开启 CAN 通道，将波特率调整为：500kbps，开启设备。

（3）将加速踏板使能调整为加速踏板线控制，挡位控制使能调整为挡位线控制，挡位控制指令调整为 Position D。

（4）拖动加速踏板开度指令，车轮随之转动。

（5）人工踩踏制动踏板，车轮开始减速，制动系统工作正常。

（6）点击左侧信息栏中的制动信息。

（7）将制动踏板使能调整为制动踏板线控控制。

（8）拖动制动踏板开度指令,查看车轮是否有减速趋势。若车轮存在减速趋势,则说明线控制动系统通信正常。注意:制动踏板开度指令越大,制动力越大,车轮转速会迅速变慢,直至停止。

（9）调试完成,关闭设备,整理工位。

子实训项目8.2　汽车线控底盘转向系统部件装配与调试

［实训目标］

1. 描述实训所用汽车线控底盘转向系统的基本组成和工作原理。

2. 辨认并表述实训所用线控底盘转向系统主要传感器、执行器的位置、名称和作用。

3. 能够根据标准规范对线控底盘转向系统部件进行装配。

4. 能够按规范对汽车线控底盘转向系统进行调试。

［实施条件］

1. 场地要求

汽车底盘电控技术实训室,每工位使用面积不小于 20m^2,通风、采光良好,配备废气吸排装置。

2. 工具、设备、器材

(1)配置有线控转向系统的轿车整车或实训台架及汽车举升器(可正常运转,汽油、蓄电池电量应充足)。

(2)常用基本拆装工具、部分拆卸线控转向系统的专用工具。

(3)数字万用表、示波器、汽车故障诊断仪、三通连接线、底盘线控调试软件平台等。

(4)实训媒介:技术挂图、实训工单等。

(5)实训辅料:白板笔、海报纸、卡片纸、插针、胶带等。

3. 维修资料

线控转向系统车辆底盘维修资料或实训台架使用说明书(纸质或电子版及实训室计算机终端等)

[实训工单1　线控转向系统部件装配]

1. 查阅相关技术资料,在实训台架上,准确地找到线控转向控制单元的位置。

2. 查阅相关技术资料,在实训台架上准确地找到各传感器的位置,填写下表。

序号	传感器	位置	功能
1			
2			
3			
4			
5			

3. 查阅相关技术资料,在实训台架上准确地找到各执行器的位置,填写下表。

序号	执行器	位置	功能
1			
2			
3			
4			
5			

4. 查阅相关技术资料,根据规范流程,拆卸线控转向系统的关键部件。

(1)按压插接器侧面卡扣,拔下所有插接器。

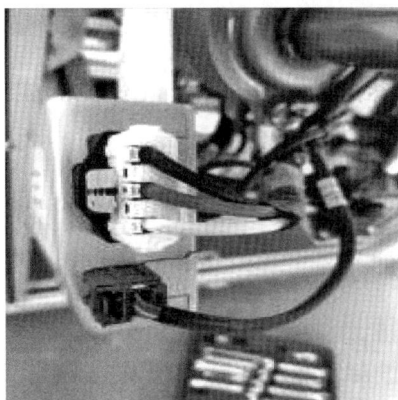

(2)选用棘轮扳手、短接杆和 1/4 内六角工具,拆卸转向盘内六角固定螺栓,在转向盘与转向轴连接的地方用记号笔做好标记,取下转向盘。

(3)选用棘轮扳手、短接杆和 14mm 套筒工具,拆卸转向轴固定螺栓。

（4）选用棘轮扳手、短接杆、14mm 套筒工具和 13mm 扳手，拆卸双头螺栓。

（5）选用棘轮扳手、短接杆、1/4 内六角和 10mm 套筒，拆卸万向节螺栓。

（6）在转向轴与转向器连接花键处，用记号笔做好标记，取下万向节。注意：万向节与转向轴为过盈配合，需用力拔下，在必要时，也可用橡胶锤进行轻轻敲打振动，便于取下万向节。

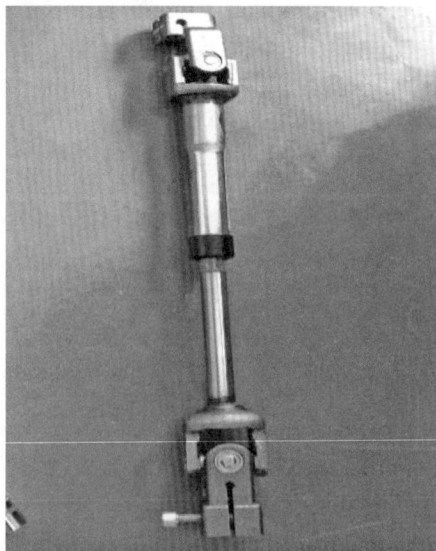

5. 根据规范流程, 安装线控转向系统。

（1）选用棘轮扳手、短接杆和 1/4 内六角工具, 对准拆卸之前做好的标记, 安装转向盘, 然后安装转向盘内六角固定螺栓, 固定转向盘。

（2）通过轮胎下方转角盘角度, 判断调整轮胎至居中位置。

（3）选用棘轮扳手、短接杆和 14mm 套筒工具, 安装转向轴固定螺栓。

（4）选用棘轮扳手、短接杆、14mm 套筒工具和 13mm 扳手, 安装双头螺栓。

（5）对准标记,安装下方万向节。

（6）对准标记,安装上方万向节。

（7）选用棘轮扳手、短接杆、1/4 内六角和 10mm 套筒,紧固万向节固定螺栓,拧紧力矩 15N·m 。

（8）安装插接器,听到"咔"的一声轻响,证明插接器安装到位。

[实训工单 2　线控转向系统的调试]

1. 前期准备。

（1）将线控底盘系统装配调试台架与小底盘固定。注意检车台架与小底盘固定良好。

（2）检查连接线针脚并连接线控底盘系统装配调试台架与小底盘。注意:针脚与底座成 90°,无弯折变形,插头线束无破损、开裂老化等情况。检查针脚无问题后,连接台架与小底盘。

（3）点击点火开关，开启台架及一体机计算机

2. 线控转向系统的调试。

（1）在计算机桌面找到并打开线控底盘调试软件。

（2）开启 CAN 通道，将波特率调整为：500kbps，开启设备。

（3）点击左侧信息栏中的转向信息，查看转向信息。

（4）将转向盘使能调整为停止转向盘线控控制。

（5）转动转向盘，查看转向信息中的转向盘转角和转角速度是否有相应的数据变化。

（6）将转向盘使能调整为转向盘线控控制，转向盘转向指示灯指令调整为向右控制转向，转向盘转角变化率指令调整为8000，转向盘转角限制指令调整为360°。

（7）拖动转向盘转角控制指令，查看转向盘和车轮是否能够向右侧进行转动。

（8）将转向盘使能调整为转向盘线控控制，转向盘转向指示灯指令调整为向左控制转向，转向盘转角变化率指令调整为8000；转向盘转角限制指令调整为360°。

（9）拖动转向盘转角控制指令,查看转向盘和车轮是否能够向左侧进行转动。

（10）调试完成,退出调试软件,关闭设备,整理工位。